अधनंगा फ़क़ीर

अधनंगा फ़क़ीर

महात्मा गाँधी के ब्रह्मचर्य के प्रयोग व उनके सामाजिक एवं
निजी जीवन के बीच के अंतर्द्वंद्व की प्रामाणिक कहानी

दयाशंकर शुक्ल सागर

हिन्द युग्म

ISBN : 978-81-953061-1-4

प्रकाशक:
हिंद युग्म
सी-31, सेक्टर-20, नोएडा (उ.प्र.)-201301
फोन- 0120-4374046

मुद्रक : थॉमसन प्रेस, दिल्ली
कला-निर्देशन : विजेन्द्र एस विज

पहला संस्करण : 2021
मूल्य : ₹199

Adhnanga Fakeer
by *Dayashankar Shukla Sagar*

Published By
Hind Yugm
C-31, Sector-20, Noida (UP)-201301
Phone- 0120-4374046
Email : sampadak@hindyugm.com
Website : www.hindyugm.com

First Edition : 2021
Price : ₹199

माँ स्व. सावित्री शुक्ला

और पिता

पं. श्री सीताराम शुक्ल

के चरणों में

सादर समर्पित

यह किताब क्यों है ज़रूरी

"

मैं दयाशंकर शुक्ल सागर को उनकी बहुत छोटी उम्र से जानता हूँ। पत्रकार के रूप में मैंने इन्हें विकसित होते देखा है। मैं नहीं मानता कि यह किताब इन्होंने सनसनी पैदा करने के लिए लिखी है। जहाँ तक राष्ट्रपिता का सवाल है उन्होंने अपने जीवन में कई तरह के प्रयोग किए। यह किताब भी उन्हीं प्रयोगों में एक प्रयोग पर आधारित है। अगर गाँधीजी मानते कि यह प्रयोग ग़लत है तो वे इसे कभी नहीं करते, क्योंकि वे बेकार के कामों में लगे रहने वाले आदमी नहीं थे। वह मानते थे कि मैं ये जो प्रयोग कर रहा हूँ, वह मनुष्य जाति के लिए बहुत क़ीमती है। उनके लिए ब्रह्मचर्य भी वैसा ही प्रयोग था जैसा कि अहिंसा, सत्याग्रह और अपरिग्रह। अब अगर आपके राष्ट्रपिता ने माना कि यह महत्वपूर्ण चीज़ है तो पुत्र के नाते यह हमारा कर्तव्य है हम इसे पूरी तरह से समझें, उसे चीर-फाड़ करके देखें। हम यश, मान, सम्मान, अपमान आदि की भावना से ऊपर उठकर उसे वैज्ञानिक दृष्टिकोण से जाँचें-परखें और उसे दुनिया के सामने साक्षी भाव से पेश करें। बेहद सहज भाव से इस किताब में सागर ने यही करने की कोशिश की है।

-स्व. प्रभाष जोशी / लेखक, वरिष्ठ पत्रकार

"

वरिष्ठ पत्रकार दयाशंकर शुक्ल सागर की यह किताब महात्मा तक पहुँचने की अनिवार्य सीढ़ी है। शोध और प्रस्तुति की दृष्टि से इसमें सीढ़ी का कोई पायदान ग़ायब नहीं है। गाँधीजी का जीवन शांत झील का स्थिर जल नहीं है जो कंकड़ डालने से अस्थिर हो जाए। उसमें एक आग है। सरोजनी नायडू इसे 'बॉल आफ़ फ़ायर' यानी आग का गोला कहती थीं। यह किताब उसी आग को आग की तरह देखती और परखती है, साथ ही किताब यह डर भी मन से निकाल देती है कि आग के बहुत निकट जाने पर जलने का ख़तरा होता है।

-मधुकर उपाध्याय / गाँधीवादी चिंतक

“

गाँधी ऐसे ही एक युगपुरुष हैं जिनका मनुष्य के रूप में मूल्यांकन बहुत कम हुआ है। दयाशंकर शुक्ल सागर की यह पुस्तक एक ऐसे क्षेत्र में उनका मूल्यांकन करती है जिसमें प्रवेश ही जोखिम भरा है। एक मनुष्य के रूप में गाँधी की सेक्स लाइफ़ का ज़िक्र ही अब तक वर्जित क्षेत्र रहा है। बड़े धैर्य, मेहनत और संवेदनशीलता के साथ लिखी गई यह पुस्तक हमें एक ऐसी वर्जित दुनिया में ले जाती है जहाँ गाँधी की स्थापित प्रतिमा टूटती ज़रूर है पर हमारा परिचय एक बड़े मनुष्य से होता है जो हम जैसा होते हुए भी मनुष्यता का विराट स्वरूप है।

-विभूति नारायण राय / लेखक

“

हिंदी पत्रकार दयाशंकर शुक्ल सागर की गाँधीजी पर लिखी किताब पर उन्हें बधाई दी जानी चाहिए कि उन्होंने राष्ट्रपिता के निजी जीवन में इतना गहरे झाँकने की कोशिश की। तमाम चिट्ठियों और ऐतिहासिक दस्तावेज़ों के ज़रिये उन्होंने उन पर सवाल उठाए हैं। इस पुस्तक ने कई झटके दिए हैं लेकिन इससे गाँधी के प्रति सम्मान क़तई कहीं कम नहीं होता।

-शशि शेखर / कार्यकारी संपादक

“

महात्मा के साथ रहने की सबको बहुत महँगी क़ीमत चुकानी पड़ी। सागरजी ने इस समूचे प्रकरण पर सार्थक शोध किया है और तटस्थ होकर अपनी बात रखी है। महात्मा भी मनुष्य होता है और वह जीवन के विकास क्रम में जाने कितनी ग़लतियाँ करता है। लेकिन उसके 'औरा' में उसका पिछला जीवन अँधेरे में नहीं डूब जाना चाहिए बल्कि उस पर ईमानदारी से बात होनी चाहिए। फिर बात करने से हमें डर क्यों लगता है ? क्या हम डरते हैं कि कहीं कुछ धारणाएँ न टूट जाएँ ? मैं दयाशंकर शुक्ल सागरजी की इस किताब की प्रशंसा करती हूँ और तहे दिल से चाहती हूँ कि इस पर बात हो।

-जया जादवानी / वरिष्ठ लेखिका

आभार

एक दिन प्रसिद्ध पत्रकार-लेखक प्रभाष जोशीजी मेरे लखनऊ वाले घर आए। मेरे निजी पुस्तकालय में महात्मा गाँधी पर बहुत कम किताबें देखकर उन्होंने मुझे 100 खंडों के गाँधी वाङ्मय पढ़ने के लिए प्रोत्साहित किया। मैंने अगले ही दिन दिल्ली से वाङ्मय के वे सौ खंड मँगा लिए। मैं पढ़ता गया और गाँधी वाङ्मय में डूबता गया। यहीं से मुझे इस लगभग अनछुए विषय पर लिखने की पहली प्रेरणा मिली। इसलिए मैं स्व. प्रभाषजी का हृदय से आभारी हूँ। यह किताब मूलतः महात्मा गाँधी और उनके सहयोगियों द्वारा लिखित मूल दस्तावेज़ों पर आधारित है। मैं शुक्रगुज़ार हूँ सूचना एवं प्रसारण मंत्रालय से प्रकाशित 'महात्मा गाँधी संपूर्ण वाङ्मय' के उन अज्ञात शोधार्थियों का जिन्होंने रात-दिन मेहनत करके गाँधी द्वारा लिखित सामग्री दुनिया के हर कोने से एकत्र की। भारतीय राष्ट्रीय अभिलेखागार का भी आभारी हूँ जिसने अतीत को ज़िंदा रखने के लिए तमाम दुर्लभ पत्र और अन्य दस्तावेज़ संजोकर रखे हैं।

इस किताब को लिखते वक़्त महात्मा गाँधी के ब्रह्मचर्य के अनोखे प्रयोगों पर मेरी सर्वश्री हेमंत शर्मा, उदय सिन्हा, कुंदन यादव, बृजेश शुक्ल, उमेश रघुवंशी, मंजरी मिश्र, शशांक शेखर तिवारी और ऋतिका, आदि से लंबी-लंबी बहसें हुईं। सहमति और असहमति से घिरी इन बहसों और आलोचनाओं ने प्रेरणा और प्रोत्साहन का काम किया।

इसके अलावा स्व. राजेन्द्र यादव, ज्ञानरंजन, यशवंत व्यास, मधुकर उपाध्याय, विभूति नारायण राय, जया जादवानी, डॉ. जय नारायण बुधवार जैसे लेखकों ने समय-समय पर मेरा मार्गदर्शन किया। लेखक व पत्रकार दयानंद पांडेय, श्रीमती तारा पांडेय और अयोध्या के युवा कवि/लेखक यतींद्र मिश्र का विशेष रूप से आभारी हूँ, जिन्होंने इस कार्य को अंतिम रूप देने में मेरी मदद की।

मैं नई दिल्ली की गाँधी स्मृति और दर्शन समिति और लखनऊ के गाँधी भवन पुस्तकालय के लाइब्रेरियन रहे सुशील चंद्र गुप्त का भी आभारी हूँ जिन्होंने इस यज्ञ के लिए सामग्री जुटाने में हर संभव सहायता की।

पत्नी डॉ. ज्योति शुक्ला और अपनी दोनों प्यारी बेटियों अरुंधती व अन्विता शुक्ला का भी मैं दिल से आभारी हूँ जिनके हिस्से का काफ़ी वक़्त मैंने इस किताब को दिया। मेरे शुभचिंतक स्व. जगदीश यानी काकाजी व छोटा भाई सचिन, उसकी पत्नी तूलिका और बिटिया आनंदिनी अगर पीछे नहीं पड़ते तो यह किताब दो-तीन साल और आगे खिंच जाती। मैं 'हिंद युग्म' के प्रकाशक और मित्र शैलेश भारतवासी और उनकी टीम का भी ख़ास तौर से आभारी हूँ जो बड़े जतन से इस पुस्तक को तैयार कर इसे इतने क़िफ़ायती दाम पर पाठकों को उपलब्ध करा रहे हैं।

दयाशंकर शुक्ल सागर

अपनी बात

सत्य के मुखमंडल पर
एक स्वर्णावरण चढ़ा हुआ,
प्रभु! इस आवरण को
हटाओ
ताकि मैं यथार्थ में
सत्य के दर्शन कर सकूँ।

- ईशावास्य उपनिषद् से

चीन के बौद्धिक जगत में एक कहावत मशहूर है- 'हर महापुरुष एक सामाजिक संकट है।' महात्मा गाँधी के बारे में भी यह बात बहुत दिनों तक कही जाती रही। लेकिन हत्यारे नाथूराम गोडसे ने गाँधी के सीने में तीन गोलियाँ उतारकर उनके जीवन और उनके विचारों पर चलने वाली तमाम बहसों को हमेशा के लिए शांत कर दिया। महात्मा गाँधी अगर अपनी स्वाभाविक मौत मरते तो निःसंदेह उनके विचारों, आदर्शों और उनके प्रयोगों पर आलोचनात्मक ढंग से टीकाएँ सामने आतीं। तब हम अपने महात्मा को शायद संपूर्णता से समझ पाते और उनके बारे में अपनी कोई राय क़ायम करते। लेकिन भारत का धर्मभीरु समाज मृत आत्मा को उनके सारे गुनाहों के लिए न केवल माफ़ कर देता है बल्कि उन पर चर्चा करना भी मुनासिब नहीं समझता। हम अपने महापुरुषों के बारे में धारणा बनाते समय चाहे जितनी उदारता से काम लें, लेकिन निजी जीवन में उनके सही आचरण से विचलित होने की बात नज़रअंदाज़ नहीं कर सकते।

ग़ुलामी के अंतिम साल में जब दिल्ली में सत्ता और देश के बँटवारे को लेकर साज़िशें रची जा रही थीं तब महात्मा गाँधी पश्चिम बंगाल और बिहार में

सांप्रदायिक दंगों के शिकार हुए लोगों के दिलों और जिस्मों पर लगे ज़ख़्मों पर मरहम लगा रहे थे। इन्हीं दिनों गाँधी अपने जीवन का सबसे 'अजीबो-ग़रीब' और 'संवेदनशील' प्रयोग कर रहे थे। वो प्रयोग ब्रह्मचर्य का था। इस प्रयोग में वे अपनी दूर के रिश्ते की 19 साल की पोती के साथ रात में 'नग्नावस्था' में सोते थे। इस प्रयोग को उन्होंने तब तक गुप्त रखा जब तक उनके क़रीबी लोगों में इसे लेकर कानाफूसी नहीं शुरू हो गई। इसके बाद उन्होंने अपने मित्रों को पत्र लिखकर उनसे अपने प्रयोग के बारे में बताया। ख़ुद महात्मा के निजी चिकित्सक डॉ. जीवराज एन मेहता महात्मा के इस प्रयोग को 'बकवास और एक सनक' कहते थे। उनका मानना था कि 'इस उम्र में इस तरह के प्रयोग न केवल सामाजिक दृष्टि से बल्कि स्वास्थ्य के लिए ख़तरनाक हो सकते हैं।' उनके तक़रीबन सारे मित्रों ने उनके इस प्रयोग को 'अनावश्यक' बताया। उन्हें लगता कि 'ब्रह्मचर्य की परीक्षा के लिए ऐसा चरम कोटि का क़दम उठाना ज़रूरी नहीं है।' ये 'खंभे के सिरे पर चढ़कर आत्म नियंत्रण की अपनी शक्ति प्रदर्शित' करने जैसा था जैसा कि 'संत साइमन स्टाइलिटीज' करते थे। यह एक प्राचीन सुंदर सूत्र है कि 'सारी बातों में मर्यादा रखनी चाहिए।' लेकिन गाँधी वे सारी मर्यादाएँ तोड़ रहे थे। जबकि वे बार-बार सिर्फ़ ये कहते कि 'मनु के साथ सोना मेरे लिए यज्ञ का अभिन्न भाग है।'

महात्मा एक तरह की 'नैतिक चिंता' का जीवन जी रहे थे। उन्हें बेशक 'मॉरल एंग्ज़ाइटी' परेशान करती रही होगी। वह ऐसा नैतिक जीवन जी रहे थे जो आम आदमी के कल्पना के बाहर की चीज़ थी। जैसा कि फ्रॉयड ने कहा, सुपर ईगो रखने वाला व्यक्ति जब नैतिक मापदंडों के विरुद्ध काम करता है या उसे करने की सोचता है, तो उसमें अपराधबोध की भावना जन्म लेती है। उसे लगता है कि उसकी अंतरात्मा का पतन हो रहा है। जब वह अपने अहं का तार्किक ढंग से बचाव नहीं कर पाता तो वह अतार्किक ढंगों का सहारा लेता है। इसी को फ्रॉयड ने 'प्रतिरक्षात्मक मनोरचनाएँ या डिफ़ेंस मैकेनिज़्म' कहा। ज़ाहिर है, महात्मा ने अपने आस-पास तमाम सारी प्रतिरक्षात्मक मनोरचनाएँ बुन ली थीं। तनावपूर्ण स्थितियों का जब व्यक्ति सीधे तौर पर समाधान नहीं कर पाता तो वह प्रतिरक्षा पर उतर आता है। वह अपने बचाव में तर्क गढ़ लेता है।

गाँधी ने इस प्रयोग को दुनिया से छुपाकर रखा। उनकी पोती मनु गाँधी अपने अनुभव रोज़ डायरी में लिखती थी। गाँधी उसे कभी-कभी पढ़ भी लेते थे। एक

दिन बापू ने मनु से कहा भी कि 'वो इसका ध्यान रखे ताकि यह अनजान लोगों के हाथों में न पड़ जाए, क्योंकि वे इसमें लिखी बातों का ग़लत उपयोग कर सकते हैं।' जब प्रयोग को छुपाने का सवाल उनके सामने उठा तो उन्हें इस बात का पछतावा हुआ क्योंकि उनके इस प्रयोग ने इस सिद्धांत का उल्लंघन किया कि सत्य के बाद साधक को कुछ भी छिपाकर नहीं रखना चाहिए। हालाँकि सच तो ये है कि इतने बड़े प्रयोग को करते वक़्त इस तरह की चूक क़तई स्वीकार्य नहीं है।

नोआखाली और बिहार के गाँवों में गाँधी के साथ जो कुछ चल रहा था वह सच में बहुत अजीब था। दूर-दूर गाँवों में फैले उनकी कोर टीम के सदस्य गहरी भावनात्मक यंत्रणा झेल रहे थे। वे गाँधी को अपनी निजी संपत्ति मानने लगे थे। उनमें ज़बरदस्त 'भावनात्मक असंतुलन' पैदा हो गया था जिससे वे दिमाग़ी रूप से बीमार लोगों जैसी हरकतें कर रहे थे। उनकी तमाम महिला सहयोगी बापू के प्रयोग का हिस्सा होने के लिए आपस में साज़िशें रच रही थीं। वे एक-दूसरे से 'जलन और डाह' में मरी जा रही थीं। उन्हें जलन इस बात की भी थी कि 'अख़बारों में गाँधी के साथ मनु की तस्वीरें क्यों छप रही हैं उनकी क्यों नहीं?' गाँधी के निजी सचिव प्यारेलाल अपने से दस साल छोटी मनु के प्रेम में थे। उनके प्रेम प्रस्ताव को मनु ठुकराती जा रही थी। प्यारेलाल मनु को भावनात्मक रूप से ब्लैकमेल कर रहे थे। वह मनु के प्रेम में आत्महत्या तक की धमकी दे चुके थे। मनु जानती थी कि महात्मा के मन में प्यारेलाल के लिए विशेष स्नेह है। वह उसे ख़ुद से दूर नहीं कर सकते थे। गाँधी की सहयोगिनें मनु पर दबाव बना रही थीं कि वह प्यारेलाल से शादी कर ले। गाँधी से ये पूछा भी गया कि 'अगर आपका आचरण सच्चे आत्म-संयम के विकास की दिशा में इतना बड़ा क़दम है तो फिर उसका लाभकारी प्रभाव आपके आस-पास क्यों नहीं दिखाई पड़ता? हमें आपके चारों ओर इतनी अशांति और दुख क्यों दिखाई पड़ता है? आपके साथी भावनात्मक रूप से इतने विचलित क्यों नज़र आते हैं?' इस पर बापू ने बौखलाते हुए सवाल पूछने वाले से कहा कि 'आप सतही चीज़ें देखकर जल्दबाज़ी में निष्कर्ष निकालते हैं, जो किसी सत्यान्वेषी के लिए शोभनीय नहीं है।' ये सतही चीज़ें नहीं थीं। इससे ये साबित होता है कि गाँधी के साथ काम करने वाले लोग मानसिक रूप से कितने 'अस्थिर' और 'रूग्ण' थे। और मनु गाँधी? वो तो यौवन की राह पर क़दम रख रही 19 साल की एक बच्ची थी।

क्या उसे पता था कि वो क्या कर रही है? उसके दिल और दिमाग़ पर उसके व्यक्तित्व पर इसका परिणाम क्या होगा? क्या मनु 'अपने व्यक्तित्व पर इस प्रयोग के संभावित परिणामों से बाख़बर' थी? ये सवाल उठते हैं क्योंकि उसका या गाँधी के अन्य साथियों का नैतिक स्तर उतना ऊँचा नहीं था जितना गाँधी का था। फिर सबसे बड़ी बात यह कि इन लोगों के लिए गाँधी के प्रयोग में भागीदारी करना कोई आध्यात्मिक मजबूरी या आवश्यकता नहीं थी। क्या वे ये सब केवल गाँधी के साथ अपनी तस्वीरें अख़बारों में छपने के लिए कर रही थीं? जैसा कि मनु गाँधी ने अपनी निजी डायरी में लिखा।

किसी भी ऐतिहासिक व्यक्ति का जीवन चरित्र उसके सार्वजनिक और निजी जीवन के बीच का द्वंद्व है। हर इंसान अपने कंट्रास्ट में जीता है। यह इंसान होने की नियति है। महात्मा गाँधी का सार्वजनिक जीवन खुली किताब की तरह है, लेकिन उनका निजी जीवन अभी भी काफ़ी हद तक 'स्वर्ण आवरण' से ढँका है। उन्होंने अपनी आत्मकथा 'सत्य के प्रयोग' में अपनी युवावस्था की कई ऐसी घटनाओं की आत्म-स्वीकृतियाँ दीं जिन्हें आम तौर पर लोग सार्वजनिक तौर पर कहना नहीं चाहते। लेकिन उन्होंने ऐसी बातों को ज़्यादा विस्तार नहीं दिया। इस सत्य के प्रयोग में महात्मा ने केवल 1921 तक के अपने जीवन की कहानी लिखी। महात्मा ने अपनी आत्मकथा के अंतिम पाठ में लिखा- इसके आगे मेरा जीवन इतना सार्वजनिक हो गया है कि शायद ही कोई चीज़ ऐसी हो, जिसे जनता न जानती हो। लेकिन ऐसा नहीं है। स्त्रियों के साथ नग्नावस्था में सोने की बातें उन्होंने कभी सार्वजनिक रूप से स्वीकार नहीं कीं। 1921 के बाद महात्मा गाँधी आगे के बारे में 'सत्य' लिखना लगातार मुल्तवी करते रहे। महात्मा कहते- यह सब लिखना मुझे अच्छा लगेगा, लेकिन यह फ़ुरसत पर निर्भर करता है। वह भी 'अगर भगवान उन्हें लिखवाना चाहेगा तो वह रास्ता भी सुझाएगा।' लेकिन भगवान ने उन्हें सत्य के प्रयोग के बारे में आगे लिखने का रास्ता नहीं सुझाया। ब्रह्मचर्य के प्रयोग से जुड़ी कुछ बातें उन्होंने कभी-कभी अपनी पत्रिका हरिजन में रखीं। लेकिन वह कभी इसके विस्तार में नहीं गए। जीवन के कुछ अंतिम वर्षों में लड़कियों के साथ नग्न सोने की बातें तो उन्होंने (कुछ क़रीबी मित्रों के बीच बाँटने के अलावा) तब तक गोपनीय रखीं जब तक वह किसी और माध्यम से उजागर नहीं हो गईं। सच तो यह है कि महात्मा अपने जीवन के बाद के 27 सालों की असली कहानी लिखने का साहस नहीं जुटा पाए।

महात्मा के ब्रह्मचर्य प्रयोग पर काम करते वक़्त कई मित्रों ने पूछा कि मैं कीचड़ में कंकड़ डालने का काम क्यों कर रहा हूँ? ज़ाहिर था कि वे लोग मेरे इस काम से प्रसन्न नहीं थे। मज़े की बात यह थी कि इनमें से अधिकांश लोग गाँधी के बारे में ज़्यादा नहीं जानते थे। न उन लोगों ने कभी गाँधी के बारे में पाठ्य पुस्तकों में दर्ज बातों के अलावा कुछ आगे पढ़ने की ज़हमत की थी। लेकिन फिर भी वह गाँधी के ख़िलाफ़ कुछ भी पढ़ने-सुनने को राज़ी नहीं थे।

कुछ मित्रों का कहना था कि हिंदी में यह किताब महात्मा की छवि ध्वस्त करेगी। राष्ट्रपिता के बारे में ऐसी बातों से कितनों की भावनाएँ और आस्थाएँ आहत होंगी। एक आदमी जो इस दुनिया में जीवित नहीं है उसके बारे में लिखने का क्या मतलब? मुझे यह तर्क बेमानी लगा। इस देश में गाँधी की छवि इतनी कमज़ोर नहीं जो एक मामूली से धक्के से टूटकर बिखर जाए। ब्रह्मचर्य के प्रयोग पर यह बहस उस समय भी हुई थी जब ख़ुद महात्मा ज़िंदा थे। उन्होंने अपने ऊपर लगे एक-एक आरोप का जवाब दिया। ये जवाब बाक़ायदा लिखत-पढ़त में आज भी मौजूद और सार्वजनिक हैं। यह अलग बात है कि ये जवाब कई दफ़ा बहुत ज़्यादा संतोषजनक और तर्कसंगत नहीं दिखते। लेकिन अगर पाठकों को उन जवाबों से संतुष्टि मिल जाती है तो यह गाँधी और उनके प्रयोग की सफलता कही जा सकती है या फिर गाँधी के प्रति उनकी कोरी आस्था। इस विषय में अंतिम फ़ैसला मैंने पाठकों पर ही छोड़ दिया है।

इतिहास का पुनर्लेखन या कहें पुनर्पाठ एक ख़तरे से भरा खेल है। वक़्त के साथ घटनाओं के संदर्भ और अर्थ बदल जाते हैं। समय उन ऐतिहासिक घटनाओं को समझने का नज़रिया बदल देता है। एड्स के इस ख़तरनाक युग में ब्रह्मचर्य की अपनी महत्ता और ज़रूरत है। गाँधी के युग में ब्रह्मचर्य चाहे इतनी बड़ी समस्या न रही हो लेकिन आज के युग में ब्रह्मचर्य न केवल प्रासंगिक है बल्कि यह प्रश्न अनिवार्य भी होता जा रहा है। अब समय आ गया है जब हम ब्रह्मचर्य पर नये और आधुनिक ढंग से सोचें और उसे पुनर्परिभाषित करें। और इसकी शुरुआत अगर महानायक महात्मा गाँधी से हो तो क्या बुरा है!

गाँधी ने अपनी मृत्यु से ठीक एक साल पहले कहा था कि 'मैं शारीरिक इच्छा से मुक्त हूँ या नहीं, इस बात का पता शायद मेरी मृत्यु के बाद लगे।' लेकिन दुर्भाग्य है कि गाँधी की मौत के बाद बुद्धिजीवियों ने इस प्रश्न पर चालाकी से चुप्पी साध ली। उन्हें डर था कि यह प्रश्न अगर उठाया गया तो गाँधी की

महान तस्वीर खंडित होगी। गाँधीवाद के नाम पर राजनीतिक रोटियाँ सेंकना और दुकान चलाना कठिन हो जाएगा। इसलिए इस 'महान प्रयोग' से जुड़े तमाम सारे सवाल ख़ामोशी से दफ़्न कर दिए गए। सत्य और अहिंसा के अलावा महात्मा गाँधी ने ब्रह्मचर्य पर क़ीमती प्रयोग किए। महात्मा के सत्य और अहिंसा से जुड़े प्रयोगों पर बहुत काम हुआ लेकिन ब्रह्मचर्य के प्रयोग को इतिहास की रद्दी की टोकरी में डाल दिया गया।

महात्मा के ब्रह्मचर्य का प्रयोग उनके जीवन के अंतिम समय तक चलता रहा। 30 जनवरी, 1948 को महात्मा की गोली मारकर हत्या कर दी गई। इससे पहले महात्मा यह कभी नहीं बता पाए कि उनके ब्रह्मचर्य के महान प्रयोग का क्या नतीजा निकला। वह इस अद्‌भुत प्रयोग के नतीजे दुनिया को नहीं दे पाए। महात्मा नहीं बता सके कि वह युवा लड़कियों के साथ नग्न सोकर पूर्ण ब्रह्मचर्य प्राप्त कर सके अथवा नहीं। उनके प्रयोग का रहस्य उनकी राख के साथ ही गंगा की पवित्र धारा में बह गया। लेकिन इस प्रयोग से जुड़े कई सवाल वह पीछे छोड़ गए। जिनके जवाब खोजने का साहस पुरानी पीढ़ी तो नहीं जुटा सकी, शायद नयी पीढ़ी खोज ले।

पेशे से एक पत्रकार होने के नाते तथ्यों की पवित्रता समझता हूँ। इसलिए मैंने बग़ैर तथ्यों को तोड़े-मरोड़े इस 'महान प्रयोग' से जुड़ी सारी घटनाएँ क्रमवार रख दी हैं। पूरे क़िस्से को पठनीय बनाने के लिए दाल में नमक के बराबर कल्पनाशीलता का इस्तेमाल किया है। लेकिन इस कल्पना में भी मैंने सौ फ़ीसदी ईमानदारी बरतने की पूरी कोशिश की है। ये इतिहास के ऐसे पन्ने हैं जो सिर्फ़ और सिर्फ़ सच पर आधारित हैं। एक-एक शब्द उन्हीं के हैं जिन्होंने इसे कहा है। इस किताब में मैं किसी तरह की मौलिकता का दावा नहीं करता। मैं न कथाकार हूँ, न लेखक-साहित्यकार। मैंने एक पत्रकार की हैसियत से बस एक सत्य को अपने नज़रिए से सामने रखने की कोशिश की है। यह कोई सनसनीख़ेज़ रहस्योद्‌घाटन नहीं है। वैदिक ऋषियों की प्रेरणा से मैंने 'सत्य के मुखमंडल पर पड़े स्वर्णावरण' को बस हटाने की कोशिश की है।

दयाशंकर शुक्ल सागर
2 अक्टूबर, 2021

...क्रम

1

ब्रह्मचर्य की पहली प्रयोगशाला

महात्मा गाँधी की स्थिति रेगिस्तान में रहने वाले उन ईसाई संतों के जैसी हो गई थी जो कठोर ब्रह्मचर्य जीवन जीते थे। पैलेडियस की किताब 'स्वर्ग' में उनके अनुभवों की झलक मिलती है। कठोर संकल्पों से बँधे ये संत ब्रह्मचर्य को लेकर एक ख़ास तरह का आदर्श मन में रखते थे। उनकी दिनचर्या इतनी कठोर होती कि उसमें भूल या ग़लती की कोई गुंजाइश नहीं रहती। लेकिन फिर भी यौन प्रलोभनों से उन्हें जितना कष्ट होता उतना दूसरी किसी बात से नहीं। यह कष्ट कुछ-न-कुछ मात्रा में जीवन भर बना रहता। इन ईसाई संतों के जीवन में स्त्रियों के लिए कोई स्थान नहीं था। जबकि महात्मा का ब्रह्मचर्य स्त्रियों के बीच रहकर उनसे मुक्ति का मार्ग तलाश कर रहा था। महात्मा के इस अनोखे ब्रह्मचर्य के प्रयोग के पीछे एक पूरा मनोविज्ञान है। प्रत्येक व्यक्ति जो कुछ सोचता है और उसे अपने निजी या सार्वजनिक जीवन के व्यवहार में परिणत करता है, वह सब कुछ अवचेतन मन की क्रियाओं से संचालित होता है। बीसवीं सदी के महान मनोवैज्ञानिक सिगमंड फ्रॉयड ने भौतिक जगत के कार्य-कारण सिद्धांत को मनोजगत में भी लागू किया। यह एक तरह का मनो-नियतिवाद था। फ्रॉयड कहता था कि मनुष्य के हर व्यवहार के पीछे कोई कारण ज़रूर होता है। ब्रह्मचर्य को लेकर महात्मा एक अति तक गए। इसके पीछे भी कुछ कारण रहे होंगे। ये कारण व्यक्ति के निजी ज़िंदगी के बहुत भीतर छुपे होते हैं। कुछ प्राथमिक प्रेरणाएँ मनुष्य की मूल प्रवृत्तियाँ बन जाती हैं। इसे फ्रॉयड ने साइकिक एनर्जी यानी मनोशक्ति कहा, जो जन्मजात और अनर्जित होती हैं।

महात्मा का प्रारंभिक जीवन 1885 से लेकर 1901 तक काम-वासना और उसके बाद 1902 से लेकर 1948 तक का जीवन काम-वासना के विरोध के संघर्ष में बीता। यानी काम-वासना किसी-न-किसी रूप में उनके जीवन से जुड़ी

रही। रिश्ता केवल दोस्तों से नहीं बनता, दुश्मनों के साथ भी एक तरह का रिश्ता बन जाता है। नफ़रत जितनी गहरी होती है, यह रिश्ता भी उतना ही गहरा हो जाता है। महात्मा के ब्रह्मचर्य प्रयोग के पीछे भी कुछ कारण रहे होंगे। ये कारण इतने मज़बूत थे कि महात्मा का पूरा जीवन वासनाओं के ख़िलाफ़ संघर्ष में बीत गया।

सेक्स और फिर ब्रह्मचर्य आख़िर इतना विकट प्रश्न कैसे बन गया? यह सवाल हमेशा गाँधी के चिंतना के केंद्र में रहा। मोहनदास कर्मचंद गाँधी के पितामह उत्तमचंद गाँधी यानी ओता गाँधी ने दो शादियाँ की थीं। उनकी छह संतानें हुईं। इन संतानों में एक कर्मचंद गाँधी, गाँधी के पिता थे। उन्हें प्यार से 'कबा गाँधी' कहा जाता था। गाँधी के पिता कर्मचंद गाँधी ने भी चार शादियाँ की थीं। कर्मचंद गाँधी का पहला विवाह चौदह साल की उम्र में हुआ था। इस विवाह से उनकी दो बेटियाँ हुईं। कबा गाँधी जब पच्चीस साल के हुए तो उनकी पहली पत्नी चल बसीं। कबा गाँधी ने दूसरा विवाह किया। तब वह अपने पिता की जगह पोरबंदर के दीवान बने थे। इसके बाद उनका तीसरा विवाह हुआ। और तीसरी पत्नी के जीवित रहते कबा गाँधी ने चौथा विवाह किया। गाँधी के प्रारंभिक जीवन और उनके पूर्वजों पर शोध करने वाले प्रभुदास गाँधी ने 'जीवन प्रभात' नामक किताब लिखी है। प्रभुदास गाँधी को महात्मा की बड़ी बहन ने बताया कि उनके पिता की चार स्त्रियाँ थीं। उनकी माँ पुतलीबा दात्राणा गाँव की थी। उनकी माँ ने उन्हें बताया कि कबा गाँधी की तीसरी पत्नी अपाहिज थीं। उनके पैर वात रोग से जकड़ गए थे। अपने आप उठ-बैठ नहीं पाती थीं। इसलिए पिताजी उनसे कहा करते थे कि 'तू कह दे तो वंश चलाने के लिए नई ले आऊँ।' वह कह देती थी कि 'जीवित पर कोई देता हो तो भले ले आओ।' एक दिन पिताजी ने उनसे कहा तुम ठीक-ठीक बताओ। अगर तुम कहोगी तो आज ही आ जाएगी। स्वीकृति मिलते ही सचमुच हाथ के हाथ मेरे पिताजी की शादी हो गई। विवाह के समय पुतलीबा की आयु प्राय: तेरह वर्ष की होगी।[1]

और 1857 के क्रांति वर्ष में कबा का पुतली से विवाह हुआ। इस विवाह से कबा गाँधी की चार संतानें हुईं। चौथी व अंतिम संतान ख़ुद मोहनदास कर्मचंद गाँधी थे। गाँधी ने 'आत्मकथा' में अपने पिता के बारे में लिखा- 'पिताजी कुटुंब-प्रेमी, सत्यप्रिय, शूर और उदार किंतु क्रोधी थे। विषयों के प्रति भी वे थोड़े-बहुत आसक्त रहे होंगे। उनका अंतिम विवाह 40 पार करने के बाद हुआ था।' हालाँकि प्रभुदास का आकलन है कि कबा गाँधी का जब चौथा विवाह हुआ तो वह 35-

36 के रहे होंगे। गाँधी के जन्म के समय उनकी उम्र 47 साल और माँ पुतलीबा की उम्र 25 साल से कम थी। चार विवाह करने वाले अपने पिता के बारे में गाँधी की राय यही थी कि 'वह काम-वासना के प्रति थोड़ा-बहुत आसक्त रहे होंगे।' हालाँकि 'आत्मकथा' छपने के बाद गाँधी की अपने पिता के बारे में यह टिप्पणी कई पाठकों को नागवार गुज़री थी कि कोई अपने पिता के बारे में ऐसी बात कैसे लिख सकता है। शुरू में बहुत कोशिशों के बावजूद महात्मा जब अपनी 'काम-वासनाओं' से मुक्त होने में नाकाम रहे तो उन्हें लगता कि उनके भीतर छुपी काम-वासना के पीछे ज़रूर कोई आनुवांशिक कारण होगा।

गाँधी परिवार में बच्चों को घरेलू नामों से पुकारने का प्रचलन था। पितामह 'ओता गाँधी' और पिता 'कबा गाँधी' के नाम से पुकारे जाते थे। इसी परंपरा को आगे बढ़ाते हुए कर्मचंद गाँधी ने अपने बच्चों के घरेलू नाम रखे थे। मोहनदास का घरेलू नाम 'मोनिया' रखा गया। मोनिया तब बहुत छोटा था। प्रभुदास ने लिखा कि 'एक बार वह गीत गाती हुई लड़कियों की टोली के पीछे-पीछे चल दिया।' लड़कियाँ गाँव से दूर किसी सुनसान जगह पर ग्राम देवता की पूजा के लिए जाती थीं। मोनिया को घर से ग़ायब देख सब परेशान थे। पिता ने पूरे गाँव में खोजा लेकिन मोनिया का पता नहीं चला। बाद में एक परिचित लड़की मोनिया को घर ले आई। मोनिया को घर की ज़मीन पर गोल-गोल लकीरें बनाना अच्छा लगता था। इसके लिए उसे फटकार भी सुननी पड़ती थी।

नन्हा मोनिया अब 13 साल का मोहनदास हो गया था। 1883 में घर में उसकी कस्तूर से शादी की तैयारियाँ होने लगी थीं। कस्तूर मोहन से छह महीना बड़ी थी। उस उम्र में मोहन के लिए विवाह का मतलब सिर्फ़ नये कपड़े पहनना, अच्छा खाना। दुल्हे के रूप में घोड़े की सवारी था। मोहन के मन में तब नई लड़की के साथ हँसी-मज़ाक़ की इच्छा जगी थी। लेकिन तब तक 'काम-वासना' की इच्छा का जन्म नहीं हुआ था। जैसा कि गाँधी ने 'आत्मकथा' में लिखा- 'वह कैसे आई इसका वर्णन मैं कर सकता हूँ, पर पाठक ऐसी जिज्ञासा न रखें। मैं अपनी शरम पर पर्दा डालना चाहता हूँ। जो कुछ बताने लायक़ है वह इसके आगे आएगा।'[2]

कस्तूरबाई तेज़-तर्रार लेकिन घरेलू महिला थीं। वह क़ैद की ज़िंदगी बिताने के लिए तैयार नहीं थीं। मोहन के बार-बार मना करने के बावजूद वह बिना बताए कहीं भी चली जातीं। मोहन जितना इस बात से चिढ़ते कस्तूर उतनी ही आज़ादी

दिखातीं। ऐसा नहीं कि मोहन कस्तूर की बिलकुल परवाह नहीं करते थे। ऐसा भी नहीं था कि शक में अंधे होकर उन्होंने कस्तूर के साथ कोई दुर्व्यवहार या मारपीट की। तब मोहन को लगता कि उनके इस बरताव के मूल में प्रेम ही है। वह अपनी पत्नी को 'आदर्श स्त्री' बनाना चाहते थे। यह काम कठिन था। मोहन के दिलो-दिमाग़ पर काम-वासना हावी थी। इसमें कुछ अस्वाभाविक भी नहीं था। युवा मोहन की एक ख़ूबसूरत पत्नी थी। ऐसे में भोग की इच्छा होना स्वाभाविक था। लेकिन गाँधी ने इसे एक विकार माना। हालाँकि काम-वासना को विकार मानने की दृष्टि उनमें बाद में विकसित हुई। ये एक क्रमिक विकास था। जिसमें बहुत-सी 'दुर्घटनाएँ' शामिल थीं।

तरुण मोहन राजकोट के हाईस्कूल में पहुँच गए थे। इसी दौरान उनकी दोस्ती एक मुसलमान लड़के मेहताब से हुई। उनका दोस्त मुसलमान था यह ज़िक्र गाँधी ने राजनीतिक कारणों से अपनी 'आत्मकथा' में नहीं किया। घर वाले इस दोस्ती के ख़िलाफ़ थे। इसलिए नहीं कि वह दोस्त मुसलमान था बल्कि इसलिए कि उसका शुमार राजकोट के आवारा लड़कों में होता था। यह दोनों नदी के किनारे एकांत में चले जाते। वहीं मांस पकता था। नज़दीक ही सरकारी बंगला था। जो अक्सर ख़ाली रहता। मोहन की अपने दोस्त के साथ यहीं दावत होती। इस दावत में मांस के साथ तरह-तरह के व्यंजन होते थे। मोहन को इसमें रस आने लगा था। मोहन और उनके इस दोस्त में हर तरह की बातें होती थीं। लेकिन बातचीत में सबसे दिलचस्प विषय 'यौन' होता था। मोहन को उनके दोस्त ने बताया कि 'यौन सुख' के घर के बाहर भी उपाय हैं। उसने विस्तार से बताया कि वेश्याएँ यौन इच्छाओं को कैसे गति देती हैं। दोस्त ने मोहन को रूपवती वेश्याओं के तमाम क़िस्से भी सुनाए। दंपति प्रेम और एक पत्नी व्रत की बातें मोहन के दिमाग़ से हट चुकी थीं। युवा मोहन पूरी तरह मेहताब की बातों में आ गया और संकोच के साथ उन मोहक स्त्रियों के संसर्ग में जाने के लिए बेताब हो गया। हालाँकि मोहन ने तय कर लिया था कि वह किसी वेश्या के साथ शारीरिक संबंध नहीं बनाएँगे। मोहन का इरादा केवल इस खेल के मज़े लेना था।

मोहन का यही दोस्त उन्हें पहली बार वेश्याओं की बस्ती में ले गया। वहाँ की एक मशहूर वेश्या के रूप सौंदर्य की तारीफ़ कर दोस्त ने मोहन को उसके कमरे में भेज दिया। आगे की कहानी मोहन की ज़बानी सुनिए- 'ख़ुद मुझे कुछ ख़र्च नहीं करना था। पैसे आदि दिए जा चुके थे। मुझे तो सिर्फ़ मन बहलाव ही

करना था। मैं उस घर में चला तो गया, पर जिसे ईश्वर बचाना चाहता है वह स्वयं गिरने की इच्छा करते हुए भी पवित्र रह जाता है। उस कोठरी में पहुँचकर जैसे मेरी आँखों की ज्योति ही चली गई। मेरे मुँह से एक शब्द भी नहीं फूटा। मैं शरम के सन्नाटे में आकर उस औरत के पास खटिया पर बैठा लेकिन कुछ बोल नहीं सका। वह ग़ुस्से में आ गई। उसने मुझे दो चार खरी-खोटी सुनाई और दरवाज़े की राह दिखा दी। उस समय तो ऐसा लगा मानो मेरी मर्दानगी पर बट्टा लग गया हो। जी हुआ कि अगर धरती फट जाए तो मैं उसमें समा जाऊँ। किंतु उसके बाद सदा ही मैंने अपने इस तरह बच जाने के लिए ईश्वर को धन्यवाद दिया है।'[3]

एक संस्कारी परिवार के युवक के लिए वेश्या के दरवाजे से बिन कुछ किए वापस लौट आने की ये घटना बेहद स्वाभाविक थी। मोहन के जीवन में यह पहला मौक़ा था जब उन्होंने कस्तूर के साथ बेवफ़ाई के बारे में सोचा। मोहन के पारिवारिक संस्कारों ने उसे खटिए पर बैठने से आगे नहीं बढ़ने दिया। एक तरफ़ पारिवारिक संस्कार थे जो मोहन से कहते कि वह जो कर रहा है वह सब ग़लत है। लेकिन दूसरी तरफ़ वह उम्र थी जिसमें भले-बुरे का सारा फ़र्क़ मिट जाता है। मन पतंग की तरह आसमान में उड़ता है। मोहन किशोरावस्था के उन तमाम प्रलोभनों से जूझ रहे थे जो हिंदुस्तानी समाज में अनैतिक माने जाते हैं। लेकिन मोहन के सामने सबसे बड़ी समस्या उनके अंदर की 'काम-वासना' थी। 'काम-वासना' ने मोहन को ऐसे अँधेरे कुएँ में ढकेल दिया था जहाँ छटपटाने के अलावा दूसरा कोई रास्ता नहीं था। इसी दौरान एक ऐसी घटना हुई जिसने किशोर मोहन को अंदर तक हिला दिया।

मोहन जब 16 साल के हुए तो उनके पिता कर्मचंद गाँधी भगंदर की बीमारी का शिकार हो गए। उन्होंने बिस्तर पकड़ लिया। मोहन पिता की सेवा में जुट गए। वह पिता के घावों की मरहम-पट्टी करते। उनके पाँव दबाते। यह काम तब तक चलता रहता जब तक पिता गहरी नींद में सो नहीं जाते थे। यह वह साल था जब कस्तूर पहली बार गर्भवती हुई। मोहन के लिए यह बड़े शर्म के दिन थे। शर्म इस बात की थी कि पढ़ाई के दौरान वह अपनी 'काम-वासना' पर संयम न रख सके। यह 'संयम' मोहन के लिए आसान भी नहीं था। पिता की हालत सुधरने का नाम नहीं ले रही थी। डॉक्टर ने ऑपरेशन की सलाह दी। लेकिन कबा गाँधी को यह दुर्गति पसंद नहीं थी। वह बिना ऑपरेशन कराए बंबई से लौट आए। पिता की अंतिम घड़ी क़रीब आ गई। मोहन के चाचा राजकोट से घर आ गए।

वह ख़ुद पिता के साथ बिस्तर पर सोते। उस दिन पिता की आख़िरी रात थी। रात के साढ़े दस या ग्यारह बजे थे। मोहन पिताजी के पैर दबा रहे थे। गाँधी लिखते हैं- 'चाचाजी ने मुझसे कहा, 'तू जा। अब मैं बैठूँगा?' मैं सुनकर ख़ुश हुआ और सीधा शयन-गृह चला गया। पत्नी बेचारी गहरी नींद में थी। पर मैं उसे सोने कैसे देता। पाँच-सात मिनट के बाद ही, मैं जिस नौकर की ऊपर चर्चा कर चुका हूँ, उसने आकर दरवाज़ा खटखटाया। मुझे खटका हुआ। नौकर ने कहा, 'चलो, बापू की तबीयत बहुत ख़राब है।' उनकी तबीयत बहुत ख़राब तो थी ही इसलिए इस 'बहुत ख़राब' का अर्थ मेरी समझ में आ गया और मैं एकदम बिस्तर से कूद पड़ा। 'कह तो सही, क्या बात है?' जवाब मिला, 'बापू नहीं रहे।' अब पछताने से क्या होता था। मैं बहुत शरमाया। बड़ा दुखी हुआ। दौड़कर पिताजी के कमरे में पहुँचा। मैंने सोचा कि अगर मैं विषय से अंधा न हो गया होता तो अंतिम घड़ी में दूर रहने की यह नौबत न आती और मैं पिताजी के आख़िरी क्षण तक उनकी सेवा में लगा रहता।'[4]

पिता अंतिम साँसें ले रहे हों और ऐसे में किसी पुत्र का अपनी पत्नी के साथ काम-वासना में लिप्त रहना, वह भी तब जब वह पूरे महीने की गर्भवती हो, एक असामान्य घटना है। पुत्र भी ऐसा जो बचपन से ही 'श्रवण को आदर्श' मानता रहा हो। इस 'काले दाग़' को वह जीवन में न कभी मिटा पाए न कभी भुला सके। इस शर्मनाक घटना ने मोहन को तात्कालिक रूप से अंदर तक हिला दिया था। इस घटना के कुछ दिन बाद ही कस्तूरबा ने एक संतान को जन्म दिया। लेकिन वह चार दिन से ज़्यादा जीवित न रह सका। गाँधी ने इसका कारण अपनी 'काम-वासना' को माना। गर्भावस्था की परिपक्व स्थिति में संभोग गर्भस्थ शिशु के लिए ख़तरनाक सिद्ध हुआ। महात्मा इस सदमे को कभी भुला नहीं पाए। यह घटना उन्हें आजीवन कचोटती रही।

ये एक बड़े ट्रॉमा से गुज़रने जैसा था। ये किसी भी संवेदनशील इंसान को जीवन भर के लिए काम-वासना से मुक्त करने वाली घटना होनी चाहिए थी। इस घटना के लिए गाँधी के मन में पश्चात्ताप दिखा। लेकिन यह बहुत फौरी प्रतिक्रिया थी। यह घटना भी 'काम-वासना' के प्रति मोहन को उदासीन नहीं कर सकी। इस घटना से 16 साल के मोहनदास गाँधी ने कोई सबक सीखा यह बाद के उनके 16 साल के जीवन में देखने को भी नहीं मिला। इसके बाद भी वह 32 साल की उम्र तक काम-वासना कि गिरफ़्त में रहे। इस घटना ने उन्हें तात्कालिक रूप से भले

शर्मिंदा किया हो लेकिन उनकी प्राथमिक मनोशक्तियों ने उनका पीछा जीवन भर नहीं छोड़ा। 'सत्य के प्रयोग' में महात्मा की यह आत्मस्वीकृति उन्हें भले महान तथा और अधिक श्रद्धेय बनाती हो लेकिन उनकी मनोदशा मनोवैज्ञानिकों को उन पर शोध करने के लिए प्रेरित करती है।

पिता को गए एक साल हो गए थे। मोहन ने 1887 में मैट्रिक की परीक्षा पास की। आगे की पढ़ाई कैसे हो। कबा गाँधी की मृत्यु के बाद मोहन के घर में आर्थिक तंगी आ गई थी। अब रियासत का दीवान बनना आसान नहीं था। इसके लिए विदेश के किसी कॉलेज की डिग्री होनी चाहिए थी। लेकिन विदेशी पढ़ाई में काफ़ी धन ख़र्च होता। इतना धन मोहन के परिवार के पास नहीं था। ख़ैर, बड़े भाई ने पैसे का भी इंतज़ाम कर दिया। मोहन का इंग्लैंड जाना तय हो गया। धर्मपरायण माँ मोहन को जैन मुनि बेचरजी स्वामी के पास ले गईं। उन्नीस बरस के मोहन से प्रतिज्ञा ली गई कि वह परदेस में 'औरत, शराब और मांस' का सेवन नहीं करेगा। तब तक मोहनदास एक बेटे के पिता बन चुके थे। इस बेटे का नाम हरिलाल रखा गया।

यह वह ज़माना था जब हिंदू धर्म में विदेश यात्रा पर जाना पाप माना जाता था। विदेश जाने के एवज़ में मोढ़ बनियों ने पंचायत बुलाकर मोहन को जाति से बाहर कर दिया। लेकिन मोहन अडिग था। उसने 4 सितंबर, 1888 को बंबई के बंदरगाह से इंग्लैंड का जहाज़ पकड़ लिया। राजकोट तक मोहन को विदा करने उसका बिगड़ा दोस्त शेख़ मेहताब भी आया था। मोहन से विदा होते वक़्त कस्तूर भावुक हो गई थी। जैसा कि मोहन ने बाद में लंदन में शाकाहारियों की पत्रिका 'वेजीटेरियन' के प्रतिनिधि को दिए एक इंटरव्यू में बताया कि 'उसने बहुत पहले से ही सिसकना शुरू कर दिया था। मैं उसके पास गया और क्षण-भर के लिए गूँगी प्रतिमा के समान उसके सामने खड़ा रहा। मैंने उसका चुंबन किया और उसने कहा- 'जाओ मत!' इसके बाद जो कुछ हुआ उसका वर्णन करने की ज़रूरत नहीं।'[5]

हिंदुस्तान के बाहर एक नई दुनिया मोहन का इंतज़ार कर रही थी।

गोरी वेश्याओं की बस्ती में

मोहन को डायरी लिखने का शौक़ था। अपने जीवन की पहली जहाज़ यात्रा का बहुत सुंदर वृत्तांत मोहन ने अपनी लंदन डायरी में दर्ज किया। इस डायरी में

मोहन ने ब्रिंडिसी बंदरगाह का ज़िक्र किया। यह बहुत सुंदर बंदरगाह था। उन्नीस साल के मोहन ने अपनी डायरी में लिखा- 'हमने ब्रिंडिसी का स्टेशन देखा। वह उतना सुंदर नहीं था, जितने सुंदर बंबई-बड़ौदा और सेंट्रल इंडिया रेलवे के स्टेशन हैं। परंतु रेल के डिब्बे हमारे डिब्बों से बहुत बड़े थे। यातायात वहाँ अच्छा है। अगर आप काले आदमी हैं तो जैसे ही ब्रिंडिसी में उतरेंगे, कोई आदमी आपके पास आएगा और कहेगा- साहब, मेरे साथ आइए। एक बड़ी ख़ूबसूरत लड़की है, साहब चौदह बरस की। मैं आपको उसके पास ले चलूँगा। भाव बहुत महँगा नहीं है, साहब!' आप एकदम चकरा जाएँगे। लेकिन शांति से काम लीजिए और दृढ़ता के साथ उसको जवाब दे दीजिए कि हमें उस लड़की की ज़रूरत नहीं है। और उस आदमी से चले जाने को कह दीजिए, आप सकुशल रहेंगे।'[6]

मोहन का जहाज़ अब नये बंदरगाह पर आकर लगा था। इंग्लैंड की आबोहवा ज़ाहिर तौर पर राजकोट से अलग थी। यूरोपीय वातावरण में ख़ुद को ढालना मोहन के लिए थोड़ा मुश्किल था, वह भी तब जब वह औरत, शराब और मांस का सेवन न करने की क़सम से बँधे थे। लेकिन लंदन में यह तीनों चीज़ें उसे अपनी ओर आकर्षित कर रही थीं। मोहन ने यहाँ शाकाहार का समर्थन करने वाली किताब 'प्ली फ़ॉर वेजीटेरियनिज़्म' पढ़ी। मोहन के लिए शराब भी इतनी ज़रूरी नहीं थी कि जिसके लिए वह अपनी माँ को दिया हुआ वचन तोड़ें। लेकिन स्त्री के प्रति अपने स्वाभाविक आकर्षण से मोहन मुक्त नहीं हो पाए थे।

उस ज़माने में भारत के धनाढ्य नवयुवक ही इंग्लैंड पढ़ने जाया करते थे। अंग्रेज़ों के लिए तब भी भारत सोने की चिड़िया थी। यहाँ से अमीर परिंदे उड़कर इंग्लैंड आते थे। लंदन में पढ़ाई के साथ मौज-मस्ती करते थे। ब्रिटिश समाज खुला समाज था। माता-पिता अपने युवा बच्चों को पूरी आज़ादी देते थे। वह भारतीय युवकों के साथ अपनी लड़कियों को साहचर्य की छूट भी देते थे। क्योंकि वहाँ सबको जीवन साथी ख़ुद खोजना होता था। भारतीय युवक भी इस छूट का पूरा फ़ायदा उठाते थे। शादीशुदा होने के बावजूद वह ख़ुद को कुँवारा बताते और लड़कियों के साथ सैर-सपाटा और मौज-मस्ती करते। तरुण मोहन भी इन लड़कों से ज़्यादा अलग नहीं थे। वह जानते थे कि ख़ुद को शादीशुदा बताकर वह इंग्लैंड की लड़कियों के क़रीब नहीं आ सकते। इसके लिए उन्हें झूठ का सहारा लेना पड़ा। शादीशुदा और दो बच्चों का पिता होने के बावजूद उन्होंने ख़ुद को कुँवारा बताया। मोहन भी विलायत में गोरी लड़कियों के साथ घूमना-फिरना

और मौज-मस्ती करना चाहते थे। लेकिन उसके पारिवारिक संस्कार इसकी इजाज़त नहीं देते थे। इसके अलावा राजकोट के पिछड़े इलाक़े से आए इस युवक का शर्मीला स्वभाव भी इस काम में बाधक था। रूप-रंग के लिहाज़ से भी मोहन बहुत आकर्षक नहीं थे। आत्मविश्वास की कमी के कारण मोहन लड़कियों से बात भी करने में घबराते थे। लेकिन विलायत में मौक़ों की कमी नहीं थी। गाँधी ने एक घटना का ज़िक्र किया है- 'मैं जितना शर्मीला था, उतना ही डरपोक भी था। मैं वेंटनर के जिस घर में रहता था, उसमें शिष्टाचार की दृष्टि से ही सही, अगर कोई लड़की होती तो वह घूमते समय मेरे जैसे विदेशी को ही अपने साथ लेती। इस शिष्टाचार के विचार से इस घर की मालकिन की बेटी मुझे वेंटनर के आस-पास की सुंदर टेकरियों पर घुमाने ले गई। मेरी चाल कुछ धीमी नहीं थी, किंतु वह मुझसे भी तेज़ चलती थी। इसीलिए मुझे पीछे रह जाना पड़ता था। वह तो सारे रास्ते बातों की फुहार छोड़ते हुए चलती और मेरे मुँह से कभी 'हाँ' और कभी 'ना' के सिवाय कुछ नहीं निकलता। बहुत हुआ तो कभी किसी दृश्य को देखकर इतना बोल उठा, 'कितना सुंदर'। वह तो हवा से बातें करती चलती और मैं यह सोचता रहता कि कब घर वापस पहुँचेंगे। फिर भी यह कहने की हिम्मत न पड़ती कि चलो लौट चलें। इसी बीच हम एक पहाड़ी की चोटी पर जा पहुँचे। उतरते समय सोच में पड़ गया। बीस-पच्चीस साल की वह युवती तो ऊँची एड़ी वाले अपने जूतों के बावजूद बिजली की तरह तेज़ी से नीचे उतर गई और मैं शर्म से गड़ा-गड़ा यही सोचता रहा कि ढाल पर से नीचे कैसे उतरूँ। वह नीचे खड़ी-खड़ी हँस रही थी और हिम्मत बँधा रही थी। पूछती थी कि ऊपर आकर हाथ का सहारा देकर नीचे उतार लूँ। किंतु मैं इतना कायर कैसे बनता। मुश्किल से पैर जमाता जैसे-तैसे बैठते-उठते नीचे उतरा। उसने मज़ाक़ में 'शा...ब्बा...श' कहा। इस तरह मुझ, वैसे ही लज्जित को, उसने और भी लज्जित किया। इस तरह की खिल्ली उड़ाकर मुझे शर्मिंदा करने का उसे हक़ था।'[7]

यह अकेली घटना नहीं थी। लंदन आए अभी साल नहीं बीता था। मोहनदास ब्राइटन गए थे। समुंदर का यह किनारा हवाखोरी के लिए मशहूर था। यहाँ होटल में उनकी मुलाक़ात एक वृद्ध महिला से हुई। जिसने फ्रेंच भाषा में लिखे होटल के मीनू को पढ़ने में मोहनदास की मदद की थी। बातचीत के दौरान दोनों में दोस्ती हो गई। महिला ने मोहनदास को हर रविवार अपने घर आने का न्यौता दिया। मोहनदास उसके घर आने-जाने लगे। वह महिला मोहन का परिचय तमाम

नवयुवतियों से कराती। अपने घर में रहने वाली एक लड़की से वह बात करने का ख़ास मौक़ा देती। कभी-कभी वह दोनों को अकेला छोड़कर बाहर चली जाती।

गाँधी ने लिखा- 'पहले पहल मुझे यह सब बहुत कठिन लगता। क्या बात करूँ, सो सूझता ही नहीं था। हँसी दिल्लगी भी किस बात को लेकर की जाए? पर वह बुढ़िया मुझे व्यवहार कुशल बनने में मदद करती रही और मैं कुशल बनने भी लगा। मैं रविवार आने की प्रतीक्षा में रहता। उक्त स्त्री के साथ बातचीत करना मुझे अच्छा लगने लगा था।' महिला निश्चिंत थी। वह अपनी लड़की से मोहन की शादी के सपने बुनने लगी थी। यह मोहन के लिए कठिन समय था। अपनी शादी और एक बच्चे का पिता होने की बात उसने महिला से छुपाई थी। उसे लगा कि जब उस महिला को सच पता चलेगा तो क्या होगा। उसने सोचा कि 'यदि मैं सच्ची बात बता दूँ तो संकट से बच जाऊँगा?' मोहनदास ने उस भद्र महिला को सब कुछ सच-सच लिख दिया। मोहनदास ने यह भी भरोसा दिलाया कि उनकी लड़की के साथ उसने कोई 'अनुचित स्वतंत्रता नहीं बरती।' मोहनदास ने यह उम्मीद भी ज़ाहिर की कि इस सब के बाद भी अगर उस महिला ने अपने घर के दरवाज़े उसके लिए खुले रखे तो वह इसे 'प्रेम का नया चिह्न' समझेंगे। उस महिला ने मोहनदास को माफ़ भी कर दिया। महिला ने यक़ीन दिलाया कि 'हमारी मित्रता जैसी थी वह तो वैसी ही बनी रहेगी।'[8]

सच बोलकर मोहनदास ने अपना दिल हलका कर लिया। लेकिन उनके भीतर जमा काम-वासना का ज़हर नहीं निकल सका था। उसे बाहर निकालने का कोई उपाय भी मोहनदास के पास नहीं था। विलायत में रहते मोहनदास ने धार्मिक साहित्य का अध्ययन शुरू कर दिया था। इनमें भगवद्गीता, बुद्ध-चरित और बाइबिल शामिल थी। हिंदुस्तान में रहते हुए भगवद्गीता से उनका परिचय नहीं हो सका था। उन्होंने एडविन आर्नल्ड का गीता अनुवाद पढ़ा। गीता के दूसरे अध्याय के दो श्लोकों ने मोहनदास को गहरे प्रभावित किया। यह श्लोक भी काम-वासना से संबंधित था। इस श्लोकों का अर्थ कुछ इस तरह है- 'विषयों का चिंतन करने वाले मनुष्य की उन विषयों में आसक्ति पैदा हो जाती है। फिर आसक्ति से कामना पैदा होती है और कामना से क्रोध। क्रोध से मूढ़ता पैदा होती है और मूढ़ता से स्मृति लोप होता है। स्मृति लोप से बुद्धि का विनाश होता है। और जब बुद्धि का विनाश हो जाता है तब मनुष्य का पतन हो जाता है।'

लेकिन मोहनदास गीता के इस श्लोक को आत्मसात नहीं कर सके। काम-

वासना का विष उन पर अपना असर दिखाता रहता। उनका मन उन्हीं गलियों में भटकता। लेकिन हर बार वह संयोग से बच जाते लेकिन एक आस्तिक होने के नाते उन्हें लगता कि ईश्वर ने उन्हें बचा लिया। सन् 1890 में अन्नाहारियों का पोर्टस्मथ में एक सम्मेलन था। यह विदेश प्रवास का अंतिम साल था। इस सम्मेलन में मोहनदास और उनके एक हिंदुस्तानी मित्र को आमंत्रित किया गया था। यह इलाक़ा जहाज़ पर काम करने वाले खलासियों का बंदरगाह माना जाता है। गाँधी के मुताबिक़ 'वहाँ दुराचारिणी स्त्रियों के बहुत मकान हैं। वे स्त्रियाँ वेश्या तो नहीं होतीं किंतु निष्कलंक भी नहीं होतीं।' आयोजकों ने उन्हें एक महिला के घर में ठहराया था। गाँधी ने लिखा- 'हम सभा से लौटे और भोजन करने के बाद ताश खेलने बैठे। विलायत में संभ्रांत परिवारों में भी मेहमानों के साथ ताश खेलने के लिए गृहिणियाँ बैठ जाया करती हैं। ताश खेलते-खेलते निर्दोष हँसी-मज़ाक़ तो सभी करते हैं। लेकिन यहाँ जो विनोद शुरू हुआ, वह वीभत्स था। मेरा साथी इसमें निपुण है यह मैं नहीं जानता था। मुझे इस विनोद में रस आने लगा। मैं भी शामिल हो गया। वचनों को क्रिया का रूप देने की तैयारी चल रही थी। ताश एक तरफ़ धरे ही ज़ा रहे थे कि मेरे साथी के मन में भगवान आ बसे। उसने मुझसे कहा, 'अरे, तुम में यह कलयुग कैसा? यह काम तुम्हारा नहीं है। चलो तुम भागो यहाँ से।' मैं लज्जित हुआ। सावधान हुआ। मन-ही-मन उस मित्र का उपकार माना। माता के सामने की हुई प्रतिज्ञा का स्मरण हुआ। मैं भागा और काँपता-काँपता अपने कमरे में जा पहुँचा। छाती धड़क रही थी। व्याध के हाथ से बचकर निकले हुए शिकार की जैसी दशा होती है, वैसी ही दशा मेरी थी।' गाँधी ने 'आत्मकथा' में आगे लिखा- 'परस्त्री को देखकर विकार के वश होने का और उसके साथ रंगरेलियाँ करने की इच्छा होने का यह मेरा पहला प्रसंग था। उस रात मैं सो नहीं सका।'[9]

अब ज़रा इस स्वीकारोक्ति पर ग़ौर कीजिए। गाँधी लिखते हैं ये 'रंगरेलियाँ' करने की इच्छा होने का यह उनका 'पहला प्रसंग' था। अगर ये पहला प्रसंग था तो अपने मुस्लिम दोस्त के साथ पहली बार वेश्या के घर जाने के प्रसंग को गाँधी किस नज़रिए से देख रहे थे? फिर पिता की मृत्यु पर काम-वासना के चक्रव्यूह में फँसने का पश्चात्ताप क्या था? ख़ैर आगे स्थितियाँ और विकट होने वाली थीं।

भारी अंतर्द्वंद्व में मोहनदास ने इंग्लैंड में बाक़ी दिन काटे। 10 जून, 1891 को वह बैरिस्टर बन गए। इंग्लैंड हाईकोर्ट में उन्होंने अपना नाम दर्ज कराया।

इंग्लैंड में तीन वर्ष रहने के बाद 12 जून, 1891 को मोहनदास बंबई के लिए रवाना हुए। उन्होंने क़ानून की पढ़ाई पूरी कर ली थी लेकिन अदालत में मुक़दमा कैसे लड़ना चाहिए यह कला वह नहीं सीख पाए। मोहनदास का आत्मविश्वास पूरी तरह डिगा हुआ था। बंबई पहुँचे तो पहली ख़बर मिली कि माँ नहीं रहीं। मोहनदास लौटे तो कस्तूर को लगा कि वह थोड़ा बदले होंगे। लेकिन वह ग़लत थीं। कस्तूर को लेकर मोहनदास के मन में कई तरह की शंकाएँ-आशंकाएँ और पूर्वाग्रह थे। लंदन में उन्होंने एकदम दूसरी दुनिया देखी थी। वहाँ मोहन ने स्त्री-पुरुष संबंधों को काफ़ी क़रीब से देखा था। उन्होंने 'आत्मकथा' में लिखा- 'अभी तक पत्नी के साथ मेरा संबंध जैसा मैं चाहता था, वैसा नहीं बना था। विलायत में रहकर भी मैं अपने ईर्ष्यालु स्वभाव को नहीं छोड़ पाया था। हर बात में ग़लती और शक की मेरी आदत जैसी की तैसी बनी रही। इसलिए मैं जो चाहता था सो पूरा नहीं कर पाया।'[10]

इंग्लैंड से क़ानून की डिग्री लेने के बावजूद मोहनदास में ज़रा भी आत्मविश्वास नहीं था। बड़ी मुश्किल से उसे स्माल कॉज कोर्ट में ममीबाई का मुक़दमा मिला। मुक़दमा बहुत आसान था। गाँधी ने लिखा- 'मैंने पहली बार स्माल कॉज कोर्ट में प्रवेश किया। मैं प्रतिवादी की तरफ़ से था, इसलिए मुझे जिरह करनी थी। मैं खड़ा तो हुआ पर पैर काँपने लगे, सिर चकराने लगा। मुझे ऐसा लगा कि अदालत घूम रही है।' बैरिस्टर मोहनदास कर्मचंद गाँधी ने अपने जीवन का पहला मुक़दमा छोड़ दिया। मुवक्किल की फ़ीस वापस की और घर लौट आए। इसके बाद वह दक्षिण अफ्रीका जाने तक लौटकर कचहरी कभी नहीं गए। विलायत से लौटने के एक साल के भीतर ही मोहनदास एक और बच्चे के पिता बन चुके थे। 28 अक्टूबर, 1892 को मणिलाल का जन्म हुआ। बाद में गाँधी ने माना कि इस संतान के जन्म में भी 'काम-वासना' का प्रभाव था। कस्तूर से उनके संबंधों में मामूली सुधार आया था। लेकिन संबंधों में स्वाभाविक सहजता अभी नहीं थी। हिंदुस्तान में प्रवास के दौरान उन्हें ज़्यादातर अपमान और निराशा ही झेलनी पड़ी थी। बंबई में वकालत नहीं चली। मोहनदास ने वकालत छोड़कर मास्टरी में हाथ आज़माने की कोशिश की। अंग्रेज़ी शिक्षक का विज्ञापन पढ़कर इंटरव्यू देने गए। लेकिन उन्हें नौकरी नहीं मिली। हारकर मोहनदास राजकोट लौट आए। यहाँ एक छोटा-सा दफ़्तर खोल लिया जिसमें वह अर्ज़ी दावे लिखने का काम करते थे। इसी बीच उन्हें दक्षिण अफ्रीका जाने का न्यौता मिला। पोरबंदर

की मेमन फ़र्म को एक ऐसे आदमी की ज़रूरत थी जो अब्दुल्ला सेठ की फ़र्म के मुक़दमे लड़ने में मदद करे। मोहनदास का काम फ़र्म और उसके वकीलों में समन्वय स्थापित करना था। मोहनदास के पास दूसरा कोई विकल्प नहीं था। एक साल के लिए वह कस्तूर से विदा लेकर नेटाल जाने वाले जहाज़ के मुसाफ़िर हो गए।

अप्रैल का महीना समुद्री यात्राओं के लिए काफ़ी माक़ूल होता है। समुद्री हवाओं में एक ख़ास तरह की मस्ती रहती है। मोहनदास की जहाज़ के कप्तान से दोस्ती हो गई थी। नये काम को लेकर मोहनदास के मन में नई उमंग थी। ज़िल्लत की ज़िंदगी से उन्हें छुटकारा मिला था। मोहनदास के जीवन में एक भटकाव था। यही भटकाव उन्हें फिर कई समंदर पार ले जा रहा था। लेकिन मोहनदास ख़ुश थे। मन फिर भटकने लगा था। और अवसर फिर सामने आ गया। गाँधी लिखते हैं- 'मुझ पर कप्तान के प्रेम का पार नहीं था। मेरे लिए इस प्रेम ने उलटा रूप धारण किया। उसने मुझे अपने साथ सैर करने के लिए न्यौता दिया। एक अंग्रेज़ मित्र को भी न्यौत रखा था। हम तीनों कप्तान की नाव पर सवार हुए। मैं इस सैर के रहस्य को बिलकुल ही नहीं समझ पाया था। कप्तान को क्या मालूम कि मैं ऐसे मामलों में बिलकुल अनाड़ी हूँ। हम लोग हब्शी औरतों की बस्ती में पहुँचे। हमें एक दलाल वहाँ ले गया। हममें से हर एक अलग-अलग कोठरी में घुस गया। मैं तो शर्म के मारे गुमसुम ही बैठा रहा। बेचारी उस स्त्री के मन में क्या विचार उठे होंगे, सो तो वही जाने। कप्तान ने आवाज़ दी। मैं जैसा गया था, वैसा ही लौट आया।' गाँधी ने लिखा कि उस 'बहन' को देखकर उनके मन में 'तनिक भी विकार' उत्पन्न नहीं हुआ। बल्कि उन्हें अपनी इस 'दुर्बलता' पर ज़रूर घृणा हुई कि उन्होंने 'कोठरी में घुसने से ही इनकार' क्यों नहीं कर दिया।

गाँधी ने 'आत्मकथा' में आगे यह भी स्वीकार किया कि 'मैं जो बचा था सो अपने पुरुषार्थ के कारण नहीं। पुरुषार्थ तो तब माना जाता, जब मैंने कोठरी में घुसने से ही साफ़ इनकार कर दिया होता। मुझे तो अपनी रक्षा के लिए केवल ईश्वर का ही उपकार मानना चाहिए। इस घटना के कारण ईश्वर में मेरी श्रद्धा बढ़ी और झूठी शर्म छोड़ने की कुछ हिम्मत मुझमें आई।'[11]

यह तीसरा मौक़ा था जब उनकी काम-वासना उन्हें दुराचारिणी औरतों के दरवाज़े तक खींच ले गई थी। तीनों बार वह अपनी इच्छा से यहाँ नहीं आए थे लेकिन कोई लालसा थी जिसने मन के सारे नियंत्रण और बाँध तोड़ दिए थे। हर

बार मोहनदास शर्मिंदगी का बोझ लिए वापस लौट आए। ईश्वर ने उनकी रक्षा की। हालाँकि वह ख़ुद अपने तईं अपनी रक्षा करने में नाकाम रहे थे। हर बार वह केवल परिस्थिति के कारण बचे।

इन तीनों घटनाओं से हम कुछ साफ़ नतीजे निकाल सकते हैं। अपने तमाम प्रयासों के बावजूद युवा मोहन काम-वासना से मुक्त नहीं हो पा रहे थे। हालाँकि इस उम्र में ये सब बेहद स्वाभाविक घटनाएँ थीं। गाँधी गुज़रती हुई 19वीं सदी के एक सामान्य युवक थे जिसमें चारित्रिक उदारता, आत्मविश्वास, व्यवहार कुशलता और काम-वासना का ग़ज़ब मिश्रण था जैसा कि उस ज़माने के तमाम युवकों में ये सब दिखने को मिल जाता है। इसमें कुछ भी पश्चात्ताप जैसा नहीं थी। इस उम्र में अक्सर युवा मन भटक जाता है लेकिन फिर उसे अपनी भूल का अहसास होता है। लेकिन महत्त्वपूर्ण ये कि हम अपनी भूलों से क्या सबक़ लेते हैं? गाँधी लियो टॉल्सटॉय से बुरी तरह प्रभावित थे। उनकी आत्मकथा भी काफ़ी हद तक लियो टॉल्सटॉय की आत्मकथा से प्रभावित थी। लियो की तरह उन्होंने भी अपनी आत्मकथा पाठकों को संबोधित करते हुए लिखी। टॉल्सटॉय एक अद्वितीय और विवादास्पद चरित्र थे। युवा लियो टॉल्सटॉय का जीवन एक बिगड़े हुए रईसज़ादे का था जिसने जीवन भर ख़ूब शराब पी, जुआ खेला, वेश्यागमन और व्यभिचार किया। एक ओर वह नैतिक जीवन जीने के समर्थक थे दूसरी ओर उनका मन स्त्रियों में भटकता था। वे ख़ुद पर क़ाबू नहीं रख पाते और फिर अपने पतन के लिए ख़ुद को कोसते। उनकी युवावस्था की डायरी उनके पश्चात्तापों से भरी पड़ी है। वे ख़ुद को सुधारने की कोशिश करते और साथ-साथ अपनी वासनाओं से संघर्ष करते रहते। उनके 13 बच्चे हुए। उनके जीवन की कहानी में, दर्जनों प्रेम प्रसंग और रोमांटिक उलझाव, नैतिकता, शुद्धता और पारिवारिक मूल्यों पर धर्मोपदेश सब साथ-साथ चलते हैं। गाँधी के मित्र की तरह टॉलस्टॉउय के भाई उन्हें पहली बार वेश्या के कोठे तक ले गए। तब वे केवल 16 साल के थे। टॉलस्टाय ने अपने कौमार्य खोने के बारे में अपनी आत्मकथा में लिखा, 'जब मेरे भाई मुझे पहली बार एक वेश्यालय में ले गए और मैंने यह हरकत की, तो मैं उस महिला के बिस्तर पर जाकर रोने लगा।' टॉल्सटॉय ने अपने हर अनुभव को किसी-न-किसी रूप में समाज के सामने रखा। अपनी शादी से पहले की रात उन्होंने अपनी भावी पत्नी को अपनी डायरी के हर काले पन्ने जबरन पढ़ाए। यही प्रयोग गाँधी ने भी आपनी आत्मकथा में जगह-जगह किया। लेकिन टॉल्सटॉय

और गाँधी की आत्मस्वीकृतियों में फ़र्क़ ये है कि टॉल्सटॉय ने सच को ज्यों-का-त्यों सामने रखा लेकिन गाँधी हर घटना में काजल की कोठरी से बेदाग़ बाहर निकल आए। फिसलन की इन घटनाओं को उन्होंने पूरे गर्व व आत्माभिमान से अपनी 'आत्मकथा' में लिखा। ये आत्मकथा 1920 के आस-पास लिखी गई जब उनकी उम्र क़रीब पचास साल की हो गई थी। इन स्वीकारोक्तियों ने गाँधी की महानता की इमारत को और भी मज़बूत किया। गाँधीवादी आलोचकों ने इन स्वीकारोक्तियों को ख़ूब बढ़ा-चढ़ाकर प्रचारित किया जैसे ये कोई अभूतपूर्व घटना हो।

वासनाओं के ख़िलाफ़ पहली लड़ाई

दक्षिण अफ्रीका पहुँचकर गाँधी का नया जीवन शुरू हुआ। डरबन में एक नया संघर्ष उनका इंतज़ार कर रहा था। मुक़दमे के सिलसिले में डरबन से प्रिटोरिया जाते वक़्त फ़र्स्ट क्लास का टिकट होने के बावजूद उन्हें डिब्बे से नीचे फेंक दिया गया। यह बैरिस्टर मोहनदास कर्मचंद गाँधी के जीवन की परिवर्तनकारी घटना थी। दक्षिण अफ्रीका प्रवास के दौरान बैरिस्टर एम.के. गाँधी की एक अलग और स्वतंत्र पहचान बनी। दक्षिण अफ्रीका में मोहनदास को तीन साल हो गए। मोहनदास को लगा कि अभी हिंदुस्तान लौटने का वक़्त नहीं है। शादी के बाद से ही मोहनदास को कस्तूर के साथ लंबे समय तक साहचर्य नहीं मिला था। मोहन का विवाह 1883 में 13 साल की उम्र में हुआ था। 19 साल की उम्र में वह इंग्लैंड चले गए। इन छह सालों में मोहन बमुश्किल तीन साल कस्तूर के साथ रहे। वह भी टुकड़ों में। हर छह-आठ महीने में कस्तूर का मायके से बुलावा आ जाता। इन छह सालों में गाँधी को दो संतानें हुईं। पहली संतान जन्म लेने के कुछ दिन बाद ही चल बसी। दूसरी संतान हरिलाल गाँधी थे। जिनके जन्म का काल कहीं दर्ज नहीं मिलता। इंग्लैंड से लौटने के बाद भी मोहनदास मुंबई और राजकोट के बीच चक्कर लगाते रहते। इस दौरान बमुश्किल वह छह महीने कस्तूरबा के साथ रहे। इसी दौरान वे दूसरे बेटे के पिता बने थे।

फिर दक्षिण अफ्रीका में मोहनदास अकेले ही गए थे। साल भर नेटाल में रहने के बाद परिवार को पास बुलाना ज़रूरी हो गया था। बैरिस्टर गाँधी के जीवन में अब थोड़ा स्थायित्व आ गया था। वकालत चलने लगी थी। एक नये सार्वजनिक जीवन की शुरुआत हो चुकी थी। मोहनदास छह महीने की छुट्टी

लेकर हिंदुस्तान लौटे और अपनी पत्नी कस्तूर व दोनों बच्चों को जनवरी, 1897 में नेटाल ले आए।

दक्षिण अफ्रीका आए मोहनदास के बड़े बेटे हरिलाल की उम्र नौ साल थी और छोटे बेटे मणिलाल की पाँच साल। साथ में बहन गोर्की का बेटा गोकलदास था। उसकी उम्र भी दस साल की रही होगी। अब पत्नी साथ रहने लगी थी। मोहनदास भी अनुभवों के कई बंदरगाहों से गुज़र चुके थे। काम-वासना को लेकर उनके अनुभव बेहद रोमांचक रहे थे। जितना समय उन्होंने अपनी पत्नी के साथ नहीं बिताया उससे अधिक समय वह इंग्लैंड और दक्षिण अफ्रीका की स्त्रियों के साथ गुज़ार चुके थे। इन विचित्र अनुभवों के बाद मोहनदास के मन में पहली बार ब्रह्मचर्य का ख़याल दक्षिण अफ्रीका में आया। वह भी तब जब उनकी पत्नी उनके साथ रहने लगी थीं। मोहनदास को याद नहीं था कि ब्रह्मचर्य का विचार उनके मन में किस किताब से आया। ब्रह्मचर्य पर विचार करते हुए उन्हें पहला ख़याल रामचंद्र भाई का आया। रामचंद्र भाई ख़ुद शादीशुदा थे। मोहनदास से पहली मुलाक़ात के समय रामचंद्र भाई की उम्र कोई पच्चीस साल की रही होगी। तब मोहनदास इंग्लैंड से लौटे थे। रामचंद्र भाई पेशे से जवाहरात के व्यापारी थे। हीरे-मोती के इस कारोबारी के अध्यात्म ज्ञान ने मोहनदास को खासा प्रभावित किया था। जब वह धर्म के बारे में चर्चा करते तो मोहनदास मुग्ध भाव से उन्हें देखते रह जाते थे। ऐसी ही किसी क्षण में मोहनदास ने रामचंद्र भाई के सामने दंपति प्रेम पर चर्चा छेड़ दी।

दो पुत्रों के पिता मोहनदास गाँधी ने ब्रह्मचर्य साधने का भरसक प्रयास करना शुरू कर दिया था। कृत्रिम गर्भ निरोधक साधनों में मोहनदास गाँधी का विश्वास नहीं था। दो के बाद और अधिक संतानों की इच्छा नहीं थी। इसी के साथ संयम का पहला यज्ञ शुरू हुआ। एक ही कमरे में अलग-अलग खाटें बिछने लग गईं। मोहनदास का ज़्यादा समय घर के बाहर बीतता। रात लौटते और थककर अलग सो रहते। मोहनदास के इस संयम व्रत में कस्तूर कहीं नहीं थी। उन्होंने अपने ब्रह्मचर्य व्रत को एकतरफा लिया, बिना अपनी पत्नी की सलाह के। लेकिन कस्तूर ने इसकी परवाह भी नहीं की। शायद वे गाँधी को उनसे बेहतर जानती थीं। संतान को जन्म देने न देने का फ़ैसला पति अकेले नहीं ले सकता। पत्नी भी उस फ़ैसले में बराबर की भागीदार होनी चाहिए। विषय-वासना को लेकर कस्तूर के अपने संस्कार थे। जो बेशक मोहनदास के विचारों जैसे जोशीले नहीं हो सकते।

कस्तूर अब किशोरी नहीं रही थीं मोहनदास भी तरुण नहीं रह गए थे। यह तीस साल के पके हुए दांपत्य का अंतर्द्वंद्व था। इसी अंतर्द्वंद्व के बीच मोहनदास न जाने कब तीसरी संतान के पिता बन गए। इस बेटे का नाम रामदास रखा गया।

संघर्ष अभी बाक़ी था। संयम टूटकर तार-तार हो चुका था। सारे संकल्प सभी प्रयोग धाराशायी हो चुके थे। गाँधी दंपति का ब्रह्मचर्य साधने का सिलसिला फिर शुरू हुआ। 'पति-पत्नी का संग काम-वासना के लिए नहीं है। विषय भोग सिर्फ़ एक उपाय हो संतानोत्पत्ति का। रति सुख एक पाप है और कुछ नहीं।' यह सारे विचार मोहनदास के मन में घर कर गए थे। लेकिन इसके बावजूद कस्तूर पाँचवीं बार गर्भवती हो गई। पहली संतान तो चार दिन में ही इस दुनिया से विदा हो गई थी। तीन बच्चे आँगन में खेल रहे थे। चौथा गर्भ में साँस ले रहा था। मोहनदास ने ईश्वर की कृपा समझकर इसे भी स्वीकार किया। कस्तूर को अचानक प्रसव पीड़ा शुरू हुई। डॉक्टर घर पर नहीं थे। दाई वहाँ दुर्लभ थी। मोहनदास ख़ुद दाई बन गए। सारा काम ख़ुद किया। नाल काटने से लेकर शिशु को नहलाने तक का। चौथे और सबसे छोटे बेटे का नाम गाँधी ने देवदास रखा।

गाँधी के ब्रह्मचर्य के प्रयोग में 1906 का वर्ष बहुत मायने रखता है। यह वह साल था जब गाँधी ने पहली बार ब्रह्मचर्य का व्रत लिया। मोहनदास ने ये व्रत लेने से ठीक पहले तक कस्तूर से इस पर कोई चर्चा नहीं की थी। मोहनदास ने सीधे अपना निर्णय सुनाया। कस्तूर ने इस फ़ैसले का कोई विरोध नहीं किया। गाँधी ने लिखा- 'पर यह व्रत मेरे लिए बहुत कठिन सिद्ध हुआ। मेरी शक्ति कम थी। मैं सोचता, विकारों को किसी प्रकार दबा सकूँगा ? अपनी पत्नी के साथ विकारयुक्त संबंध का त्याग मुझे एक अनोखी बात मालूम होती थी। फिर भी मैं यह साफ़ देख सकता था कि यही मेरा कर्तव्य है। मेरी नीयत शुद्ध थी। यह सोचकर कि भगवान शक्ति देगा, मैं इसमें कूद पड़ा।'[12]

व्रत ले लिया लेकिन विकारों पर विजय कैसे की जाए ? असल समस्या जननेंद्रियों पर नियंत्रण की थी। यौन प्रक्रियाओं को व्यक्ति का आहार प्रभावित करता है। मोहनदास को लगता कि 'विकार से भरा मन ही विकारयुक्त आहार की खोज करता है। विकारी मन अलग-अलग स्वादों और भोगों की तलाश में रहता है।' इसलिए ब्रह्मचर्य के लिए ज़रूरी है कि आहार की मर्यादा बनाए रखी जाए। दूध उन्हें सबसे ज़्यादा विकारी पदार्थ लगा। रायचंद्र भाई ने कभी मोहनदास से कहा था कि 'दूध से इंद्रिय-विकार पैदा होता है।' यही बात उन्होंने कुछ किताबों

में भी पढ़ी थी। मोहनदास के अंग्रेज़ मित्र मि. केलनबैक की भी यही राय थी कि 'दूध का त्याग कर दिया जाए।' दूध छोड़ने में नुक़सान कुछ नहीं है। फ़ायदे ज़रूर हैं। और टॉलस्टॉय फ़ार्म पर 1912 में मोहनदास गाँधी ने दूध के त्याग का व्रत ले लिया।

मोहनदास के ब्रह्मचर्य व्रत में सबसे ज़्यादा मदद उनके पहले सत्याग्रह ने की। ट्रांसवाल में नया क़ानून बन गया था। हर हिंदुस्तानी के लिए अपनी ऊँगलियों की छाप देना ज़रूरी कर दिया गया था। हर हिंदुस्तानी के लिए एक परिचय पत्र रखना लाज़मी था। अंग्रेज़ अफ़सर इसकी जाँच के लिए किसी भी हिंदुस्तानी के घर घुस सकता था। चुनौती मोहनदास के सामने थी। यहाँ मोहनदास का सही मायने में राजनीतिक जीवन शुरू हो रहा था। यह नये संघर्ष की शुरुआत थी। ब्रह्मचर्य व्रत के लिए यह सबसे उचित समय था क्योंकि परिवार छूट रहा था। वह परिवार जिसमें कस्तूर थी और चार छोटे बच्चे थे।

इसके बाद मोहनदास ने कभी पीछे मुड़कर नहीं देखा। यह वह दौर था जब मोहनदास इंग्लैंड से लौटते वक़्त जहाज़ पर 'हिंद स्वराज' लिख चुके थे। मोहनदास का 'सत्याग्रह प्रयोग' शुरू हो चुका था। दक्षिण अफ्रीका में ही कई हिंदुस्तानी और अंग्रेज़ परिवार मोहनदास और उनके प्रयोगों से जुड़ गए थे। सत्य, अहिंसा, आत्मशुद्धि, ब्रह्मचर्य व्रत आदि शब्द मोहनदास और उनके साथियों के जीवन का हिस्सा बनते जा रहे थे। मोहनदास अपनी बात इतने तर्कपूर्ण ढंग से रखते कि इनकार की कोई संभावना न बचती। रस्किन की 'अंटू दि लास्ट' का मोहनदास पर गहरा असर पड़ा था। रस्किन के प्रभाव से मोहनदास के मन में सर्वोदय के रचनात्मक विचार का जन्म हुआ। बाद में उन्होंने रस्किन की किताब का गुजराती में अनुवाद किया। इसका नाम भी उन्होंने 'सर्वोदय' रखा। मोहनदास ने अपने प्रयोगों को अमली जामा पहनाने के लिए बीस एकड़ ज़मीन में खेतों के बीच 'फिनिक्स आश्रम' की स्थापना की। यह 1904 की बात है। यह आश्रम एक महीने में बनकर तैयार हो गया। यह आश्रम डरबन से कोई 13 मील दूर था। मोहनदास की कोशिश थी कि इस प्रयोग में उनके क़रीबी लोग साथ दें। वह शहर छोड़कर इस आश्रम में बस जाएँ और एक नये जीवन की शुरुआत करें। ऐसा जीवन जो संपूर्ण सांसारिकता से मुक्त कर उन्हें अध्यात्म की नई दुनिया में ले जाता है। यहीं उन्होंने 'इंडियन ओपीनियन' के नाम से अख़बार निकाला जो दक्षिण अफ्रीका में बसे हिंदुस्तानियों में बहुत जल्द मशहूर हो गया।

मोहनदास से जुड़े ज़्यादातर सत्याग्रही ट्रांसवाल में बसे थे। फिनिक्स आश्रम यहाँ से कोई चार सौ किलोमीटर दूर था। मोहनदास की इच्छा थी कि ट्रांसवाल में भी एक आश्रम स्थापित किया जाए जहाँ सत्याग्रहियों को सपरिवार बसाया जा सके। कई सत्याग्रही जेल में थे। उनके परिवार अनाथ हो गए थे। आश्रम बन जाता तो इन बेसहारा परिवारों को एक सहारा मिल जाता। लेकिन नया आश्रम बसाना आसान नहीं था। मोहनदास के पास इतना धन नहीं था। उन्होंने अपने मित्र कैलेन बैक से चर्चा की। उन्होंने मदद का आश्वासन दिया। इसी बीच सत्याग्रह फंड में सर रतनजी टाटा का 25 हज़ार रुपये का चेक आ गया। यह काफ़ी नहीं था। लेकिन शुरुआत की जा सकती थी। मोहनदास के उदार मित्र कैलेन बैक ने जोहानिस्बर्ग शहर के बाहर कोई ग्यारह सौ एकड़ सस्ती ज़मीन ख़रीद ली। यहीं आश्रम की रूपरेखा तैयार हुई। सौ एकड़ ज़मीन मोहनदास को आश्रम बनाने के लिए बग़ैर किराए के दे दी गई। इस आश्रम का नाम रखा गया 'टॉलस्टॉय फ़ार्म।'

प्रयोगशाला शुरू

टॉलस्टॉय फ़ार्म में 7 साल से लेकर 20 साल तक के बच्चे और युवा थे। इनमें 12-13 साल की लड़कियाँ भी थीं। मोहनदास जेल में बंद सत्याग्रहियों के इन बच्चों को अनौपचारिक रूप से शिक्षित करना चाहते थे। मोहनदास का प्रयोग शुरू हो गया। लड़के-लड़कियाँ साथ में रहते, साथ पढ़ते, साथ खेलते थे। यहाँ तक एक तरण ताल में उन्हें साथ ही नहाने की भी आज़ादी थी। दरअसल यह मोहनदास का एक नया प्रयोग था। आत्मसंयम का प्रयोग। ब्रह्मचर्य का प्रयोग भी इसी से जुड़ा था।

आगे की कहानी ख़ुद मोहनदास गाँधी क़े शब्दों में है- 'मेरा प्रयोग इस प्रकार था- मैं लफंगे माने जाने वाले लड़कों को और निर्दोष सयानी लड़कियों को नहाने के लिए (स्वीमिंग पूल में) साथ-साथ भेजता था। नहाने का एक वक़्त तय था। उसके लिए वक़्त पर सब लड़के और लड़कियाँ साथ-साथ जाते। जैसे माँ की अपनी आँख बेटी पर रहती है वैसे ही मेरी आँख भी इन लड़कियों पर रहती थी।'

एक दिन नहाते वक़्त एक युवक ने दो लड़कियों से छेड़छाड़ कर दी। गाँधी को पता चला तो वे विचलित हो गए। गाँधी ने लिखा- 'मैंने रात-भर जगकर सोचा, इन लड़कियों को क्या चिह्न दूँ जिससे ये अपने आपको सुरक्षित समझें। दूसरे उन्हें देखकर निर्विकार रहें।' अगले दिन वे उन लड़कियों के पास गए और

उनसे कहा कि वे उन्हें उनके सुंदर लंबे बाल काटने की अनुमति दे दें। गाँधी ने लिखा- 'हम फ़ार्म में दाढ़ी बनाने और बाल काटने का काम आपस में कर लेते थे। इसलिए मेरे पास कैंची रहती थी। मेरी बात पहले उन लड़कियों की समझ में नहीं आई। मैंने बड़ी स्त्रियों को सब कुछ समझा दिया था। उन्हें मेरी बात सहन तो नहीं हुई; किंतु उन्हें मेरा मक़सद पसंद आया। अत: उनकी सहायता मुझे प्राप्त थी। दोनों लड़कियों का रूप भव्य था। शोक ! उनमें से एक आज मौजूद नहीं है। वह तेजस्विनी थी। दूसरी लड़की अभी जीवित है और अपना घर-बार सँभालती है। अंत में बात दोनों की समझ में आ गई। मैं जिस हाथ से इस प्रसंग को लिख रहा हूँ उसी हाथ से मैंने उन लड़कियों के बालों पर कैंची चला दी।'[13]

मोहनदास गाँधी के इस 'अभूतपूर्व न्याय' का तरीक़ा आश्रम में शायद ही किसी को समझ आया हो। इस अदालत में सजा उन ग़रीब लड़कियों को ही मिली जिनका इस पूरे प्रकरण में कोई दोष नहीं था। मोहनदास को लगा कि लड़कियों के बाल ही पाप का कारण हैं। इन सुंदर बालों के कारण लड़कों के मन में वासना जागी। इसलिए इन बालों की सुंदरता को ही नष्ट कर दो। ख़ैर, सत्याग्रही जेल से छूट गए थे। इनमें अधिकांश लोगों ने अपने परिवार को टॉलस्टॉय आश्रम से हटा लिया। अब यहाँ सिर्फ़ फिनिक्सवासी बच गए थे। मोहनदास उन सभी को फिनिक्स ही ले आए। सत्याग्रह के काम से मोहनदास को अधिकांश समय जोहानिस्बर्ग में रहना पड़ता था। इस दौरान फिनिक्स आश्रम में एक दूसरी दुर्घटना घट गई। आश्रम में दो युवकों ने एक छोटी लड़की के साथ कुकर्म करने का प्रयास किया। इस घटना के बाद उस लड़की के माता-पिता ने लड़की को स्कूल भेजना बंद कर दिया। वे लड़की पर नज़र रखने लगे। बहुत जल्द ही उन्होंने फिनिक्स आश्रम भी त्याग दिया। मोहनदास इस घटना को भूल नहीं पाए। लेकिन अभी इससे भी कुछ ज़्यादा बुरा होना बाक़ी था।

***

आश्रम की पवित्रता लगातार भंग हो रही थी। मोहनदास के प्रायश्चित और उपवास कुछ काम नहीं आ रहे थे। मोहनदास को प्रयोग ग़लत थे या प्रयोग की स्थितियाँ अनुकूल नहीं थीं। मोहनदास का उपवास ख़त्म नहीं हुआ कि एक नया बखेड़ा खड़ा हो गया। फिनिक्स आश्रम में एक विवाहित युवती थी जयकुँवर। प्यार से लोग उसे जेकी कहते थे। गाँधी के एक बेटे से उसके अवैध संबंध बन गए।

दरअसल जेकी के पति मणिलाल डॉक्टर फीजी में हिंदुस्तानियों की सेवा करते थे। जेनी के पिता डॉ. प्राणजीवन मेहता मोहनदास के क़रीबी मित्र थे। डॉ. मेहता एम. डी. बैरिस्टर थे जिन्होंने गाँधी के सन् 1888 में इंग्लैंड पहुँचते ही उनकी देख रेख का भार अपने ऊपर ले लिया। डॉ. मेहता ने ही मोहनदास को अंग्रेज़ी शिष्टाचार और चाल चलन सिखाया था। वह टॉलस्टॉय फ़ार्म की स्थापना और संचालन से लेकर चंपारण सत्याग्रह तक, गाँधी के सभी कामों में बड़ी दिलचस्पी लेते रहे। मोहनदास का ब्रह्मचर्य का पहला पाठ पढ़ाने वाले कविवर राजचंद्र से गाँधी को डॉ. मेहता ने ही मिलाया था।

मणिलाल डॉक्टर से गाँधी की पहली मुलाक़ात उनके 1906 लंदन प्रवास के दौरान हुई थी। मणिलाल डॉक्टर एक बार फिनिक्स आश्रम भी आए थे। तब उनकी सगाई जेकी से हो चुकी थी। जेकी अपने पिता के घर थी। मणिलाल डॉक्टर सरल स्वभाव के इंसान थे। लेकिन आश्रम के काम में उन्हें ज़रा भी दिलचस्पी नहीं थी। 1912 में मणिलाल डॉक्टर और जेकी की शादी हो गई। जेकी फिनिक्स में आ गई। मणिलाल मॉरीशस में बेहतर काम कर चुके थे। मोहनदास का विचार था कि मणिलाल डॉक्टर को फिर मॉरीशस लौटकर सार्वजनिक कार्य प्रारंभ करना चाहिए। मणिलाल डॉक्टर मॉरीशस चले गए। उनकी पत्नी जेकी यहाँ आश्रम में रहती थी। वह मिलनसार थी। उसे आश्रम में बच्चों को पढ़ाने की ज़िम्मेदारी दी गई थी। वह युवा और सुंदर थी। मोहनदास गाँधी के तीनों बेटे भी यहीं आश्रम में रहते थे। मोहनदास के दूसरे बेटे मणिलाल अभी किशोर थे। जेकी बीमार पड़ी तो मोहनदास गाँधी ने अपने बेटे मणिलाल को उसकी तीमारदारी में लगा दिया। आश्रम में न जाने कब मणि और जेकी में प्रेम हो गया। वह साथ रहते। नदी में नहाने भी साथ ही जाते थे। इसी दौरान दोनों में शारीरिक संबंध भी बन गए। माँ कस्तूरबाई और मि. केलेनबैक को उनके संबंधों पर संदेह भी था। दोनों ने मोहनदास गाँधी को सचेत किया था। लेकिन गाँधी को विश्वास नहीं था। एक दिन खुलासा हो गया। 'मोहनदास गाँधी और श्रीमती पोलक के बीच हुई बातचीत में यह बात साफ़ हो गई। मोहनदास गाँधी के सामने जेकी ने भी अपना अपराध स्वीकार कर लिया।'[14]

इस स्वीकारोक्ति ने गाँधी को आसमान से जैसे ज़मीन पर ला पटका हो। 'मानसिक उथल-पुथल' के ऐसे दिन उन्होंने जीवन में कभी नहीं बिताए थे। पहली बार आत्महत्या तक का ख़याल आया। उन्हें लगा कि 'चाक़ू निकालकर

पेट में भोंक' लें। कई बार उनकी इच्छा हुई 'दीवार पर अपना सिर दे मारें।' उन्होंने ख़ुद को नियंत्रित किया। उन्हें गोपाल कृष्ण गोखले की कही बात याद आई। वह गाँधी से कहा करते थे- 'आप में एक ऐसी कठोरता है कि सामने के व्यक्ति के मन में भय उत्पन्न कर देती है और आदमी डर के मारे आपकी इच्छा पूरी करने के लिए एड़ी-चोटी का पसीना एक करता रहता है। और जो व्यक्ति शक्तिशाली नहीं होता, वह अंत में झूठ का सहारा लेता है। आप लोगों पर बड़ा बोझ डाल देते हैं। यहाँ तक कि मैं भी आपका कोई काम होता है, तो वश के बाहर होने पर भी पूरी ताक़त लगाकर उसे करता हूँ।'[15]

मोहनदास गाँधी की ईश्वर ने फिर रक्षा की। मणिलाल और जेकी के सहवास से गर्भ नहीं ठहरा था। इसलिए गाँधी को लगा कि 'अब भी स्थिति नियंत्रण' में है। गाँधी ने फिर 'प्रायश्चित' शुरू किया। जेकी को आश्रम में यह कहकर लज्जित किया कि उसने विवाहित होते हुए 'एक निर्दोष किशोर' के साथ 'व्यभिचार' किया। मोहनदास ने 'कठोर उपवास' शुरू कर दिया था। पूरा आश्रम जेकी को वितृष्णा और घृणा की नज़र से देख रहा था। जेकी को उस समय अपनी ग़लती महसूस हो रही थी। उसने अपने केश काट टाले। श्रृंगार छोड़ दिया। तब जाकर मोहनदास माने। उन्होंने जेकी के हाथ से नीबू-पानी पीकर उपवास तोड़ा। मोहनदास ने अपने बेटे मणि से वादा लिया कि वह बिना पिता की आज्ञा के विवाह नहीं करेगा। और पवित्रता से 'ब्रह्मचर्य व्रत' का पालन करेगा।

बेटा मणिलाल जोहानिस्बर्ग में था और मोहनदास के मुताबिक़ वह 'कठिन व्रत का पालन कर प्रायश्चित' कर रहे थे। मोहनदास को लगता कि फिनिक्स में जेकी ने भी अपना 'जीवन बिलकुल बदल डाला है।'[16]

गाँधी पुत्र मोह में फँसे थे। उन्हें लग रहा था कि मणि ठीक रास्ते पर आ रहा है। मोहनदास गाँधी सिर्फ़ जेकी से नाराज़ नहीं थे। वह अपनी पत्नी कस्तूरबा से भी काफ़ी दुखी थे। दोनों में हर बात पर झगड़ा होता था। कस्तूरबा को लगता कि इस पूरे घटनाक्रम में 'बेचारे' मणि का क्या दोष। वह तो अभी बच्चा है। मुसीबत की जड़ ये 'विवाहिता' जेकी है जो उनके पास रह रही है। और बेचारा मणि अकेले दूर पड़ा है। कस्तूरबा का ग़ुस्सा दिन-ब-दिन उग्र रूप धारण कर रहा है। कस्तूबा हाथ धोकर जेकी के पीछे पड़ गई थीं। गाँधी ने इसके लिए कस्तूरबा को डाँटा और कहा कि उसके 'विचारों में पाप भरा हुआ है और अपने पापों की वजह से ही वह बीमार हुईं।' इस पर कस्तूरबा बिगड़ गईं। उन्होंने कहा कि वह

बंदिशों से तंग आ चुकी हैं। कस्तूरबा को लगता कि उनके पति 'उन्हें मारने के लिए खाने-पीने की सभी अच्छी चीज़ों से वंचित' रखते हैं। वह गाँधी को खरी-खोटी सुनातीं। वह गाँधी को 'फुँफकारते हुए साँप जैसा' बतातीं। मोहनदास गाँधी ने अपने मित्र कैलेन बैक को बताया कि 'ये टिप्पणियाँ जिस तरह से की गईं, उनका स्वरूप अत्यंत घृणापूर्ण था।' अपनी पत्नी कस्तूरबा के बारे में मोहनदास गाँधी के विचार थे कि उसमें 'अत्यंत सूक्ष्म रूप में राक्षस और देवता की भावनाएँ निवास करती हैं।' गाँधी ने अपनी पत्नी के बारे में बताया कि 'वह ऐसी ज़हर उगलने वाली महिला है जैसी मैंने अपने पूरे जीवन में कभी नहीं देखी। वह कभी नहीं भूलती, मुझे कभी माफ़ नहीं करती।'[17]

उधर मणि अपना आचरण संतुलित नहीं रख सका। तमाम दूरियों के बावजूद न मणि में सुधार हुआ न जेकी में। मणि और जेकी में शारीरिक संबंध बने रहे। दोनों को अलग करने की हर कोशिश नाकाम रही। मोहनदास ने डॉ. मेहता को पत्र लिखकर पूछा कि वह जेकी को फीजी भेजना चाहते हैं। डॉ. मेहता भला क्यों इनकार करते। लेकिन जेकी ने फीजी जाने से मना कर दिया। लेकिन उसे जाना ही पड़ा। फीजी का जहाज़ केपटाउन होकर जाता था। जेकी चाहती थी कि वह एक बार मणि से मिल ले। लेकिन ऐसा नहीं होने दिया गया।

जेकी और मणि को लेकर मोहनदास आहत थे। पिछले दिनों उन्हें जिस तरह के 'मानसिक कष्ट' और 'सदमे' सहने पड़े, वैसे पहले कभी नहीं सहे थे। उन्होंने अपने दोस्तों को पत्र लिखना भी बंद कर दिया था। उन्होंने कैलेन बैक को लिखा- 'मैं कुछ भी लिखना नहीं चाहता। मैं उनकी चर्चा किसी से नहीं करना चाहता। मैं एकांत में रहना चाहता हूँ।'

मोहनदास समझते थे कि मणि और जेकी का प्रेम, प्रेम नहीं बल्कि विशुद्ध शारीरिक भूख है। प्रेम एक बहुत दूसरी और ऊँची वस्तु है। मोहनदास ने मि. कैलेन बैक को लिखा- मैं जेकी को केवल इस विश्वास के कारण उसके पति से दूर रख सकता था कि वह उससे बहुत श्रेष्ठ है। अब मुझे मालूम हुआ है कि वह अपने पति से हेय है। वह झूठी, पाखंडी और बुरी भावनाओं वाली औरत है, जिसमें दया, करुणा कुछ भी नहीं है। क्या मैं उसे उसके पति से जुदा रख सकता था ? जल्दी ही वह भी उतनी ही बुरी हो जाएगी, जितना वह है। और उसकी सभी मौज-मस्तियों में हिस्सेदार बन जाएगी। वह ऐसा क्यों न करे ?[18]

इस घटना से आहत गाँधी फीजी के मणिलाल डॉक्टर, डॉ. मेहता और ख़ुद

अपने प्रति ख़ुद को दोषी मानने लगे थे। दक्षिण अफ्रीका में जिन दिनों मोहनदास अपने ब्रह्मचर्य व्रत की तपस्या कर रहे थे उन दिनों उनका ख़ुद का बेटा काम-वासना में लगभग अंधा हो चुका था। हालाँकि मोहनदास गाँधी ने इस पूरे मामले को कभी अपने ब्रह्मचर्य के प्रयोग से नहीं जोड़ा। वह मणि को सर्वश्रेष्ठ ब्रह्मचारी बनाना चाहते थे लेकिन मणि भोग के रास्ते पर आगे और आगे चला जा रहा था। टॉलस्टॉय फ़ार्म और फिनिक्स आश्रम की पवित्रता उनके ही ख़ून ने तार-तार कर दी थी।

मोहनदास गाँधी दक्षिण अफ्रीका से लंदन होकर स्वदेश लौट रहे थे। वह उदास और निराश थे। ऐसी निराशा जो लंबे संघर्ष के बाद होती है। जब लगता है कि इस लड़ाई में कितना कुछ खो गया। सफ़ेद गेहूँ के ब्रेड खाने से उनकी बवासीर फिर उभर आई थी। उन्होंने जहाज़ से ही अपने मित्र कैलेन बैक को लिखा- 'मेरा मन अस्थिर है और उन चीज़ों की इच्छा करता है, जो मैं छोड़ चुका हूँ। लंदन में मेरा भला नहीं हुआ। स्वस्थ और आशावान व्यक्ति के रूप में भारत लौटने की बजाय मैं एक ऐसे टूटे हुए इंसान के रूप में भारत जा रहा हूँ जो यह भी नहीं जानता कि भारत में उसे क्या करना या क्या बनना है और मैं यह पहले भी नहीं जानता था। परंतु न जानना ख़ुशी का एक कारण था जो अब नहीं है। मुझे उत्साहित करने वाला आशा का कोई आधार नहीं है।'[19]

बेक़सूर लड़कियों के केश काट देना, जिन्हें वो वासना का प्रतीक मान रहे थे और अपने युवा बेटे का एक विवाहित महिला के साथ अनैतिक संबंध। ये दोनों घटनाएँ गाँधी के ब्रह्मचर्य का व्रत लेने के शुरुआती सालों में हुईं। बच्चियों के बाल काटना क्योंकि उनके बाल किशोर लड़कों में वासना पैदा करते हैं, हर मायने में एक अमानवीय और हिंसक कृत्य था। इस घटना की व्यापक आलोचना हुई। लेकिन गाँधी ने अपने इस फ़ैसले को कभी ग़लत नहीं ठहराया न ही इसके लिए उन लड़कियों से क्षमा-याचना की। गाँधी का सारा ज़ोर स्त्री की शुचिता और पवित्रता पर था। गाँधी पूरे विश्वास से मानते थे कि किसी महिला का उसकी इच्छा के बग़ैर बलात्कार संभव ही नहीं है। कोई महिला बलात्कार का शिकार सिर्फ़ इसलिए हो जाती है क्योंकि वो मरने से डरती है। इसलिए गाँधी मानते थे कि महिलाओं या लड़कियों को बलात्कारी से लड़ते हुए मर जाना चाहिए। गाँधी कहते हैं- 'ये लिखना आसान है पर करना कठिन। इसलिए हमें ये मानना शोभा देगा कि जो स्त्री ख़ुशी से अत्याचारी के वश में नहीं हुई उसके साथ बलात्कार ही

हुआ है। ऐसी स्त्री को अगर गर्भ ठहर जाए तो उसे गर्भपात नहीं कराना चाहिए।' 20 (खंड 55, एक पत्र 30 मई 1932 पेज 444) यानी बलात्कार से अगर गर्भ भी ठहर जाए तो स्त्री को चाहिए कि वो बलात्कारी की संतान को पाले। ये अवधारणा स्त्री विरोधी ही नहीं स्त्री के नैसर्गिक अधिकारों के भी ख़िलाफ़ है।

***

संदर्भ :

1. जीवन-प्रभात, सस्ता साहित्य मंडल प्रकाशन, संस्करण 1980, लेखक- प्रभुदास गाँधी, पेज 52

2. सत्य के प्रयोग अथवा आत्मकथा, नवजीवन प्रकाशन मंदिर, अहमदाबाद, संस्करण जनवरी 2000, मोहनदास कर्मचंद गाँधी, पेज 6

3. सत्य के प्रयोग अथवा आत्मकथा, पेज 19

4. सत्य के प्रयोग अथवा आत्मकथा, पेज 25

5. संपूर्ण गाँधी वाङ्मय, प्रकाशन विभाग, सूचना और प्रसारण मंत्रालय, नई दिल्ली। खंड 1, 13 जून, 1891, पेज 50, (संस्करण 2001, संपूर्ण गाँधी वाङ्मय के आगे के सभी संदर्भ इसी संस्करण से लिए गए हैं।) वेजिटेरियन, 13- 6- 1891

6. खंड1, 4 सितंबर, 1888, पेज 14

7. सत्य के प्रयोग अथवा आत्मकथा, पेज 55

8. सत्य के प्रयोग अथवा आत्मकथा, पेज 57

9. सत्य के प्रयोग अथवा आत्मकथा पेज 62

10. सत्य के प्रयोग अथवा आत्मकथा पेज 78

11. सत्य के प्रयोग अथवा आत्मकथा पेज 90

12. सत्य के प्रयोग अथवा आत्मकथा पेज 179

13. दक्षिण अफ्रीका के सत्याग्रह का इतिहास, नवजीवन प्रकाशन मंदिर, अहमदाबाद 1968- पेज 278-280

14. गाँधी : आरडेंड इन साउथ अफ्रीका, जेएन उप्पल प्रकाशन विभाग नई दिल्ली 1995 पेज- 412

15. खंड 14 : 22 अप्रैल, 1914, पेज 158-159

16. खंड 13 : 18 सितंबर, 1913, पेज 268

17. खंड 14 : 12 अप्रैल, 1914, पेज 150

18. खंड 14 : 13 मई, 1914, पेज 167-168

19. खंड 14 : 30 दिसंबर 1914, पेज 347- 348)

2

एक छोटी-सी प्रेम कहानी

'अंधकार के शहर' लंदन से होते हुए मोहनदास गाँधी ने 9 जनवरी, 1915 को हिंदुस्तान की ज़मीन पर क़दम रखा। अपोलो बंदरगाह पर एक भीड़ उनके लिए खड़ी थी। उसी दिन टाइम्स ऑफ़ इंडिया को दिए इंटरव्यू में उन्होंने कहा कि वे अपना शेष जीवन 'भारतीय समस्याओं के अध्ययन' में लगाना चाहते हैं और यदि कोई अनपेक्षित परिस्थिति उन्हें बाध्य नहीं कर देती तो वे अपने पिछले कार्यक्षेत्र में वापस नहीं जाना चाहते।

मोहनदास गाँधी और उनकी पत्नी का उस बंबई शहर में भव्य स्वागत हुआ जिस शहर को वह 'लंदन की जूठन' मानते थे। बंबई में उन्हें 'भारतीय स्वतंत्रता संग्राम के वीर' की उपाधि दी गई। हिंदुस्तान के सत्कार और यहाँ के पवित्र वातावरण में मोहनदास गाँधी बहुत जल्द ख़ुद को तरोताज़ा महसूस करने लगे। अब उन्हें अगली लड़ाई के लिए तैयार होना था। उन्हें ऊँचाइयों और महानता की नई मंज़िल पर ले जाने वाला एक नया सफ़र उनकी राह देख रहा था। हालाँकि हिंदुस्तान उनके लिए लगभग अनजाना देश था।

मोहनदास गाँधी यहाँ अकेले नहीं आए थे। सत्य, अहिंसा, ब्रह्मचर्य जैसे व्रत अपने साथ हिंदुस्तान लाए थे। फिनिक्स आश्रम कहीं दूर पीछे छूट गया था। गाँधी के साथ उनके कई सत्याग्रही मित्र भी भारत लौट आए थे। अपने भतीजे मगनलाल गाँधी समेत क़रीब बीस सत्याग्रहियों को मोहनदास गाँधी पहले ही गुरुदेव रवींद्रनाथ टैगोर के आश्रम भेज चुके थे। गाँधी को इस अपरिचित देश में एक आश्रम की ज़रूरत थी। भारत में फिनिक्स जैसा आश्रम शुरू करने के लिए गोखले ने आर्थिक मदद देने का वादा किया था। लेकिन मोहनदास गाँधी के भारत पहुँचने के अगले ही महीने वह परलोक सिधार गए। हालाँकि मोहनदास गाँधी के पास मददगारों की कमी नहीं थी। उन्हें फिनिक्स जैसा आश्रम खोलने के

लिए राजकोट, कलकत्ता, हरिद्वार आदि से आमंत्रण आए थे। लेकिन मोहनदास गाँधी को गुजरात के अहमदाबाद शहर से लगी एक ख़ाली ज़मीन पसंद आई। मित्रों की मदद से साबरमती में बहुत जल्द एक आश्रम बनकर तैयार हो गया। इस आश्रम का नाम 'सत्याग्रह आश्रम' रखा गया। यह 25 मई, 1915 की बात है। मोहनदास गाँधी ने पहले ही साफ़ कर दिया था कि आश्रम की स्थापना सत्य के प्रयोग, सत्य के आचरण और सत्य की खोज के लिए की गई है। यहाँ रहने वाले प्रत्येक आश्रमवासी को सत्य, अहिंसा, ब्रह्मचर्य और आस्तेय व्रत समेत कुल ग्यारह व्रतों का पालन करना ज़रूरी था।

ब्रह्मचर्य व्रत ख़ासतौर से उन लोगों के लिए था जिन्होंने अपना जीवन सेवा के लिए लगाने का प्रण किया था। आश्रम में ब्रह्मचर्य के पालन के लिए काफ़ी कठोर नियम थे। आश्रम में रहने वाले स्त्री या पुरुष के बीच किसी भी तरह के काम संबंध पर रोक थी। चाहे वह पति-पत्नी ही क्यों न हों। यहाँ सिर्फ़ एक संबंध था मित्रता का। विकारयुक्त विचार या विकारग्रस्त बातचीत भी ब्रह्मचर्य व्रत भंग करने के लिए काफ़ी थी। गाँधी इस आश्रम के 'बापू' बन गए और कस्तूरबाई 'बा'। आश्रमजनों का इनके प्रति सामान्य संबोधन यही था।

यह वह दौर था जब हिंदुस्तान की राजनीति संक्रमण के दौर से गुज़र रही थी। कांग्रेस थके हुए कंधों पर थी। मोहनदास गाँधी के राजनीतिक गुरु गोपाल कृष्ण गोखले का 19 फ़रवरी, 1915 को निधन हो गया था। सर फिरोज़शाह मेहता, सुरेंद्र नाथ बनर्जी जैसे बड़े नेता नेपथ्य में चले गए थे। महाराष्ट्र के तेज़ तर्रार नेता लोकमान्य गंगाधर तिलक जेल की सलाखों से साल भर पहले ही बाहर निकले थे। वह गरम दल के पितामह थे। उन्हें सूरत के 1907 के अधिवेशन में कांग्रेस को तोड़ने का अपराधी माना जाता था। एक विचारोत्तेजक लेख को लेकर उन पर राजद्रोह का मुक़दमा चला था। जेल में गीता रहस्य लिख चुके तिलक अब एक दूसरी दुनिया में रहने लगे थे। गाँधी तिलक से मिल चुके थे। तिलक उन्हें हिमालय की तरह महान, उच्च लेकिन अगम्य दिखाई पड़े। तिलक गंगा की ऐसी पवित्र धारा थे जिसमें वह आसानी से गोता लगा सकते थे। गोखले और तिलक दोनों महाराष्ट्रियन चितपावन ब्राह्मण थे। लेकिन दोनों में देश प्रेम कूट-कूटकर भरा था। दोनों ने अपने जीवन में भारी त्याग किया था। लेकिन दोनों अपनी प्रकृति से नदी के दो ऐसे किनारे थे जो कभी मिल नहीं सकते थे।

हिंदुस्तान का राजनीतिक वातावरण जैसे मोहनदास कर्मचंद गाँधी का

इंतज़ार कर रहा था। सेना थी लेकिन उनका सेनापति लड़ाई के मैदान से नदारद था। गाँधी के भारत आने के बाद बंबई में कांग्रेस का अधिवेशन हुआ। लेकिन 1915 के अधिवेशन में कांग्रेसियों ने उन्हें विषय समिति का सदस्य तक नहीं चुना। कांग्रेस के नरम और गरम दोनों ही दल मोहनदास गाँधी से किनारे हो गए। इनमें गोखले के क़रीबी भी शामिल थे। इसलिए सभापति सर सत्येंद्र प्रसन्न सिंह को अपने विशेषाधिकार से उन्हें सदस्य नामित करना पड़ा।

लाहौर में नई प्रेम कथा

13 अप्रैल को अमृतसर में जलियाँवाला बाग़ हत्याकांड हो गया। यह न सिर्फ़ हिंदुस्तान बल्कि पूरी दुनिया को दहला देने वाली घटना थी। ब्रिटिश हुकूमत ने इस ख़बर को दुनिया तक पहुँचने में कई रोड़े अटकाए थे। जलियाँवाला बाग़ में इकट्ठे हुए सत्याग्रही अन्य प्रांतों की तरह हिंसा पर नहीं उतरे थे। लेकिन डायर के दिमाग़ में हिंसा का राक्षस उन तमाम घटनाओं से बुरी तरह आक्रांत था जो सत्याग्रह के चलते देश भर में हुई थीं। वह कड़ी कार्रवाई करके हिंदुस्तानियों को सबक़ सिखाना चाहता था। रौलट एक्ट और जलियाँवाला बाग़ कांड के बाद देश का माहौल काफ़ी गर्म था। गाँधी पर पंजाब में प्रवेश पर प्रतिबंध अभी हटा नहीं था। पर सरकार इस प्रतिबंध को हटाने पर गंभीरता से विचार कर रही थी।

गाँधी ने अपना सविनय अवज्ञा आंदोलन ख़ुद मुल्तवी कर दिया था। आगे के लिए उनके पास कोई कार्यक्रम नहीं था। जनता का भी उत्साह ठंडा पड़ चुका था। अक्टूबर में गाँधी के ऊपर लगे सारे प्रतिबंध हटा लिए गए। गाँधी का लाहौर यात्रा का कार्यक्रम बन गया। लाहौर जहाँ गाँधी के लिए एक नई प्रेम कहानी इंतज़ार कर रही थी। पिछली बार गाँधी ने पंजाब आने की कोशिश की थी तो जलियाँवाला बाग़ कांड हो गया। इसके बाद उनके पंजाब आने पर रोक लग गई थी। अब प्रतिबंध हटा तो गाँधी के स्वागत के लिए पंजाब बेक़रार था। गाँधी लाहौर पहुँचे तो उनके स्वागत में स्टेशन पर भीड़ का एक पूरा समंदर उनका इंतज़ार कर रहा था। ख़ुद पंडित मदन मोहन मालवीय भी स्टेशन पर उनकी अगवानी करने खड़े थे। भीड़ को चीरते हुए स्टेशन से गाड़ी तक पहुँचने में गाँधी को चालीस मिनट लगे। कई बार लगा कि कहीं भीड़ और उसके उत्साह में लोग एक-दूसरे को कुचल न दें। गाँधी स्टेशन से सीधा सरला देवी चौधरानी के घर पहुँचे। उन्हें सरला देवी ने ही लाहौर आमंत्रित किया था।

सरला देवी रिश्ते में रवींद्रनाथ ठाकुर की भांजी थीं। वह सार्वजनिक जीवन में कार्य करने वाली एक विद्वान महिला थी। सरला के पिता जानकीनाथ घोषाल कांग्रेस के मंत्री रहे थे। सरला ने 1905 में पंजाब के एक बड़े ज़मींदार पंडित रामभज दत्त चौधरी से शादी की और लाहौर शिफ़्ट हो गईं जहाँ उन्होंने उत्साह के साथ अपना राष्ट्रवादी काम जारी रखा। चौधरी की दो पत्नियाँ पहले गुज़र चुकी थीं। सरला देवी से उनकी यह तीसरी शादी थी। पंडित रामभज दत्त ख़ुद कवि थे। गुरुमुखी में लिखते थे। सरला देवी ने 19 वर्ष की उम्र में बी.ए. की परीक्षा पास की और तभी से किसी-न-किसी सार्वजनिक कार्य में भाग लेती रही थीं। बाद में उसने 'भारती' नाम का बंगाली मासिक पत्र शुरू किया। वह ख़ुद कविताएँ लिखती थीं। उनके 'नमो हिंदुस्तान' गीत ने ख़ासी लोकप्रियता हासिल कर ली थी। सार्वजनिक कामों में जुड़ने के साथ सरला राजनीतिक मामलों में भी दिलचस्पी लेने लगी थीं। वे स्वामी विवेकानंद के क़रीब रही थीं। विवेकानंद चाहते थे कि सरला उनके साथ भारत के राष्ट्रवाद के एक गतिशील प्रतीक के रूप में अमेरिका के लिए उनके साथ आए, लेकिन उनके परिवार ने इस योजना को मंज़ूरी नहीं दी। गाँधी से सरला देवी की पहली मुलाक़ात कलकत्ते में भारतीय नेशनल कांग्रेस के 1901 के अधिवेशन में हुई थी। मोहनदास गाँधी दक्षिण अफ़्रीका से अभी-अभी नाम कमा कर लौटे थे। गाँधी की उम्र क़रीब 32 साल की थी जबकि सरला देवी तब केवल 29 की थी। इस मुलाक़ात के बाद गाँधी राजनीतिक संघर्षों में लीन हो गए और सरला अपने जीवन के संघर्षों में। गाँधी और सरला देवी को जलियाँवाला बाग़ हत्याकांड एक बार फिर क़रीब ले आया था। 1919 में उनकी फिर मुलाक़ात एक इत्तेफ़ाक़ थी जो बहुत जल्द प्रगाढ़ होती चली गई। सरला देवी ने बापू की ख़ूब ख़ातिर की। सरला देवी से उनकी पुरानी पहचान थी। पहली बार पंजाब में महात्मा को आश्चर्यजनक अनुभव हुए। बेशक ये 'आश्चर्यजनक अनुभव' सरला देवी से मुलाक़ात था। लेकिन गाँधी केवल चार दिन लाहौर रुक पाए। पंजाब उपद्रव जाँच समिति की बैठक 29 अक्टूबर को दिल्ली में होनी थी। बैठक के लिए अचानक गाँधी का बुलावा आ गया। गाँधी अभी पंजाब में और रुकना चाहते थे। लेकिन बैठक महत्त्वपूर्ण थी। उनका जाना ज़रूरी था। गाँधी पंजाब के इस दौरे के बाद सरला के और क़रीब आ गए थे। दिल्ली में एक हफ़्ता बिताकर वह वापस लाहौर आ गए। वह फिर सरला देवी के घर पर ही ठहरे जहाँ उन्हें 'मूल्यवान अनुभव' हो रहे थे। ये 'मूल्यवान अनुभव'

क्या थे इसका ज़िक्र नहीं मिलता है। पर ये तो साफ़ था कि सरला का साथ उन्हें लुभा रहा था। उन्होंने महीनों लाहौर में अपने दिन बिताए फिर अहमदाबाद अपने आश्रम लौट आए।

***

आश्रम के इस सबसे शुरुआती दौर में मिस एस्थर फैरिंग तथा मिस मेरी पीटर्सन नाम की दो विदेशी महिलाएँ गाँधी के संपर्क में आईं थीं। यह दोनों दक्षिण भारत में डेनिश मिशनरी सोसाइटी की सदस्याएँ थीं। एस्थर दो साल पहले ही भारत आई थी। जल्द ही एस्थर गाँधी के क़रीब आ गई। बापू उसे 'प्यारी बच्ची' कहते थे। बापू के साबरमती आश्रम आने की ख़बर सुनकर एस्थर मद्रास छोड़ तुरंत वापस अहमदाबाद आ गई। लेकिन उसी दिन बापू दिल्ली निकल गए। एस्थर के लिए यह बहुत तकलीफ़देह था। एक तरफ़ बापू का विरह और दूसरी तरफ़ कस्तूरबा का असहज बरताव। क़रीब पचास साल की कस्तूरबा ने बाहर निकलना लगभग छोड़ दिया था। अधिकांश वक़्त वह आश्रम में बिताती थी। उनके पहले के कठोर और रूखे स्वभाव में कोई अंतर नहीं आया था। आश्रम में बापू किसी नई युवती को लाते तो कस्तूरबा खीज उठती। वह सब लड़कियों को संदेह की नज़र से देखती थी। उम्र के इस पड़ाव पर भी वह गाँधी पर विश्वास नहीं कर पाई थी। हालाँकि इसका कारण बापू ख़ुद थे। एस्थर फैरिंग के साथ भी यही हुआ। दिल्ली के लिए निकलते हुए उन्होंने एस्थर से कहा कि वह रसोई में बा का हाथ बँटाए। हालाँकि एस्थर को बापू ने बा के बारे में पहले ही आगाह कर दिया। उन्होंने लिखा- 'बा के मिज़ाज का कुछ ठीक नहीं रहता। उसका व्यवहार बराबर मीठा नहीं होता। कभी-कभी तो वह अपने व्यवहार में क्षुद्रता का संकेत भी दे सकती है; फिर आजकल वह शरीर से भी कमज़ोर हो गई है। इसलिए क्षुद्रता का जवाब महानता से दे सकने के लिए तुम्हें ईसाइयत उदारता की संपूर्ण शिक्षा का सहारा लेना होगा।' लेकिन गाँधी यह भी जानते थे कि यह सब आसान नहीं है। इसलिए उन्होंने एस्थर का ख़याल करते हुए यह भी छूट दी कि 'प्यारी बच्ची अगर तुम्हें ऐसा लगे कि बा तुम्हें बहुत परेशान कर रही हैं तो मैंने उसके साथ जो निकटता स्थापित करने को कहा है, वह मत करना। मैं नहीं चाहता कि किसी भी हालत में तुम अपनी आंतरिक शांति और प्रसन्नता को खो बैठो।'[1]

एस्थर ने बहुत कोशिश की कि वह बा को अपने प्यार और अपनी करुणा

से जीत ले लेकिन वह कामयाब नहीं हुई। उसने बा की 'क्षुद्रता' का अंदाज़ा पहले ही लगा लिया था। चार दिन बाद ही उसने बापू को लिखा- 'बा को प्रसन्न करना कठिन काम है। वे मुझे सदैव एक अजनबी के रूप में देखती हैं और हमारे बीच जो सीमा-रेखा है उसे पार करने में मैं अपने आपको भी असमर्थ पाती हूँ।'[2]

गाँधी दिल्ली से संयुक्त प्रांत का दौरा करते हुए फिर लाहौर सरला देवी के पास पहुँच गए। इस बीच सरला देवी ने अपने छोटे बेटे दीपक को 'चरित्रवान और विद्वान' बनाने के लिए गाँधी के पास आश्रम भेज दिया था। लेकिन इस बार लाहौर में सरला देवी अकेले नहीं थीं। उनके पति पंडित रामभज दत्त चौधरी जेल से छूट गए थे। गाँधी दोनों से मिले। सरला देवी ने आतिथ्य में गाँधी पर प्रेम लुटा दिया। गाँधी ने लाहौर से अपने सहयोगी मगनलाल गाँधी को लिखा भी कि- 'सरला देवी हर तरह से मेरे ऊपर प्रेम बरसा रही है।'[3]

लेकिन इधर आश्रम में यह स्थिति नहीं थी। बा के कारण एस्थर का यहाँ रहना दूभर हो गया था। उसे अपनी समस्त साधना भंग होती नज़र आई। गाँधी ने उसे सलाह दी थी कि वह आश्रम में अपनी अलग रसोई बना सकती है। लेकिन एस्थर से यह नहीं हो सका। वह भोजन के लिए इमाम साहब के यहाँ जाने लगी। इमाम साहब की बड़ी लड़की फ़ातिमा बीबी एस्थर की हमउम्र थी। गाँधी को यह बात नरहरि पारिख ने बताई। वह नाराज़ नहीं हुए। बल्कि उन्होंने एस्थर के इस क़दम को सराहा। गाँधी जानते थे कि ऐसे हालात में यह नाज़ुक और धार्मिक क़िस्म की लड़की अपना 'स्वास्थ्य और मन की शांति गँवा बैठेगी।' वह बा को भी जानते थे। यह भी जानते थे कि बा 'क्षुद्रता' की कोई सीमा पार कर सकती है। इसलिए उन्होंने एस्थर फैरिंग को लिखा- 'बुराई का प्रतिरोध न करो'। इस कथन का जो अर्थ ऊपर से दिखाई देता है, उससे कहीं अधिक गहरा है। उदाहरण के लिए बा में जो बुराई है उसका प्रतिरोध नहीं करना चाहिए तुम्हें; या फ़र्ज़ करो मुझको इसके बारे में खीझना या व्यग्र नहीं होना चाहिए और अपने आपसे यह नहीं कहना चाहिए कि 'यह स्त्री सत्य को क्यों नहीं देखती, या मेरे स्नेह का प्रतिदान क्यों नहीं देती।' जिस प्रकार एक तेंदुआ अपने (खाल के) धब्बे नहीं बदल सकता उसी तरह वह अपने स्वभाव के प्रतिकूल नहीं जा सकती। यदि तुम या मैं प्यार करते हैं, तो हम अपने स्वभाव के अनुसार कार्य करते हैं। यदि वह बदले में स्नेह नहीं करती तो वह अपने स्वभाव के अनुसार आचरण करती है। और यदि हम इसकी चिंता करते हैं तो हम 'बुराई का प्रतिरोध' करते हैं। क्या

तुम मुझसे सहमत हो? मुझे लगता है कि इस आदेश का यही गहरा अर्थ है।'[4]

कस्तूरबा के लिए महात्मा के विचार और उनकी भाषा बेशक बहुत तीखी थी। बा से 'स्नेह का प्रतिदान' चाहने वाले महात्मा एक सामान्य गृहणी का मनोविज्ञान नहीं समझ पा रहे थे। पचास साल की वो महिला जिसका पति ब्रह्मचर्य का व्रत लेकर अपनी ही दुनिया में खोया हुआ है। एक ऐसी दुनिया, जिसमें तमाम देसी-विदेशी औरतें उनके आभामंडल के सम्मोहन में बेतरह उलझ चुकी हों। फिर लाहौर से महात्मा गाँधी की सरला देवी से निकटता की ख़बरें भी कस्तूरबा तक पहुँच रही थीं जो उन्हें और परेशान कर रही थीं। क्या गाँधी ये सब समझते थे या शायद नहीं।

दुल्हन बनकर मोहनदास के घर आई कस्तूर बहुत सुंदर थीं। छोटा क़द होने के बावजूद नाक-नक़्श आकर्षक थे। बाल चमकीले और त्वचा स्निग्ध थी। शुरू के दिनों में महात्मा गाँधी अपनी पत्नी कस्तूरबा के चरित्र पर संदेह करते थे। लेकिन बाद में स्थिति उलट हो गई। गुजरात छोड़ने के बाद दूसरी स्त्रियों के प्रति महात्मा का सहज खिंचाव देख कस्तूरबा महात्मा पर संदेह करने लगी थी। उन्हें लगता कि अगर वह मर गई तो महात्मा दूसरी शादी कर लेंगे। लेकिन महात्मा उन्हें भरोसा दिलाते- 'यदि तुम चली भी जाओगी तो मैं तुम्हारे पीछे दूसरी शादी नहीं करूँगा। तुम ईश्वर में आस्था रखकर प्राण त्यागना।' दक्षिण अफ्रीका में सत्याग्रह संघर्ष के दौरान महात्मा फोक्सरस्ट जेल में थे। कस्तूरबा रक्तस्राव से पीड़ित थीं और उनकी हालत चिंताजनक थी। तब महात्मा ने जेल से बा को लिखा- 'तुम पर मेरा इतना स्नेह है कि तुम मरकर भी मेरे मन में जीवित रहोगी। तुम्हारी आत्मा तो अमर है।' आत्मा सिर्फ़ कस्तूरबा की अमर नहीं थी। सबकी आत्माएँ अमर होती हैं। ऐसा हर धार्मिक हिंदू का ख़याल है। मिलन और वियोग के तमाम उतार-चढ़ाव के बावजूद पति-पत्नी में खूब झगड़े होते थे। पति पर संकट के समय भारतीय नारी होने के कारण कस्तूरबा भले 'देवदूत' बन जाती हो लेकिन सामान्यतः दोनों एक-दूसरे को फूटी आँख नहीं सुहाते थे।

लेकिन लाहौर आकर बापू बा के बारे में नहीं सोचना चाहते थे। सरला देवी अपने प्रिय अतिथि का हर ख़याल रखती थीं। वह बापू की सेवा का कोई मौक़ा नहीं खोना चाहती थीं। ख़ुद ईश्वर के रूप में गाँधी उसके घर पधारे थे। मेहमान के रूप में गाँधी भी बहुत बारीकी से सरला देवी के चेहरे और मनोभावों का अध्ययन करते। गाँधी ख़िलाफ़त और सत्याग्रह को एक साथ मिलाना चाहते थे।

आगे की रणनीति तय करने के लिए गाँधी ने लाहौर को चुना था। अली बंधु व अन्य मुस्लिम नेता लाहौर सरला देवी के घर पहुँच गए। ख़िलाफ़त आंदोलन पर बातचीत यहीं होनी थी। माँगों का मसौदा तय होना था। देखते-देखते सरला देवी का घर 'धर्मशाला' बन गया।

तलवार की धार पर प्यार

साबरमती आश्रम में बापू के बग़ैर एस्थर टूटती जा रही थी। उसे आश्रम के माहौल से घबराहट होने लगी थी। नाराज़गी में उसने बापू को पत्र लिखना भी बंद कर दिया था। कभी-कभी वह आश्रम से निकल जाती और अपनी किसी परिचित के घर चली जाती। एक दिन वह लीलावती के घर चली गई। लीलावती भी बापू की एक शिष्या थी। वह अहमदाबाद में ही रहती थी। आश्रम में उसका आना-जाना था। किसी विवाह समारोह में शामिल होने के लिए लीलावती ने उसे बुला लिया था। गाँधी को जब पता चला कि एस्थर किसी विवाह समारोह में शामिल होने गई है तो वह बहुत दुखी हुए। उन्हें लगा कि एस्थर नवयुवती है। सुंदर है। कहीं उसके साथ कुछ बुरा-भला न हो जाए। आश्रम के बाहर के लोग ऐसे थे जो उसे अपनी वासना का शिकार बनाने में गुरेज़ न करते। सबसे बड़ी बात यह थी कि गाँधी के मन में एस्थर को लेकर संदेह पैदा हो गया। ऐसे संदेह जो पहले कभी कस्तूरबा को लेकर उनके मन में पैदा होते थे।

गाँधी को डर था कि कहीं ख़ुद एस्थर पाप के रास्ते पर न चल दे। उसकी उम्र में यह असंभव भी नहीं था। एस्थर आज़ाद ख़याल की थी। गाँधी उसे 'बिन पतवार का जहाज़' मानते थे। वह पोलैंड छोड़कर अकेले भारत रहने आई थी। अकेली आश्रम में रहने को भी तैयार हो गई थी। वह गाँधी से उनके प्रेम पत्रों की माँग करती। इन सब कारणों से गाँधी के मन में शंका का जन्म हुआ था। उन्होंने एस्थर को लिखा- 'ध्यान रखना कि अपने स्वभाव की स्वच्छंदता के कारण तुम अपना नुक़सान न कर लो। एक अनुशासित अंतरात्मा की आत्मा का ही पालन करना चाहिए। वह ईश्वर की आवाज़ है। एक अनुशासन विहीन अंतरात्मा विनाश की तरफ़ ले जाती है, क्योंकि उसकी आवाज़ शैतान की आवाज़ होती है। काश मैं तुम्हारे पास होता।'[5]

एस्थर इस घटना को लेकर दुखी थी। वह पछता रही थी कि उसने ऐसा क्यों किया। एस्थर ने ख़ुद माना था कि विवाहोत्सव में जाकर उसने ग़लती की। इस

घटना के बाद एक नई समस्या खड़ी हो गई। एस्थर के मासिक चक्र अनियमित हो गए। गाँधी ने उसे सलाह दी कि वो वहाँ के डॉक्टर से अपनी 'परीक्षा' करा ले। लेकिन एस्थर बुरी तरह आहत थी। वह आश्रम छोड़कर कहीं भी चली जाना चाहती थी। गाँधी को उसे तार भेजकर रोकना पड़ा। दो दिन बाद ही बापू को ख़बर मिली कि एस्थर के पिता ने उसे वापस डेनमार्क बुलाया है। पिता इस बात से नाराज़ थे कि उनकी बेटी भारत में अपनी सेहत के साथ खिलवाड़ कर रही है। एस्थर ने बापू से पूछा कि वह क्या करे? बापू ने कहा कि उसे जाना चाहिए। लेकिन वह तब तक रुक जाए जब तक वह आश्रम नहीं आ जाते। वह एक बार उससे मिलना चाहते हैं। जवाब में प्रेम में डूबी एस्थर ने तार भेजा- 'नन ऑफ़ सेल्फ़, एंड ऑल ऑफ़ दी' यानी मेरा क्या है सब कुछ तो आपका है। आप जो चाहे निर्णय करें।[6]

अलगाव के दिन ख़त्म हो रहे थे क्योंकि बापू अगले दिन आश्रम पहुँचने वाले थे। लेकिन एस्थर उस वक़्त चौंकी जब उसने देखा कि बापू के साथ एक महिला भी है। वह महिला सरला देवी थी जिसके कारण बापू इतने दिन उससे दूर रहे। चार दिन बाद अहमदाबाद की एक सभा में सरला देवी का स्वागत किया जाना था। यह ज़िम्मेदारी गाँधी को ही सौंपी गई। उन्होंने इस सभा में मौजूद लोगों को सरला के बारे में बताया कि पहले पहल उन्हें सरला देवी का उनके घर पर ठहरने का आमंत्रण स्वीकार करने में 'घबराहट' हुई। क्योंकि सरला देवी के पति रामभज चौधरी को लाहौर पहुँचने से पहले अंग्रेज़ी हुकूमत ने गिरफ़्तार कर जेल भेज दिया। गाँधी ने कहा- 'उन्होंने जब मुझे यह निमंत्रण दिया था उस समय वे वियोगिनी थीं। इसलिए मैं सोच में पड़ गया कि वियोगिनी का आतिथ्य कैसे स्वीकार करूँ? लेकिन दूसरों के दुख में शामिल होने की बात को मैं अपना सौभाग्य मानता हूँ और इसलिए मैं पंजाब में उनके घर जाकर रहा। सगी बहन जितनी सेवा कर सकती है, उतनी ही इन्होंने मेरी सेवा की। इस तरह मैं इनका ऋणी बना।'[7]

लेकिन सच तो ये था कि इस वियोगिनी ने गाँधी का ऐसा सत्कार किया कि वह उसके प्रेम के क़ैदी होकर रह गए थे। वियोगिन को एक योगी मिल गया था। वियोगिनी इस योगी की तपस्या भंग करने में लगी थी। इस सभा में गाँधी ने सरला देवी की तुलना 'सगी बहन' से की थी। उन्होंने कहा था- 'मैं स्वयं तो भिखारी हूँ; अपनी भिक्षा में मैं विशेष रूप से बहनों की खोज में रहता हूँ।' गाँधी

कुछ दिन अहमदाबाद ठहरे और फिर देश के दौरे पर निकल पड़े। सरला देवी भी उनके साथ थी। एस्थर समझ चुकी थी वह गाँधी के जीवन से बहुत दूर जा चुकी है। उसकी जगह सरला देवी ने ले ली है। एस्थर के सामने अब केवल अँधेरा था। वह दुख के सागर में डूब गई। ऐसे में उसे डॉ. ई. के. मेनन की याद आई। डॉ. मेनन केरल के मेडिकल कॉलेज में चिकित्सा का छात्र था। वह एस्थर को पसंद करता था। उससे शादी करना चाहता था। लेकिन एस्थर ही पीछे हट रही थी। लेकिन इस 'भावनात्मक अकेलेपन' ने उसे मेनन के क़रीब लाकर खड़ा कर दिया था। एस्थर ने मेनन से सगाई का ऐलान कर दिया। लेकिन यह विवाह आसान नहीं था। विवाह के लिए मेनन को धर्मांतरण करना ज़रूरी था। गाँधी इस विवाह के ख़िलाफ़ थे। वह चाहते थे कि एस्थर आजन्म कुँवारी रहकर सेवा कार्यों को अपना जीवन समर्पित कर दे। लेकिन एस्थर फैंरिग डॉ. ई. के. मेनन से विवाह-सूत्र में बँध गई।

महात्मा की 'आध्यात्मिक पत्नी'

इतिहास के इस दौर तक मोहनदास कर्मचंद गाँधी 'महात्मा' बन गए थे। उन पर श्रद्धा रखने वाले अधिकांश लोग उन्हें 'महात्मा' ही कहकर पुकारते। सुदूर गाँवों में जहाँ तक गाँधी की कीर्ति फैली थी वहाँ वह 'महात्मा' के नाम से ही जाने जाते। उनकी सभाओं में 'महात्मा गाँधी ज़िंदाबाद' के नारे भी लगने लगे थे। गुरुदेव रवींद्रनाथ टैगोर के पत्रों में गाँधी के लिए महात्मा का ही संबोधन रहता। बिहार के एक दौरे पर एक दफ़ा जब महात्मा की मोटर का टायर फट गया था तब महात्मा को दूसरे वाहन के इंतज़ार के लिए सड़क पर खड़ा होना पड़ा। वहीं कांग्रेसियों को एक जगह देख एक बुढ़िया ने पूछा था- 'बेटा तुममें महात्मा गाँधी कौन है?' महात्मा उसके निकट गए और पूछने लगे 'तुम गाँधी को क्यों देखना चाहती हो?' उन्हें जवाब मिला- 'वह भगवान के अवतार हैं मैं उनके दर्शन करना चाहती हूँ।' महात्मा लाजवाब हो गए। ऐसी कई घटना अक्सर होती थीं। लेकिन महात्मा का ध्यान केवल सत्याग्रह की बरसी पर था। वह सत्याग्रह और ख़िलाफ़त आंदोलन की बरसी मनाने की तैयारियों में जुट गए। 6 अप्रैल और 13 अप्रैल क़रीब आ रही थी। पिछले साल 6 अप्रैल को महात्मा की एक आवाज़ पर देश सड़कों पर उतर आया था और 13वीं अप्रैल को जलियाँवाला बाग़ में सैकड़ों बेगुनाहों का ख़ून बहा था। बरसी मनाने की तैयारियाँ शुरू हो गईं

और मार्च के अंतिम दिन महात्मा ने सिंहगढ़ के एकांतवास में बिताए। सरला देवी यहाँ उनके साथ थी।

महात्मा सरला देवी के चेहरे के तेज़ से प्रभावित थे और सरला महात्मा की कीर्ति की आभा से। महात्मा ने अपनी पत्रिका नवजीवन में सरला देवी के लेख छापने शुरू कर दिए थे। महात्मा के बहुत कहने पर सरला देवी ने एक लेख भेजा जिसका नाम था- 'बंधु'। इस लेख में सरला देवी ने पूछा था- 'कौन है यह अभिजात बंधु, जिसे अभिजात्य से मुक्त होने पर ही पाया जा सकता है? क्या वह मेरी आंतरिक संपूर्णता है?' इस लेख की महात्मा ने बहुत तारीफ़ की। इसमें गाँधी को अभिजात बंधु बताते हुए उनके लिए एक तरह का प्रणय निवेदन था। महात्मा ने कहा कि इस लेख के कारण ही यह अंक 'उत्तम' हो गया। उन्होंने पाठकों को बार-बार सलाह दी कि वह ये लेख पढ़ें। लेकिन बहुत से पाठकों को सरला के भाव समझ नहीं आए। इस लेख में से 'दो-तीन अर्थ' निकाले जा सकते थे। महात्मा ने फिर अलग से एक लेख लिखकर सरला देवी के आध्यात्मिक मनोभावों की सफ़ाई दी। महात्मा ने समझाया कि 'उनके पति जिस समय जेल में थे, उस समय उनकी जो विह्वल दशा थी, उसे मैंने देखा। मैंने देखा कि उन्हें किसी तरह भी शांति न थी। ऐसे समय मित्र जितनी सांत्वना दे सकता है उतनी मैं देने का प्रयत्न कर रहा हूँ। लेकिन मुझे स्पष्ट दिखाई दे रहा है कि उनका मन अशांत है।'[8]

महात्मा ने यह लेख सिंहगढ़ में सरला देवी की मौजूदगी में ही लिखा था। वह 26 से 30 मार्च तक यहीं थे। सिंहगढ़ के मनोरम वातावरण में वह अपनी राजनीतिक थकान मिटाने आए थे। सिंहगढ़ से महात्मा बंबई पहुँचे। महात्मा बंबई गए तो सरला देवी उनके साथ थी। जलियाँवाला कांड के विरोध में उन्होंने बंबई में उपवास रखा तो सरला देवी ने उनकी जी जान से सेवा की। बंबई में एक सप्ताह बिताने के बाद महात्मा साबरमती आश्रम लौट आए।

अपनी बंबई यात्रा के दौरान महात्मा ने स्वदेशी आंदोलन का आह्वान किया था। वह चाहते थे कि विदेशी वस्त्रों का बहिष्कार कर हिंदुस्तान की जनता खादी पहने। लेकिन उनकी बात का असर आभिजात्य परिवारों पर नहीं हो रहा था। ख़ुद सरला देवी क़ीमती रेशमी साड़ियाँ पहनती थीं। एक दिन सरला देवी ने महात्मा से खादी की साड़ी और चोली पहनने की इच्छा ज़ाहिर की। तब तक खादी का इस्तेमाल साड़ी और चोली के रूप में कभी नहीं हुआ था। महात्मा

के लिए यह अविश्वसनीय था। उन्होंने ख़ास ऑर्डर देकर सरला देवी के लिए खद्दर की साड़ी और चोली बनवा दी। यह दुनिया की संभवत: पहली खद्दर की आधुनिक और फ़ैशनेबुल साड़ी और चोली थी। बंबई में श्रीमती जाईजी जहाँगीर पेटिट ने कवि चौधरी के सम्मान में एक बड़ा कार्यक्रम आयोजित किया था। इसमें सरला देवी 'खादी की साड़ी और चोली' पहनकर आई। सरला को खादी में देख महात्मा की ख़ुशी का कोई ठिकाना नहीं था। ख़ुद सरला देवी के मामा गुरुदेव रवींद्र नाथ टैगोर ने सरला देवी से कहा- 'अगर इस साड़ी में तुम्हें कुछ अटपटापन नहीं लगता तो तुम इसे पहनकर कभी भी और किसी भी भोज में जा सकती हो, तुम्हें यह ख़ूब जँचेगी।' ख़ुद महात्मा ने लिखा- 'वे खद्दर की साड़ी में भी उतनी ही फुर्तीली और सुंदर लग रही थीं जितनी अपनी बढ़िया चमकीली रेशमी साड़ियों में लगती थीं।'[9]

उन्होंने नवजीवन में खादी पर लिखे एक लेख में सरला देवी की तारीफ़ों के पुल बाँध दिए। वह अक्सर कहा करते थे- 'स्वदेशी आंदोलन को सबसे ज़्यादा लाभ तो श्रीमती सरला देवी ने ही पहुँचाया।' वह नवजीवन और यंग इंडिया में छपे अपने लेखों की प्रति सरला देवी को डाक से भेज देते।

महात्मा अब 49 की उम्र के हो चले थे। लगातार दौरों और काम के अतिरिक्त बोझ से महात्मा की तबीयत बिगड़ गई थी। डॉक्टरों ने सलाह दी थी कि हवा बदलने के लिए वह किसी मनोरम जगह चले जाएँ। महात्मा ने फिर सिंहगढ़ जाने का फ़ैसला किया। सिंहगढ़ एक ख़ूबसूरत जगह थी। महात्मा अपने साथ डॉ. जीवराज मेहता, महादेव देसाई, स्वामी आनंद, प्रभुदास, बालकृष्ण के अलावा सरला देवी के छोटे बेटे दीपक को भी साथ लाए थे। सरला के बड़े बेटे जगदीश की शादी 19 मई, 1920 के दिन तय हो गई थी। महात्मा चाहते थे कि पिछली बार की तरह सरला देवी भी उनके इस विश्रामवास में उनके साथ रुकें। लेकिन बेटे की शादी की तैयारियों में व्यस्तता का हवाला देते हुए सरला देवी जल्द वापस लौट गई।

सरला देवी महात्मा के दिलो-दिमाग़ पर हावी थी। उनका बेटा दीपक सिंहगढ़ का ऐतिहासिक क़िला घूमना चाहता था। उसके लिए ऊँची चढ़ाई थी। डॉक्टर मेहता ने महात्मा को यह चढ़ाई चढ़ने की इजाज़त नहीं दी। लेकिन महात्मा नहीं माने। लेकिन उन पर 'कुछ ऐसा नशा छाया हुआ था' कि उन्हें लगा कि 'मैं यह कर सकूँगा।' पर वह यह नहीं कर सके। आधा फर्लांग चलने के बाद

ही उनकी जाँघ में असह्य दर्द उठा। वह वहीं बैठ गए। महात्मा लौटे और फिर सो गए। सोकर उठते ही उन्होंने सरला देवी को पत्र लिखा- 'अभी-अभी मैं दो सपने देखकर उठा हूँ। एक तुम्हारे बारे में था और दूसरा ख़िलाफ़त के बारे में। तुम दो ही दिन में लौट आई, इससे मुझे बड़ी ख़ुशी हुई। मैंने पूछा कि 'इतनी जल्दी कैसे आ गई' तुमने कहा, 'वो तो पंडितजी की युक्ति थी मुझे अपने पास बुला लेने की। जगदीश की शादी अब भी बहुत दूर ही है इसलिए मैं वापस आ गई।' जगने पर पता चला कि यह तो एक स्वप्न था। फिर मैं निराश होकर सो गया।'[10]

ज़ाहिर है महात्मा सरला की कमी महसूस कर रहे थे। इस मनोरम वातावरण में महात्मा सरला देवी को अपने पास बुलाना चाहते थे। लेकिन वह जानते थे कि बेटे की शादी में व्यस्तता के कारण वह नहीं आ सकती। फिर भी उन्होंने लिखा कि 'अगर शादी निपट गई हो या मुल्तवी हो गई हो, तो मैं आशा करता हूँ कि तुम भी मंडल में शामिल होकर इसे अपने संगीत तथा हास्य से मुखरित करोगी।' महात्मा ने देखा कि उनका पत्र लंबा होता जा रहा है। उन्होंने लिखा- 'इस तरह तो मैं लिखता ही चला जाऊँगा। लेकिन अब बंद करना चाहिए। यह भय तो नहीं है कि तुम उकता जाओगी, लेकिन मुझे और काम भी करने हैं।'[11]

अगले दिन महात्मा ने फिर सरला देवी को पत्र लिखा। उन्होंने सरला देवी को बताया कि वह दर्द के कारण कितनी तकलीफ़ में हैं। महात्मा ने फिर कहा कि 'अगर पखवाड़े भर में जगदीश का विवाह संपन्न या स्थगित हो जाए तो तुम इस सीमा का निर्वाह करके आ जाओ।' पाँव में दर्द के कारण महात्मा सुबह जग नहीं पाए थे। उन्होंने सरला देवी को लिखा- 'मैंने सूर्योदय नहीं देखा। तुम यहाँ होतीं तो मैं जानता हूँ कि सूर्यदेव के रथ का आगमन देखने को अवश्य ही मुझे बाहर खींच ले जातीं।'

महात्मा बुरी तरह सरला के प्रेम में थे। लेकिन वे जानते थे कि सरला देवी नहीं आएँगी। दरअसल उच्च मध्यवर्गीय परिवार में पली और फिर ब्याही सरला देवी के लिए आश्रम का जीवन कष्टदायक था। आश्रम का एक नियम था। यहाँ रहने वाले प्रत्येक व्यक्ति को काम करना पड़ता था। यह काम बहुत छोटे स्तर के होते थे। ऐसे काम सरला ने हमेशा अपने नौकरों से कराए थे। इसलिए आश्रम में ऐसे काम करने में उन्हें संकोच होता था। इसलिए सरला देवी पिछली दफ़ा बेटे के विवाह की तैयारियों का वास्ता देकर दो दिन में ही वापस लौट गईं। महात्मा ने सरला देवी को लिखा- 'और अब तुमसे एक चीज़ माँगूँगा। मैं जानता

हूँ, तुमने मुझे बहुत कुछ दिया है। लेकिन जैसे-जैसे प्राप्त होता गया है, वैसे-वैसे भूख भी बढ़ती गई है।'[12]

राजनीतिक सरगर्मियों से दूर सिंहगढ़ के इस एकांत इलाक़े में महात्मा के पास सरला देवी के बारे में सोचने का बहुत वक़्त था। इस एकांतवास में वह हज़ार प्रयासों के बावजूद सरला देवी को अपने दिलो-दिमाग़ से दूर नहीं कर पा रहे थे। वह पूरी बेचैनी और शिद्दत से सरला देवी के पत्र का इंतज़ार करते जो अक्सर नहीं आता था। लेकिन इसके लिए महात्मा सरला देवी को दोष नहीं देते। वह यह कहकर दिल को बहला लेते कि 'यह तो कम्बख़्त डाक की ही कारस्तानी है।' बिस्तर पर पड़े-पड़े महात्मा सरला देवी के बारे में सोचा करते थे। जब सोचते हुए थक जाते तो सरला देवी को ख़त लिखने लगते। ऐसे ही एक पत्र में उन्होंने लिखा- 'तुम्हारी याद अब भी बहुत आती है, नींद में भी। फिर अजब नहीं कि पंडितजी तुम्हें भारत की महाशक्ति कहते हैं। तुमने उन पर जादू कर रखा होगा। अब वही जादू तुम मुझ पर आज़मा रही हो। लेकिन दो कोयलों के कूकने से ही ऐसा नहीं माना जा सकता कि वसंत आ गया। यदि तुम सचमुच महाशक्ति हो तो मनसा, वाचा और कर्मणा भारत की दासी बनकर भारत को अपना दास बना लोगी।'[13]

भारत सरला देवी का 'दास' बना हो या नहीं लेकिन देश को जगाने के अपने पहले ही असहयोग- अभियान के दौरान महात्मा सरला देवी के दास बन चुके थे। महात्मा सरला देवी को सिंहगढ़ बुलाते रह गए लेकिन वह नहीं आई। इस एकांत और रमणीय वातावरण में महात्मा को किसी अंतरंग साथी की कमी खल रही थी। उन्होंने उसी दिन एस्थर को पत्र लिखा। एस्थर को डेनमार्क जाने के लिए जहाज़ का टिकट लेने बंबई आना था। महात्मा ने उसे लिखा कि अगर टिकट के लिए बंबई रहना ज़रूरी न हो तो वह यहाँ सिंहगढ़ चली आए। उन्होंने उसे यह भी बताया कि 'सिंहगढ़ पूना से 13 मील है और ताँगे वाले वहाँ से कम-से-कम पाँच रुपया भाड़ा लेते हैं। कभी-कभी इससे कुछ अधिक भी।'[14]

एस्थर को जैसे यही चाहिए था। महात्मा के बताए रास्ते पर चलते हुए एस्थर सिंहगढ़ आ गई। वह यहाँ दो दिन ठहरी। ये दो दिन पुराने दिनों को याद करते हुए बीत गए। महात्मा को आश्रम लौटना था। वह एस्थर को सिंहगढ़ छोड़कर लौट आए। 19 मई को एस्थर फैरिंग डेनमार्क जाने वाले जहाज़ बर्लिन पर सवार हो गई। महात्मा उसे अंतिम बार मिलने बंबई आने वाले थे लेकिन ऐन

मौक़े पर उनका कार्यक्रम स्थगित हो गया। और गाँधी के जीवन से एस्थर फैंरिग की कहनी खत्म हो गई। भारत छोड़ते वक़्त एस्थर बहुत उदास थी। इस उदासी का कारण उसका अकेलापन था जो जहाज़ में आकर और गहरा गया था। यह उसका एकांतवास था। वह सोचने पर मजबूर थी कि आख़िर महात्मा किस तरह की शुद्ध आत्मा हैं। क्या वह कोई रहस्य हैं? या छलावा?

एस्थर के भारत से विदा होने के बाद महात्मा का सारा ध्यान सरला देवी में केंद्रित हो गया था। स्वदेशी आंदोलन के बहाने महात्मा को सरला देवी का साथ मिल गया था। वह जहाँ जाते सरला देवी को साथ ले जाते। सरला खद्दर की साड़ी और ब्लाऊज़ में उनके साथ सार्वजनिक कार्यक्रमों में शिरकत करती। इसमें किसी को आपत्ति होने का सवाल भी नहीं था। महात्मा ने अपनी पत्नी कस्तूरबा को सार्वजनिक समारोहों में ले जाना पहले ही छोड़ दिया था। हैदराबाद नागरिक संघ की तरफ़ से आयोजित एक कार्यक्रम में यह बात उन्होंने एक भाषण में कह भी दी कि 'मैं भारत के अपने भ्रमण में सरला देवी को साथ रखता हूँ क्योंकि उन्होंने स्वदेशी के मेरे सिद्धांतों को कस्तूरबा से भी अधिक अच्छी तरह समझ लिया है।'[15]

महात्मा ने पहली बार सार्वजनिक तौर पर बा की तुलना सरला से की थी और सरला को उनसे बेहतर बताया था। महात्मा ने अपने भाषण में सरला की तुलना अपनी पत्नी कस्तूरबा से यूँ ही नहीं की थी। महात्मा के मुताबिक़ 'वह अब बूढ़ी हो चली थीं।' वह सरला को अपनी 'आध्यात्मिक पत्नी' मानने लगे थे। हालाँकि यह रहस्य उन्होंने अपने बहुत क़रीबी दोस्तों से ही बाँटा था। ऐसे ही उनके एक दोस्त थे हरमन कैलेन बैक। हरमन एक जर्मन वास्तुकार थे, जो दक्षिण अफ्रीका में गाँधी के सहयोगी रहे थे। महात्मा ने हरमन कैलेन बैक को 'लोअर हाउस' और अपने को 'अपर हाउस' कहना नहीं छोड़ा था। अपनी सारी निजी बातें महात्मा लोअर हाउस से बाँटते। सरला देवी के बारे में भी उन्होंने हरमन को बताया। उन्होंने लोअर हाउस को लिखे पत्र में लिखा- 'अभी मैं देवदास और एक-दूसरे विश्वस्त साथी (सरला देवी) के साथ यात्रा कर रहा हूँ। उसे देखोगे तो उस पर मुग्ध हो जाओगे। बात यह है कि इस महिला से मेरा बहुत घनिष्ठ संपर्क हो गया है। वह अक्सर यात्रा में मेरे साथ रहा करती है। उसके साथ मेरे संबंधों को किसी परिभाषा में नहीं बाँधा जा सकता। मैं उसे अपनी आध्यात्मिक पत्नी कहता हूँ। एक मित्र ने हमारे संबंधों को 'बौद्धिक विवाह'

कहा है। मैं चाहता हूँ तुम उससे मिलो। मैं अपने लाहौर और पंजाब के निवास काल में कई महीने उसी के घर ठहरा था। श्रीमती गाँधी आश्रम में हैं। वे वृद्ध तो काफ़ी हो गई हैं, लेकिन बहादुर पहले की तरह हैं। तुमने उनके गुण-दोष सहित उन्हें जिस रूप में देखा था, अब भी वे वैसी ही हैं।'[16]

सरला देवी सत्याग्रह आश्रम आईं। सरला देवी के लिए महात्मा ने आश्रम के नियम तोड़ दिए। आश्रम में आने वाले हर मेहमान को आश्रम के भोजनालय में ही खाना खाना होता था। लेकिन सरला देवी के लिए यह नियम टूट गया। सरला ने महात्मा के साथ उनके बिस्तर पर ही खाना खाया। ऐसा आश्रम में पहले कभी नहीं हुआ था। आश्रमवासी हतप्रभ थे। बाद में मगनलाल गाँधी ने महात्मा के इस बरताव पर सवाल भी उठाए। उनका कहना था कि ऐसी क्या जल्दी थी? महात्मा और सरला देवी 'ठीक जगह पर बैठकर खाते तो क्या अधिक समय लगने की संभावना थी? और लगे भी तो ऐसी क्या उतावली थी?' मगनलाल को लगा कि महात्मा में 'जो कट्टरता पहले थी, वह अब जाती रही।' उनमें 'जो तेज पहले था वह तेज अब जाता रहा।' महात्मा ने सफ़ाई दी कि सरला देवी तो उस दिन अकेली ही भोजन करने वाली थीं। इसलिए उन्होंने वहीं भोजन किया।' मगन को लिखे पत्र में महात्मा ने यह भी स्वीकार किया कि 'उनका असली तेज जाता रहा।' उन्होंने स्वीकार किया कि उनका 'सुंदरतम काल चला गया। अब तो मेरे विचारों से जो कुछ लिया जा सकता है, वही लेने को रह गया। मैं जो आदर्श आचरण वाला था, सो ख़त्म हो गया। मेरी ऐसी दयाजनक स्थिति है। इसमें अतिशयोक्ति नहीं है।'[17]

महात्मा को अपनी 'दयाजनक स्थिति' का आभास हो गया था। असहयोग आंदोलन ने देश को भले जगा दिया था। लेकिन सविनय अवज्ञा का उनका प्रयोग नाकाम हो चुका था। महात्मा के सत्याग्रह और सविनय अवज्ञा आंदोलन के लिए देश की जनता मानसिक रूप से क़तई तैयार नहीं थी। अपने प्रयोगों की जाँच के लिए उन्होंने कई बार ख़ुद को ख़तरे में डाला था। बिना किसी तैयारी के उन्होंने देश को सत्याग्रह के हवाले कर दिया। हर आदमी गाँधी नहीं हो सकता था। हंटर कमीशन के सामने महात्मा की गवाही से यह साफ़ हो गया। ख़ुद महात्मा ने कहा कि वह पूर्ण सत्याग्रही नहीं हैं। कमीशन ने उनसे पूछा- 'फिर आप यह अपेक्षा कैसे कर सकते हैं कि एक साधारण आदमी सत्याग्रह को समझ और क्रियान्वित कर पाएगा?' जैसा कि महात्मा ने ख़ुद कहा कि 'सत्याग्रह आंदोलन हिमालय

जैसी भूल थी।' इस भूल के बावजूद महात्मा ने पहले केवल दो महीने के लिए सविनय अवज्ञा आंदोलन स्थगित किया। उन्हें उम्मीद थी कि अगले दो महीने में देश की जनता उनके इस प्रयोग को समझने में सफल हो जाएगी। लेकिन वह ग़लती पर थे। इसलिए दो महीने बाद भी वह इस आंदोलन को फिर से शुरू करने का साहस नहीं जुटा सके।

एक छोटी-सी प्रेम कहानी का अंत

महात्मा और सरला देवी के बीच 'आध्यामिक रोमांस' के बादल बहुत जल्दी छँटने वाले थे। महात्मा सरला देवी के प्रेम में और गहरे गिरते जा रहे थे। महात्मा और सरला देवी की जीवन शैली, उनके पालन पोषण और संस्कारों में लंबा फ़ासला था। सरला देवी महात्मा के राजनीतिक प्रभामंडल को देखकर उनके क़रीब आई थी। वह एक बेहद महत्त्वाकांक्षी महिला थी। अन्य शक्तिशाली और अभिमानी स्त्रियों की तरह पुरुषों पर अपना एकाधिकार चाहती थी। वह चाहने लगी थी कि सार्वजनिक तौर पर उसकी पहचान महात्मा की 'आध्यात्मिक पत्नी' के रूप में बने। लेकिन हिंदुस्तान में अपने राजनीतिक करियर की शुरुआत में महात्मा किसी विवाद में फँसना नहीं चाहते थे। वह सरला देवी को सार्वजनिक रूप से 'स्वदेशी प्रचारक' के रूप में पेश करना चाहते थे। यह एक तरह से खादी के प्रचार के लिए मॉडलिंग करने जैसा था। हालाँकि वह अपने दिल की गहराइयों में सरला देवी के प्रति अपने प्रेम को छुपाए रखना चाहते थे। पर सरला देवी जैसी महिला के लिए यह संभव नहीं था। अपने ज़मींदार पति के आलीशान घर में उनका दम घुटता था। संत की छवि वाले महात्मा गाँधी के साथ घूमने फिरने पर सरला देवी के पति ने कभी सार्वजनिक रूप से कोई सवाल नहीं उठाया। सच तो यह था कि ऐसा करने का साहस भी उनके पति रामभज दत्त चौधरी में नहीं था। जब सरला देवी ने अपने छोटे बेटे दीपक को महात्मा के आश्रम भेजा था तो सरला देवी की सास ने इस पर सख़्त ऐतराज़ जताया था। रामभज दत्त चौधरी भी इस फ़ैसले से ख़ुश नहीं थे। लेकिन महात्मा जानते थे कि 'सरला देवी जो करती हैं उस पर वे कोई आपत्ति नहीं करते।' महात्मा के साथ देशाटन कर उन्होंने बहुत कुछ सीख लिया था। उनकी राजनीतिक महत्त्वाकांक्षा ने एक बार फिर सिर उठा लिया। लेकिन महात्मा अपनी सीमाओं में बँधे थे। उन्होंने सरला की इच्छाओं पर लगाम लगाने की कोशिश की। सरला लाहौर से आगे बढ़कर

देश की राजनीति में महात्मा का साथ देना चाहती थी। पर महात्मा इसके लिए तैयार नहीं थे। वह सरला देवी को सलाह देते कि- 'बहुत विस्तृत क्षेत्र में काम न करके एक स्थान पर ख़ूब जमकर काम' करो। सरला देवी कहती उसने अपना सब कुछ तो महात्मा पर न्यौछावर कर दिया, बदले में उसे क्या मिला। जवाब में महात्मा कहते- 'तुम अपने महान समर्पण का पुरस्कार माँगती हो। समर्पण तो स्वयं ही अपना पुरस्कार है।'

सरला देवी में ग़ुस्सा और तल्ख़ी बढ़ती जा रही थी। वह किसी लगाम से क़ाबू में आने वाली महिला नहीं थीं। वह महात्मा को पत्र लिखतीं। हालाँकि उसके पत्र 'निराशा, शंका और संदेह से भरे हुए' होते। इस शंका की वजह भी थी। बा को सरला देवी के बारे में पूरी ख़बर थी। सरला देवी से महात्मा की क़रीबी को लेकर कस्तूरबा परेशान थीं। महात्मा के इस नये संबंध से उनके क़रीबी भी आहत थे। मथुरादास त्रिकम जी इनमें से एक थे। वह गाँधी की सौतेली बहन के पौत्र थे। समाजसेवी, लेखक और गाँधी के अनुयायी के रूप में प्रसिद्ध मथुरादास बंबई कांग्रेस कमेटी के मंत्री भी थे। उन्होंने महात्मा के इस नये संबंध पर सवाल उठाए। उन्होंने इन सबके लिए सरला देवी को ही ज़िम्मेदार ठहराया। महात्मा को लेकर सरला देवी से उनकी तीखी नोक-झोंक भी हुई। सरला देवी ने इसकी शिकायत महात्मा से की तो उन्होंने साफ़ कह दिया कि मेरा दावा है कि- 'मैंने अपने साथियों के रूप में अपने से श्रेष्ठ व्यक्तियों को ही चुना है।' वह अपने साथियों को छोड़ने के लिए किसी क़ीमत पर तैयार नहीं थे। उन्होंने सरला देवी से कहा कि- 'मुझे और (अगर तुम सच्चे अर्थों में मेरी हो तो) तुम्हें उनका स्नेह और सौहार्द क़ायम रखने के लिए, उनका उपयुक्त पात्र बनने के लिए सब कुछ दे देना चाहिए।'[18]

सरला देवी को लिखे पत्रों में महात्मा अपने लिए 'लॉ गिवर' शब्द का प्रयोग करते जिसका अर्थ था- विधि प्रणेता। महात्मा उसे किस विधान की बातें समझाते थे यह कभी साफ़ नहीं हुआ लेकिन सरला देवी अब महात्मा के उपदेशों से ऊबने लगी थीं। जबकि महात्मा कहते- 'जब तक तुम्हारा व्यवहार स्कूल में पढ़ने वाली लड़कियों जैसा है तब तक मैं तुम्हें उपदेश के अलावा और दूँ भी क्या? अगर मेरा प्यार सच्चा है तो जब तक तुम, जिस आदर्श को तुमने योग्य मानकर स्वीकार किया है, उसे अपने आचरण में नहीं उतारतीं तब तक यह प्यार उपदेशों के रूप में ही प्रकट होगा।' दरअसल महात्मा उसे वह बनाना चाहते थे

जो वह नहीं थी। न हो सकती थी। उसकी आदतें, उसकी विचारधारा, उसकी जीवनशैली सब अलग थी। इसलिए अपने बदलाव पर संदेह करना सरला देवी के लिए स्वाभाविक था। मलमल और रेशम छोड़कर खद्दर की साड़ी पहनने का फ़ैसला उसके अंत:करण से जागृत नहीं हुआ था। वह सिर्फ़ महात्मा को अपनी ओर आकर्षित करने का स्वांग था। महात्मा को यह समझ में आने लगा था। वह ख़ुद दुखी और निराश थे। यह आध्यात्मिक प्रेम के टूटने की तकलीफ़ थी। वह समझ रहे थे कि सरला देवी का समर्पण 'लाचारी का समर्पण' है। बंबई लौटते वक़्त उन्होंने सरला देवी को अपनी तकलीफ़ों से भरा ख़त लिखा- 'लाचारी का समर्पण किसी भी आत्माभिमानी व्यक्ति के लिए अशोभनीय है। और अगर मेरे संपर्क में आकर तुम इस सीधे से सत्य को भी नहीं समझ पाईं तो मैं तुम्हारे प्रेम का योग्य पात्र नहीं हूँ। क्योंकि अगर मेरा जीवन तुम्हें इतना भी नहीं सिखा पाया तो मैं किसी काम का आदमी नहीं हूँ। असीम आत्मसमर्पण और सत्यनिष्ठा के अतिरिक्त मुझमें और कोई गुण नहीं है। सभी ने मुझमें दो गुण लक्ष्य किए हैं, और अगर तुम मेरे जीवन में इतनी गहराई तक उतरने के बाद भी उन्हें नहीं देख पाई हो तो अवश्य ही मुझमें कोई ख़ामी होगी। मेरी ये जो सबसे मूल्यवान निधियाँ हैं, उनके अलावा मैं तुम्हें और दे भी क्या सकता हूँ? इसलिए तुम्हें मेरे उपदेशों का बुरा नहीं मानना चाहिए बल्कि जिस प्रेम- भाव से मैं तुम्हें उपदेश देता हूँ उसी प्रेमभाव से तुम उन्हें स्वीकार करो।'[19]

1920 का क्रांतिकारी वर्ष गुज़रने की दहलीज़ पर था। सरला देवी को लेकर महात्मा के क़रीबी रिश्तेदारों में असंतोष बढ़ता जा रहा था। महात्मा के बेटे देवदास ने गाँधी और सरला देवी को क़रीब से देखा था। उन्हें तब तक एहसास हो चुका था कि उनके पिता सरला देवी के प्रेम में हैं। भले ही उनका ये प्रेम आध्यात्मिक स्तर पर हो लेकिन यह प्रेम कस्तूरबा के लिए तकलीफ़देह साबित हो रहा था। इस बात को महात्मा के क़रीबी महादेव देसाई और राजगोपालाचारी भी महसूस कर रहे थे। राजगोपालाचारी ने इस बारे में महात्मा को कई व्यक्तिगत पत्र भी लिखे। इन पत्रों में उन्होंने समझाया कि महात्मा ग़लत राह पर हैं। सबने हस्तक्षेप किया। उनके क़रीबी दोस्त सी. राजगोपालाचारी ने तो सरला देवी और कस्तूरबा की तुलना 'केरोसिन लैम्प और सुबह के सूरज' से करते हुए लिखा- 'आपने सबसे भयानक भ्रम को जन्म दिया है।' सीआर ने आगे लिखा- 'इस आध्यात्मिक प्रेम में अभी तक शरीर है, मसीह नहीं है लेकिन वह आवरण है जिसे

मैं चेतावनी और आलोचना करने के लिए मानता हूँ।' उन्होंने गाँधी से कहा- 'उसे पूरी तरह छोड़कर वापस आओ।'

अब महात्मा को भी लगने लगा था कि वह कहीं-न-कहीं ग़लत हैं। वह सरला देवी के साथ अपने संबंधों में एक तरह का खिंचाव महसूस कर रहे थे। महात्मा और सरला देवी के बीच दूरी बढ़ती जा रही थी। सरला के पत्रों में तीखापन भी बढ़ता जा रहा था। उसकी बातों में तंज़ होता। वह कहती- 'आप तो महात्मा हैं और मैं पापी।' महात्मा कहते- 'प्रेमियों और मित्रों के बीच न कोई अधम होता है और न महात्मा। हम सब समान हैं, लेकिन बराबरी के पुरुषों और स्त्रियों में कोई बुद्धिमान होता है और कोई निर्बुद्धि। और सच तो यह है कि किसे मालूम कि कौन अधिक बुद्धिमान है? तुम मुझे इस भ्रम में रहने दो कि मैं तुमसे अधिक बुद्धिमान हूँ और इसलिए तुम्हें सिखाने- समझाने के लिए योग्य हूँ।' महात्मा सरला देवी के कई पत्रों का जवाब भी नहीं देते थे। उन्होंने ख़ुद को पूरी तरह राजनीतिक कार्यों में झोंक दिया था। सरला देवी के लिए उनके पास बहुत वक़्त नहीं था। लेकिन सरला देवी को अपनी ज़िंदगी से अलग फेंक देने की हिम्मत भी वह नहीं जुटा पाए थे। बस एक 'विश्वास' था जिसने सरला देवी को महात्मा से जोड़ रखा था। उन्होंने सरला देवी को लिखा- 'मैं भगवान से प्रार्थना करता रहता हूँ कि वह तुम्हारे मन में विनय और पश्चात्ताप की भावना उत्पन्न करे।'[20]

सरला देवी को भी लगने लगा था कि महात्मा उससे दूर होते जा रहे हैं। उसका प्रेम उनके जीवन पर भार बनता जा रहा है। महात्मा समझाते कि 'तुम्हारे प्रति मेरा प्रेम मुझे भार नहीं लगता। वह तो मेरे जीवन के बड़े-से-बड़े सुखों में से है।' महात्मा अभी भी मानते थे कि सरला देवी का हृदय 'निर्मल' है। वह कहते- 'अगर मेरा प्रेम तुम्हारे अच्छे-से-अच्छे गुणों को निखारकर उद्घटित नहीं कर देता, अगर वह तुम्हें आज की अपेक्षा अधिक अच्छा और अधिक पवित्र नहीं बनाता तो उसका कोई मतलब ही नहीं रह जाता। मैं अपने इस प्रयत्न में तुम्हारे साथ कड़ा व्यवहार करते दिखूँ तब भी तुम बुरा न मानना। ख़ैर; अभी तो मैं तुम्हें परख रहा हूँ और कोशिश यही करूँगा कि कोई ऐसा व्यवहार न करूँ जो तुम्हें बुरा लगे।'[21]

लेकिन परखने का वक़्त बहुत जल्दी ख़त्म हो गया। यह ख़त लिखने के दो दिन बाद ही महात्मा ने सब कुछ ख़त्म कर दिया। उन्हें सरला देवी का एक पत्र

मिला जिसमें सरला ने उनकी पूरी विचारधारा पर ही सवाल उठा दिया। सरला देवी का मानना था कि उनके असहयोग का आधार घृणा है जो उनके निजी जीवन पर भी हावी हो रहा है। सरला देवी ने लिखा था- 'यदि आप घृणा को त्याग देते तो मैं आपको और भी अधिक प्यार करती।' महात्मा को लगा कि अब वक़्त आ गया है जब सारी बातें साफ़ हो जाएँ। सरला देवी ने अपने ख़त में 'अपनी स्थिति स्पष्ट कर दी' थी। महात्मा भी बहुत दिनों से अपने मन को खोलकर सरला देवी के सामने रख देना चाहते थे। उन्होंने सरला देवी से कहा भी था कि वह बहुत जल्द एक लंबा पत्र उसे भेजेंगे। आज वह दिन आ गया था। उन्होंने लिखा- 'मैं घृणा की समस्त शक्तियों को इकट्ठा करके उनको एक सही दिशा में मोड़ रहा हूँ।' महात्मा ने स्वीकार किया कि सरला देवी और उनके बीच 'आध्यात्मिक पति-पत्नी का रिश्ता महज़ एक छलावा था।' उन्होंने सरला देवी से पूछा- 'क्या तुम मेरी वैसी आध्यात्मिक पत्नी हो? क्या हममें वैसी उत्कृष्ट शुद्धता है, वैसा पूर्ण एकीकरण, वैसा पूर्ण आत्मिक संविलय, वैसी आदर्शों की समानता, वैसी आत्मविस्मृति, वैसी उद्‌देश्य- निष्ठा और वैसा पारस्परिक विश्वास है? जहाँ तक मेरा संबंध है, मैं तो स्पष्ट कह सकता हूँ कि मेरे लिए तो यह केवल एक आकांक्षापात्र है। मैं तुम्हारे साथ ऐसे साहचर्य के अयोग्य हूँ। मुझमें जितनी वैचारिक शुचिता है, उससे कहीं अधिक ऊँची शुचिता की आवश्यकता है।' महात्मा ने यह भी लिखा कि- 'मैं तुम्हारे साथ उस तरह का पवित्र संबंध रखने के अयोग्य इसलिए भी हूँ कि मुझे तुमसे बहुत अधिक शारीरिक लगाव है। शारीरिक लगाव से यहाँ मेरा मतलब यह है कि मेरे मन पर तुम्हारी दुर्बलताओं का बहुत अधिक प्रभाव पड़ता है।'

'शारीरिक लगाव' की इन सारी आत्मस्वीकृतियों के बाद महात्मा ने नतीजा निकाला कि दरअसल उनका और सरला देवी का संबंध भाई-बहन का संबंध है। उन्होंने साफ़ कह दिया कि- 'मुझे तुमसे भाई के समान नम्र अनुरोध करना होगा और ऐसे ठीक शब्द चुनने की सावधानी रखनी होगी, जैसा कि मैं अपनी सबसे बड़ी बहिन को समझाने के लिए करता हूँ। मुझे पिता, पति, मित्र, और गुरु सभी का काम स्वयं नहीं करना चाहिए। मैंने जिस बड़े पत्र की बात कही थी, वह यही है। मेरे हृदय के उत्कटतम प्रेम समेत, तुम्हारा एल. जी.।'[22]

मतलब साफ़ था। महात्मा सरला देवी से किनारा करने का फ़ैसला कर चुके थे। प्रेम के बीच की आध्यात्मिक दीवार ढह चुकी थी। बहुत थोड़े समय

में ही एक प्रेम कहानी का अंत हो गया। महात्मा के सामने उनका संघर्ष और उनकी दुनिया इंतज़ार कर रही थी। इस घटना के तीन साल बाद 1923 में सरला के पति की मृत्यु हो गई और वह अपने बेटे के साथ कलकत्ता चली गई। 1935 में सरला चुपचाप दुनिया से विदा हो गई। एक प्रखर, राष्ट्रवादी और प्रतिभावान महिला का पूरा जीवन बर्बाद और तबाह हो चुका था। गाँधी से अलगाव के बाद वो दुनिया से पूरी तरह से बेजार हो चुकी थी। बाद के सालों में गाँधी महात्मा बनकर कामयाबी की सीढ़ियाँ चढ़ते जा रहे थे। उन्होंने फिर कभी सरला देवी की ओर मुड़कर नहीं देखा।

***

संदर्भ :

1. खंड 19 : 16 जनवरी, 1920 या उसके बाद, पेज 358- 359
2. खंड 19 : 16 जनवरी, 1920, पेज 359 फ़ुटनोट
3. खंड 19 : 23 जनवरी, 1920, पेज 371
4. खंड 19 : 25 जनवरी, 1920, पेज 381
5. खंड 19 : 1 फ़रवरी, 1920, पेज 406
6. खंड 19 : 12 फ़रवरी,1920, पेज 433
7. खंड 19 : 27 फ़रवरी, 1920, पेज 466
8. खंड 20 : 30 मार्च, 1920 के पूर्व, पेज 207
9. खंड 20 : 28 अप्रैल, 1920, पेज 275, यंग इंडिया, 28- 4- 1920
10. खंड 20 : 30 अप्रैल, 1920, पेज 282
11. खंड 20 : 30 अप्रैल, 1920, पेज 283
12. खंड 20 : 1 मई, 1920, पेज 290
13. खंड 20 : 2 मई, 1920, पेज 300
14. खंड 20 : 2 मई, 1920, पेज 301
15. खंड 21 : 25 जुलाई, 1920, पेज 99, बांबे सीक्रेट एबस्ट्रैक्ट्स, 1920, पृष्ठ 1143
16. खंड 21 : 10 अगस्त, 1920, पेज 148, महादेव देसाई की हस्तलिखित डायरी से
17. खंड 20 : 4 मई, 1920, पेज 313
18. खंड 21 : 23 अगस्त, 1920, पेज 218- 219
19. खंड 21 : 24 अगस्त, 1920, पेज 221- 222
20. खंड 22 : 4 दिसंबर,1920, पेज 61
21. खंड 22 : 14 दिसंबर,1920, पेज 102 महादेव देसाई की हस्तलिखित डायरी
22. खंड 22 : 17 दिसंबर, 1920, पेज 137- 138 महादेव देसाई की हस्तलिखित डायरी

3

जेपी, तुम दूसरी शादी कर लो

महात्मा ने कभी कोई स्वतंत्र किताब के रूप में 'आत्मकथा' नहीं लिखी। उन्होंने 'सत्य के प्रयोग' नाम की एक लेखमाला लिखी जिसने बाद में किताब की शक्ल ले ली। इस 'आत्मकथा' में भी 1921 तक उनके जीवन से जुड़ी घटनाओं का ब्योरा है। महात्मा की 'आत्मकथा' पूरी दुनिया में मशहूर हुई। महात्मा की आत्मस्वीकृतियों का पूरी दुनिया ने स्वागत किया। उनके नैतिक साहस को सबने सराहा। अपने जीवन के कड़वे सच स्वीकार करना बड़ी बात थी। वह भी तब जब मोहनदास कर्मचंद गाँधी महात्मा बन चुके थे। इस 'आत्मकथा' ने महात्मा को जीते जी और महान बना दिया। दुनिया ने देखा कि एक महात्मा कैसे अपने आपको ही 'एक्सपोज़' कर रहा है। महात्मा की हत्या के साल भर बाद ही जॉर्ज आरवेल ने अपने एक लेख में लिखा- 'महात्मा गाँधी ने 'आत्मकथा' में जवानी के सभी कुकृत्यों को पूरी तरह स्वीकार किया। जबकि सच तो यह है कि स्वीकार करने को उनके पास कुछ था ही नहीं। कुछ सिगरेट, मांस के कुछ निवाले, बचपन में नौकरानी के पैसों में से चुराए गए कुछ आने, दो बार वेश्यागमन, (वह भी हर मौक़े पर वह 'बिन कुछ किए वापस' आ गए) प्लाइमथ में अपनी गृहस्वामिनी के प्रति फिसलने से बार-बार बचना, एक बार क्रोध से उबल पड़ना- बस यही पूरा संकलन है।' सत्य यह है कि महात्मा ने आत्मकथा यानी 'सत्य के प्रयोग' में पूरा सच नहीं लिखा। उनकी 'आत्मकथा' पहली बार 'यंग इंडिया' में 1925 से क़रीब चार साल तक कई क़िस्तों में छपी। इस 'आत्मकथा' में सरला देवी का एक बार ज़िक्र भी आया लेकिन उन्होंने इसमें सरला देवी से उनके कथित 'आध्यात्मिक प्रेम' का ज़िक्र नहीं किया। जबकि यह बात केवल पाँच साल पुरानी थी और तब सरलादेवी जीवित थीं। 'आत्मकथा' लिखने के दस साल बाद मागरिट सेंगर को दिए एक साक्षात्कार में सरला देवी के मामले

में उन्होंने अपनी 'भावनात्मक फिसलन' का ज़िक्र किया। लेकिन इसके लिए उन्होंने कारण अपनी पत्नी का 'अनपढ़' होना बताया। महात्मा अक्सर कस्तूरबा से सरला की तुलना करते। कस्तूरबा उनके लिए 'घासलेट के तेल के जलते दीए' के समान थी जबकि सरला देवी 'सुबह के उगते सूरज' की तरह चमकदार। इस 'आत्मकथा' में 1921 से आगे के वर्षों के महात्मा के जीवन का सिलसिलेवार ब्योरा नहीं मिलता। महात्मा ने अपनी 'आत्मकथा' की 'पूर्णाहुति' करते हुए अंतिम पाठ में लिखा- 'इसके आगे मेरा जीवन इतना सार्वजनिक हो गया है कि शायद ही कोई चीज़ ऐसी हो, जिसे जनता न जानती हो।' महात्मा पर बहुत दबाव था कि 'आत्मकथा' को उन्होंने 'जहाँ से छोड़ा है, वहाँ से आगे उसे शुरू करें।' लेकिन महात्मा आगे के बारे में सत्य लिखना लगातार टालते रहे।

गाँधी कहते अगर आगे भगवान उन्हें लिखवाना चाहेगा, तो वह रास्ता भी सुझाएगा। लेकिन भगवान ने उन्हें 'सत्य के प्रयोग' के बारे में आगे लिखने का रास्ता नहीं सुझाया। ब्रह्मचर्य के प्रयोग से जुड़ी कुछ बातें उन्होंने कभी-कभी अपनी पत्रिका हरिजन में रखीं। लेकिन वह कभी इसके विस्तार में नहीं गए। जीवन के कुछ अंतिम वर्षों में लड़कियों के साथ नग्न सोने की बातें तो उन्होंने (कुछ क़रीबी मित्रों के अलावा) गोपनीय रखीं। कुछ सुनी-सुनाई ख़बरें आश्रम से बाहर निकलीं और अख़बारों में छपी जिसकी गाँधी ने बहुत कमज़ोर ढंग से सफ़ाई दी। सच तो यह है कि महात्मा अपने जीवन के बाद के 27 सालों की असली कहानी लिखने का साहस नहीं जुटा पाए। इसलिए ये कहाना कि सारी बातें गाँधी ख़ुद सार्वजनिक कर गए कहना ग़लत होगा। ये बातें सही मायनों में पहली बार सार्वजनिक तब हुईं जब उनके सारे पत्र गाँधी वाङ्मय में प्रकाशित हुए।

बहरहाल, महात्मा की ख्याति सात समंदर पार फैले दूर देशों में फैल चुकी थी। मशहूर फ्रांसीसी लेखक रोमां रोलां की नई किताब 'महात्मा गाँधी' एकाएक चर्चा में आ गई थी। विदेशियों के लिए भारत हमेशा चौंकाने वाला मुल्क रहा है। ऐसे देश में एक अनोखे महात्मा का अवतरण अपने आप में एक दिलचस्प बात थी। उथल-पुथल से भरी दुनिया में बहुत लोग महात्मा के व्यक्तित्व और विचारधारा की तरफ़ आकर्षित हो रहे थे। इन्हीं में एक थी इंग्लैंड में जन्मी मेडलिन स्लेड जो भारत में आकर मीराबेन के नाम से मशहूर हुईं।

ख़ुद स्लेड का जीवन महात्मा की ज़िंदगी से कम रोमांचकारी नहीं था।

तब वह उन्नीस की थी। दादा पादरी थे और उनके परदादा सेनापति। सर जान स्लेड जिन्हें लोग 'छोटा सेनापति' कहते। उनके बारे में किंवदंती थी कि उन्होंने दो विवाह किए। दूसरा विवाह तब जब वह साठ साल के थे और उनकी दुल्हन केवल सोलह साल की। दिलचस्प मेल था। पर दादा 80 साल के हुए तो उन्हें बेटी हुई। गर्टड नाम था। इन्हें स्लेड ने देखा था। वृद्धावस्था में भी वह सुंदर थीं। सुसंस्कृत भी। वे अविवाहित रहीं। लंबी यात्राओं का शौक़ था। मातृभाषा की तरह ही वह फ्रेंच और इटालियन बोलती थीं। क्या यही आगे चलकर स्लेड की प्रेरणा बनी थी?

तेरह साल की उम्र में वह पहली दफ़ा घोड़े पर बैठी। स्लेड के लिए यह रोमांचक अनुभव था। घोड़े की सवारी और शाम को थककर घर लौटना। तब से वह घोड़ों के मोहपाश में बँध गईं। हिंदुस्तान आकर भी उसने एक घोड़ा पाला। जिसने अंत तक उसका साथ निभाया। काली आँखों वाली गोरी स्लेड 15 की हुई और उसके पिता एडमिरल हो गए। उन्हें ईस्ट इंडिया स्टेशन का प्रधान सेनापति नियुक्त कर भारत भेजा गया। दो साल के लिए। स्लेड भारत आईं और उसने यहाँ का सामाजिक जीवन देखा और जीया। वह इंग्लैड लौटी। फिर संगीत और अध्ययन की तरफ़ मुड़ गई। वो महान संगीतकार बिथोवन की दिवानी थी। स्लेड उनके बारे में कुछ और जानना चाहती थी। इसी खोज में उसे बीथोवन के जीवन पर आधारित उपन्यास 'जीन क्रिस्टोफर' मिला। गाँधी से जुड़ने की भूमिका बननी यहीं से शुरू हुई। उपन्यास के लेखक थे- रोमां रोलां। इस लेखक की क़लम में जादू था। किसी के जीवन को काग़ज़ पर शब्दों में उतारने की कला रोलां ख़ूब जानते थे। स्लेड रोलां के क़लम की दीवानी हो गई। वह जल्द-से-जल्द रोलां से मिलने के लिए बेताब हो गई। रोलां ठीक से अंग्रेज़ी नहीं बोल पाते थे। इसलिए स्लेड ने तय किया कि पहले वह फ्रेंच सीखेंगी। और बहुत जल्द उसने फ्रेंच सीख ली कामचलाऊ जिससे वह रोलां से बात कर सके। वह स्वीट्ज़रलैंड पहुँच गई। पहली मुलाक़ात हुई फिर दूसरी। बातचीत में भारत का ज़िक्र आया और रोलां ने गाँधी पर लिखी अपनी पुस्तक के बारे में कुछ बताया। रोलां ने स्लेड से पूछा, "तुमने कभी 'महात्मा गाँधी' के बारे में सुना है?" स्लेड ने कहा, "नहीं।" रोलां बोले- "वह दूसरे ईसा हैं।" स्लेड ने ये शब्द अपने पास सहेजकर रख लिए। बात यहीं ख़त्म हो चुकी थी।

यूरोप से लौटते वक़्त किताबों के एक स्टाल पर स्लेड ने रोलां की प्रसिद्ध पुस्तक 'महात्मा गाँधी' देखी। वह किताब उसने ख़रीदी और शाम तक पढ़ भी डाली। अब वह महात्मा की दीवानी बन चुकी थी। उसे लगा कि महात्मा उसे आवाज़ दे रहे हैं। उसने पी एंड ओ जहाज़ में भारत के लिए अपना टिकट भी बुक करा लिया। लेकिन तभी उसे लगा कि वह जल्दबाज़ी कर रही है। गाँधी के क़रीब पहुँचना इतना आसान नहीं। पहले उसे गाँधी के लायक़ बनना होगा। रोलां की किताब उन्हें बता चुकी थी कि गाँधी क्या चीज़ हैं। वह कठोर साधना माँगते हैं। साधना यानी मांसाहार छोड़ना। सिगरेट और शराब को अपने जीवन से विदा करना। हिंदी सीखना। सख़्त बिस्तर पर सोना जिस पर नींद भी मुश्किल से आती है। इस साधना में रसोई से लेकर रुई कातना तक शामिल है। चरखा ही वह रास्ता है जिसके पहिए के सहारे वह गाँधी के आश्रम तक पहुँच सकती है। स्लेड दोबरा पी एंड ओ कंपनी गई और उन्होंने अपना टिकट एक साल के लिए आगे बढ़वा लिया।

1924 के अंतिम महीनों में स्लेड ने अख़बारों में पढ़ा कि महात्मा हिंदू-मुस्लिम एकता के लिए 21 दिन का उपवास रख रहे हैं। इस ख़बर ने स्लेड को बेचैन कर दिया। उन्होंने गाँधी को एक पत्र लिखा जिसमें उपवास की सफलता की कामना करते हुए उन्होंने रोलां की किताब का ज़िक्र किया और गाँधी से अपने परिचय की अब तक की कहानी लिख दी। साथ में एक 20 पौंड का चेक भी भेजा। यह पैसा उसने अपनी प्रिय हीरे की पिन बेचकर जुटाया था। यह पिन स्लेड को उनके नाना ने 21वें जन्मदिन पर भेंट की थी। उसे हैरत और सर्वाधिक ख़ुशी तब हुई जब पत्र व्यवहार में कुशल गाँधी ने उसके पत्र के जवाब में पोस्टकार्ड भेजा। इस पोस्टकार्ड में भारत आने का न्यौता था। इससे भी महत्त्वपूर्ण वह दस्तख़त था जिसमें 'एम.के. गाँधी' लिखा था।

हिंदुस्तान की तरफ़ कूच करने की घड़ी क़रीब आ गई। स्लेड कातने-बुनने में महारत हासिल कर चुकी थी। 25 अक्टूबर, 1925 पी एंड ओ का भव्य जहाज़ उसे समंदर की यात्रा कराता हुआ हिंदुस्तान की सरज़मीं पर ले आया। इस बारह दिन के सफ़र में उसका मन गाँधी के रहस्यमय आश्रम की कल्पनाओं में भटक रहा था। बंबई बंदरगाह पर गाँधी के मित्र उसके स्वागत में खड़े थे। वह दादा भाई नौरोजी से मिली। तब तक गाँधी के सबसे छोटे बेटे देवदास उन्हें लेने आ गए। देवदास ने उन्हें एक रात आराम की सलाह दी लेकिन स्लेड उसी

रात अहमदाबाद के लिए निकल जाना चाहती थीं। महादेव देसाई, वल्लभभाई पटेल और यंग इंडिया के संपादक स्वामी आनंद स्टेशन पर उसके स्वागत के लिए खड़े थे। मोटर साबरमती नदी के उस पार बढ़ गई। अगल-बगल हरियाली और बीच में कुछ इमारतें। हर तरफ़ अपूर्व शांति थी। स्लेड की अधीरता बढ़ती जा रही है। अंत में वह अपनी मंज़िल पर पहुँच गई। लेकिन क्या सच में यह उनकी मंज़िल थी?

मोटर साबरमती आश्रम में इमली के पेड़ के नीचे आकर एक बड़े दरवाज़े के क़रीब रुकी। 33 साल की स्लेड समेत सब ईंट की पगडंडी पर चलते-चलते एक बग़ीचे तक पहुँचे। बाग़ीचे के बीच एक छोटा-सा घर था। स्लेड के हाथ किताबों से भरे बक्से को उठाते-उठाते थक गए थे। स्लेड ने वह छोटा बक्सा सरदार पटेल को थमा दिया। स्लेड को भीतर जाने का इशारा हुआ। वह जैसे ही भीतर दाख़िल हुई सामने उसे एक लंबी किंतु दुबली आकृति दिखी। आँखों पर गोल चश्मा और पक्का गेहुँआ रंग। 56 साल की काया उनके सामने खड़ी मुस्कुरा रही थी। बेशक वह महात्मा गाँधी थे। स्लेड ने पहचाना। स्लेड ने हिंदुस्तानी परंपरा के अनुसार अपने घुटने ज़मीन पर टेक के गाँधी के पैरों को स्पर्श किया। गाँधी ने अपने दोनों हाथों से उन्हें उठाया। वे बोले 'उठो, तुम मेरी बेटी बनकर रहोगी।' गाँधी सफ़ेद बिछौने पर रखी एक छोटी मेज़ के पीछे बैठ गए। स्लेड सामने फ़र्श पर। यहाँ सिर्फ़ बापू की चर्चा थी। आश्रम में गाँधी महात्मा नहीं बापू थे। बापू यानी गुजराती में पिता। स्लेड सोचने लगी। कितना अनोखा शब्द है बापू। जितने अनोखे गाँधी ख़ुद हैं। बापू ने कहा- 'चलो बा से मिलाऊँ, वह शायद रसोई में हैं।' पीछे स्लेड थीं। बापू ने चौके में बा से मुस्कुराते हुए कुछ गुजराती में कहा। स्लेड समझ नहीं सकी। उसने अनुमान लगाया कि बापू ने कहा कि 'मेम है, तुम्हें इससे बात करने के लिए अंग्रेज़ी सीखनी होगी।' बा ने पहले स्लेड की तरफ़ देखा फिर उसके पाँव की ओर। कस्तूर बोलीं- 'आप कैसी हैं?' फिर वह स्लेड के जूतों की ओर देखने लगी। स्लेड को थोड़ा असहज लग रहा था। बापू समझ गए। बोले- 'बा तुम्हारे जूतों की तरफ़ देख रही है। भारत में हमारा रिवाज है कि रसोई में आने से पहले जूते बाहर उतार लें!' स्लेड थोड़ी शर्मिंदा हुई। एक साल के प्रशिक्षण में यह तो किसी ने उसे बताया ही नहीं था। वह दौड़ते हुए वापस बरामदे में आई। जूते उतारे। फिर वापस चौके में आ गई। गाँधी खड़े मुस्कुरा रहे थे। और बा...?

33 साल के युवक महादेव देसाई ने स्लेड को उनका कमरा दिखाया। महादेव देसाई महात्मा के प्रियतम शिष्यों में एक थे। लंबा क़द, सुंदर चेहरा, होंठों के ऊपर घनी मूँछें। वह महात्मा के प्रतिभावान सचिव थे। स्वभाव से बेहद कोमल महादेव को गुजराती के अलावा बंगला, मराठी, अंग्रेज़ी और हिंदी में कमाल की महारत हासिल थी। महात्मा का उन पर अटूट विश्वास था। स्लेड को आश्रम में बसाने की ज़िम्मेदारी महात्मा ने उन्हीं को सौंप दी। शुरू में स्लेड के लिए आश्रम रोमांचकारी था। ज़मीन पर सोने का अभ्यास उसने अपने देश में शुरू कर दिया था। सुबह उठने का भी। बहुत जल्द वह आश्रम के नियमों से बँधने लगी। इस काम में उसे कोई दिक़्क़त भी महसूस नहीं हो रही थी। उसे लग रहा था सब कुछ एक सपने जैसा है जो हैरतनाक ढंग से सच हो रहा है।

रोमां रोलां को भी स्लेड की पूरी चिंता थी। स्लेड के भारत पहुँचने से पहले उन्होंने महात्मा को लिखा था 'मुझे भरोसा है कि आप उसे अपने अत्यंत कट्टर और निष्ठावान शिष्यों में से एक पाएँगे।' इस पत्र के जवाब में महात्मा ने लिखा- 'आपने मुझे क्या निधि भेजी है। मैं इस महान धरोहर के योग्य बनने की कोशिश करूँगा।'[1]

मेडलिन स्लेड बहुत जल्द आश्रम के बच्चों में लोकप्रिय हो गई। वह विदेशी थी इसलिए आश्रम में उसके प्रति सबका एक स्वाभाविक आकर्षण था। महात्मा के आश्रम में और कई विदेशी महिलाएँ आ चुकी थीं। लेकिन स्लेड आश्रमवासियों के बीच उन्हीं की तरह रहने लगी थी इसलिए सबका कौतूहल और बढ़ गया था। आश्रम में ज़्यादातर महिलाएँ और बच्चे गुजराती और हिंदी भाषी थे। उन्हें मेडलिन स्लेड शब्द का उच्चारण करने में असुविधा होती थी। महात्मा कई दिनों से सोच रहे थे कि इस युवती का कोई हिंदुस्तानी नाम होना चाहिए। जब ख़ुद को वह हिंदुस्तानी संस्कृति में ढालने को उत्सुक है तो नाम पश्चिमी क्यों रहे। लेकिन नाम क्या हो ? महात्मा के मन में मीरा का नाम आया। मीराबाई की भक्ति से महात्मा प्रभावित थे। हालाँकि उन्होंने यह नाम सरोजनी नायडू को दिया था। अपने पत्रों में वह सरोजनी को मीराबाई का ही संबोधन देते थे। लेकिन यह नाम उन्हें स्लेड के लिए ज़्यादा उपयुक्त लगा। वजह महात्मा के प्रति स्लेड की अपार भक्ति थी। स्लेड मीरा बन गई। जल्द ही यह नाम आश्रम में सबकी ज़बान पर चढ़ गया।

मीरा आश्रम के वातावरण को समझने की कोशिश कर रही थीं। उनके आश्रम में देश के अधिकांश प्रांतों के लोग थे। सब अपने में अनूठे। आश्रम में मीरा को एक छोटे भारत की झलक मिलती थी। हालाँकि उसने अभी भारत के बारे में सिर्फ़ सुना था। आश्रम की महिलाएँ मीरा को अजनबी निगाहों से देखतीं। मीरा उनके लिए फ़िरंगी मेम थी। उनमें कोई आपसी संवाद नहीं था जबकि भारत की स्त्रियाँ स्वभाव से ज़्यादा बातूनी होती हैं। संवादहीनता के कारण मीरा उनके लिए रहस्यमयी होती जा रही थी। मीरा को यह समझते देर नहीं लगी कि यहाँ अधिकांश औरतें आश्रम में सिर्फ़ अपने पतियों के कारण रहती हैं। आश्रम जीवन को लेकर उनके मन में कोई श्रद्धा नहीं है। वह महात्मा से नहीं बल्कि अपने पतियों से बँधी हैं। आश्रम में रहने का अर्थ था पति-पत्नी के शारीरिक संबंधों की तिलांजलि। सब चाहे अनचाहे ब्रह्मचर्य व्रत से बँधे थे। चूँकि पत्नियाँ जबरदस्ती इस व्रत से बँधी थीं इसलिए उनमें कुंठा जागृत होना स्वभाविक था। बच्चे भी यहाँ थे क्योंकि उनके माता-पिता आश्रम में रहते थे।

मीरा की अधिकांश बातचीत महात्मा से होती या महादेव से। मीरा को हिंदी पढ़ाने का काम भी महादेव को सौंपा गया था। महात्मा जब बाहर के दौरे पर होते तो मीरा महादेव से घुल-मिल जाती। महादेव का सौम्य और हँसमुख स्वभाव उसे प्रभावित करता। महादेव ने कौतूहलवश मीरा से फ्रेंच सीखना शुरू कर दिया। मीरा ने ही उत्साहित होकर महात्मा से कहा कि महादेव को उन्होंने एक घंटा फ्रेंच सिखाई। महात्मा को यह अच्छा नहीं लगा। उन्होंने महादेव से पूछा- 'तुमने फ्रेंच किसलिए सीखना शुरू किया है ? फ्रेंच विदुषी कुमारी स्लेड यहाँ आई है इसलिए ? या तुम रोमां रोलां के ग्रंथों को फ्रेंच भाषा में पढ़ना चाहते हो ? या हमारे पास फ्रेंच में आए पत्र पढ़ने के लिए ?'[2]

महादेव देसाई इतने सारे सवालों से हक्का-बक्का थे। इस बारे में दोनों के बीच लंबी बातचीत हुई और अंत में फ़ैसला हुआ कि महादेव मीरा से फ्रेंच नहीं सीख सकते। यह वक़्त की बर्बादी होगी। यहाँ सीखने तो मीरा आई है। साबरमती में आश्रम जीवन स्लेड की कल्पना से कहीं अधिक कठिन था। लेकिन परेशानी केवल शारीरिक श्रम की नहीं थी। असल दिक़्क़त उसे आश्रम के माहौल से थी। न जाने उसे क्यों लग रहा था कि 'आश्रम धमाके से फटने वाले बारूद से बना है।' वह बापू से मिलती। उनसे बातें करती। स्लेड ने बापू को अपने जीवन का एक-एक सच बता दिया। वह भूलें भी बताईं जो वह जाने-अनजाने में कर

चुकी थी। आश्रम में शामिल होने वाले सभी के बारे में महात्मा सब कुछ जान लेना चाहते थे। बिलकुल वैसे जैसे कोई मनोचिकित्सक अपने पास आने वाले हर मरीज़ की हर बात जान लेना चाहता है। इससे इलाज में मदद मिलती है।

लेकिन उस दिन कुछ अनोखा घट गया। हर आश्रमवासी के चेहरे पर एक अजीब-सा सन्नाटा था। बापू के कमरे में लोग आ जा रहे थे। सबके चेहरे उदास थे। ख़ुद बापू भी खिन्न और चिंतित थे। बापू के कमरे में कई घंटे बैठक चली। स्लेड को कुछ समझ में नहीं आया। वहाँ सब गुजराती में बात करते थे। स्लेड ने अंग्रेज़ी जानने वाले एक आश्रमवासी से पूछा ये माजरा क्या है। स्लेड को बताया गया कि 'आश्रम के कुछ लड़के 'चारित्रिक दोष' करते पकड़े गए हैं।' मामला समलैंगिकता का था। मनोचिकित्सक सिगमैंड फ्रॉयड लड़कपन की समलैंगिकता को स्वाभाविक मानता है। वह मानता है कि यौन विकास की यह सीढ़ी लड़के-लड़कियों को स्वाभाविक तौर पर सहवर्गीय प्रेम की तरफ़ ले जाती है। आश्रम में भी लड़के और लड़कियाँ अपने-अपने वर्ग में रहते थे। लड़के-लड़कियों के मिलने पर नज़र रखी जाती थी क्योंकि दक्षिण अफ्रीका के फिनिक्स आश्रम में कई दुर्घटनाएँ हो चुकी थीं। एक ही वर्ग में रहने के कारण उनमें परस्पर गहरी मित्रता हो जाती है और बहुत जल्द वह प्रतिकूल स्थितियों यानी समलैंगिक यौन आकर्षण में फँस जाते हैं। हालाँकि अधिकांश मामलों में यह आकर्षण अल्पकालिक होता है।

लेकिन सत्याग्रह आश्रम में यह पहली और अनोखी घटना थी। नैतिकता के छप्पर से बने इस आश्रम में सदाचार से विचलित होने की छोटी-सी घटना भी बवंडर खड़ा करने के लिए काफ़ी थी। मीरा के लिए यह चौंकने वाली बात थी। आश्रम में चारित्रिक दोष? बैठक के अंत में बापू ने एक सप्ताह के उपवास की घोषणा कर दी। उन्होंने लड़कों के दुराचरण का ख़ुद प्रायश्चित करने का फ़ैसला किया था। स्लेड ने लिखा- 'इस अनुभव ने मेरी नाड़ियों को इतना ज़्यादा उत्तेजित कर दिया कि मानसिक तनाव को नियंत्रण में रखना मुश्किल हो गया।'[3]

महात्मा 'सत्याग्रह आश्रम' नाम की एक बड़ी संस्था चला रहे थे। उनके अमीर मित्रों ने इस आश्रम को बनाने के लिए दो लाख से अधिक रुपये दिए थे। वे सालाना ख़र्च के लिए 18,000 रुपये अलग से देते थे। वे यह रक़म इस आशा से देते हैं कि गाँधी व्यक्तियों का चरित्र निर्माण कर रहे हैं। आश्रम में सयाने स्त्री और पुरुष रहते हैं। लड़के-लड़कियाँ भी हैं। लड़कियों को यथासंभव अविवाहित

रहने का प्रशिक्षण दिया जाता है। आश्रम में स्त्रियों और लड़कियों को जितनी स्वतंत्रता प्राप्त है उतनी आज़ादी अन्यत्र नहीं होती। आश्रम महात्मा की एकमात्र और सर्वश्रेष्ठ कृति थी। ऐसे आश्रम में समलैंगिता की घटनाएँ महात्मा के लिए सच में शर्मनाक थी। लेकिन वक्त के साथ आश्रम फिर सामान्य हो गया। आश्रमवासी स्लेड के उच्चारण में परेशानी अब ख़त्म हो गई थी। सब आश्रम में उन्हें अब 'मीराबेन' कहकर बुलाते। आश्रम में नदी तट पर दो कमरे थे। यह गाँधी के कमरों के सबसे निकट थे। आस-पास कोई इमारत नहीं थी। इन दो कमरों में से एक कमरा मीरा को मिला। दूसरे कमरे में छोटेलाल जैन रहते थे। ये उन दिनों की बात है जब गाँधी ने 'सत्य के प्रयोग' नामक अपनी आत्मकथा लिखनी शुरू की थी। वे गुजराती में इसे लेख के रूप में लिखते। महादेव इसका अंग्रेज़ी अनुवाद करते। मीरा एक-एक अध्याय का अंग्रेज़ी अनुवाद पढ़ती, उसे ठीक करती और 'यंग इंडिया' में छपने के लिए भेज देती। 29 नवंबर, 1925 से 4 फ़रवरी, 1929 के 'यंग इंडिया' में 'आत्मकथा' अथवा 'मेरे सत्य के प्रयोग' पहली बार धारावाहिक रूप से प्रकाशित हुआ था। इस आत्मकथा यानी सत्य के प्रयोग में सरला देवी से अपने प्रेम और उन्हें अपनी 'आध्यात्मिक पत्नी' मानने का सत्य लिखने की हिम्मत महात्मा नहीं जुटा पाए थे। जबकि इसमें उन्होंने अपने बचपन और जवानी के दिनों की तमाम साहसिक बातें उन्होंने साझा की थी। महात्मा सरला देवी के साथ अपने 'शारीरिक लगाव' या उन्हें अपनी 'आध्यात्मिक पत्नी' मानने का ज़िक्र सरला देवी का नाम छुपाकर भी कर सकते थे। पर उन्होंने ये भी नहीं किया। फ़िलहाल उनका सारा ध्यान उनकी नई मेहमान स्लेड उर्फ़ मीरा पर था।

दोनों के बीच भावनात्मक लगाव बढ़ता जा रहा था। बापू का आश्रम से कहीं बाहर जाना मीरा के लिए असह्य हो जाता। वह बाहर घूमना चाहती थी। उस साल अधिवेशन कानपुर में होना था। और महात्मा मीरा को साथ ले ज़ाने के लिए राज़ी हो गए थे। इस यात्रा में मीरा ने पहली बार महसूस किया कि इस देश के लिए महात्मा क्या हैं? रेलवे स्टेशनों पर भीड़ का रेला महात्मा के दर्शनों के लिए पागलों की तरह टूट पड़ता। 'महात्मा गाँधी की जय' के नारों के साथ पूरा रेलवे स्टेशन दहल उठता था। महात्मा को क़रीब से देखने की उत्सुकता उत्तेजना में बदल जाती। स्लेड उर्फ़ मीरा ने नेताओं के प्रति जनता की ऐसी दीवानगी अपने देश में भी नहीं देखी थी। महात्मा की इस लोकप्रियता ने मीरा

को बुरी तरह प्रभावित किया था। उसके लिए यह गर्व की बात थी कि वह एक ऐसे आदमी के साथ है जिसके पीछे भीड़ पागल है। मीरा ने लिखा- 'फिर मैं बापू की प्रतिक्रिया देखने के लिए उनकी ओर निहारती। वह पूरी तरह शांत और स्थिर होकर बैठे रहते। हाथ जोड़कर लोगों के प्रणाम को स्वीकार करते। लेकिन उनके मुख पर कठोर मुद्रा छाई रहती। इसका मुझ पर और भी ज़्यादा प्रभाव पड़ता। एक ओर उमड़ता लहराता मानव समुद्र और दूसरी ओर बापू की शांत, छोटी-सी कठोर मूर्ति।'[4]

मीरा ने महसूस किया कि महात्मा अपने सार्वजनिक जीवन में दूसरे व्यक्ति हो जाते थे। उनकी भाव मुद्रा में थोड़ी कठोरता आ जाती जो अमूमन उनके आश्रम के जीवन में नहीं पाई जाती थी। यह कठोरता क्या सिर्फ़ एक आवरण थी। मीरा समझ नहीं पाती। इतने कम दिनों में मीरा गाँधी के बहुत क़रीब आ चुकी थी। मीरा ने लिखा- 'जब मैं बापू से जुदा होती थी, मुझे मर्मांतक पीड़ा हुआ करती; और अगर वियोग लंबा होता तो अंत में मेरा स्वास्थ्य गिर जाता था।'[5]

मीरा इस समय दिल्ली में थी। क़रीब एक साल साबरमती आश्रम में रहने के बाद मीरा कताई सीखने और हिंदी पढ़ने के लिए दिल्ली के कन्या गुरुकुल भेज दी गई। यह दिसंबर 1926 की घटना है। अब वह गाँधी से दूर थी लेकिन ख़तों के ज़रिए बहुत पास। मीरा के ख़त बहुत प्यारे होते। गाँधी ने तो बाक़ायदा उन ख़तों को 'लव लेटर' का नाम दे दिया था। यह आर्यसमाजियों का आश्रम था।

लंबे वियोग में इन प्रेम पत्रों ने बापू और मीरा के बीच एक 'अटूट रिश्ता' क़ायम कर दिया। एक दिन ऐसी घटना घटी जिसने बापू को अंदर तक हिला दिया। स्वर्ण जयंती के मौक़े पर बापू को गुरुकुल आना था। मीरा ख़ुश थी कि वह बापू को इतने दिन के 'विरह' के बाद फिर देख पाएँगी। शाम को बापू की प्रार्थना सभा थी। मीरा ने बापू को देखा और विह्वल हो गई। भावुकता में वह बग़ीचे में फूट-फूटकर रोने लगी। उधर से कोई आया तो वह पेड़ के पीछे छुप गई। कार्यकर्ता ने मीरा को 'रोते हुए' देख लिया। वह घबराया और उसने सारी बात बापू को बता दी। बापू अशांत हो गए। प्रार्थना सभा के बाद बापू ने मीरा को बुलाया। पूछा 'ये सब क्या है?' उन्होंने मीरा को समझाया और कहा कि अब उन्हें 'वियोग की आदत डाल लेनी चाहिए।'[6]

मीरा को आगे की पढ़ाई के लिए रेवाड़ी के भगवद्‌भक्ति आश्रम जाना था क्योंकि बापू मार्च, 1927 में कई राजनीतिक कार्यों में व्यस्त थे। वह हर जगह

मीरा को साथ लेकर नहीं जा सकते थे। बापू और मीरा ने साथ गुरुकुल छोड़ा। लेकिन रास्ते में वह उनसे अलग हो गई। अलग होते वक़्त पहली बार भावावेश में मीरा ने होश खो दिए। उसने महात्मा का हाथ अपने हाथों में जकड़ लिया और अपने शरीर को उन पर छोड़ दिया। महात्मा औचक बैठे रह गए। भावनाओं का तूफ़ान थमने के बाद मीरा थोड़ी होश में आई। आँसुओं से महात्मा के नंगे कंधे भीग रहे थे। महात्मा उस समय कुछ नहीं बोले। मीरा जब रेवाड़ी जाने के लिए गाड़ी पर बैठी तो गाँधी के वियोग में फूट-फूटकर रो रही थी। अगले ही दिन रेवाड़ी में मीरा को बापू का तार मिला। यह तार बापू ने मीरा से अलग होते ही आगे कहीं भरतपुर के बाद गाड़ी से भेजा था- 'आज की जुदाई दुखपूर्ण थी, क्योंकि मैंने देख लिया कि मैं तुम्हें पीड़ा पहुँचा रहा हूँ। फिर भी यह अनिवार्य था। मैं चाहता हूँ कि तुम संपूर्ण स्त्री बनो।' मीरा के लिपटने को महात्मा भूल नहीं पाए थे। उन्होंने आगे लिखा- 'तुम्हें मेरे शरीर से मोह हरगिज़ नहीं होना चाहिए। शरीर रहित आत्मा तो हमेशा तुम्हारे साथ ही है।'[7]

पहली नज़र में ये महात्मा का मीरा के प्रति निष्काम प्रेम दिखता है। लेकिन इस 'निष्काम प्रेम' के बीच कस्तूरबा कहाँ थी? आश्रम में उनकी हैसियत मुखिया की ज़रूर थी लेकिन वो उदास और ख़ामोश रहती थी। ग़ुस्सा बहुत करती थी जैसा कि आम तौर पर हिंदुस्तानी घरों में बुज़ुर्ग हो रही औरतों के साथ उपेक्षा के कारण होता है। महात्मा का लड़कियों और महिलाओं से संपर्क भी कस्तूरबा को पसंद नहीं था। बाद के वर्षों में कस्तूरबा अपना सारा ग़ुस्सा उन लड़कियों पर उतारती जो महात्मा के सान्निध्य में रहने लगी थी या उनके प्रयोग का हिस्सा बन गई थीं। कस्तूरबा का स्वभाव और कठोर और रूखा हो गया था। महात्मा अपनी महिला मित्रों को बा के बारे में पहले ही सचेत करते कि 'उसका व्यवहार बराबर मीठा नहीं होता। मीरा ने अपने प्रिय लेखक रोमां रोला को आश्रम के बारे में सब कुछ बताया था। इसी बातचीत के आधार पर रोमां रोला ने अपनी फ्रेंच डायरी 'ल इंदे' में कस्तूरबा का एकदम सटीक चित्र खींचा। उन्होंने लिखा- 'गाँधी की पत्नी साध्वी महिला हैं, वे आत्मत्याग स्वीकार करके पति के महान व्रत की अनुगामिनी बनीं। लेकिन उन्होंने कभी पति का विशेष समर्थन नहीं किया। सबसे बड़ी बात वह अंत:पुर की गृहणी हैं। आश्रम के विराट परिवार की आबोहवा में वह बहुत प्रसन्न नहीं रहतीं। इसी से गाँधी की पत्नी असहाय की तरह अपने को रसोईघर में ही क़ैद रखती हैं। यह सोचकर प्रसन्न होती हैं कि

कम-से-कम यहाँ तो उनका एकछत्र राज्य है। आश्रम में विदेशियों का आना वे अच्छी नज़रों से नहीं देखतीं और शुरू में उनके चलते मीरा को काफ़ी दिक़्क़तों का सामना करना पड़ा। अपना खाना बनाने के लिए मीरा को जब रसोई में जाना पड़ता तो वे जान-बूझकर ऐसी तमाम चीज़ें आगे डाल देतीं जिससे मीरा को बुरा लगे बिना न रहे। यह सब गाँधी की पत्नी करती थीं ताकि मीरा आश्रम छोड़कर भागने को लाचार हो जाए।'

छोटेलाल की आत्महत्या

इसी बीच आश्रम में एक और चौंकाने वाली घटना हो गई। छोटेलाल जैन एकांत प्रिय व्यक्ति थे। बहुत कम लोगों ने उन्हें बोलते हुए सुना था। बापू से आकर्षित होकर आश्रम में आए थे। मेहनती और लगनशील। क्रांतिकारी थे। छोटी उम्र में किसी बम कांड में पकड़े गए थे। अब मीरा उनकी पड़ोसी बन गई थी। मीरा ने लिखा- 'उनके कुछ मित्रों में सुरेंद्रजी थे; और स्त्री होने पर भी मुझे वह सहन कर लेते।' वह बीमार पड़े। उन्हें टायफ़ायड हुआ। एक रात वह बिस्तर से उठे और 11 से 2 बजे के बीच मगनवाड़ी कुएँ में कूदकर अपनी जान दे दी। उन्होंने आत्महत्या क्यों की यह कोई न जान सका। गाँधी ने 'हरिजन सेवक' में लिखे अपने लेख 'एक मूक साथी की मृत्यु' में कहा कि उन्हें किसी से अपनी सेवा कराना पसंद नहीं था। वे बीमार पड़े। 6-7 दिन भी सेवा कराना उन्हें असह्य लगा। इसलिए उन्होंने जान दे दी।' महात्मा ने उसकी मौत का जो कारण बताया था वह किसी के गले नहीं उतर रहा था। गोरे अफ़सर को गोली मारकर फाँसी के तख़्ते पर चढ़ने के सपने देखने वाला ये वीर ऐसे मरेगा यह किसी ने नहीं सोचा था। फिर यह सवाल भी उठा कि महात्मा के आश्रम में कोई आत्महत्या कैसे कर सकता है! छोटेलाल मीरा के पड़ोसी थे। मीरा के स्वभाव में परिवर्तन आ रहा था। वह अब गूँगी गुड़िया नहीं थी। महात्मा के क़रीब होने का उसे एहसास था। इसका वह फ़ायदा भी उठाती थी। वह चाहती थी कि आश्रम में सब इस बात को स्वीकार करें कि वह बापू के कितना क़रीब है। इस भावना ने मीरा को कठोर बना दिया था।

छोटेलाल की आत्महत्या के पाँच दिन बाद बापू का ब्लड प्रेशर अचानक बहुत बढ़ गया। उन पर लकवे का मामूली आक्रमण हुआ। महात्मा 'मस्तिष्क की नसों की संज्ञा शून्यता' से बाल-बाल बचे थे। वह आंशिक रूप से लकवे का

भी शिकार हो गए थे। यह बहुत ज़्यादा काम करने से स्नायुओं की थकान के कारण हुआ था। उन्हें गर्मी के आने वाले महीनों में पूरा आराम करने की सलाह दी गई थी। सारे कार्यक्रम रद्द कर दिए गए। अजीब संयोग था कि इसी दौरान लंदन से ख़बर आई की जलियाँवाला कांड के खलनायक जनरल डायर को भी लकवे ने जकड़ लिया है। महात्मा को एक मित्र ने पत्र लिखा कि 'यह जनरल डायर के कर्मों का फल है।' महात्मा को यह सुनकर अच्छा नहीं लगा। उन्होंने कहा कि 'जिन्हें हम पवित्र समझते हैं वह भी तो रोग का शिकार होते हैं।' महात्मा ख़ुद लकवे का शिकार हुए थे। इसका क्या कारण हो सकता था? महात्मा यह मानते थे कि विकार के बिना रोग नहीं होता। 'विकार हैं और वे अपना प्रभाव दिखाते ही रहते हैं।'

महात्मा स्वास्थ्य लाभ के लिए 19 अप्रैल, 1927 को मैसूर के नंदी हिल्स आ गए। यहाँ उन्हें अपने अगले दो महीने बिताने थे। मीरा भी महात्मा के पास नंदी हिल्स आना चाहती थी। सच तो यह था कि ऐसे अवसर पर महात्मा भी मीरा की निकटता चाहते थे। उनकी इच्छा भी हुई कि वह मीरा को 'तुरंत तार देकर नंदी चली आने को' कहें लेकिन उन्होंने अपने को 'रोक' लिया। पर उन्होंने मीरा को लिखा कि 'फिर भी अगर वियोग असह्य हो उठे तो तुम्हें मेरे उत्तर की या कहने की प्रतीक्षा किए बिना ही यहाँ आ जाना चाहिए।'[8]

मीरा जिस आश्रम में थी वहाँ उन्हें नये अनुभवों का साक्षात्कार हुआ। इस आश्रम में भाँग का प्रचलन शुरू हो गया था। आश्रम के महाराज ने मीरा को न्यौता दिया कि वह आकर देखे कि भाँग कैसे तैयार की जाती है। मीरा ने इस निमंत्रण को स्वीकार कर लिया। महात्मा के मुताबिक़ यह निमंत्रण स्वीकार करना वैसा ही था जैसा कि एक शराब तैयार करने वाले कारख़ाने में ब्रांडी तैयार होते देखने का निमंत्रण स्वीकार करना। जैसा कि मीरा ने बापू को लिखा कि आश्रमवासियों ने भाँग जबरन उसके गले में उतार दी थी। मीरा ने शुद्धीकरण के लिए उपवास भी रखा। महात्मा ने मीरा को लिखा- 'मैं स्त्री, पुरुष दोनों के लिए यह नितांत असंभव मानता हूँ कि वे भाँग के नशे में डूबकर वासनापूर्ण उद्वेगों से मुक्त रह सकें। वे बाहरी तौर पर शारीरिक नियंत्रण भले ही रख सकें, हालाँकि भाँग के अपने अनुभव से तो मुझे ऐसा लगता है कि जब मैं भाँग के नशे में होता था, उस वक़्त कोई भी आदमी या औरत मेरे साथ कोई भी खिलवाड़ कर सकता था।'[9] यहाँ महात्मा का मतलब शारीरिक खिलवाड़ से था। उन्हें हमेशा ये

ख़तरा रहता कि कोई उनकी विदेशी शिष्या को बहला-फुसलाकर उसका दैहिक इस्तेमाल न कर ले।

इस घटना के बाद मीरा ने रेवाड़ी का भगवद्भक्ति आश्रम छोड़ दिया। तय हुआ था कि मीरा हिंदी सीखने के लिए अब विनोबा के वर्धा आश्रम जाएँगी। वर्धा आश्रम को भी सत्याग्रह आश्रम की एक शाखा के रूप में जाना जाता था। वर्धा का माहौल मीरा के अनुकूल था। खुली हवा और प्राकृतिक सौंदर्य हमेशा से मीरा को अपनी ओर खींचता था। बापू और मीरा के बीच पत्र व्यवहार शुरू हो गया। ये ख़त भावनाओं के एक पुल का काम करते। मीरा अपने पत्रों में अपने मन की सारी भावनाएँ उड़ेल देती। महात्मा के पत्रों में लिखे जादुई शब्द मीरा को अंदर तक हिला देते थे। प्रेम में डूबे महात्मा के ये पत्र मीरा पर जादू का काम करते थे। बापू ने मीरा को पूना भेज दिया। वर्धा के मुक़ाबले पूना से दक्षिण भारत की दूरी कुछ आधी हो जाती है। अब मीरा बापू से ज़्यादा दूर नहीं थी। वह बापू से मिलने के लिए बेचैन हो गई। लेकिन वह जानती थी कि अगर वह बापू के पास गई तो वह बहुत नाराज़ होंगे। लेकिन मीरा की ज़्यादा बेचैनी बढ़ गई। उन्हें लगा वह बापू को एक बार देख ले।

मीरा बापू को बिना बताए पूना उनके पास पहुँच गई। यह सितंबर के अंतिम हफ़्ते की बात है। मीरा को देखकर महात्मा बिफर पड़े। उन्होंने सबके सामने मीरा को खरी-खोटी सुनाई। वह बहुत दिनों बाद क्रोधित हुए थे। उन्होंने मीरा से कहा कि वह तुरंत साबरमती आश्रम चली जाए। ख़ुद महात्मा के सहयोगियों को उनका यह बरताव अच्छा नहीं लगा। बाद में अपने कठोर बरताव पर बापू ख़ुद दुखी हुए। बापू ने मीरा को साबरमती पत्र लिखा- 'यहाँ पहुँचने पर मैं तुम्हें प्रेम संदेश भेजे बिना न रह सका। तुम्हें भेजने के बाद मुझे बहुत दुख हुआ। मैंने तुम्हारे साथ बहुत कठोरता की लेकिन मैं दूसरा व्यवहार नहीं कर सकता था। मुझे ऑपरेशन करना था इसलिए मैं कठोर बन गया।'[10] अगले दिन बापू ने फिर मीरा को बेहद भावुक पत्र भेजा- 'यह सिर्फ़ यही बताने के लिए लिख रहा हूँ कि तुम्हारा ख़याल मेरे दिल से हट नहीं सकता। सख़्त ऑपरेशन के बाद हर डॉक्टर ठंडक पैदा करने वाला मरहम लगाता है। यह मेरा मरहम है।'[11]

नींद में दो बार स्खलन

मीरा से बापू का भावनात्मक लगाव बढ़ता जा रहा था। गाँधी के जीवन का यह वो दौर था जब वह 58 साल की उम्र में काम के प्रकोप से जूझ रहे थे। काम-वासना के ख़िलाफ़ उनके मन में एक जंग चल रही थी जो निःसंदेह अंग्रेज़ों से लड़ाई से ज़्यादा कठिन थी। वह अपने मानसिक विकारों से लड़ रहे थे। वह ख़ुद कहते थे कि 'काम बिच्छू है। वह कब डंक मार देगा, कुछ कहा नहीं जा सकता। वह तो अनंग है, इसलिए हम उसे देख नहीं सकते। हम चाहें तो भी उसे पकड़ नहीं सकते।'[12]

यह वह दौर था जब स्वप्नदोष महात्मा के जीवन की एक बड़ी चुनौती बन गया था। कम उम्र में विवाह के कारण वे हस्तमैथुन से बचे रहे। लेकिन स्वप्नदोष से वह कभी नहीं बच पाए। नवंबर, 1927 के अंतिम दिनों में उन्हें 'दो बार नींद में स्खलन हुआ'। महात्मा ख़ुद मानते थे कि 'स्वप्नदोष मानसिक विकारों के कारण ही होता है।' गाँधी जब तक दक्षिण अफ्रीका में थे इस विकार से मुक्त थे। गाँधी ने अपने एक मित्र हरजीवन कोटक को लिखे एक पत्र में कहा- 'लेकिन भारत लौट आने और दूध पीना शुरू करने के बाद मेरा ये दोष बढ़ गया। दूध के अलावा इसके अन्य कारण भी हैं। यहाँ के वातावरण से बीते दिनों की याद ताज़ा हो गई।'[13]

हरजीवन कोटक और उनकी पत्नी शारदा साबरमती आश्रम में बहुत पहले आ गए थे। कोटक दंपति बापू के पुराने साथी थे। आश्रम में ब्रह्मचर्य पालन में हरजीवन को काफ़ी कठिनाइयों का सामना करना पड़ रहा था। बाद में हरजीवन को बापू ने खादी का काम करने के लिए कश्मीर भेज दिया था। हरजीवन भी महात्मा की तरह ब्रह्मचर्य के संघर्ष से जूझ रह थे। अपने 11 दिसंबर, 1927 के एक अन्य पत्र में कोटक से गाँधी ने अपनी पीड़ा विस्तार में लिखी- 'पिछले 15 दिनों में मुझे नींद में दो बार स्खलन हो चुका है। मुझे वह स्वप्न याद भी नहीं। हस्तमैथुन की बुराई मुझमें कभी थी ही नहीं। इस स्खलन का कारण मेरे शरीर का निर्बल होना तो है ही, किंतु मैं जानता हूँ कि मेरे मन के भीतर कहीं विकार भरे हुए हैं। जागृत अवस्था में तो मैं उन विकारों को अपने वश में रख सकता हूँ किंतु जो वस्तु विष की तरह शरीर में भरी हुई है वह बलपूर्वक अपना मार्ग बना लेती है। मुझे इसका दुख तो है पर कोई घबराहट नहीं है। मैं सतर्क रहता हूँ। शत्रु को दबा भी देता हूँ किंतु उसे देश निकाला नहीं दे पाया हूँ। यदि मैं सच्चा हूँ

तो उसे अवश्य निष्कासित कर सकूँगा। सत्य का तेज़ वह सह नहीं सकेगा।'[14]

बा को महात्मा पहले ही अपनी माँ मान चुके थे फिर वह कौन से 'मानसिक विकार' थे जो बापू को परेशान कर रहे थे? महात्मा ख़ुद यह पहेली सुलझा नहीं पा रहे थे। महात्मा इसे अपने पिछले अपवित्र जीवन का परिणाम बताते थे। लेकिन उनका वर्तमान जीवन? क्या वह सचमुच अपने वर्तमान से मुक्त थे? बीमारी से उठने के बाद महात्मा ने पूरा समय दक्षिण भारत के दौरे में बिताया। वह श्रीलंका तक पहुँच गए थे। 1927 के अंतिम महीने दक्षिण भारत में ही बीते थे। मीरा का भी मन आश्रम में नहीं लग रहा था। वह खादी के काम से बिहार चली आई थी।

लड़कियों के कंधे पर हाथ

वर्ष 1928 साबरमती आश्रम के लिए यह दौर सनसनीख़ेज़ था। आश्रम के बारे में स्थानीय अख़बारों ने कई आपत्तिजनक ख़बरें छापीं। ख़ुद आश्रमवासियों से बापू को कहना पड़ा कि 'आश्रम का जीवन इतना आदर्श नहीं कि इसका नाम 'सत्याग्रह आश्रम' रखा जाए।' अन्य बातों के अलावा सबसे चर्चित मुद्दा बापू का जवान लड़कियों के कंधे पर हाथ रखकर चलने का था। महात्मा आश्रम में युवा लड़कियों के कंघे पर हाथ रखकर चलते थे। यह सिलसिला साबरमती के सत्याग्रह आश्रम के प्रारंभ से ही चल रहा था। आश्रम की लड़कियों में होड़ रहती कि महात्मा किस दिन किस लड़की के कंधे का सहारा लेंगे। कंधे का सहारा देने वालों में मीरा भी थी। धीरे-धीरे आश्रम के लोगों को यह आपत्तिजनक लगने लगा। बाहर के लोगों ने भी इस प्रयोग पर सवाल उठाए।

लड़कियों के कंधे पर हाथ रखकर चलने को लेकर सबसे पहले बालकृष्ण भावे ने ऐतराज़ जताया था। बालकृष्ण भावे विनोबा भावे के भाई थे। विनोबा जैसे विनायक से विनोबा बने वैसे ही बालकृष्ण बन गए। भावे बंधुओं में सबसे छोटे भाई का नाम शिवाजी भावे था। तीनों भाई महात्मा से जुड़े थे। बाल कृष्ण भावे ने इस बारे में गाँधी को लंबा पत्र लिखा था। उनका कहना था कि युवा लड़कियों के कंधे पर हाथ रखकर चलना आपत्तिजनक है। इस चलन के व्यवहार की कोई ज़रूरत भी नहीं। हिंदू परंपरा में पुत्री का स्पर्श पिता के लिए भी वर्जित है। फिर इस प्रयोग का संदेश ग़लत जा रहा है। महात्मा ने जवाब दिया- 'जिन लड़कियों के कंधे पर हाथ रखकर मैं चलता हूँ, उनके प्रति निर्विकार रहूँ इसमें तो मुझे ज्ञान की कोई आवश्यकता नहीं जान पड़ती। कोई पिता अपनी अनेक सयानी

लड़कियों के प्रति निर्विकार होते हुए भी किसी और तरह से उनके प्रति जड़ भी हो सकता है। यहाँ तक कि अन्य स्त्रियों के प्रति उसके मन में विकार भी भरा हो सकता है। यह सर्वथा स्वाभाविक बात है कि आश्रम की लड़कियों के प्रति मेरे मन में पितृभाव हो। कई वर्ष के प्रयास से इस गुण को मैं अपने में विकसित कर सका हूँ। और इस प्रकार अधिकतर स्त्रियों के प्रति निर्विकार होते हुए भी मैं यह दावा नहीं कर सकता कि स्त्री मात्र के प्रति मैं सदा ही निर्विकार रहता हूँ।'[15]

भावे को लिखे इस पत्र में महात्मा ने 'अधिकतर' शब्द का प्रयोग किया था। उन्होंने कहा था- 'और इस प्रकार अधिकतर स्त्रियों के प्रति निर्विकार होते हुए भी मैं यह दावा नहीं कर सकता कि स्त्री मात्र के प्रति मैं सदा ही निर्विकार रहता हूँ।' यानी कुछ स्त्रियाँ थीं जिन्हें लेकर महात्मा के मन में विकार आते रहे थे। इसी पत्र में आगे उन्होंने 'स्त्री मात्र के प्रति निर्विकार न रह पाने' का सत्य भी स्वीकार किया था। जबकि महात्मा इससे पहले कह चुके थे कि 'बाहरी वासनाओं पर उन्होंने विजय पा ली है लड़ाई अब आंतरिक वासनाओं की है।'[16]

हिंदू समाज में मान्यता है कि पिता पुत्री का स्पर्श करते हुए भी डरे। लेकिन महात्मा को ये विचार बकवास लगते थे। उनके अनुसार 'यह विचार ब्रह्मचर्य का शत्रु है।' गाँधी ने यह प्रयोग अगस्त, 1928 के अंतिम हफ़्तों में बंद कर दिया। क्योंकि जो बात भावे के मन में उठी वही बात अन्य आश्रम वासियों के मन में भी उठी थी। गाँधी ने ख़ुद कहा- 'कंधे पर हाथ रखना कोई सिद्धांत की बात तो हो ही नहीं सकती।'

ये सच है कि लड़कियों के कंधे पर हाथ रखकर चलना कोई सिद्धांत की बात तो नहीं हो सकती। 59 साल की उम्र गाँधी जैसे फुर्तीले आदमी के लिए इतनी ज़्यादा भी नहीं थी कि उन्हें चलने के लिए लड़कियों के किसी सहारे की ज़रूरत हो। महात्मा ने संकल्प लिया कि अब वे लड़कियों के कंधे का सहारा नहीं लेंगे। इस तरह से महात्मा ने एक दो नहीं आगे चलकर तीन बार विवाद होने पर संकल्प लिया कि वे लड़कियों के कंधे का सहारा लेकर नहीं चलेंगे। लेकिन हर बार गाँधी का संकल्प टूट गया। ये सारे संकल्प चेतन मन लेता है जिसकी जानकारी मन के बड़े हिस्से अचेतन मन को नहीं हो पाती। और संकल्प टूट जाता है। गाँधी जैसे योगी के लिए संकल्प का बार-बार टूटना हैरत करने वाली बात थी। पर ये बार-बार हुआ। कभी गाँधी ख़ुद को समझा लेते कभी सामने वाले दूसरे व्यक्ति को। लड़कियों के कंधे पर हाथ रखकर चलना वे कभी नहीं छोड़ पाए।

गाँधी जी को जब गोली लगी तब भी उनके हाथ तो युवा लड़कियों के कंधे पर थे।

***

पाँव चूमने की इच्छा

1929 की गर्मियों में महात्मा हिमालय की यात्रा पर निकल गए। उनका ठिकाना कौसानी था। अल्मोड़ा ज़िले का पहाड़ियों से घिरा यह स्थान प्राकृतिक सौंदर्य को अपनी बाँहों में समेटे हुए था। महात्मा यहाँ मीरा को साथ लाए थे। पहाड़ की इस चोटी पर एकांत में एक छोटा-सा आश्रम था। इस आश्रम से सूर्योदय देखने सैलानी आज भी आते हैं। सूर्य की पहली किरण पड़ते ही दूर बर्फ़ीली पहाड़ी पर सोना पिघलकर बिखर जाता है। यहाँ आज भी गाँधी आश्रम है और एक सुंदर संग्रहालय भी। यहाँ महात्मा दस दिन रुके थे। यहीं उन्होंने गीता पर अपनी किताब 'अनासक्ति योग' लिखी। इस यात्रा में महात्मा की देखभाल का ज़िम्मा मीरा के ही पास था। बापू के नहाने से लेकर खाने तक का इंतज़ाम वही देखती। उनके कपड़े, जो न के बराबर थे- वही धोतीं। बापू की सेवा में वह निहाल थी। वह एक बार फिर महात्मा के क़रीब आ गई थी। मीरा के लिए यह सपने जैसी बात थी। भावनाएँ फिर उफान लेने लगी थीं। बापू के क़रीब रहकर मीरा की 'इच्छाएँ' फिर जागृत हो गई थीं। उनका मन करता कि वह बापू के हाथ-पाँव दबाए। यह भावनाएँ उस समय चरम पर पहुँच गईं जब एक बार मीरा ने महात्मा से उनके 'पाँव चूमने' की इच्छा ज़ाहिर की। महात्मा चौंके थे। उनके शरीर के प्रति मीरा की यह आसक्ति उन्हें परेशानी में डालने वाली थी। हिमालय से महात्मा मैदान की ओर बढ़े। इस यात्रा के दौरान महात्मा ने कई बार महसूस किया कि मीरा 'सहज' नहीं है। वह अपने 'अंदर की वासनाओं से मुक्त' नहीं हो सकी है। मीरा चाहती थी कि बापू उसे हमेशा अपने साथ रखें। वह बार-बार आश्वासन देती कि 'अब उससे कोई भूल नहीं होगी।' लेकिन महात्मा के क़रीब आते ही यह आश्वासन टूट जाता। बापू ने मीरा को चेतावनी दी कि वह उनसे अलग रहकर 'अनासक्ति योग' की साधना करे। मीरा को धक्का लगा। उन्होंने बापू को उल्टा चेतावनी दी कि अगर उन्होंने उसे ख़ुद से दूर किया तो उसके पास 'आत्महत्या' के सिवा कोई चारा नहीं बचेगा। इससे बापू बहुत नाराज़ हुए। मीरा ने माफ़ी माँगी। और उनसे यह भी कहा कि इस बात पर अब कोई चर्चा न हो। लेकिन मीरा की यह हरकत महात्मा को अंदर तक कहीं छू गई थी। महात्मा

ये बातें उन्हें बोलकर शायद नहीं समझा पाते। उन्होंने मीरा को लिखा- 'इस रोग को बुतपरस्ती कहते हैं। यदि ऐसा न हो तो मेरे साथ रहने की ऐसी बेचैनी क्यों। ऐसे पैरों को छूने या चूमने का क्या अर्थ है जो एक-न-एक दिन ठंडे हो जाएँगे ? शरीर में क्या धरा है ?'[17] महात्मा ने फिर मीरा को कुछ समय के लिए अपने से दूर कर दिया। मीरा को अभी बहुत सारी परीक्षाएँ देनी थीं। इम्तहान तो महात्मा को भी देना था। वह जिस कठिन साधना-पथ पर चल रहे थे उस रास्ते पर हर घड़ी एक परीक्षा थी। महात्मा ख़ुद इन परीक्षाओं से जूझ रहे थे।

महात्मा और मीरा का रिश्ता भक्ति, स्नेह और कामुकता का एक अजीबो-ग़रीब समिश्रण बन गया था। मीरा पूरी तरह से बापू के प्रेम में थी। महात्मा के पत्र पाकर वो ख़ुशी से खिल जाती। गाँधी ने मीरा से वादा किया था कि वह हर सोमवार को उन्हें एक 'प्रेम पत्र' भेजेंगे। हर सोमवार इस 'प्रेम पत्र' का मीरा बेसब्री से इंतज़ार करती है। ऐसा ही एक पत्र पाकर मीरा ने गाँधी को लिखा- 'प्यारे बापू... और आज मेरे पास आपका सोमवार का लंबा पत्र है! कितनी बिगड़ गई हूँ मैं!' मीरा को लगता उसके दिमाग़ में जो कुछ भी है वह सब उन्हें पता है। जितना वह ख़ुद को जानती है बापू उससे ज़्यादा बेहतर ढंग से उसे जानते हैं।

***

जेपी को दूसरी शादी करने की सलाह

महात्मा के ब्रह्मचर्य के प्रयोग ने उनके कई साथियों के गृहस्थ जीवन को लगभग उजाड़ दिया। समाजवादियों के मसीहा जयप्रकाश नारायण भी उनमें से एक थे। प्यार से उन्हें लोग बाद में जेपी कहने लगे। जेपी गंगा और सरयू के संगम पर सिताबदियारा में जन्मे थे। जयप्रकाश पढ़ने में तेज़ थे। उम्र से बड़े वकील भतीजे शंभूशरण के साथ वह पटना पढ़ने आ गए। अंग्रेज़ों की संगत में उनका रंग-ढंग सब अंग्रेज़ी हो गया था। सिर पर हैट से लेकर बूट तक अंग्रेज़ी थे। एक दिन शंभूशरण जयप्रकाश को राजेंद्र बाबू के घर लाए। तब तक राजेंद्र बाबू काफ़ी नाम कमा चुके थे। यहीं बृज किशोर बाबू से उनकी मुलाक़ात हुई। बृज किशोर पक्के कांग्रेसी थे। महात्मा को चंपारण लाने वाले वही थे। बृज किशोर की बेटी थी प्रभावती। एकदम बेटे की तरह पली- बढ़ी थी। जयप्रकाश को देखते ही बृज किशोर ने उसे अपना दामाद बनाने का सपना पाल लिया। हिंदुस्तान में रिश्ते ऐसे

ही जोड़े जाते हैं। और शहनाई बज गई। लेकिन प्रभावती बिहार की उन दूसरी लड़कियों में नहीं थी जिनके जीवन का मक़सद अपने पति की सेवा टहल में बिता देना होता है। परिवार के राजनीतिक माहौल का उन पर गहरा असर था। देश की ग़ुलामी का मतलब भी उन्हें पता था। जयप्रकाश जैसे विद्धान पति के साथ ने उन्हें बौद्धिक रूप से और संपन्न कर दिया था।

जलियाँवाला कांड और फिर असहयोग आंदोलन के दौर में जयप्रकाश अपने कॉलेज के लीडर बन गए और बाग़ी भी। सबसे पहले उन्होंने अपने हैट और अंग्रेज़ी बूट को जलती आग के हवाले किया। बदले में गाँधी टोपी पहनी और लंबा खादी का कुर्ता। अब वह नेता बन चुके थे। लेकिन असहयोग आंदोलन ठहर गया। जयप्रकाश के पास अब ज़्यादा काम नहीं था। आगे की पढ़ाई के लिए वह अमेरिका जाना चाहते थे। 15 साल की पत्नी को छोड़कर सात समंदर पार जाने का ख़याल किसी को पसंद नहीं आया। लेकिन 22 साल का नौजवान ज़िद पर आ गया था। घर वालों ने प्रभावती पर दबाव डाला कि वही उन्हें रोक सकती है। लेकिन प्रभावती ने जयप्रकाश को रोकने से इनकार कर दिया। उन्होंने कहा कि 'वह उन औरतों में नहीं जो पति के पाँव की बेड़ियाँ बन जाती हैं।' जयप्रकाश जल्दी वापस लौटने का वादा करके 16 मई, 1922 को अमेरिका के लिए रवाना हो गए। पहले 'जेनस' जहाज़ उन्हें जापान ले गया। फिर 'तैयोमारू' जहाज़ अमेरिका।

जयप्रकाश के अमेरिका रवानगी के साथ प्रभावती महात्मा के साबरमती आश्रम आ गई थी। कच्ची उम्र में महात्मा की संगति ने उन्हें दूसरी प्रभा बना दिया था। महात्मा के ब्रह्मचर्य व्रत ने उन्हें सबसे ज़्यादा प्रभावित किया था। आश्रम की लड़कियों में वह सबसे ज़्यादा गंभीर रहने वाली लड़की थी। शुरुआती दिनों में आश्रम मंभ उनकी दिनचर्या महात्मा की सेवा में बीत जाती थी। अमेरिका से नवंबर, 1929 में जेपी लौटे तो प्रभावती उनकी अगवानी करने वर्धा आश्रम से अपने गाँव सिताबदियारा पहुँच गई थी। 23 नवंबर, 1929 को प्रभा ने अपनी डायरी में जेपी के बारे में केवल चार शब्द अंकित किए- '4.30 बजे जयप्रकाश आए।' अब वह बदल चुकी थी। प्रभा ने जेपी के सामने दो शर्तें रखीं। एक शर्त 'ब्रह्मचर्य व्रत' की थी। महात्मा के दबाव में जेपी इसके लिए तैयार हो गए थे। पूरी अनिच्छा के साथ। प्रभा की दूसरी शर्त इससे भी ज़्यादा परेशान करने वाली थी। प्रभा ने साफ़ कह दिया था कि वह महात्मा के साथ रहकर उनकी सेवा में

रहेंगी। जेपी के सामने यह परेशानी भरा प्रस्ताव था। अगर ब्रह्मचर्य व्रत लिया है तो पति-पत्नी साथ रहे यह ज़रूरी नहीं। वे सिर्फ़ नाम के पति-पत्नी रहेंगे। सेवा का सुख भी बेटी के रूप में प्रभा महात्मा को देगी। जेपी को लगा कि यहाँ अमेरिका से ज़्यादा कठिन स्थिति है। जेपी ने महात्मा को तुरंत चिट्ठी लिखी कि उनकी प्रभा कहाँ है। यह वह प्रभा तो नहीं। यह प्रभा तो वैराग्य चाहती है। प्रभा ने भी साफ़ कह दिया कि वह फिर आश्रम आना चाहती हैं बापू के पास। महात्मा आश्रम में नहीं थे। वह जनवरी के पहले हफ़्ते वर्धा पहुँचने वाले थे। उन्होंने प्रभावती को लिखा- 'जब आ सको तब आ जाना।' उसी दिन महात्मा ने जेपी को लिखा- 'प्रभावती के वैराग्य के बारे में मिलने पर बहस करेंगे।'

प्रभा साथ रहकर भी जेपी के साथ नहीं थी। महात्मा के ब्रह्मचर्य व्रत ने उन्हें हिस्टीरिया का मरीज़ बना दिया था। अधिकांश वक़्त वह बीमार रहने लगी। महात्मा चाहते थे कि प्रभा आश्रम आ जाएँ। उनका आश्रम से दूर रहना ही उनके दुख का कारण है। अक्टूबर, 1930 में जेपी की माँ चल बसी। प्रभा जेपी के साथ आ गई। लेकिन दोनों एक-दूसरे से दुखी थे। जेपी की अपनी दैहिक ज़रूरतें थीं। लेकिन प्रभा का मन उचट चुका था। वह किसी क़ीमत पर जेपी के साथ सामान्य वैवाहिक जीवन जीने को तैयार नहीं थीं। यह बात जेपी ने महात्मा को लिखी। महात्मा का जवाब आया- 'जितनी स्वतंत्रता पुरुषों को है उतनी स्त्रियों को होनी चाहिए।' महात्मा ने जेपी को सलाह दी अगर वह काम-वासना के बिना नहीं रह सकते तो दूसरी शादी कर लें। उन्हें ऐसी स्थिति में पत्नी त्याग को धर्म बताया। महात्मा ने जेपी को आगे लिखा- 'मेरा दृढ़ अभिप्राय है कि दंपति में एक विकारवश होने से दूसरा या दूसरी को विकारवश होने का कोई धर्म नहीं है। परंतु जिसे विकार पैदा हुआ है उसका शांत हो जाने का धर्म है। जब पत्नी की विषय भोग की इच्छा नहीं है, उसके साथ संग करना भी अनीति है। इसलिए मेरा तो दृढ़ विश्वास है कि यदि प्रभावती को विकार नहीं है तो उसको मुक्ति देनी चाहिए और तुम्हें दूसरी शादी करनी चाहिए। इसमें मैं अधर्म नहीं मानता। तुम्हारी भोगेच्छा को बलात्कार से कैसे रोका जाए?'[18]

लेकिन जेपी दूसरा विवाह करने के पक्ष में नहीं थे। वह अपनी प्रभा वापस चाहते थे। वह चाहते थे कि प्रभा वापस लौट आए। लेकिन महात्मा अपनी बात पर अड़े थे। वह चाहते थे कि जेपी प्रभा को उन्हें दे दे। उनके मुताबिक़ प्रभा विवाह के लिए नहीं बनी थी। वह ब्रह्मचारिणी है। हालाँकि महात्मा ख़ुद तय नहीं

कर पाए थे कि प्रभा वाक़ई निर्विकार है। उन्होंने जेपी को लिखा- 'प्रभावती अगर अपने को धोखा नहीं देती है तो निर्विकार है। ऐसा प्रतीत होता है। यहाँ तक तुम्हारे साथ रहते हुए भी विकारवश नहीं होती है। और अधिक बीमार रहती है। इसलिए मुझे लगता है कि प्रभावती को मुक्ति देनी चाहिए।"[19]

जेल से रिहाई के बाद महात्मा पर्णकुटी पूना आ गए। लेकिन अब एक आंदोलन में जेपी को जेल हो गई। बिहार में प्रभा का मन नहीं लगता था। प्रभावती को महात्मा ने अपने पास बुला लिया। जयप्रकाश तब नज़दीक की जेल में थे। पटना में बिहार सोशलिस्ट पार्टी तैयार हो रही थी। यह वहाँ के कांग्रेसियों का ही एक संगठन था। जेपी इसे खड़ा करने में लग गए। उन्होंने महात्मा को समझाना चाहा कि प्रभा उनके नये काम में उनकी मददगार साबित हो सकती है। वह प्रभा को पटना भेज दें। महात्मा जेपी से कहते कि वह प्रभा को भूल क्यों नहीं जाते। इस बात पर जेपी ने आपत्ति जताई तो महात्मा ने जेपी को लिखा- 'तुम्हारे दुख से मुझे दुख हुआ है। 'भूल जाने' का मतलब तुमने उलटा समझा है।' जेपी कहते कि महात्मा अगर चाहें तो प्रभा उन्हें वापस मिल सकती है। इस पर बापू कहते- 'मेरे लिए धर्मसंकट है। प्रभा मुझे अथवा आश्रम को छोड़ना नहीं चाहती, मैं कैसे उसको निकाल दूँ?'[20]

वक़्त बीत रहा था। साल बीत गए। प्रभा बदलती जा रही थी। जेपी का मन बहुत उदास रहता। प्रभा उसके पास होते हुए भी नज़दीक नहीं होती। जेपी को लगता कि प्रभा के मन में उनके लिए न कोई प्यार है, न सम्मान। उन्हें लगता कि प्रभा का व्यवहार सबके प्रति बदल गया है। जेपी इसके लिए महात्मा को ज़िम्मेदार मानने लगे थे। वह चाहते थे कि प्रभा महात्मा से अपने सारे संबंध तोड़ ले और पूरी तरह वापस आ जाए। जेपी ने यह बात जमनालाल से कही। जमनालाल ने महात्मा को जेपी की व्यथा सुनाई। महात्मा ने जेपी को चिट्ठी लिखी- 'लेकिन मेरे संपर्क से प्रभा की पिता भक्ति और पति प्रेम में कुछ न्यूनता नहीं आई। हाँ, प्रभा तुमको भोग सुख नहीं देती है, क्योंकि नहीं दे सकती और यह चीज़ उसमें स्वभाव सिद्ध है। मेरे पास आई उससे पहले ही वह निर्विकार थी। यह बात हम तो उसकी ज़बान से ही जान सकते हैं। उसने मुझको यही बात बार-बार बड़ी दृढ़ता से कही है। अब मुझे कहो मैं क्या करूँ? यदि ऐसा चाहोगे कि प्रभा न मेरे पास आए और न मुझको पत्र लिखे तो तुम्हारे संतोष के कारण ऐसे प्रतिबंध को भी स्वीकार कर लूँगा।'[21]

इस बातचीत के बाद प्रभा कुछ समय के लिए जेपी के साथ ही रहने लगी। नवंबर, 1936 में महात्मा बनारस आए। प्रभावती से मिले। प्रभावती बहुत दुबली हो गई थी। महात्मा ने जेपी से कहा कि वह कुछ महीनों के लिए प्रभा को वर्धा भेज दें। पर जेपी नहीं माने। प्रभा का बुरा हाल था। एक तो कमज़ोरी ऊपर से हिस्टीरिया जैसी बीमारी। एक दिन तो प्रभा बेहोश हो गई। उन्होंने महात्मा को अपने दुख की सारी ख़बर दी। प्रभा महात्मा को लिखे पत्रों को सार्वजनिक होने देना नहीं चाहती थी। वह चाहती थी कि महात्मा पत्र पढ़ने के बाद उसे नष्ट कर दें। महात्मा ने समझाया कि- 'तुझे अपने प्रयत्नों से शांति प्राप्त करनी होगी। तू किसलिए अपने पत्र फाड़ डालने के लिए लिखती है? तेरे पत्रों में क्या कोई गोपनीय बात होती है? लेकिन चूँकि तू ऐसा कहती है, इसलिए मैं उन्हें फाड़ डालता हूँ। लेकिन तू इस संकोच को छोड़ दे। जो तेरे मन में हो वह मुझे नि:संकोच होकर लिख।'[22]

प्रभा दुखी थी। उन्होंने ग़ुस्से में महात्मा को पत्र लिखा। कहा- 'मैं थक गई हूँ। आश्रम आपके पास आना चाहती हूँ।' सेगाँव से महात्मा ने प्रभा को लिखा- 'पिता जी के पास कोई काम न हो और जयप्रकाश तुझे भेज सकता हो, तब तो तुझे यहाँ चली ही आना है। तेरा स्थान अंततः यही है। तेरे लिए काम तो यहाँ है ही। इससे ज़्यादा तू क्या चाहती है। अकारण क्यों दुखी होती है?'[23] प्रभा महात्मा की शरण में आना चाहती थी। लेकिन जेपी राज़ी नहीं थे। उन्हें लगता प्रभा के जीवन की सारी अशांति का कारण महात्मा का आश्रम है। लेकिन प्रभा का मन तो वहीं था। आश्रम के शांत वातावरण में जहाँ न कोई घुटन थी न अशांति।

***

संदर्भ :

1. रोमां रोलां एंड गाँधी कॉरेस्पांडेंस, पेज 50-51

2. खंड 33 : 26 नवंबर, 1925, पेज 281-283, यंग इंडिया, 26 नवंबर 1925

3. एक साधिका की जीवन यात्रा, मीराबेन नवजीवन प्रकाशन मंदिर, अहमदाबाद, पेज 78

4. जीवन यात्रा, मीराबेन, पेज 80

5. बापू के पत्र मीरा के नाम, अनु. रामनारायण चौधरी, नवजीवन प्रकाशन मंदिर, संस्करण 1951, पेज 11

6. जीवन यात्रा, मीराबेन, पेज 101

7. बापू के पत्र मीरा के नाम, पेज 26

8. खंड 38 : 25 अप्रैल, 1927, पेज 384

9. खंड 38 : 3 जून, 1927, पेज 585

10. बापू के पत्र मीरा के नाम, पेज 51

11. बापू के पत्र मीरा के नाम, पेज 51

12. खंड 40 : 5 सितंबर 1927, पेज 27

13. खंड 40 : 10 नवंबर 1927, पेज 396

14. खंड- 41 : 11 दिसंबर 1927, पेज 24

15. खंड 43 : 10 सितंबर, 1928, पेज 2

16. खंड 43 : 10 सितंबर, 1928, पेज 2

17. खंड 46 : 24 जून ,1928, पेज 161-162

18. जयप्रकाश नारायण पेपर्स सौजन्य : नेहरू स्मारक और संग्रहालय।

19. खंड 53 : 25 अगस्त, 1931, पेज 314

20. खंड 65 : 2 दिसंबर, 1934, पेज 450

21. खंड 68 : 16 अप्रैल, 1936, पेज 408- 409

22. खंड 73 : 25 अप्रैल, 1938, पेज 136

23. खंड 73 : 20 जून, 1938, पेज 271

4

महात्मा के प्रेम में प्रेमा

महात्मा के प्रेम में स्लेड सचमुच मीरा बन चुकी थी। उनकी भक्ति के आगे ख़ुद महात्मा भी लाचार हो चले थे। मीरा को अपने से दूर भेजकर एक ख़ास तरह की व्याकुलता वह ख़ुद भी महसूस करते। लेकिन इसके अलावा उनके पास कोई दूसरा चारा भी नहीं बचा था। तभी महात्मा के आश्रम जीवन में प्रेमा आ गई। प्रेमा कंटक बहुत जल्द महात्मा की अंतरंग शिष्याओं में एक बन गई थी। वह युवा और ख़ूबसूरत थी। बचपन से प्रेमा ने महात्मा को अपने नायक के रूप में देखा था। लेकिन उमर की चौबीस सीढ़ियाँ लाँघते-लाँघते प्रेमा साठ साल के महात्मा पर आसक्त हो गई। उनके बोलचाल के लहजे, फर्राटेदार अंग्रेज़ी और ख़ास बंबईया अंदाज़ से महात्मा ख़ुद प्रभावित हुए बिना नहीं रह सके। महात्मा ने प्रेमा की आँखों में पढ़ा कि वह उन्हें दीवानगी की हद तक चाहती है। प्रेमा गाँधी को किस रूप में चाहती थी यह वह अंत तक ख़ुद नहीं जान पाई। प्रेमा ने शादी न करने के लिए अपने पिता से बग़ावत भी की। उन्हें घर छोड़ना पड़ा। बाद में प्रेमा के प्रेम ने उनको महात्मा की सबसे विश्वसनीय शिष्या बना दिया।

प्रेमा का पारिवारिक जीवन बड़े उतार-चढ़ाव से गुज़रा था। दस महीने की अभी दूध पीने की उम्र में प्रेमा की माँ चल बसी। प्रेमा दस साल अपनी नानी के घर रही। फिर पिता के पास आ गई। पिता पहले ही दो विवाह कर चुके थे। पाँच भाइयों में वह अकेली बहन थी। इसलिए सबकी लाडली बन गई। शादी की उम्र हुई तो पिता और भाइयों का दबाव बढ़ गया। लेकिन प्रेमा शादी के लिए तैयार नहीं थी। वह आजन्म ब्रह्मचारिणी रहना चाहती थी। इसकी एक मनोवैज्ञानिक वजह थी। वह यह कि उस उम्र में प्रेमा 'स्त्री-पुरुष के संभोग से घृणा' करती थी। प्रेमा ने एक जगह लिखा- 'सोलह साल की उम्र हुई तब एक बार भागवत पढ़ रही थी। उसमें कपिल-देवहूति संवाद पढ़ा। तब मुझे पता चला कि बच्चे

कैसे पैदा होते हैं। मुझे याद है कि उस समय मेरे शरीर के रोंगटे खड़े हो गए थे। मैंने अपने जन्म की कल्पना की। अपने शरीर के प्रति और अपने माता-पिता के प्रति एक तरह की घृणा मन में पैदा हो गई। जीवन गंदा लगा था। यह घृणा बहुत सालों तक बनी रही। ऐसा याद आता है कि जीवन में तीन चीज़ों से घृणा रही- 1. स्त्री-पुरुष संभोग 2. वितंडावाद और 3. चुनाव।'[1]

बंबई के मारवाड़ी स्कूल में उस दिन प्रेमा ने महात्मा को पहली बार इतने क़रीब से देखा था। वह मंत्रमुग्ध थी। पहली बार उन्होंने महात्मा को कावजी जहाँगीर हाल में देखा था। तब वह विल्सन कॉलेज में पढ़ती थी। सन् 1924 में जेल से छूटने के बाद बंबई म्युनिसिपैलिटी ने उन्हें यहाँ मानपत्र देने के लिए आमंत्रित किया था। तब वह उन्हें दूर से केवल एकटक देखती रही थी। पर आज वह उसके पास से गुज़रे थे। यह उसकी कल्पना से परे की बात थी। कोई नौ साल पहले महात्मा दक्षिण अफ़्रीका से लौटे थे। तब वह सिर्फ़ नौ साल की थी। बातों-बातों में तब उसने पहली बार 'बैरिस्टर गाँधी' का नाम सुना था। दक्षिण अफ़्रीका में उनकी जंग के क़िस्से सुने थे। तभी एक मराठी मासिक में पहली बार उनकी तस्वीर देखी थी। काठियावाड़ी पोशाक में गाँधी। सादा लिबास और चेहरे में एक तेज़ और ऊर्जा। तब ज़्यादा लोग उन्हें नहीं जानते थे। लेकिन 1919 में बैरिस्टर गाँधी हिंदुस्तानी जनता के लिए 'गाँधी' बन गए और वह उनकी पुजारिन। लेकिन आज उसके आराध्य उसके सामने खड़े थे। प्रेमा के पास। वह उनके और नज़दीक जाना चाहती थी। उन्हें छूना चाहती थी। 18 साल की इस लड़की के मन में इस महात्मा के प्रति ये कैसा आकर्षण है, वह समझ नहीं सकी। वह उनके एक 'स्पर्श के लिए बेचैन' हो गई थी। पर कोई मौक़ा नहीं था। उनका गुजराती भाषण ख़त्म हुआ। सभा विसर्जित होने को थी। उसकी बेचैनी और बढ़ गई। अब वे भी उठेंगे और चले जाएँगे। लेकिन उसने देखा वह उठे नहीं। व्यासपीठ पर पालथी मारकर बैठ गए। एक श्रद्धालु आया। एक थैली उनके पाँव पर रखी और उनके चरण स्पर्श कर आगे बढ़ गया। फिर दूसरा श्रद्धालु आगे बढ़ा। उसने भी महात्मा के चरणों में थैली रखी और आगे बढ़ गया। आशा की एक किरण उसकी आँखों के सामने दिखी और विलुप्त हो गई। वह मंत्र मुग्ध-सी उन्हीं श्रद्धालुओं की क़तार में हो ली। उसके पास थैली नहीं थी। प्रेमा ने अपनी किताब में लिखा- 'लेकिन एक आना था। मेरे लिए लाख रुपये के बराबर। उनके चरण छूने की इच्छा थी लेकिन पैर पालथी में दबे थे। बिना किसी संकोच के मैंने

अपनी अँगुली से उनके घुटने को छुआ। उन्होंने चौंककर मेरी ओर देखा। प्रणाम का जवाब दिया और दूसरी ओर देखने लगे। उन्हें क्या पता था कि उन्हें छूकर एक दिल अपूर्व गौरव से खिल उठा था। उस पवित्र स्पर्श से मेरे सारे शरीर में बिजली दौड़ गई। और आनंद में मस्त होकर मैं घर लौटी।'[2]

पारिजात के फूल

प्रेमा घर लौट तो आई पर इस छोटी-सी घटना ने उसे नये जीवन की राह दिखा दी। कॉलेज की पढ़ाई ख़त्म करने तक वह पूर्ण युवती बन चुकी थी। घर पर शादी का दबाव था। पिता से रोज़ झगड़े होने लगे। एक दिन नाराज़ पिता ने कहा मेरी बात न माननी हो तो इस घर में तुम्हारे लिए कोई जगह नहीं। प्रेमा ने घर छोड़ दिया। ट्यूशन किया और लेडीज़ हॉस्टल में रहकर एम.ए. की पढ़ाई पूरी करने लगी। हॉस्टल की संचालिका कृष्णाबाई थी। महात्मा से उनका परिचय था। कांग्रेस की कार्यकर्त्रियाँ उन्हें जानती थीं। प्रेमा के लिए गाँधी और उनके आश्रम तक पहुँचने का यही रास्ता आसान लगा। प्रेमा सार्वजनिक जीवन में उतरी। बंबई प्रांत और बंबई शहर युवक परिषद समिति की सदस्या चुनी गई। नरीमान अध्यक्ष थे। इसी बीच बारडोली का आंदोलन शुरू हो गया। गुजराती महिला मणि बेन कापड़िया से परिचय हो गया। उनके साथ प्रेमा बारडोली आ गई। यहाँ से प्रेमा को साबरमती पहुँचना था। साबरमती यानी गाँधी का पवित्र आश्रम।

प्रेमा का ख़ुशी का ठिकाना नहीं था। उसने अपनी डायरी में लिखा- 'हम साबरमती सुबह पहुँचे। रिमझिम-रिमझिम पानी बरस रहा था। सपने की तरह वह आश्रम जो बरसों से मन में बसा था, वह अब प्रत्यक्ष होने वाला था। मेरे जीवन के आदर्श पुरुष से भेंट होने वाली थी। उनसे बातचीत का मौक़ा मिलने वाला था। दिल ख़ुशी से उछल रहा था। आश्रम में गंगा बहन झवेरी नाम की एक महिला थी। जिनसे मणि बेन से अच्छा परिचय था। हमने प्रातः कर्म पूरे किए। मालूम हुआ कि बापू सुबह की सैर को निकले हैं। मैं उनके दर्शनों के लिए उतावली थी। मैंने कहा हम उनके पीछे ही क्यों न चलें? आश्रम की बहनें राज़ी हो गईं। हम छोटा-सा जुलूस बनाकर पीछे चल दिए। अभी थोड़ी दूर ही चले थे कि महात्मा लौटते हुए दिखाई दिए। उन्होंने काला कंबल ओढ़ रखा था। उनके साथ एक बहन छतरी लेकर चल रही थी। गंगा बेन ने बताया कि 'यह बहन जयप्रकाश बाबू की पत्नी प्रभावती देवी हैं।' महात्मा उनके कंधे पर हाथ रखे चल रहे थे।

मैं अधीर और बावली हो गई। सबको छोड़कर आगे दौड़ गई। थोड़ा आगे बढ़ी तो ठिठक गई। कुछ ख़याल हुआ और संकोच से खड़ी रह गई। सामने महात्मा थे। मुस्कुराते हुए यह सब देख रहे थे और पीछे बहनें हँस रही थीं। 'कैसे रुक गईं आगे दौड़ो ?' शायद गंगा बेन ने कहा था। महात्मा पास आ गए मैंने दौड़कर उनके चरण कमलों पर सिर रख दिया। उस सुखद स्पर्श से कृतज्ञता का अहसास हुआ। फिर खड़े होकर मैंने हाथ जोड़े और आँसुओं से भीगी आँखें उनके मुख मंडल पर टिकाकर मन में कहा- 'अजि म्यां ब्रह पाहिलें।' आज मैंने ब्रह्मा का साक्षत्कार किया- नहीं उसके साथ अद्वैत भाव का भी अनुभव किया! बहनें पास आईं। गंगा बेन हँसते-हँसते कुछ इस तरह बोलीं 'कैसी पागल लड़की है! महात्मा ने मुझसे हालचाल पूछा। मैंने बारडोली और सरदार पटेल का समाचार सुनाया। हम अंग्रेज़ी में बातचीत कर रहे थे। मैंने महात्मा से अलग से ख़ास बातचीत का समय माँगा। महात्मा ने कहा- 'शाम को घूमने जाते वक़्त मुझसे मिलना।' महात्मा से बातचीत करने का पहली बार सौभाग्य मिला। मैं ख़ुश वापस आ गई।'[3]

आश्रम में महात्मा के साथ इस नाटकीय भेंट से प्रेमा को उम्मीद बँध गई थी। वह गाँधी की नज़रों में आ गई थी। दोपहर भर आश्रम में घूमी। फिर गुजरात विद्यापीठ गई। यहीं आचार्य काका साहब कालेलकर से उसकी पहली मुलाक़ात हुई। काका साहब विद्वान थे। महात्मा के आश्रम के लिए ज़मीन उन्हीं ने पसंद की थी। वह आश्रम के संस्थापक सदस्यों में थे। गाँधी उन्हें बहुत मानते थे। वे मराठी जानते थे इसलिए प्रेमा को उनसे बात करने में आसानी हुई। संकोच का पर्दा हटते ही प्रेमा ने उन्हें बता दिया कि वह आश्रम क्यों आई है। उनका मक़सद आश्रम में रहना है। काका साहब ने कह दिया की यह फ़ैसला तो महात्मा ही कर सकते हैं। प्रेमा यह बात जानती थी। इसीलिए उन्हें शाम का इंतज़ार था। महात्मा ने उन्हें वक़्त दिया था।

लेकिन शाम ढलने के साथ प्रेमा की उम्मीद भी ढलती मालूम हुई। शाम की सैर में कई लोग महात्मा को घेरे खड़े थे। उसमें कुछ लड़कियाँ भी थीं। ऐसे में बातचीत कैसे होती। सब बारी-बारी से महात्मा से बात कर रहे थे। प्रेमा की भी बारी आई। प्रेमा ने बहुत संकोच से अपना जीवन परिचय दिया और आश्रम में दाख़िले का प्रस्ताव रख दिया। लेकिन महात्मा इतने आसान नहीं थे। न ही आश्रम में प्रवेश इतना आसान था। महात्मा ने कहा- 'यहाँ शारीरिक श्रम करना पड़ेगा, सफ़ाई करनी होगी। रसोई बनानी होगी।' लेकिन प्रेमा भी आसानी से पीछा

छोड़ने वाली नहीं थी। उसने कहा- 'मुझे आदत है। घर पर भी काम करती हूँ।' महात्मा ने कहा- 'सुबह चार बजे उठना होगा।' प्रेमा ने कहा- 'कोई दिक़्क़त नहीं।' महात्मा ने कहा- 'पाख़ाना सफ़ाई करनी होगी।' 'यहाँ के पाखाने मैंने देखे हैं। मुझे घृणा नहीं होगी।' महात्मा मुसीबतें बताते गए। प्रेमा जवाब देती गई। अंत में गाँधी हारे। 'तुम अवंतिका बाई गोखले को जानती हो ?' जी हाँ, प्रेमा ने कहा। 'उनसे मिलकर आश्रम के बारे में पूछ लेना।'

प्रेमा आक्रामक थी। पहली परीक्षा में पास होने के बाद उसका आत्मविश्वास बढ़ गया था। संकोच जाता रहा। उसने महात्मा की आँखों में देखते हुए कहा- 'आप कहते हैं तो पूछ लूँगी। पर मुझे ज़रूरत नहीं। मैंने सत्याग्रह की तालीम पाने के लिए आश्रम में भर्ती होने का निर्णय लिया है।' महात्मा की आवाज़ नरम पड़ गई। कहने लगे 'आश्रम में दाख़िला मिलने में तुम्हें दिक़्क़त नहीं होगी, लेकिन पूरी तरह विचार करने के बाद आगे क़दम बढ़ाना!'

प्रेमा महात्मा पर अपना जादुई असर छोड़कर इम्तेहान देने बंबई लौट आई। अप्रैल, 1929 में उन्होंने एम.ए. की परीक्षा दी। और इसी बीच महात्मा को वहीं से 'रंगीन काग़ज़ पर सुंदर अक्षर बनाकर' पहला पत्र लिखा। उन्हें अपनी मुलाक़ात याद दिलाई। महात्मा ने बताया कि वह आंध्र प्रदेश जाने वाले हैं। मई में लौटेंगे। प्रेमा आश्रम आने के लिए बेताब थी। परीक्षाएँ ख़त्म हो चुकी थीं। महात्मा आंध्र से 25 मई, 1929 को बंबई आए। प्रेमा दूसरे ही दिन महात्मा के साथ ही आश्रम आ गई। वह रेलगाड़ी में महात्मा के साथ बैठना चाहती थी। लेकिन महात्मा के डिब्बे में बड़ी भीड़ थी। महात्मा ने उन्हें अलग महिला डिब्बे में बैठने को कहा। वे 26 मई को साथ अहमदाबाद रेलवे स्टेशन पर उतरे। स्टेशन से आश्रम तक वह मोटर पर महात्मा के साथ ही गई।

प्रेमा को आश्रम के हृदयकुंज में रहने को एक कमरा दिया गया। लेकिन प्रेमा महात्मा का सान्निध्य चाहती थी। उन्होंने देखा कि महात्मा खुले आसमान के नीचे खाट डालकर सोते हैं। प्रेमा ने भी अपनी खाट उनसे कुछ दूरी पर बिछा ली। और तब से वह बाहर ही सोने लगी। रोज़ सुबह उठते ही महात्मा का दर्शन सबसे पहले होता था। पहली रात ही सोने से पहले महात्मा ने प्रेमा से बातचीत की। आश्रम में प्रेमा को क्या करना है, को लेकर बातचीत थी। इसके कुछ दिन बाद ही गाँधी सफ़र पर जाने वाले थे। जाने से पहले एक रात उन्होंने प्रेमा को अपने पास बुलाया और देर तक बात करते रहे। वह प्रेमा के व्यक्तिगत जीवन

के बारे में सब कुछ जान लेना चाहते थे। ऐसा वह अपने क़रीब आने वाली हर लड़की के साथ करते थे जिसे वह पहले से नहीं जानते थे।

जैसा कि स्वाभाविक था प्रेमा बहुत जल्द महात्मा की प्रियतम शिष्याओं में एक हो गई। महात्मा प्रार्थना के वक्त, व्यक्तिगत बातचीत और पत्रों में प्रेमा की तारीफ़ करने लगे। आश्रम में आने के बहुत दिनों बाद एक दिन प्रेमा ने गाँधी पर ताना मारा 'महात्मा, यहाँ ज़्यादातर लड़कियाँ कहती हैं कि हमें बापू यहाँ ले आए। कोई अपने पति के साथ आई कोई भाई या पिता के साथ। केवल मैं ही ऐसी थी जो कुत्ते के बच्चे की तरह आपके पीछे-पीछे दौड़ी चली आई। लेकिन आपने कैसा बरताव किया। पहली ही भेंट में मेरे प्रति अविश्वास दिखाया और मुझे मुसीबतें बताने लगे। लेकिन अब तो विश्वास हुआ ना।'

महात्मा हँसते-हँसते बोले 'तेरी बात सच्ची है। मुझे पहले तो विश्वास ही नहीं हुआ। मुझे लगा कि यह बंबई की पढ़ी-लिखी लड़की है। अंग्रेज़ी बघारती है। आश्रम में आने की बात करती है। लेकिन आएगी नहीं। आएगी भी तो उसे आश्रम जीवन अच्छा नहीं लगेगा। यह आश्रम में टिकेगी नहीं। लेकिन तू सच्ची निकली। मैं अपनी हार स्वीकार करता हूँ।'[4]

आश्रम में प्रेमा महात्मा के सबसे क़रीब थी। महात्मा प्रेमा के यहाँ आने के बाद पहली बार आश्रम के बाहर गए। प्रेमा उदास हुई। जाते-जाते वह प्रेमा को पत्र लिखने की नसीहत दे गए। गाँधी बाहर गए और एक रात प्रेमा ने एक विचित्र सपना देखा। उन्होंने देखा कि महात्मा आसन पर पालथी मारे बैठे हैं। उनकी गोद में वह बच्ची बनकर लेटी हैं। महात्मा के वक्ष स्थल से दूध बह रहा है। वह सीधा उसके मुँह में गिर रहा है। वह दूध पी रही है। महात्मा कह रहे हैं 'पी, पी और पी।' दूध से उसका पेट भर गया। फिर भी दूध बह रहा है। महात्मा और दूध पीने का आग्रह कर रहे हैं। प्रेमा उस दुग्ध प्रवाह में डूब गई। वह घबराकर नींद से जाग गई।[5]

अगले दिन प्रेमा ने यह सारी बातें महात्मा को पत्र में लिख दी। छोटा-सा जवाब आया- 'तुम्हारा पत्र मिला। स्वप्न सात्विक और राजस भी होते हैं। तुम्हारा स्वप्न सात्विक कहलाएगा। उसका अर्थ यह है कि तुम अपने आपको मेरे पास सुरक्षित समझती हो।' महात्मा के इस जवाब में अगर प्रेमा को किसी बात पर आपत्ति हुई तो वह उसके लिए 'बहन' के संबोधन पर। महात्मा सफ़र से लौटे। मौक़ा मिलते ही प्रेमा ने उनसे अपने मन की बात कह दी। 'आप मुझे बहन क्यों

बुलाते हैं। मैं तो कितनी छोटी हूँ आपसे। मुझे बिलकुल अच्छा नहीं लगता।' महात्मा हँसे और बोले- 'मेरी इच्छा हो तो मैं तुम्हें प्रेमा कहकर बुलाऊँ, प्रेमली कहूँ या प्रेमी कहूँ!'[6]

आश्रम के हृदयकुंज में पारिजात के कई पेड़ थे। प्रेमा के मन में आया इन फूलों का हार बनाकर महात्मा को पहनाना चाहिए। एक सुबह वह उठी और पारिजात के फूल इकट्ठे किए। उनकी माला बनाई और एक टोकरी में पत्तों के नीचे छिपाकर महात्मा के पास आ गई। महात्मा कुछ लिख रहे थे। वह दरवाज़े पर खड़ी रही। महात्मा ने प्रेमा को देखा और पूछा, 'कैसे आना हुआ प्रेमली।' प्रेमा बोली 'मैंने पारिजात के फूलों का हार बनाया है आपके लिए। पहनाने की इच्छा है।' महात्मा ने पूछा, 'आज क्या है?' जवाब नहीं सूझा। प्रेमा बोली, 'पवित्र दिन?' महात्मा निरुत्तर हो गए। महात्मा कुछ देर सोचने लगे। फिर बोले 'अच्छा, ऐसा कर मुझे हार पहना दे। लेकिन मैं इसे वापस कर दूँगा। उसके दो टुकड़े करना। आश्रम में जो दो बीमार भाई हैं। उन्हें एक-एक टुकड़ा दे देना। भक्तिप्रेम की परिणति सेवा में होनी चाहिए।'

आश्रम में रोज़ शाम को लड़कियाँ महात्मा के साथ घूमने जातीं। महात्मा ने नियमों में कुछ संशोधन के बाद लड़कियों के कंधे पर फिर हाथ रखकर घूमना शुरू कर दिया था। आश्रम की लड़कियों में होड़ रहती कि महात्मा आज किसके कंधे पर हाथ रखकर घूमेंगे। हालाँकि इन लड़कियों में प्रेमा नहीं होती। एक दिन किसी लड़की ने प्रेमा को चिढ़ाया कि महात्मा 'आपके कंधे पर हाथ नहीं रखते।' प्रेमा ने चिढ़कर कहा- 'क्यों नहीं रखेंगे? मैं तुम्हारी तरह जबरन बीच में नहीं घुसती।' तब एक लड़की ने बताया कि आश्रम का नियम है। बापू 16 साल से बड़ी उम्र की लड़कियों के कंधे पर हाथ नहीं रखते। प्रेमा तब 24 साल की हो चुकी थी। यह नियम महात्मा ने नहीं आश्रम के मंत्री छगनलाल जोशी ने बनाया था। प्रेमा ने इसकी शिकायत महात्मा से की। महात्मा ने हँसते हुए कहा कि 'अगर तुझे मेरे कंधे पर हाथ रखना है तो छगनलाल भाई से इजाज़त लेकर आ।' प्रेमा के स्वाभिमान को धक्का लगा। वह ग़ुस्से से बोली- 'आपके हाथ की मुझे ऐसी क्या ग़रज़ है कि मैं छगनलाल भाई से इजाज़त लेकर आऊँ।' महात्मा बोले- 'तुझे हाथ न रखना हो तो दूसरी बात है।' बात वहीं ख़त्म हो गई। लेकिन पूरी तरह नहीं। महात्मा ने कच्चे आहार का प्रयोग किया। तबियत ख़राब हो गई। महात्मा को पेचिश शुरू हो गई। रात लालटेन लेकर वह पाख़ाना जाने निकले। प्रेमा जाग

रही थी। महात्मा को गुसलख़ाने गए बहुत देर हो गई। प्रेमा किसी अप्रिय घटना से डर गई। कुछ देर बाद महात्मा लालटेन लेकर बाहर नकले। वह काँप रहे थे। प्रेमा ने उनसे लालटेन माँगी। उन्होंने लालटेन दी। और महात्मा का कमज़ोर शरीर प्रेमा पर गिर गया। प्रेमा ने उन्हें संभाला। सहारा दिया। गाँधी ने कहा- 'जवानी में मेरे शरीर में पठान जैसी ताक़त थी।' प्रेमा ने पलटकर पूछा- 'मैं आपको दोनों हाथों में उठाकर ले चलूँ।' महात्मा ने जल्दी से कहा- 'नहीं, नहीं मैं चलूँगा।'[7]

प्रेमा के कंधे के सहारे वह बिस्तर तक पहुँचे। थोड़े दिन वह बिस्तर पर ही रहे। फिर धीरे-धीरे टहलने लगे। प्रेमा के कंधे का सहारा लेकर। इस घटना के बाद प्रेमा महात्मा के और क़रीब आ गई। आश्रम की दूसरी लड़कियाँ प्रेमा से जलने लगीं। वह बड़बड़ाई 'ये तो आश्रम का नियम भंग हो गया।' लेकिन महात्मा ने कहा- 'देखती नहीं हो ? मैं बीमार हूँ। मुझे सहारा चाहिए। यहाँ नियम क्या हो सकता है ?'[8]

फिर महात्मा प्रेमा के कंधे पर हाथ रखकर घूमने लगे। यही नियम बन गया। मौन के दिन भी प्रेमा उन्हें सहारा देने के लिए उनके साथ होती। वह उनकी अनुगामिनी बन गई। महात्मा का हाथ कंधे पर होने से वह गर्व महसूस करती थी। एक शाम महात्मा का हाथ प्रेमा के कंधे पर था। प्रेमा ने महात्मा के हाथों को 'सहलाते' हुए कहा कि 'जिस हाथ ने अंग्रेज़ी साम्राज्य का सिंहासन हिला दिया वह हाथ मेरे कंधे पर है, यह कैसी हृदय को उत्फुल्ल कर देने वाली बात है। और मैंने हर्षोन्माद में उनके कोमल, पवित्र हाथों को चूम लिया।' यह सुनकर महात्मा मुस्कुराए। बोले- 'हम कितने महान हैं।' प्रेमा ने आगे लिखा- 'ऐसा दरबारी रौब दिखाकर, छाती फुलाकर और सिर ऊँचा करके क़दम से क़दम बढ़ाते हुए पूज्य महात्माजी चलने लगे।'[9]

इस तरह 16 साल की उम्र से ऊपर की लड़कियों के कंधे पर हाथ रखकर न चलने का व्रत गाँधी ने ख़ुद ही तोड़ दिया। यह पहली बार हुआ था। अपनी जीत पर प्रेमा ने ख़ुशी से गाँधी के हाथ सचमुच चूम लिए।

महात्मा प्रेमा को 'द ओनली फ़ेथफ़ुल' यानी 'एकमात्र वफ़ादार' कहने लगे। गाँधी अधिकांश सफ़र में रहते। कई राज्यों में उनके कार्यक्रम लगते। महात्मा जाते तो प्रेमा उनके वियोग में उदास हो जाती। मीरा की कहानी दोहराई जा रही थी। महात्मा के बग़ैर उसका आश्रम में मन नहीं लगता। यहाँ वह घरेलू महिला-सी ज़िंदगी बसर कर रही थी। पर प्रेमा गाँधीमय हो गई थी। प्रेमा ने

लिखा- 'महात्मा का साथ तो एक अद्‌भुत अमृत रसपान था। लेकिन जब वह यात्रा पर जाते तब भी 'ज्यां ज्यां नज़र मारी ठरे यादी भरी त्यां आपनी।' यानी जहाँ-जहाँ मेरी नज़र ठहरती है वहाँ-वहाँ आपका स्मरण ही भरा होता है।'

सितंबर, 1929 में गाँधी आगरा आए थे। यहाँ आगरा कॉलेज और सेंट जॉन्स कॉलेज के छात्रों को दिए अपने भाषण में कहा- 'जब तुम अपने ऊपर प्रभुत्व स्थापित कर लोगे तथा अपनी वासनाओं पर क़ाबू रखना सीख लोगे, तब तुम्हारे मुँह से निराशा की वाणी नहीं निकलेगी। इसके कुछ दिन बाद उन्होंने प्रेमा को पत्र लिखा- 'यह बात बिलकुल सच है कि मेरे जाल में जो भी कोई आ जाए उसे फँसा लेने की ही मेरी इच्छा रहती है। किसी के जाल में फँसकर हमारा सत्यानाश हो सकता है। लेकिन मेरे जाल में फँसे एक भी व्यक्ति का सत्यानाश हुआ हो ऐसा मैं नहीं जानता। इसलिए अपना धंधा चालू रखता हूँ।'

प्रेमा को 'जाल में फँसा' लेने की बात कुछ अजीब-सी लगती है। गाँधी का जो तरीक़ा था वह पहली नज़र में जाल में फँसा लेने वाला ही दिखता था। उनके जीवन में आने वाली सभी लड़कियाँ एकाएक उनके बहुत क़रीब आ जातीं। फिर वे उन्हें ख़ुद से बहुत दूर कर देते थे। तब तक उनके जीवन में कोई नई शिष्या आ चुकी होती थी। ये सुनने में अजीब लगता है लेकिन ये एक कड़वा सत्य था। इस तरह उन्होंने अपना 'धंधा' चालू रखा। गाँधी को भरोसा था कि उनके जाल में फँसे किसी व्यक्ति का सत्यानाश नहीं हो सकता है। लेकिन भावनात्मक रूप से इन स्त्रियों की स्थिति चिंताजनक हो गई। इनमें कई सारी तो आगे चलकर हिस्टीरिया जैसे गंभीर रोगों का शिकार हो गईं। फ्रॉयड ने हिस्टीरिया पर बहुत काम किया। उसने पाया कि इसका कारण काम-वासना को किसी कारण दबाया जाना है। हिस्टीरिया आने पर पीड़ित स्त्री को अचानक चक्कर आने लगते हैं, वो बेहोश हो जाती है, मुँह से झाग आने लगता है चीख़ने चिल्लाने लगती हैं। ऐसी घटनाएँ गाँधी के आश्रम में आम थीं।

साबरमती के संत के आश्रम में व्यभिचार की घटनाएँ लगातार लगातार घटित हो रही थी। आश्रम के एक साथी ने आश्रम की ही एक स्त्री से संबंध बना लिया। ऐसा संदेह था। वह साथी इस स्त्री को अपनी बहन बताता था। घटना के उजागर होने के साथ ही महात्मा को पता चला कि वह स्त्री उसकी सगी बहन नहीं थी।

दांडी कूच और प्रेमा का पागलपन

जनवरी, 1930 में महात्मा साबरमती आश्रम लौट आए थे। मीरा और प्रेमा भी उनके साथ आश्रम में थीं। असहयोग और चौरी चौरा की घटना के बाद महात्मा राजनीतिक रूप से ख़ामोश हो गए थे। जेल से निकलने के बाद उन्होंने अपना पूरा वक़्त भारत भ्रमण और आश्रम में बिताया था। कांग्रेस बाहर अपना काम कर रही थी। लेकिन कांग्रेस के कमांडर अब तक महात्मा ही थे। महात्मा को लगा कि अब फिर जागने का वक़्त आ गया है। उन्होंने अचानक फिर अवज्ञा आंदोलन छेड़ने का ऐलान कर दिया। यंग इंडिया के एक लेख में बाक़ायदा इसकी घोषणा की गई थी। इस सत्याग्रह में ब्रिटिश हुकूमत के सामने 11 शर्तें रखी गई थीं। चौंकाने वाली बात यह थी कि इन 11 शर्तों या माँगों में स्वराज या आज़ादी की माँग नहीं थी। जबकि कुछ दिन पहले ही कांग्रेस ने लाहौर में महात्मा की मौजूदगी में पूर्ण स्वाधीनता का प्रस्ताव पास किया था। कांग्रेस के नेताओं को इस पर ऐतराज़ था लेकिन बोलता कौन?

अब सवाल आंदोलन शुरू करने का था। यह भी महात्मा को ही तय करना था। महात्मा के माँगपत्र में नौवीं माँग नमक क़ानून को लेकर थी। नमक पर सरकारी इजारेदारी थी और जनता को इस पर टैक्स देना पड़ता था। महात्मा को लगा कि नमक ऐसा मुद्दा है जो हर घर में चर्चा का विषय बनेगा। उन्होंने ऐलान किया कि वह 12 मार्च, 1930 को नमक क़ानून के ख़िलाफ़ आंदोलन छेड़ेंगे। वह क़रीब दो सौ मील की पैदल यात्रा कर समुद्र के किनारे दांडी जाएँगे और नमक का क़ानून तोड़ेंगे। यह काम वह ख़ुद और उनके चुने हुए साथी करेंगे। अगर वह गिरफ़्तार हो गए तो यह सत्याग्रह देशव्यापी सत्याग्रह बन जाएगा।

महात्मा 12 मार्च को सत्याग्रह आश्रम से निकलकर पद यात्रा करते हुए कराड़ी पहुँचने वाले थे। अफ़वाह हुई कि 11 मार्च की रात ही गाँधी गिरफ़्तार कर लिए जाएँगे। रात भर वहाँ लोगों की भीड़ रही। प्रेमा रात भर सो न सकी। भोर में तीन बजे प्रेमा महात्मा के कमरे में पहुँची। वे अपनी खाट पर बैठे दातून कर रहे थे। प्रेमा ने लिखा- 'वे गिरफ़्तार नहीं हुए और अब कूच होगी ही। जिसके आनंद में डूबकर मैं उनके पास गई और मैंने अपना सिर उनकी पीठ पर रखकर कहा- 'महात्मा आप पकड़े नहीं गए। इसलिए अब कितना आनंद आएगा।' वे हँसे। 'पागल!' इतना ही कहा।'

नमक सत्याग्रह के लिए कूच पर जाने की तैयारी थी। जवाहरलाल नेहरू ने

राष्ट्रीय झंडे के बिल्ले बनाकर कार्यकर्ताओं को बाँटे थे। महात्मा दर्जी के सिलाए हुए कपड़े नहीं पहनते थे। इसलिए उन्हें किसी ने बिल्ला नहीं दिया। लेकिन प्रेमा को लगा कि सेनापति की छाती पर भी बिल्ला होना चाहिए। वह दौड़ती हुई महात्मा के पास पहुँची। वहाँ दो-तीन आदमी थे। प्रेमा ने कहा कि यह बिल्ला मैं आपकी छाती पर लगाना चाहती हूँ। ओढ़ने की धोती पर लगा लें। महात्मा प्रेमा का आग्रह टाल नहीं सके। प्रेमा ने लिखा- 'मेरी भावनाएँ भी उद्दीप्त हो गईं। ज़रा भी विवेक रखे बिना प्रेमवश होकर मैंने अपने उन प्रियदर्शी नेता को दोनों हाथों में बाँध लिया।'[10] इस अप्रत्याशित आलिंगन से महात्मा झेंप गए थे। 'पागल! हँसते-हँसते महात्मा ने प्रेमा को दूसरी बार वही उपाधि दी।' महात्मा इस घटना को भूल नहीं पाए। वह दांडी कूच पर निकल चुके थे। अगले ही दिन 13 मार्च को उन्होंने प्रेमा को पत्र लिखा- 'तू पागल तो है ही, लेकिन तेरा पागलपन मुझे प्यारा लगता है।'[11]

प्रेमा बुरी तरह महात्मा के प्रेम में थी। भावातिरेक में वह कई बार महात्मा से लिपट जाती। प्रेमा का शारीरिक स्पर्ष होने से कई बार महात्मा भी झेंप जाते। ऐसे नाज़ुक वक़्त में वह उसे 'पागल' कहकर बात टाल देते। युवा लड़कियों के ऐसे औचक आलिंगनों का महात्मा पर क्या असर होता था इसका ब्यौरा उन्होंने कहीं नहीं दिया। भावातिरेक के ऐसे आलिंगनों में निर्विकार रहने की बात भी महात्मा ने कहीं नहीं लिखी। लेकिन महात्मा ऐसे स्पर्श को ग़लत नहीं मानते थे। उनके हिसाब से 'ब्रह्मचारी रहने का अर्थ यह नहीं कि मैं किसी स्त्री को स्पर्श न करूँ, अपनी बहन का स्पर्श न करूँ। जिस निर्विकार दशा का अनुभव हम मृत शरीर को स्पर्श करके कर सकते हैं उसी का अनुभव जब हम किसी सुंदर युवती का स्पर्श करके कर सकें तभी हम ब्रह्मचारी हैं।'[12]

लेकिन ऐसे स्पर्श विकार रहित ही होंगे, यह कौन तय करेगा? महात्मा ने भले अपने विकारों पर विजय प्राप्त कर ली हो लेकिन क्या 24 साल की उम्र में प्रेमा सभी विकारों से मुक्त थी? यह एक कठिन सवाल था। नमक क़ानून तोड़ने के लिए महात्मा हाथ में लाठी लिए आगे बढ़ते जा रहे थे। पीछे उनकी फ़ौज थी बिना किसी शस्त्र के। सड़क के दोनों तरफ़ भीड़ महात्मा के इंतज़ार में पलकें बिछाए खड़ी रहती। सबको लगता कि उनका महात्मा लाठी लेकर आज़ादी माँगने निकला है। गाँधी ने ऐलान कर दिया था कि 'नमक कर वापस नहीं हुआ तो आश्रम नहीं लौटूँगा।' आचार्य प्रफुल्लचंद राय जैसे लोग महात्मा

के इस ऐतिहासिक कूच को हज़रत मूसा की उस यात्रा से जोड़ रहे थे जब उन्हें उनके साथियों के साथ देश छोड़कर निकलना पड़ा था। दांडी यात्रा को लेकर देश भर में ग़ज़ब का रोमांच था। सोया हुआ देश एक बार फिर जाग गया था। हर तरफ़ चर्चा थी कि आगे क्या होगा। 6 अप्रैल को महात्मा ने देश भर में नमक का क़ानून तोड़ने का आह्वान किया था। चौबीस दिन पैदल चलने के बाद 5 अप्रैल को महात्मा अपने चुनिंदा सत्याग्रहियों के साथ दांडी पहुँच गए। उन्हें 5 अप्रैल की देर रात चुपचाप गिरफ़्तार कर लिया गया। गिरफ़्तारी के तुरंत बाद इस बार फिर हिंसा भड़क उठी। देश भर में हड़ताल सत्याग्रह हुए। शोलापुर में नाराज़ भीड़ ने चौरी-चौरा की तरह आधा दर्जन पुलिस चौकियाँ फूँक दी। पुलिस को गोली चलानी पड़ी। 25 मरे और क़रीब 200 लोग घायल हुए। पुलिस का दमन चक्र शुरू हो गया। देश भर में गोलियाँ चलीं। असेंबली में एससी मित्र के एक सवाल के जवाब में होम मेंबर हेग ने जो आँकड़े दिए उसके मुताबिक़ अप्रैल से मई के बीच मद्रास में 3 मरे 6 घायल, कराची में 2 मरे 6 घायल, कलकत्ता में 8 मरे 59 घायल, चटगाँव में 12 मरे 2 घायल, पेशावर में 30 मरे 33 घायल, सीमा प्रांत में 17 मरे 37 घायल हुए।[13]

लेकिन इस बार हिंसा भड़कने के बावजूद आंदोलन वापस न लेने का फ़ैसला तो पहले ही हो गया था। महात्मा यरवदा जेल में आ गए थे। लेकिन पत्रों से उन्हें आश्रम का हाल मिल रहा था। आश्रम में व्यभिचार के क़िस्से बदस्तूर जारी थे। मीरा के आश्रम आने के कोई चार साल बाद प्रेमा का आगमन हुआ था। प्रेमा उम्र में मीरा से छोटी थी और तेज़ भी। देखते-देखते प्रेमा ने बापू पर एक तरह से अपना क़ब्ज़ा जमा लिया। आश्रम में प्रेमा और मीरा के संबंध कभी मधुर नहीं रह सके। मीरा शांतिप्रिय थी। वह अपने काम से काम रखती थी। लेकिन प्रेमा के साथ ऐसा नहीं था। दांडी कूच से कुछ समय पहले की बात है। हृदय कुंज के बाड़े तक जाने के लिए एक दरवाज़ा मीरा के आवास से होकर जाता। वहाँ लोगों के बार-बार आने जाने से मीरा को परेशानी होती। मीरा ने बापू से कहकर वह दरवाज़ा बंद करा दिया। प्रेमा और बाक़ी लोगों को यह बुरा लगा। लेकिन महात्मा से कहे तो कौन। अंत में प्रेमा ने ही यह शिकायत महात्मा से की। लेकिन महात्मा ने मीरा का समर्थन किया और प्रेमा को भला-बुरा कहा। प्रेमा ग़ुस्से से चली गई। बाद में महात्मा ने प्रेमा को समझाया। उन्होंने कहा कि 'मीरा को मैंने जितना रुलाया है किसी और को नहीं। इसलिए उसके प्रति मेरा मोह ज़्यादा है।'[14] बाद

में मीरा को जब इस हंगामे का पता चला तो उसने बंद दरवाज़ा खुलवा दिया।

आश्रम गाँधी के नज़दीक रहने के लिए अनकी शिष्याओं के बीच ईष्या और कलह का केंद्र बन गया था। प्रेमा आरोप लगाती कि महात्मा ने मीरा को अनावश्यक छूट दे रखी है। छोटी-छोटी बातों के लिए इन महिलाओं में आपस में कितना डाह, कितनी ईष्या थी, ये आश्रम में साफ़ दिखता था। गाँधी के क़रीब रही महिलाएँ जब उनसे दूर हो जातीं तो ये उनके लिए कष्टकारी हो जाता। और फिर वे किसी भी हद तक गुज़र जातीं। गाँधी जी भी कई बार उनके सामने बेबस और निरीह दिखने लगते थे।

***

संदर्भ :

1. बापू के पत्र कुमारी प्रेमा बहन कंटक के नाम, नवजीवन प्रकाशन मंदिर, संस्करण जनवरी 1961, पेज 188
2. प्रेमा कंटक के नाम, पेज 19
3. प्रेमा कंटक के नाम, पेज 26
4. प्रेमा कंटक के नाम, पेज 29
5. प्रेमा कंटक के नाम, पेज 37
6. प्रेमा कंटक के नाम, पेज 38
7. प्रेमा कंटक के नाम पेज 43
8. प्रेमा कंटक के नाम पेज 44
9. प्रेमा कंटक के नाम पेज 45
10. प्रेमा कंटक के नाम, पेज 9
11. प्रेमा कंटक के नाम, पेज 9
12. खंड 30 : 12 फ़रवरी, 1925, पेज 273
13. लेजिस्लेटिव असेंबली की बहस, पेज 236 14 जुलाई 1930, जिल्द चार अंक 6
14. प्रेमा कंटक के नाम, पेज 72

5

तू देवी नहीं, तुझे मासिक-धर्म होता है

मीरा के पास उदासी के बहुत ढेर से कारण थे। प्रेमा कंटक बापू के आश्रम जीवन में नई मेहमान बनकर आ चुकी थीं। उन्होंने साबरमती आश्रम सँभाल लिया था। बापू अपनी भावनाएँ उससे भी बाँटने लगे थे। लेकिन मीरा अपने प्रेम, अपनी भक्ति और समर्पण का कोई भी मौक़ा नहीं छोड़ती। मीरा के अपने प्रति व्यक्तिगत प्रेम प्रदर्शन से बापू ख़ुद परेशान रहने लगे थे। वह मीरा के साथ भी रहना चाहते थे और साथ नहीं भी। उन्हें लगता कि कहीं कुछ ग़लत हो रहा है। कुछ ऐसा हो रहा है जो नहीं होना चाहिए था। अजीब-सा द्वंद्व था। बापू के मन में एक ज्वालामुखी था जो एक दिन फट ही पड़ा।

मीरा अभी-अभी बुखार और छोटी चेचक से उबर पाई थी। जून की गर्मी मीरा के लिए तकलीफ़देह थी। लेकिन बापू की शीतल छाया के आगे गर्मी कुछ नहीं। गाँधी गुजरात के बोरसद क्षेत्र आए थे। मीरा साथ आई। लेकिन उसे लगा- 'बापू को मेरे साथ होने से बेचैनी हो रही है। और वे चाहते हैं कि मैं साबरमती आश्रम वापस चली जाऊँ। वे अक्सर छोटी-छोटी बातों पर मुझसे चिढ़ जाते। और एक दिन जब वह सचमुच उखड़ गए, तो मैंने उनसे कहे बिना ही चले जाने का निर्णय कर लिया। जब मैंने यह सुझाव रखा तो उन्होंने मान लिया। और मैं साबरमती के लिए विदा हो गई।'[1] आश्रम छोड़ने के बाद मीरा ने बापू को एक बहुत मार्मिक पत्र लिखा। मीरा ने अपनी 'आत्मकथा' में लिखा- 'संघर्ष बहुत कठिन था। मैं स्वयं भी बहुत व्याकुल थी क्योंकि मुझे लगा कि बापू व्याकुल हैं। यह ऐसे अवसरों में से एक था जब मैं किसी प्रकार अपने को उनसे दूर कर सकी थी।'

इसके जवाब में मीरा के पास जादुई शब्दों में गुँथा बापू का प्रेम भरा पत्र आया- 'तुम दिमाग़ में बसी हो। इधर-उधर देखता हूँ, तुम्हारी याद आती है।

चरखा खोलता हूँ तो तुम्हारा ख़याल आता है। इसी तरह और बातों में भी। लेकिन इससे क्या फ़ायदा? तुमने सही बात की है। तुमने अपना घर, अपने सगे-संबंधी और ऐसा सब कुछ त्याग दिया, जिसकी लोग आकांक्षा करते हैं। लेकिन तुम्हारा ये त्याग मेरी व्यक्तिगत सेवा के लिए नहीं है। मैं जो काम कर रहा हूँ, उसके लिए है। तुम सारे समय अपने प्रेम का अपव्यय मुझ पर ही व्यक्तिगत रूप से करती हो। मैंने अपने आप को तुम्हारे प्रेम के दुरुपयोग का अपराधी माना है। इसलिए छोटी-छोटी बातों से तुम पर ग़ुस्सा आ जाता है। अब तुम मेरे पास नहीं हो इसलिए मेरा वह ग़ुस्सा मुझी पर उतर रहा है। इस ख़याल से कि मैं तुम पर इतनी बुरी तरह क्यों चिढ़ जाता था।'[2]

इस प्यार भरे ख़त ने मीरा के दिल को छू लिया था। उसका सारा ग़ुस्सा रफूचक्कर हो गया। बापू में यही ख़ासियत थी। कोई ज़्यादा दिन उनसे नाराज़ नहीं रह सकता था। मीरा के लिए ये कठिन दिन थे। बापू पास नहीं थे। और लंदन में उनकी माँ आख़िरी साँसें ले रही थीं। इसी बीच जुलाई, 1931 में गोलमेज़ सम्मेलन के लिए गाँधी के लंदन जाने की योजना बन चुकी थी। इस यात्रा में बापू ख़ुद मीरा को साथ ले जाना चाहते थे। महात्मा के साथ लंदन जाने का निमंत्रण पाकर मीरा को कितनी ख़ुशी हुई इसका अंदाज़ लगाया जा सकता था।

अब लंदन जाने के लिए सिर्फ़ जहाज़ पकड़ने की देरी थी। महात्मा की निजी टीम में महादेव देसाई, प्यारेलाल, देवदास गाँधी का नाम था। मीरा का नाम अलग से जोड़ा गया था। महात्मा की निजी सेवा के लिए प्यारेलाल काफ़ी थे। फिर भी महात्मा मीरा को साथ ले आए थे। इस निर्णय के पीछे उनका अपना सख़्त बरताव था जिसके कारण मीरा पिछले आठ महीनों में टूट-सी गई थी। सरोजनी नायडू और मदन मोहन मालवीय के नाम पर तो सरकार ने अलग से मंज़ूरी दी थी। महात्मा की तमाम और अंतिम समय तक की कोशिशों के बावजूद सरकार की ओर से डॉ. अंसारी के लंदन आने का न्योता नहीं मिला था। मीरा को अब भी भरोसा नहीं हो रहा था कि वह इस यात्रा में महात्मा के साथ है। आख़िर में 29 अगस्त, 1931 को एसएस राजपूताना के उस आख़िरी जहाज़ पर गाँधी के साथ चढ़ने वालों में महादेव, प्यारेलाल और देवदास के साथ मीरा भी शामिल थी।

'स्मार्ट लिटिल गर्ल'

गोलमेज़ सम्मेलन की नाकामयाबी के बाद महात्मा भारत वापसी के लिए वहाँ से रवाना हुए। लंदन से जहाज़ 28 दिसंबर, 1931 को बंबई पहुँचा। उन्होंने हिंदुस्तान और यहाँ की हुकूमत को वैसा ही पाया जैसा वह इसे छोड़ गए थे। एक अफ़रातफ़री भारत में उनका इंतज़ार कर रही थी। सरकार का दमन चक्र तेज़ हो चुका था। हुकूमत ने जवाहरलाल नेहरू और अब्दुल ग़फ़्फ़ार ख़ाँ को गिरफ़्तार कर लिया था। महात्मा सही थे। उनके लौटते ही कांग्रेसियों की धरपकड़ शुरू हो गई। महात्मा के ख़िलाफ़ भी एक वारंट जारी हो गया। पत्रकार वेरियर एल्विन महात्मा के साथ ही था। महात्मा ने एल्विन से कहा था कि वह उनके साथ रहे और अपने देश को बताए कि यहाँ हिंदुस्तानियों के साथ कैसा बरताव हो रहा है। वेरियर एल्विन ने अपनी किताब में बंबई के मणि भवन में महात्मा की 4 जनवरी, 1932 की सुबह हुई गिरफ़्तारी का आँखों देखा हाल कुछ यूँ लिखा- 'पुलिस आ गई। हम चौंके; और मैंने जो दृश्य देखा उसे मैं कभी भूल नहीं सकूँगा- बापू के बिस्तर के पैताने पूरी वर्दी में लकदक एक पुलिस कमिश्नर और नींद भरी आँखें मलते हुए बापू थोड़ी उलझन में, कुछ बुढ़ाए से कुछ नाज़ुक से और चेहरे पर नींद की ख़ुमारी लिए थोड़े दयनीय से दिखते बापू। 'मिस्टर गाँधी, आपको गिरफ़्तार करना मेरा फ़र्ज़ है।'[3]

महात्मा पूना के यरवदा जेल ले आए गए। इस जेल को उन्होंने मंदिर का नाम दिया। महात्मा यरवदा मंदिर में 5 जनवरी, 1932 से 23 अगस्त, 1933 तक क़ैद रहे। उनके पीछे वल्लभभाई पटेल भी जेल चले गए थे। वह बापू के साथ थे। महादेव देसाई को भी महात्मा ने अपने साथ ही रखा था। मीरा बंबई में दामोदर दास के घर और प्रेमा सत्याग्रह आश्रम में थी। मीरा और प्रेमा दोनों बेचैन थीं। दोनों बापू के वियोग में थीं।

पहले सत्याग्रह फिर लंदन की थकानपूर्ण बैठकों से महात्मा थक गए थे। उन्हें लंबे आराम की ज़रूरत थी। इस काम के लिए जेल के एकांत से बेहतर जगह और कोई नहीं थी। जेल में मित्रों को महात्मा से मुलाक़ात की इजाज़त थी। मीरा ने सुना तो वह ख़ुश हो गई। वह ख़ुश थी कि अब जेल में वह महात्मा से मिलने आ सकती हैं। लेकिन महात्मा ने अपने अंदाज़ में मना कर दिया। मीरा लिखती रही कि महात्मा उसे उनसे मिलने जेल आने दें। लेकिन महात्मा इसके लिए तैयार नहीं थे। मीरा ने चौबीस पन्ने का भावुक पत्र महात्मा को लिखा

जिसके अंतिम शब्द थे- 'आपके सिवा मुझे दुनिया में और किसी बात का ख़याल नहीं है, चिंता नहीं है, लालसा नहीं है। आप ही ध्येय हैं, आप ही आदर्श हैं।'[4]

पत्र को पढ़कर महात्मा भी बहुत भावुक हो गए थे। महादेव ने लिखा- 'बस इस आख़िरी वाक्य में बापू की हार, प्रेम के वश खाई हुई हार है। मीरा बहन के जितनी प्रेमपूर्ण सेवा किसी ने नहीं की थी। यह अक्षरशः सही है। मीरा बहन की सेवा में कुछ और ही मिठास है क्योंकि इसमें अपने आपको मिटा डालने की बात है और दिन-रात बापू की ही निष्ठा-अव्यभिचारी भक्ति।'[5]

महादेव भाई के दिमाग़ में 'अव्यभिचारी भक्ति' शब्द क्यों आया दिलचस्प है। गाँधी के बग़ैर मीरा का बाहर मन नहीं लग रहा था। ध्यान बँटाने के लिए गाँधी ने मीरा को एक नया काम दिया था। वह सविनय अवज्ञा आंदोलन से जुड़े अधिकृत समाचारों का साप्ताहिक बुलेटिन कई देशों में भेजने लगी। सरकार के लिए यह अपराध था। मीरा को बंबई छोड़ने का नोटिस जारी कर दिया गया। मीरा ने इनकार किया, इसलिए उन्हें गिरफ़्तार करके मुक़दमा चलाया गया और तीन महीने की 'ए' श्रेणी में सादी क़ैद की सज़ा दी गई। उन्हें बंबई के आर्थर रोड की महिला जेल में भेज दिया गया।

निर्विकार स्त्रियों को मासिक-धर्म नहीं होता

उधर आश्रम में महात्मा के बग़ैर प्रेमा के लिए यह कठिन समय था। मानव जीवन को लेकर उनके मन में बहुत सारे सवाल थे। इनमें ज़्यादातर सवाल स्त्री-पुरुष के संबंधों को लेकर होते। आश्रम में हर उम्र के बच्चे थे। प्रेमा ने महसूस किया कि यह बच्चे अपनी उम्र से पहले ही बड़े हो रहे हैं। काम-वासना को लेकर उनके मन में कई जिज्ञासाएँ हैं। एक लड़की तो बचपन से आश्रम में पली-बढ़ी थी। जब उस लड़की ने महात्मा के सामने अपनी शादी कराने की ज़िद की तो ब्रह्मचर्य व्रत से बँधे महात्मा भी चौंके थे। उन्होंने अपने किसी मित्र को लिखा- 'पंद्रह वर्ष की अल्पायु में और शरीर से दुर्बल, विवाह की माँग करे, यह कैसी विचित्र बात है? पंद्रह वर्ष की लड़की में किसलिए विकार पैदा हो?'

प्रेमा आश्रम में सबसे बड़ी उम्र की नवयुवती थी। आश्रम के बच्चे विषय वासना के बारे में उससे सवाल पूछते। छोटी-छोटी लड़कियाँ उससे मासिक-धर्म के बारे में जिज्ञासाएँ करतीं। आश्रम के पशु-पक्षी तो किसी ब्रह्मचर्य व्रत से नहीं बँधे थे। 'उनकी प्रेम लीलाएँ खुलेआम चलती थीं।' प्रेमा ने महात्मा से पूछा था-

'बच्चे पक्षियों को संभोग करते देखते हैं। फिर सवाल करते हैं। उन्हें क्या जवाब दिया जाए?' महात्मा ने लिखा- 'पक्षियों में संभोग की क्रिया बालकों ने देखी और उसे जानने की इच्छा उनके मन में हुई तो मैं उनकी जिज्ञासा को अवश्य शांत करूँगा तथा उन्हें ब्रह्मचर्य का पाठ सिखाऊँगा।'

लेकिन महात्मा को शंका थी कि प्रेमा काम संबंधी इन गूढ़ बातों का ज्ञान कैसे दे पाएगी जबकि अब तक यह तय नहीं कि वह ख़ुद इन वासनाओं से मुक्त है? हालाँकि प्रेमा का दावा था कि उसे काम-वासना से घृणा है। लेकिन आश्रम के बच्चों के बहाने सही वह इस विषय में दिलचस्पी लेने लगी थी। महात्मा ने इसी पत्र में आगे चेतावनी लिखी- 'इस बात का ध्यान रखना कि विषय-वासना संबंधी जानकारी देते समय तेरे मन में विकार उत्पन्न न हों।'[6]

आश्रम अपनी रफ़्तार से चल रहा था। आश्रम की एक और छोटी लड़की अपने ही शिक्षक के प्रेम में पड़ गई। महात्मा को पता चला तो उन्होंने उसे समझाया कि वह जिस प्रेम की बात कर रही है वह विकार है। महात्मा ने उस लड़की को लिखा- 'विकार का ठीक अर्थ समझने की ज़रूरत है। और विवाह करने की इच्छा हो या विवाह की इच्छा तो न हो किंतु बराबरी के लड़कों का संग अच्छा लगे, उनके साथ गुप्त बातें अच्छी लगें, उन्हें छूना अच्छा लगे, उनसे हँसी-मज़ाक़ करना अच्छा लगे, तो यह भी विकार है। यह अंतिम विकार एक भयंकर विकार माना जाता है।'[7]

महात्मा की स्थापनाएँ बेहद रूढ़ीवादी थीं। बराबर की उम्र में विपरीत लिंग के प्रति परस्पर आकर्षण स्वभाविक और वैज्ञानिक है। लेकिन महात्मा लड़के लड़कियों के बीच हँसकर बातचीत करने, एक दूसरे को छूने तक को विकार मानते थे। जबकि वह स्वयं ये सारी छूट लेते थे। महात्मा की एक और अजीब-सी स्थापना थी कि निर्विकार स्त्रियों को मासिक-धर्म नहीं होता। साबरमती आश्रम में लड़के-लड़कियों को सभी काम ख़ुद करने पड़ते थे। भारी कचरा गाड़ी तक लड़कियों को खींचकर आश्रम के बाहर ले जाना पड़ता था। प्रेमा इस काम में आगे रहती। मासिक-धर्म के समय भी प्रेमा भारी काम करती थी। इससे उनकी कमर में दर्द शुरू हो गया। बाद में प्रेमा ने इस दर्द की दवा किसी डॉक्टर से बंबई जाकर ली। लेकिन सात-आठ महीने उसे काफ़ी कष्ट सहना पड़ा। प्रेमा ने अपने मासिक-धर्म और उस समय उठने वाले दर्द के बारे में बापू को बताया। महात्मा की धारणा थी कि 'स्त्रियों में जब तक इनमें से कोई भी विकार रहेगा, तब तक

स्त्री को मासिक-धर्म होता रहेगा। पुरुषों को वह नहीं होता, किंतु दूसरा कुछ तो होता ही है। इस अर्थ में मीरा बहन को भी विकार-रहित नहीं कहा जा सकता। इसी से उसे अभी तक मासिक-धर्म होता है।'[8]

प्रेमा ने गाँधी की बात पर डॉक्टर से भी सलाह ली कि कहीं उनका मासिक-धर्म होना अप्राकृतिक तो नहीं? डॉक्टर ने प्रेमा से साफ़ कहा कि ऐसा बिलकुल नहीं है। लेकिन प्रेमा उलझन में थी। ये एक सामान्य तथ्य है कि मासिक-धर्म चक्र प्रजनन चक्र का प्राकृतिक हिस्सा है, जिसमें गर्भाशय से रक्त योनि से होकर निकलता है। यह एक प्राकृतिक प्रक्रिया है जो आम तौर पर 11 से 14 वर्ष की आयु के लड़कियों के बीच शुरू होती है और उनमें से युवावस्था की शुरुआत के संकेतों में से एक है। ब्रह्मचर्य और मासिक-धर्म दो बिलकुल अलग बातें हैं। कुछ मामलों में यह संभव है कि जनन शक्ति, इंद्रिय और गर्भाशय का उपयोग न होने पर स्त्री का मासिक-धर्म बंद हो जाए। लेकिन मासिक-धर्म का विकार से कोई लेना-देना नहीं कम-से-कम उस विकार से जिसका ज़िक्र महात्मा कर रहे थे। ये बिलकुल स्वाभाविक प्रतिक्रियाएँ थीं।

ख़ुद महात्मा और प्रेमा के संबंधों में भक्ति और प्रेम का घालमेल था। महात्मा ने कई बार प्रेमा को पुत्री के रूप में स्वीकारा। प्रेमा बापू के 'बहन' के संबोधन पर नाराज़ हो चुकी थी। फिर भी वह हर साल महात्मा की कलाई पर राखी बाँधती थी। प्रेमा कंटक गाँधी को 'बापूजी' न कहकर 'महात्माजी' कहती थी। उसका कहना था कि 'बापू शब्द का प्रयोग मैं अपने पिता के लिए करती हूँ, और एक शब्द दो का द्योतक कैसे हो सकता है?' लेकिन गाँधी कहते- 'शिष्या बनने के लिए तुझे काल्पनिक महात्मा बनाना पड़ेगा। जो इस नाम से प्रसिद्ध है वह महात्मा तो है ही नहीं।'

दोनों अपने आपसी रिश्ते को कभी परिभाषित नहीं कर सके। प्रेमा महात्मा को दलीलें देती कि 'प्रेम को आलंबन चाहिए, प्रेम को स्पर्श की ज़रूरत होती है, क्योंकि वह मानव स्वभाव के लिए सहज होता है।'[9] लेकिन महात्मा उसकी इस भावना का 'उर्ध्वीकरण' करने की कोशिश करते। बाद में प्रेमा ने माना कि 'प्रेम और भक्ति दोनों में थोड़ा भेद है। प्रेम में विकार दोष रूप में पैदा हो सकते हैं। भक्ति तो शुद्ध प्रेम है। जिसमें विकार हो वह भक्ति ही नहीं। केवल मन के लिए ही आलंबन की ज़रूरत नहीं रहती, शरीर तथा इंद्रियों के लिए भी आलंबन की आवश्यकता रहती है।' लेकिन प्रेमा की भक्ति में कोई विकार नहीं था यह

साबित करना कठिन है। प्रेमा ने लिखा- 'मैंने बहुत बार देखा था कि महात्मा छोटे बच्चों के साथ खेलते हैं, उन्हें पुचकारते हैं लेकिन कभी उन्हें चूमते नहीं। विनोबा मानते थे कि चूमना गंदी चीज़ है। माँ को अपने बच्चे को भी नहीं चूमना चाहिए। महात्मा के ऐसे विचार हैं या नहीं? या यह संयम की परिणति है। यह जानने की इच्छा से एक दिन मैंने उनसे पूछा महात्मा जी आपने जीवन में कभी बच्चों को चूमा है? वे हँसे और कहने लगे, 'अरे चूम-चूम के थक गया हूँ!'[10]

प्रेमा 25 साल की हो गई। लेकिन उनका दावा था कि उन्हें कभी किसी 'पुरुष के साथ की ज़रूरत महसूस नहीं हुई।' इन छोटी लड़कियों में 16 साल की उम्र में ही काम विकार कैसे उत्तेजित हो सकता है? कॉलेज जीवन में प्रेमा ने सेक्स पर कोई तीन किताबें पढ़ी थी। उसने बाद में फ्रॉयड को भी पढ़ा। फ्रॉयड के विचार उसे अतिरंजित लगे थे। उसी तर्ज पर उसने महात्मा को एक पत्र में लिखा- 'किसी भी पुरुष के साथ एक बिस्तर पर सोकर मैं दूसरे दिन सुबह निर्दोष बालक जैसी ही जगूँगी।'[11]

महात्मा को प्रेमा की यह बात पसंद नहीं आई थी। उन्हें लगा 'यह ब्रह्मचारिणी को शोभा न देने वाला अभिमान है।' उन्होंने प्रेमा को लिखा- 'तुझमें जो ब्रह्मचर्य होगा उसका कितना क्षय हो रहा है, इसका क्या तुझे ज्ञान है? तेरे ब्रह्मचर्य में न्यूनता तो है ही। तेरे लिए स्वाभाविक क्या है? तू विकार को जानती ही न हो तो क्या तू कोई देवी है? देवी के लक्षण भिन्न होते हैं। तू देवी नहीं है। तुझे रोग हो ऐसा मैं जानता नहीं, क्योंकि तुझे मासिक-धर्म होता है। जाँच करके देखना और मुझे लिखना।'[12]

लेकिन महात्मा के बग़ैर 'स्मार्ट लिटिल गर्ल' प्रेमा आश्रम को कभी 'अपना' नहीं समझ सकी। प्रेमा की दिलचस्पी का केंद्र केवल महात्मा थे। महात्मा बाहर होते तो प्रेमा वियोग में तड़पती। महात्मा को लंबे-लंबे पत्र लिखती। सच तो यह था कि आश्रम के प्रति प्रेमा का लगाव भी केवल महात्मा की वजह से था। महात्मा इस तथ्य को जानते थे। इसीलिए महात्मा प्रेमा को आश्रम के क़रीब खींचने की कोशिश करते। प्रेमा लिखती 'आप मुझे प्रिय हैं इसलिए 'आपका' आश्रम मुझे प्रिय है। आश्रम का स्वतंत्र रूप में मेरे हृदय में कोई स्थान नहीं।'[13]

प्रेमा महात्मा को लिखे पत्र में पूछती कि 'कब आएँगे?' महात्मा भी उसे बेहद रूमानी जवाब भेजते- 'तू पूछती है कब आऊँगा? अगर अपनी आँखों से काम ले तो तू मुझे देखे बिना न रहे। मेरी आत्मा तो वहीं बसती है। शरीर भले ही

यहाँ रहे। यह भी बिलकुल संभव है कि शरीर वहाँ रहे तब भी मैं वहाँ न हूँ? इस सत्य को तू देख बाक़ी माया को भूल जा।'[14]

महात्मा को आश्रम से प्रेमा की शिकायतें मिलती रहती। महात्मा भी प्रेमा को लेकर परेशान और चिंतित रहते। वह जानते थे कि प्रेमा की बोली में ज़हर है। प्रेमा इस बात से सहमत नहीं थी। महात्मा भी मानते थे कि वह प्रेमा के लिए पक्षपात करते हैं। वह उसके गुणों को ज़्यादा महत्त्व देते हैं। प्रेमा भी इन शिकायतों और सफ़ाइयों से परेशान हो चुकी थी। बीच में तो उसने महात्मा से पत्र व्यवहार भी बंद कर दिया था। प्रेमा तो आश्रम छोड़ने तक को तैयार हो गई थी लेकिन महात्मा ने उसे समझाया कि अभी वह रुक जाएँ। जब वह आश्रम में हों तब इस विषय पर बेहतर बात हो सकती है। प्रेमा को बार-बार लगता कि महात्मा उसे अपने जाल में फँसा रहे हैं जैसा कि महात्मा ने ख़ुद उससे एक पत्र में ये बात कही थी। वह बार-बार अपनी यह भावनाएँ महात्मा के आगे पत्र में ज़ाहिर करती।

महात्मा ने नाराज़ होकर लिखा- 'मैं किसी को अपने जाल में फँसाना नहीं चाहता। सब मेरे ही पुतले बन जाएँ, तो मेरा क्या हाल होगा? ऐसी कोशिश को तो मैं बेकार समझूँगा। लेकिन मैं शायद किसी को फँसाने का प्रत्यन भी करता हूँ, तो मुझे क्यों आत्मविश्वास खोना चाहिए? तू तो सावधान है ही, ऐसा तेरे पत्र से साबित होता है। हाँ, यह सच है कि तुझे मेरे जाल में फँसने का डर हमेशा रहा करता है। यह बुरा चिह्न है। निश्चय करने के बाद ये डर किसलिए। अथवा क्या यह संभव नहीं कि फँसना शब्द का अर्थ भी हम एक न करते हों?'[15]

बात लगातार बिगड़ती जा रही थी। प्रेमा ने यहाँ तक आश्रम छोड़ने का फ़ैसला कर लिया। उसने मई 1933 में महात्मा को लिखा- 'मैं आश्रम में अधिक रहूँगी तो आपको मेरी ओर से कष्ट ही हुआ करेगा। इसलिए मुझे हमेशा के लिए आश्रम से जाने दीजिए।'[16] और एक दिन वो सचमुच आश्रम और अपने 'प्रिय बूढ़े' छोड़कर चली गई। प्रेमा गाँधी को प्यार से 'ओल्ड बिलवेड' कहती थीं।

***

संदर्भ :

1. जीवन यात्रा, मीराबेन, पेज 143
2. मीराबेन, द स्पिरिट्स पिल्ग्रिमेज, यात्रा, पेज 143- 144
3. महादेव भाई की डायरी तीसरा भाग पेज 170
4. डायरी ऑफ़ महादेव देसाई, भाग-1, नवजीवन प्रकाशन मंदिर 1948, पृष्ठ 83
5. डायरी ऑफ़ महादेव देसाई, भाग- 1, नवजीवन प्रकाशन मंदिर 1948, पृष्ठ 86
6. महादेव भाई की डायरी, भाग- 1, पेज 242- 243, 23 जून 1932
7. महादेव भाई देसाई की डायरी, भाग- 2, पेज 17- 18, खंड 57: 11 सितंबर,1932, पेज- 20
8. खंड 57 : 11 सितंबर, 1932, पेज- 20
9. प्रेमा कंटक के नाम ,पेज 131
10. प्रेमा कंटक के नाम, पेज 133
11. प्रेमा कंटक के नाम, पेज 189
12. प्रेमा कंटक के नाम, पेज 190
13. प्रेमा कंटक के नाम, पेज 131
14. प्रेमा कंटक के नाम, पेज 92
15. प्रेमा कंटक के नाम, पेज- 173
16. प्रेमा कंटक के नाम, पेज 204

6

गाँधी की कुटिया या 'रावण का महल'

सारे आंदोलन ठप पड़े थे। 1936-1937 में कांग्रेस की कमान युवा जवाहरलाल नेहरू के हाथ में थी। महात्मा कांग्रेस से नाता तोड़ने के बावजूद कांग्रेस का एक अटूट हिस्सा थे। कांग्रेस उनकी ग़ुलाम थी। वह कांग्रेस के सभी निर्णयों को आसानी से बदल सकते थे। आश्रम की तस्वीर भी अब बदल गई थी। मीरा और प्रेमा के जाने के बाद महात्मा के व्यक्तिगत काम प्यारेलाल देखने लगे थे। महादेव देसाई भी उनकी मदद करते थे।

'शेख़ चिल्ली' की सूरत से मिलते-जुलते प्यारेलाल नैयर 1920 में बापू से पहली बार लाहौर में मिले थे। यह वह दौर था जब महात्मा लाहौर में सरला देवी के क़रीब आए थे। तब प्यारेलाल कॉलेज में पढ़ते थे। उनके पिता डिप्टी कलेक्टर थे। प्यारेलाल हर वक़्त दूसरी दुनिया में खोये रहते। ज्योतिषियों ने पहले ही भविष्यवाणी कर दी थी कि 'यह लड़का राजा बनेगा या फ़क़ीर।'

पहली ही मुलाक़ात में बापू ने उसे पसंद कर लिया। यानी अब साफ़ हो गया कि वह फ़क़ीर ही बनेगा। प्यारेलाल के घर वाले यह कभी नहीं चाहते थे कि उनका बेटा महात्मा गाँधी से जुड़े। उनका ख़ानदान सरकारी नौकरी से जुड़ा रहा था। पिता की इच्छा थी कि प्यारेलाल इंडियन सिविल सर्विस में आएँ। लेकिन ऐसा नहीं हुआ। प्यारेलाल महात्मा के साथ सक्रिय आंदोलन में जुट गए। बेवा माँ चिंतित हो गईं। उन्होंने महात्मा से मिलने का फ़ैसला किया। तब महात्मा और प्यारेलाल लाहौर में थे। महात्मा ने माँ तारा को वहीं बुला भेजा। माँ छोटी बेटी सुशीला को लेकर लाहौर पहुँची। दो दिन बीत गए। काम में व्यस्त महात्मा और प्यारेलाल माँ से नहीं मिले। फिर बातचीत हुई। महात्मा ने माँ को बहुत समझाया। ताना भी दिया। कहा- 'तुमने ख़ुद और अपनी बेटी को विदेशी कपड़े पहना रखे हैं। इस समय देश को प्यारेलाल की ज़रूरत है।' युवा प्यारेलाल ने भी माँ के साथ

आने से मना कर दिया। अंत में थककर माँ ने करुण स्वर में महात्मा से कहा- 'अच्छा चार पाँच साल साथ रख लीजिए। फिर वापस कर दीजिएगा मेरे प्यारे बेटे को। पति रहा नहीं। अब बस यही एक सहारा है। मेरे अँधेरे घर का चिराग है।'[1]

और महात्मा उन्हें साबरमती ले आए थे। वह महात्मा के लिखने-पढ़ने का काम देखने लगे। इस काम में वह इतना मशगूल रहते कि उन्हें अपनी फ़िक्र नहीं रहती। उनके कुर्ते इतनी जगह से फट जाते कि उसे सिलना मुश्किल होता। कई दफ़ा तो महात्मा ने ख़ुद उनके कुर्ते पर पैबंद लगाए। प्यारेलाल भी भावुक स्वभाव के थे।

मीरा को अपने से दूर भेजने के बाद महात्मा अकेले हो गए थे। अपने बेटे प्यारेलाल को लेकर तारा नैयर पहले दुखी थीं। महात्मा सुशीला को भी आश्रम में रखना चाहते थे। प्यारेलाल के कारण ही उनकी छोटी बहन सुशीला महात्मा से जुड़ी थी। बारह साल की उम्र से ही उसने महात्मा और आश्रम को क़रीब से देखा था। पहली बार वह 1929 की गर्मियों की छुट्टी में साबरमती आश्रम आई थी। माँ बड़ी मुश्किल से सशर्त मानी थी। शर्त यह थी कि वह आश्रम में कोई व्रत नहीं लेगी। आश्रम की दुनिया निराली थी। वहाँ ज़्यादातर लोग मराठी बोलते या गुजराती। संकोची और शर्मीली सुशीला आश्रम में घूमते-फिरते लोगों को बस ताकती रहती। वह किसी से बात करने में घबराती। एक दिन कुछ दर्शनार्थी आश्रम देखने आए। बापू ने सुशीला से कहा कि वह इन्हें आश्रम घुमा दे। सुशीला बिन कुछ कहे उठी। तभी महात्मा ने पूछा- 'सुशीला क्या तूने पूरा आश्रम घूमा है?' सुशीला ने नहीं में सिर हिला दिया। महात्मा बहुत नाराज़ हुए। बोले 'कोई अंग्रेज़ लड़की होती तो पहले ही दिन सबसे पहले वह पूरा आश्रम घूमती और चारों तरफ़ के वातावरण से परिचित हो जाती। लेकिन तुम लोग केवल किताबी कीड़े हो।' बेचारी सुशीला का बाल मन आहत हुआ। छुट्टियाँ ख़त्म हुईं। सुशीला वापस लाहौर आ गई।

सुशीला ने दिल्ली के लेडी हार्डिंग मेडिकल कॉलेज में दाख़िला लिया। मेडिकल में स्नातक परीक्षा पास करने के बाद सुशीला सेवाग्राम आश्रम पहुँची। गाँव में हैज़ा का प्रकोप फैला। सुशीला जी-जान से मरीज़ों की सेवा में जुट गई। महात्मा ने कहा तुम पूरे गाँव को अस्पताल समझना और हर झोपड़ी को वार्ड। प्रकोप ख़त्म होते ही सुशीला फिर लौट आई। लेकिन इस बार आश्रम उनके दिलो-दिमाग़ पर हावी था। उन्हें लाहौर की ज़िंदगी बनावटी लगने लगी

थी। उन्होंने तय किया कि अब वह यहाँ खादी ही पहनेंगी। माँ तारा समझ गई कि उनकी बेटी पर भी महात्मा की छाया पड़ गई। वह नाराज़ हुईं। लेकिन वह असहाय थीं। सुशीला खादी पहनने लगीं। इसके बाद सुशीला का आश्रम आने जाने का क्रम तेज़ हो गया।

महात्मा उन पर अपना पूरा स्नेह बरसाते थे। लेकिन अब सुशीला युवा हो चली थी। वह पहले जैसी संकोची नहीं रही। उन्नीस वर्ष की भरपूर आयु की यह लड़की अपनी बातों से आश्रम में सबका मन मोह लेती। महात्मा ने तारा नैयर से सुशीला को माँगा था। जैसे कभी महात्मा बुद्ध ने यशोधरा से राहुल की भिक्षा माँगी थी। तारा ने बेहद मायूस शब्दों में लगभग रोते हुए महात्मा से कहा था 'एक तो गया दूसरी को भी ले जाओगे।' महात्मा को यह शब्द तीर की तरह लगे थे। प्यारेलाल को उनकी संगत ने क्या दिया ? क्या साधु पुरुष की संगत यह हाल बनाती है। कितना तेजस्वी था प्यारेलाल। अब कैसा हो गया है ? महात्मा ने निश्चय किया 'प्यारेलाल का जीवन पटरी पर आ जाए तो सुशीला को अपनाने लायक़ बनूँगा।'[2]

कलकत्ते की काली रातें

महात्मा का इलाज कर रहे डॉ. बी.सी. राय का मानना था कि वापस आश्रम लौटते वक़्त उनके साथ कोई डॉक्टर रहे तो अच्छा है। डॉ. सुशीला नैयर तब कलकत्ते में ही थी। वह आल इंडिया इंस्टीट्यूट ऑफ़ हाईजीन एंड पब्लिक हेल्थ में अध्ययन कर रही थी। एक महीने की छुट्टी दिलाकर महात्मा सुशीला को साथ सेगाँव ले आए। सुशीला महात्मा की सेवा में लग गई। सुशीला की सेवा महात्मा के लिए व्यसन बन गई। महात्मा के सारे निजी कार्य सुशीला ख़ुद करती। महात्मा को नहलाने से लेकर उनकी मालिश तक। रात में भी सुशीला महात्मा के साथ ही सोती, एक बिस्तर पर।

महिलाओं और युवा लड़कियों के साथ एक बिस्तर पर सोना महात्मा ने कब शुरू किया यह स्पष्ट नहीं हुआ। सुशीला के आश्रम आने से पहले महिलाओं के साथ सोने या उनसे नंगे बदन मालिश कराने का ज़िक्र महात्मा ने अपने पत्रों में नहीं किया। मालिश के दौरान महात्मा कई बार लड़कियों को अपनी पीठ पर लेटने के लिए भी कहते। उन्होंने इसे प्राकृतिक चिकित्सा का एक हिस्सा बताया। स्लेड यानी मीरा से लेकर अमला और सरला देवी से लेकर

प्रेमा तक। लीलावती से लेकर प्रभावती और अमतुस्सलाम से लेकर राजकुमारी अमृता कौर तक। ये सब महात्मा के बहुत क़रीब रहीं। यह महिलाएँ आश्रम और महात्मा के एकांतवासों में भी उनकी साहचर्य रहीं। लेकिन महात्मा के साथ रात में इन महिलाओं के सोने की बात सार्वजनिक रूप से कभी प्रकट नहीं हुई। महात्मा ने लड़कियों के कंधों पर हाथ रखने की प्रथा को ज़रूर एक प्रयोग का नाम दिया। लेकिन महिलाओं के साथ सोने को लेकर किसी प्रयोग की बात महात्मा ने शुरुआती दौर में नहीं की। धीरे-धीरे जब यह बात आश्रम के बाहर निकली तो महात्मा ने इसे अपनी सेवा बताया। यह बातें जब महात्मा के क़रीबियों में चर्चा और आलोचना का कारण बन गईं तो महात्मा ने इन्हें पहली बार जून 1938 में 'प्रयोग' का नाम दिया।

अप्रैल, 1938 में महात्मा का फिर कलकत्ते जाने का कार्यक्रम बना था। कांग्रेस कार्यसमिति की बैठक थी। नज़रबंदों और राजनीतिक क़ैदियों की रिहाई के बारे में महात्मा को ख़्वाजा नज़ीमुद्दीन से बात करनी थी। मौलाना आज़ाद और 'अमृत बाज़ार पत्रिका' के संपादक तुषारकांति घोष से मिलने के अलावा और भी कई काम थे। महात्मा साथ में सुशीला और प्रभावती को ले गए। जयप्रकाश नारायण ढाका गए थे। वापसी में कलकत्ते से उन्हें प्रभावती को ले जाना था। कार्यक्रम यही बना था। इन दिनों महात्मा मानसिक कष्ट में थे। पुरी मंदिर में हरिजनों को जाने से रोका गया था। महात्मा इससे नाराज़ थे। बा की इच्छा थी कि पुरी दर्शन कर आएँ। लेकिन महात्मा ने उन्हें वहाँ जाने से रोका। बा नहीं मानी। बा और दुर्गा देसाई वहाँ गए। महात्मा इस घटना से आहत थे। यह एक कारण था। मानसिक कष्ट की वजहें और भी थीं। महात्मा के शरीर ने आत्मा की आवाज़ का साथ देना छोड़ दिया था। उन्हें रातों में ऐसे सपने आने लगे जिसकी वह कल्पना भी नहीं कर सकते थे। 4 अप्रैल, 1938 की रात उन्हें 'एक गंदा स्वप्न' आया। इस बात का ज़िक्र उन्होंने अगले ही दिन बृजकृष्ण चाँदीवाल को एक पत्र में किया। बृजकृष्ण दिल्ली के प्रतिष्ठित चाँदीवाल परिवार से जुड़े थे। छोटी उम्र में ही उनकी पत्नी गुज़र गई। लेकिन ब्रह्मचर्य व्रत के चलते बृजकृष्ण ने दूसरी शादी का इरादा नहीं बनाया। वह महात्मा के आश्रम आ गए। ब्रह्मचर्य व्रत से प्रभावित होकर वह महात्मा के और क़रीब आ गए थे। महात्मा ने कहा- 'मेरे पर इतना विश्वास रखकर क्या करोगे? मैं कोई पूर्ण पुरुष नहीं हूँ। न निर्विकार हूँ। देखो कल ही रात्रि को मुझे गंदा स्वप्न आया। यह कोई अच्छी

बात न मानी जाए ऐसे आदमी के निकट बैठने से क्या आशा रखते हो?'[3]

1919 से ही रौलट एक्ट के विरोध में हर साल 6 अप्रैल का दिन सत्याग्रह दिवस, उपवास और प्रार्थना दिवस के रूप में मनाया जाता था। महात्मा भी उपवास पर थे। 6 अप्रैल, 1938 की रात महात्मा के 'सिर के पिछले हिस्से में दर्द' उठा। सुशीला ने हल्की मालिश की। थोड़ा आराम मिला। अगले दिन भी तबीयत भारी थी। ऊपर का रक्तचाप 154 से बढ़कर 170 तक जा पहुँचा। यह सब चल रहा था। लेकिन 7 अप्रैल की इस रात तो ग़ज़ब ही हो गया।

उस रात 69 साल के हो चुके महात्मा की आँख थोड़ी देर से लगी थी। सुशीला और प्रभावती पास ही सोए थे। महात्मा की बंद आँखों में एक स्वप्न आया। स्वप्न में काम-कलाओं के कुछ अश्लील दृश्य थे। महात्मा को लगा उनकी इंद्रियाँ उत्तेजित हो रही हैं। इससे पहले वह स्खलित हों उनकी आँख खुल गई। महात्मा पसीने से तर हो गए। वह उठे और छत पर टहलने लग गए। इस हफ़्ते यह दूसरी घटना थी। अगले दिन उन्होंने सुशीला और प्रभावती से रात की घटना बताई। महात्मा ने कहा कि 'अब वह उन दोनों की सेवाएँ नहीं लेंगे।' दोनों बहुत निराश हुईं। उन्होंने महात्मा से कहा- 'यह संभव नहीं। यह प्रयोग ही आपको सँभालेगा। आप में हमारी पूर्ण श्रद्धा है।' बारह घंटे से पहले ही महात्मा ने अपना विचार बदल दिया। 'सेवा लेना जारी रखा।'[4]

ये एक तरह का विकार था जिसके बारे में महात्मा सोचना नहीं चाहते थे। दो दिन बाद 9 अप्रैल, 1938 को एक नई घटना हो गई। महात्मा को मोहम्मद अली जिन्ना से बंबई में मिलना था। लेकिन महात्मा ने कार्यक्रम बदल दिया। उन्होंने सुबह मि. जिन्ना को तार भेजा- '19 के आस-पास संभवत: दिल्ली में हूँगा। समय और शक्ति बचाने के लिए मैं बंबई के बजाय आपसे दिल्ली में मिलूँगा। यदि आप सहमत हों तो मौलाना मेरे साथ होंगे।' रात में 24 साल की सुशीला महात्मा के साथ सोई थी। उसने करवट ली और महात्मा जाग गए। महात्मा ने देखा कि 'उनकी साँसें तेज़' हो गई थीं। वह असहज थी। महात्मा को 'उसमें विकार के लक्षण' दिखाई दिए। महात्मा ने उसे अलग किया। वह उठी और 'शौचालय की ओर भागी'।[5] महात्मा ने इस कृत्य के लिए सुशीला को ख़ूब सुनाया। सुशीला शर्मसार थी। वह वहीं रोने लगी।

इस घटना के बाद युवा सुशीला आत्मग्लानि में डूब गई। वह ख़ुद नहीं समझ सकी यह क्या हो गया? सुशीला ने बाद में अपने एक पत्र में महात्मा को सफ़ाई

दी- 'जो कुछ भी हुआ वह उसकी मूर्छा में हुआ। इसके लिए वह ज़िम्मेदार नहीं।' लेकिन फिर भी इस घटना ने उसे भीतर तक हिला दिया था। यह घटना अकेली नहीं थी। आश्रम में महादेव देसाई और सुशीला क़रीब आ गए थे। उनके बीच भी कुछ ऐसा हुआ कि ब्रह्मचर्य का नियम भंग हुआ। महात्मा के लिए यह पीड़ादायक था। महात्मा अपनी परिधि में आई किसी स्त्री का ध्यान अपने से दूर होता नहीं देख सकते थे। मीरा जब पहली दफ़ा आश्रम आई थी तो महादेव देसाई से उसकी नज़दीकी बढ़ी थी। महादेव देसाई ने मीरा से फ्रेंच सीखना चाहा था लेकिन इसके लिए उसे महात्मा से फटकार सुननी पड़ी थी। अब सुशीला के साथ वही कहानी दोहराई जा रही थी। उन्होंने दोनों को बुलाकर समझाया। महादेव देसाई और सुशीला दोनों आहत हुए। दोनों ख़ुद को महात्मा से आँखें मिलाने का साहस नहीं कर पा रहे थे।

14 अप्रैल को महात्मा का ज़्यादा समय दिल्ली की ट्रेन में बीता। ट्रेन के इस सफ़र के दौरान महात्मा बीच में कानपुर रुके। इसी दौरान कहीं एकांत के क्षणों में उनकी 'इंद्रियाँ जागृत' हो गईं। वह 'स्खलित' हुए 'एकदम जागृत अवस्था' में। उन दिनों कुछ ही लोग थे जिनसे महात्मा अपनी बहुत निजी बातें बाँटते। एक मीरा, दूसरा कृष्णचंद्र और तीसरे अमृतलाल टी. नानावटी।

गुजरात विद्यापीठ के स्नातक रहे अमृतलाल टी नानावटी दरअसल काका साहब के शिष्य थे। सेवाग्राम में महात्मा के साथ रहे थे। वह इस आश्रम के पहले व्यवस्थापक थे। पक्के ब्रह्मचारी। उन्होंने आजीवन विवाह नहीं किया। श्री नानावटी को महात्मा ने लिखा- 'भगवान करे तुम हमेशा 18 या 22 वर्ष के बने रहो। लेकिन मेरी ऐसी स्थिति कैसे हो सकती है? तुम विकार को जानते ही नहीं हो, मैं तीस वर्ष तक विकार ग्रस्त ही रहा और उसे तृप्त करने की कोशिश करता रहा। इसके अलावा हाल ही में मुझे ऐसा अनुभव हुआ है जिससे लगता है कि मैं विकारों पर विजय नहीं पा सका हूँ। पिछले पचास वर्षों के जीवन में मुझे जागृत अवस्था में वीर्यपात होने की बात स्मरण नहीं आती। स्वप्न में अथवा भोगेच्छा से जो वीर्यपात होने की बात मैं यहाँ नहीं कर रहा हूँ। लेकिन मुझे ऐसी दीन और हीन स्थिति से होकर गुज़रना पड़ा कि लाख प्रयत्न करने के बावजूद मैं पूर्ण जागृत अवस्था में भी स्राव को रोक नहीं सका।'[6]

यहाँ फिर महात्मा की याददाश्त ने धोखा दे दिया। उन्होंने श्री नानावटी को लिखा कि 'पिछले 50 वर्षों के जीवन में मुझे जागृत अवस्था में वीर्यपात होने

की बात स्मरण नहीं आती।' जबकि अभी दो साल पहले बंबई प्रवास के दौरान महात्मा 'स्खलित' हुए थे, वह भी 'जागृत अवस्था' में। जैसा कि उन्होंने प्रेमा को लिखा था- 'मेरे सारे स्खलन स्वप्न में हुए थे। उन्होंने मुझे सताया नहीं। उन्हें मैं भूल सका हूँ। परंतु बंबई का अनुभव तो जागृत अवस्था में हुआ।'[7]

'स्खलित' होने के अपने अनुभव के बारे में महात्मा ने मीरा को अगले ही दिन लिखा- 'उस अपमानजनक, मलिन और कष्टदायक अनुभव ने मुझे झकझोर दिया और मुझे लगा कि मेरे काल्पनिक स्वर्ग से, जहाँ अपनी मलिन अवस्था में रहने का मुझे कोई अधिकार न था, ईश्वर ने मुझे नीचे फेंक दिया।'[8]

दिल्ली पहुँचकर उन्होंने मि. जिन्ना को फिर तार भेजा कि वह बंबई वापस जाते वक़्त एक दिन के लिए वर्धा रुकें। वहीं बात हो जाएगी। लेकिन अपने अड़ियलपन के लिए मशहूर मि. जिन्ना का जवाबी तार आया कि 'यह संभव नहीं। पूर्व निर्धारित 25 तारीख़ को बंबई में ही मिलेंगे। मैं आपसे अकेले मिलना चाहता हूँ।' प्यारेलाल और सुशीला वहीं दिल्ली रुक गए। दोनों दुखी और उदास थे। सबसे ज़्यादा आहत सुशीला थी।

16 अप्रैल को आश्रम लौटते वक़्त महात्मा लगातार पिछले दिनों बीते घटनाक्रम के बारे में सोच रहे थे। 7, 9 और 14 अप्रैल की घटनाओं को लेकर एक के बाद एक विचार सामने आ जा रहे थे। ब्रह्मचर्य विखंडित हुआ। आंशिक रूप से सही। इसके लिए ज़िम्मेदार कौन है? महात्मा को अब लग रहा था कि यह काम आसान नहीं। 'यह कोशिश चंद्रमा की पहाड़ियों पर चढ़ने जैसी है।' महात्मा सबसे ज़्यादा आहत 14 अप्रैल की घटना से थे। लेकिन वह सुशीला को भूल नहीं पा रहे थे। ट्रेन में ही उन्होंने सुशीला को लिखा- 'हाल में तू मेरे स्वप्न में भी स्थान रखती है। इसे मोह कहूँ कि प्रेम कहूँ? कुछ भी हो तू मेरे लिए एक बड़ा प्रश्न बन गई है।'[9]

इधर महात्मा परेशान थे उधर मीरा उन्हें और चिढ़ा रही थीं। वह महात्मा को बार-बार बता रही थी कि इस नये प्रयोग में कहाँ-कहाँ फिसलन है। मीरा के साथ दूसरा ही मनोविज्ञान काम कर रहा था। मीरा महात्मा के क़रीब का स्थान खो चुकी थीं और अब बाक़ी लड़कियों से महात्मा की क़रीबी उसके बर्दाश्त के बाहर थी। हालाँकि वह यह बात ज़ाहिर होने देना नहीं चाहती थी। लेकिन उनकी चिट्ठियों में इस तरफ़ ख़तरनाक इशारे होते। उन्होंने महात्मा के इन नये प्रयोग के बाबत कुछ तीखी बातें लिखी।

ख़ुद मुश्किल के दौर से गुज़र रहे महात्मा असहाय महसूस कर रहे थे। जिन मीरा को उन्होंने कभी ब्रह्मचर्य का पाठ पढ़ाया था उसी से अपने चक्रव्यूह से निकलने का रास्ता पूछ रहे थे। उन्होंने मीरा को लिखा- 'तुम मुझे स्पष्ट शब्दों में लिखना कि ब्रह्मचर्य संबंधी धारणा अनुकूल बैठाने के लिए मुझे निश्चित रूप से क्या परिवर्तन करने चाहिए। क्या मुझे सुशीला की सेवा से अपने आपको वंचित रखना होगा? उदाहरणार्थ क्या मुझे लीलावती या अमतुस्सलाम से मालिश नहीं करानी चाहिए? क्या तुम यह कहना चाहती हो कि मुझे कभी लड़कियों के कंधे का सहारा नहीं लेना चाहिए? कहने की ज़रूरत नहीं कि अपनी इस भीषण निराशा से उबरने का तुम स्पष्ट शब्दों में जो भी उपाय बताओगी, उससे मुझे कोई दुख नहीं होगा।'[10]

महात्मा ने इन घटनाओं का ज़िक्र राजकुमारी अमृत कौर से भी किया। वह अमृत से भी ऐसी सेवाएँ लेते रहे थे। राजकुमारी अमृत कौर का जन्म सन् 1887 में हुआ था। यह स्वर्गीय राजा हरनाम सिंह की इकलौती कन्या थी। स्व. राजा साहब कपूरथला के महाराजा के सगे काका थे। राजकुमारी ने आठ वर्ष तक विलायत में शिक्षा पाई। वह सन् 1928 से स्त्रियों के आंदोलनों में भाग लेती आ रही हैं। इन दिनों वह अखिल भारतीय महिला मंडल की अध्यक्षा थी। राजकुमारी ने भी ब्रह्मचर्य का व्रत लिया था। 1935 में वह महात्मा के संपर्क में आई। वह भी महात्मा की निजी सेवा में लग गई। अमृत ने इसे महात्मा की 'दुर्बलता और विश्वास में कमी बताया।' महात्मा ने अमृत को लिखा- 'मेरी मौजूदा हालत से परेशान नहीं होना। मेरे लिए कामेंद्रियों पर वश पाना सबसे कठिन रहा है। मैं इससे निरंतर जूझता रहा हूँ। यह चमत्कार ही है कि मैं अभी तक इससे कैसे बचा हुआ हूँ। आज मैं जो संघर्ष कर रहा हूँ, हो सकता है कि वह अंतिम हो और होना भी चाहिए।'[11]

उधर मीरा का जवाबी पत्र आ गया था। उस पत्र में वैसा ही तंज़ था जैसे हमेशा उसके पत्रों में रहता था। मीरा ने महात्मा को याद दिलाया कि 'एक रात जब आप लीलावती के साथ एक बिस्तर पर सो रहे थे तो आपका हाथ लीला की गर्दन में था।' इस घटना को बहुत रंग देकर लिखा गया था। महात्मा को मीरा का पत्र पढ़कर थोड़ा बुरा ज़रूर लगा। पर उन्होंने मीरा को लिखा- 'तुम्हारे पत्र की विवेचना करने का मेरे पास वक़्त नहीं है। तुम्हारे निज अनुभव ने मेरा मन पक्का कर दिया है। मुझे अपने व्यवहार को बदलना होगा। मैं काफ़ी हद तक

तुम्हारे सुझावों पर अमल करूँगा।'

महात्मा ने मीरा को लीलावती के बारे में अपनी सफ़ाई दी। उन्होंने आगे लिखा- 'तुमने जो कुछ कहा है, उसके बारे में मुझे कुछ भी याद नहीं है। किंतु एक बार मुझे ऐसा लगता है कि मैंने उसकी गर्दन में बाँह डाली थी। जब मैंने उससे सबेरे पूछा तो उसने कहा कि उसे किसी स्पर्श का ज्ञान नहीं। फिर भी उस दिन से मैंने उससे कहा कि वह मुझसे कुछ दूरी पर सोया करे।'[12]

यह वह दौर था जब देश की राजनीति तेज़ी से करवट बदल रही थी। मि. जिन्ना मुसलमानों का एक बड़ा नेता बनकर उभर रहे थे। कांग्रेस हिंदू-मुसलमान के खाने में बँट रही थी। मि. जिन्ना ने मुसलमानों पर कांग्रेस के अत्याचार की फ़ेहरिस्त तैयार की थी। अब उनका प्रचार शुरू हो गया था। 'इस्लाम ख़तरे में है। हिंदुस्तान के मुसलमान मुस्लिम लीग के झंडे के नीचे एकजुट हों।' मुसलमानों में सांप्रदायिक भावना भड़क रही थी। राजनीति में जिन्ना का असर बढ़ रहा था। और महात्मा गाँधी ब्रह्मचर्य की कठिन परीक्षा से जूँझ रहे थे। उन्हं जागृत अवस्थाथ में वीर्य स्खलन हो रहा था। महात्मा अभी तक यह मानने को राज़ी नहीं थे कि जागृत अवस्था में स्खलन का कारण युवा स्त्रियों के साथ उनका सोना और जागना है। इसी पत्र में उन्होंने लिखा- 'मेरी समस्या यह है : 14 अप्रैल के उस भयावह अनुभव का कारण क्या नारी संपर्क था अथवा उसका कारण कुछ और था।'[13]

बात सिर्फ़ इतनी भर नहीं थी। गाँधी से जुड़ी महिलाओं में उनसे नज़दीकी के लिए आपसी कलह शुरू हो गई थी जिसका असर महात्मा गाँधी पर पड़ रहा था। वह भी ऐसे दौर में जब जिन्ना मुसलमानों को कांग्रेस के ख़िलाफ़ भड़काकर अपनी ताक़त बढ़ा रहा था।

महात्मा ख़ुद बहुत अशांत थे। आश्रम में जो घटनाएँ घट रही थीं वह निश्चित ही शुभ नहीं कही जा सकतीं थीं। आश्रम में अपना स्थान खोने से मीरा त्रिया चरित्तर पर उतर आई थी। महात्मा ने उसे दूध से मक्खी की तरह अपनी ज़िंदगी से अलग कर दिया था। अब सुशीला उनकी जगह ले रही थी। मीरा प्रतिशोध की आग में जल रही थी। इस घटना ने उन्हें बहाना दे दिया था। उन्होंने महात्मा और सुशीला के संबंधों के बारे में कुप्रचार शुरू कर दिया था। महात्मा ने मीरा के बारे में सुशीला को लिखा कि 'वह मेरे और तुम्हारे बारे में बातें करके ज़हर फैलाती रहती है।' महात्मा ने मीरा को सख़्त हिदायत दी कि वह उनके और सुशीला के

बारे में किसी से कोई बात न करे। अपने दुख से दुखी सुशीला अपनी माँ के पास चली गई थी। महादेव भाई को लेकर उसे बार-बार एहसास हो रहा था कि 'उससे पाप हो गया।' दबाव की राजनीति में माहिर महात्मा ने उन्हें समझाना शुरू किया। महात्मा ने उन्हें लिखा- 'न तू देवी थी, न महादेव देव था। यह भ्रम यदि सर्वथा नष्ट हुआ है तो भविष्य उज्ज्वल है। मैं तुम दोनों को भोला भी समझता हूँ। फ़र्क़ इतना है कि तूने विकार का अनुभव नहीं किया है। महादेव ने तो काफ़ी किया ही है। विवाहित है ना? लेकिन सूक्ष्म काम का नाम ही अनंग है। उसके हमले का तुम दोनों को ज्ञान नहीं था। तू अपने सिर पर खामखा दोष ओढ़ लेती है। अनंग ने तेरा क़ब्ज़ा अवश्य लिया था, लेकिन तुझे उसका पता ही नहीं था। महादेव असावधान अवश्य रहा। लेकिन इसका उसे भी पता नहीं था। मुझको न दुख तूने दिया है न महादेव ने। जब तक तेरी बुद्धि को चीज़ स्वीकार न करे उसका स्वीकार हरगिज़ न किया जाए। भले मुझे या किसी को कितना ही दुख क्यों न हो। मेरी सलाह है अब भूतकाल को भूल जा, वर्तमान धर्म का पालन करती हुई प्रसन्नचित्त हो जा और मुझे निश्चिंत कर।'[14]

इस घटना ने सुशीला को तोड़कर रख दिया था। महात्मा ने उसे लाख समझाना चाहा कि 9 अप्रैल की रात जो कुछ भी हुआ सब सुशीला की 'मूर्छा में' हुआ जैसा कि उसने ख़ुद कहा है। महात्मा सुशीला को लेकर काफ़ी चिंतित थे। उन्होंने प्यारेलाल को भी सुशीला के पास दिल्ली भेज दिया। महात्मा ने कहा- 'मूर्छित मनुष्य जो करता है वही सुशीला ने किया। उस रात का क़िस्सा उसे मूर्छा होने की पुष्टि करता है, इसलिए उस बात का अधिक महत्त्व नहीं है।'[15]

7, 9 और 14 अप्रैल की घटनाएँ वाक़ई चिंताजनक थीं। सबका कथित ब्रह्मचर्य विखंडित हुआ था। सुशीला, महादेव और गाँधी। सबके अपने संघर्ष थे। और ये सारे संघर्ष काम-वासना से जुड़े थे। सब इससे कहीं-न-कहीं गहरे आहत थे। मनोवैज्ञानिक सिंगमंड फ्रॉयड मानता था कि हम कुछ असामाजिक इच्छाओं को पूरा होने से जान-बूझकर रोकते हैं, वे इच्छाएँ अचेतन में बैठी रहती हैं। वे वहाँ से निकलना भी चाहती हैं लेकिन दमन के कारण निकल नहीं पातीं। काम-वासना से त्रस्त महात्मा ने शुरुआती दौर में नैष्ठिक ब्रह्मचर्य का व्रत लिया था। ब्रह्मचर्य को लेकर एक तरह की कट्टरता उनमें थी। काम-वासना को लेकर उनके मन में हमेशा एक अपराध-बोध रहा। दमन इसी अपराध बोध से पैदा हुआ। लेकिन उनका अचेतन बाहर आने के लिए हमेशा बेचैन रहता। दमन की सारी

दीवारें नींद में आते ही टूट जातीं। महात्मा को काम-वासना से जुड़े सपने आते थे। यह सपने उन्हें सारी उम्र परेशान करते रहे। इन स्वप्नों को उन्होंने 'गंदे सपने' का नाम दिया। इन 'गंदे सपनों' में महात्मा ने क्या देखा इसका खुलासा कभी नहीं हुआ। अपने सपनों के बारे में महात्मा ने किसी को नहीं बताया। हालाँकि महात्मा यह स्वीकार करते थे कि उनके भीतर कहीं विकार है जिसकी वजह से उन्हें ऐसे सपने आते हैं।

मनोवैज्ञानिक धरातल पर फ्रॉयड ने सपनों का भी अध्ययन किया। फ्रॉयड कहता है कि सपने, दमन तथा प्रतिरोध के कारण आते हैं। फ्रॉयड ने सपनों को मनोविक्षिप्त बताया जिसमें हर तरह की विसंगतियाँ और भ्रांतियाँ निहित रहती हैं। दमित इच्छाएँ मूल प्रवृत्ति की संतुष्टि चाहती हैं और स्वप्न में वे इस मक़सद को पूरा करने के लिए किसी-न-किसी रूप में पूर्व चेतन में आ जाती हैं। जहाँ वह सपनों के रूप में प्रकट होती हैं। यही महात्मा के साथ हुआ जिसने उन्हें बुरी तरह से झकझोर दिया। उनके इस प्रयोग का असर उनके युवा साथियों में भी दिखने लगा था। ये एक ख़तरनाक बात थी। लेकिन महात्मा ये नहीं समझ पाए कि वे तो फिर उम्र की सत्तर सीढ़ियाँ पार कर चुके हैं जबकि सुशीला तो अभी केवल 24 साल की एक लड़की थी। प्रभावती भी इसी उम्र के क़रीब थी। उनसे ब्रह्मचर्य के पालन की उम्मीद कैसे की जा सकती थी। महादेव देसाई उस समय केवल 42 साल के हुए थे। उन पर कामदेव का प्रकोप होना कोई बड़ी बात नहीं थी। उनके पास तो न गाँधी जैसी कोई आध्यात्मिक शक्ति थी और न ब्रह्मर्च की किसी कठोर तपस्या का अनुभव।

महात्मा के आश्रम में उनके क़रीबी सहयोगियों में 'सूक्ष्म काम' और 'अनंग' यानी कामदेव का प्रकोप चल रहा था। कहीं-न-कहीं ख़ुद महात्मा भी इससे पीड़ित थे। जिन्ना ज़िद पर अड़े थे। एक नया संकट खड़ा हो रहा था। बड़ी विकट स्थिति थी। और महात्मा इन दयनीय मुश्किलों से जूझ रहे थे।

'रावण का महल'

महात्मा से दूर रहकर मीरा चिड़चिड़ी हो गई थी। गाँधी के आश्रम का माहौल उन्हें अराजक लग रहा था। जिन बातों को लेकर कभी महात्मा मीरा को खरी-खोटी सुनाते थे अब वही सारे दृश्य उसे आश्रम में दिख रहे थे। आश्रम का हाल देख मीरा ने अपनी प्रतिक्रिया तीन पत्रों में लिखकर बंबई के आश्रम में

छोड़ दिए थे। इन पत्रों में मीरा ने महात्मा के प्रति चिंता व्यक्त करते हुए उनकी शिकायत भी की गई थी। इस पत्र में ब्योरा था कि सेगाँव के आश्रम में महात्मा कैसे अर्ध नग्न स्त्रियों के साथ सोते हैं जो ज़रा भी शालीन नहीं लगता। आश्रम का वर्णन कुछ ऐसा था कि गाँधी के शब्दों में जैसे 'तुलसीदास ने रावण के महल का वर्णन किया है, जहाँ रावण बेहोश है और अनेक रानियाँ नग्न-निर्वस्त्र जैसी हालत में आस-पास पड़ी हैं।'

सेगाँव से महात्मा बंबई दौरे पर आए। वह जुहू की विश्राम वाटिका में रुके थे। यहाँ महात्मा को उनके कुछ क़रीबी मित्रों ने उन्हें मीरा के ये तीनों पत्र दे दिए। महात्मा ने मीरा के ये तीनों ख़त अपने पत्र के साथ नत्थी करके प्यारेलाल और सुशीला के पास भेज दिए। उन्होंने प्यारेलाल को लिखा- 'तुम दोनों भाई-बहन उन्हें पढ़कर और सोचकर लिखो कि तुम पर उनका क्या असर हुआ? यह पढ़कर हँसा और रोया भी। मैं कैसा रहा होऊँगा? मीरा बहन की अतिशयोक्ति को अलग करके उसमें जो था उसका असर मुझ पर हुआ और मैंने लिखा कि मैं अपने आचरण में परिवर्तन करूँगा। यदि उन स्पर्शों का परिणाम 14 तारीख़ की यातना होगी तो? नहीं होगी यह कहने का स्पष्ट कारण अभी तक मुझे नहीं मिला है। क्या मेरे स्पर्श से वह सब महिलाएँ कलुषित हुईं? मैं ऐसा होऊँगा तो असल में ऐसा ही हूँ क्या? यदि ऐसा है तो जिन महिलाओं और नवयुवकों ने मेरे सान्निध्य से, स्पर्श से शांति प्राप्त की, उसे क्या माना जाए? वह सब क्या भ्रम ही है? ऐसा ही है तो दुनिया में मेरा क्या स्थान है?'[16]

लेकिन नई दिल्ली के 21, राजा बाज़ार स्क्वायर में सुशीला बेचैन थी। महात्मा का कोई पत्र, कोई वाक्य, कोई वचन उसके घाव पर मरहम नहीं लगा पा रहा था। वह बार-बार अपने पत्र में 9 की रात की घटना का ज़िक्र करती और महात्मा से कहती कि वह उनकी 'सेवा के योग्य नहीं।' महात्मा चाहते थे कि प्यारेलाल सुशीला को साथ लेकर आश्रम लौट आए। जल्द-से-जल्द। पर सुशीला इसके लिए तैयार नहीं थी। सुशीला के एक पत्र के जवाब में महात्मा ने लिखा- '9 की रात के बारे में तू लिखती है वह मुझे मान्य है। तेरा बयान असत्य है ऐसी बात है ही नही। सीप में रजत देखने वाले तीनों काल सत्य हैं, लेकिन जो सीप को जानता है वह तो सीप ही देखेगा ना? अनंग हमसे क्या-क्या नहीं कराता। इसका मतलब यह भी नहीं है कि मैं सही और तेरा ही भ्रम है। सच मान कि मैं मानता हूँ कि मेरी भ्रमणा हो सकती है। इसलिए तू निजी मान्यता पर क़ायम रह

सकती है, रहने का धर्म है।'[17]

दौरे से लौटकर महात्मा फिर सेगाँव आश्रम पहुँच गए थे। महात्मा किसी भी हाल में सुशीला को मनाना और वापस अपने पास बुलाना चाहते थे। पाँच दिन बाद महात्मा ने सुशीला को इस विषय में फिर समझाया कि 9 की रात जो हुआ, हो सकता है उन्होंने ही उसे ग़लत समझा हो।

सुशीला किसी बात से सहमत नहीं थी। समस्या जटिल होती जा रही थी। महात्मा मानते थे कि 9 की रात की घटना के बारे में सुशीला की बात सही भी हो सकती है कि 'जो कुछ हुआ' वह 'मूर्छा' में हुआ। लेकिन साथ में महात्मा यह भी मानते थे कि हो सकता है सुशीला समझ नहीं पा रही है कि 'सब कुछ मूर्छावस्था में ही हुआ।' महात्मा ख़ुद नहीं समझ पा रहे थे कि ये सब क्या हो रहा है।

दो दिन बाद बा सेवाग्राम आई। सुशीला ने बापू का सारा सामान उनके साथ आश्रम भेज दिया। सामान देखकर महात्मा घबरा गए। उन्हें लगा कि प्यारेलाल और सुशीला ने उनका त्याग कर दिया। महात्मा अपराधबोध से ग्रस्त थे। उन्हें लग रहा था कि सुशीला के जीवन में प्रवेश करके उन्होंने उसका 'जीवन खट्टा' कर दिया है। सुशीला पर लगाए गए इल्ज़ामों को उन्होंने अपनी 'विकृत मनोदशा' का सूचक माना। सुशीला ने महात्मा के पत्रों को पढ़ना और उनके जवाब भेजना बंद कर दिया था। महात्मा भी सुशीला को पत्र लिखने की हिम्मत नहीं जुटा पा रहे थे। वह प्यारेलाल के ज़रिए ही सुशीला से बात कर रहे थे।

तब महात्मा ने प्रण किया था कि- 'बा को छोड़कर किसी स्त्री को सेवा में नहीं लूँगा जिसमें कुछ भी शरीर स्पर्श आता है।' इस घटना के बाद महात्मा को पहली बार अपनी ग़लती का एहसास हुआ। पहली बार उन्होंने माना कि वह ग़लत थे, उनका प्रयोग ग़लत था। जैसा कि उन्होंने अपने इन फ़ैसलों की जानकारी देते हुए सुशीला को लिखा- 'एक शोध और किया है। ऐसा कहकर, मैं स्त्रियों का स्पर्श कर सकता हूँ लेकिन दूसरा कोई नहीं, मैंने भयानक ग़लती की है और कितने वर्षों की यह ग़लती रही! मुझे जानना चाहिए था कि इसमें तो कोई शास्त्रीय प्रयोग था ही नहीं। इसमें मेरा भयंकर अहंकार था। सब साथियों में मैंने अपने को ही ब्रह्मचर्य की मर्यादाएँ तोड़ने का अधिकारी माना। जब तक मैं दूसरे साथियों का स्त्री स्पर्श बर्दाश्त करने के लिए तैयार नहीं हूँ तब तक मुझे स्पर्श करने का तनिक भी अधिकार नहीं है। एक दो दिन में सब ठीक कर लूँगा, ऐसी उम्मीद है। भूल दर्शन के लिए तेरी दृढ़ता ही धन्यवाद पात्र है।'[18]

सुशीला और महादेव को क़रीब आता देख महात्मा ने दोनों के लिए कुछ नियम बना दिए थे। इन नियमों का मक़सद था महादेव और सुशीला को परस्पर दूर रखना। पर अब महात्मा ख़ुद शर्मिंदा थे। उन्होंने सुशीला को लिखा- 'जो मर्यादाएँ मैंने तेरे और महादेव के लिए बना रखी थीं अब तो मेरी दृष्टि में उसकी कोई आवश्यकता नहीं रहती। मर्यादा रखने की मेरी योग्यता कहाँ? और जब मैं स्वीकार करता हूँ कि मैंने जो दोषारोपण किया वह मेरे दोषों का प्रतिबिंब था न कि तुम्हारे या महादेव का, तब मेरी बनाई हुई मर्यादा का स्थान भी कहाँ? जहाँ तक मेरा इस क़िस्से से संबंध है, गुनहगार मैं हूँ। न तू, न महादेव। यह सब तटस्थतापूर्वक लिख रहा हूँ।'[19]

अगले दिन महात्मा ने दिल्ली तार भेजकर प्यारेलाल और सुशीला दोनों को बुलाया। उन्होंने कहा- 'मेरा अनुरोध है तुम दोनों रवाना हो जाओ। तुम जब चाहोगे तब जा सकते हो।' आगे उन्होंने चेतावनी दी 'यदि तुम फिर भी नहीं आए तो मेरी स्थिति ख़तरे में डाल दोगे।' इस तार के बावजूद दोनों नहीं आए।

गंदे सपने का प्रायश्चित

इस बीच आश्रम में यह घटनाएँ अफ़वाहें बन गईं। आश्रम में ज़्यादातर लोगों को 7, 9 और 14 अप्रैल को हुए हादसों का पता नहीं था। प्यारेलाल और सुशीला आश्रम से क्यों चले गए? महादेव को अचानक सीमांत प्रदेश क्यों भेज दिया गया? महात्मा दुखी क्यों हैं? वह अब वैसे हँसते नहीं। पहले जैसे बात नहीं करते। हमेशा काम में डूबे रहते हैं। वे उदास क्यों हैं? इस बीच महात्मा ने अपने ब्रह्मचर्य की नाकामी के बारे में अख़बारों में वक्तव्य भी जारी किया था। यह सब क्या हो रहा है। क्या महात्मा पतन की राह पर हैं?

तरह-तरह की अफ़वाहों को विराम देने के लिए महात्मा ने 2 जून को आश्रमवासियों के नाम एक पर्चा ड्राफ़्ट किया। यह पर्चा आश्रम के नोटिस बोर्ड पर चस्पा कर दिया गया। उसका मज़मून कुछ इस तरह था-

'आश्रमवासियों के लिए' 2 जून, 1938। पिछले 7 अप्रैल से मेरी व्यथा चल रही है। उस रात को मुझे गंदा सपना आया। स्राव होने से पहले जाग गया। लेकिन लज्जित हुआ। उस रात इस अनुभव के बाद शायद ही नींद आई होगी। अशांत हुआ। छत पर चलकर कुछ शांति मिली। मन में लगा कि सुशीला, प्रभावती जो मेरी चारपाई के पास सो रही हैं मैं उनसे सेवा लेने योग्य नहीं हूँ। मैंने प्रार्थना के

बाद या पहले दोनों को अपनी बीती सुनाई और सेवा बंद करने के बारे में कहा। लेकिन सेवा नहीं लेने की बात सुनकर दोनों अस्वस्थ हो गईं। और बारह घंटे बीतने से पहले ही मैंने अपना विचार बदल दिया। सेवा लेना जारी रखा। लेकिन मेरी व्यथा शांत नहीं हुई। 14 को अलग प्रकार का लेकिन मुझे लज्जित करने वाला अनुभव हुआ और मेरी व्यथा बहुत अधिक बढ़ गई। मैंने अपने बरताव में कोई बाहरी फेरबदल नहीं किए। जाने-अनजाने मन अपनी तैयारी कर ही रहा था। इस बवंडर में फँसा था, उसी समय श्री झीणा से मिलना था। उस प्रसंग के बारे में कुछ लिखने का धर्म समझा। लिखा और उसमें मैंने अपनी लज्जा की तरफ़ इशारा किया। मैं आत्मविश्वास खो बैठा। मेरा ब्रह्मचर्य लज्जित हुआ। बहुत मंथन के बाद कल मैंने यह निश्चय किया। फ़िलहाल जब तक मैं दूसरों के ऐसे स्पर्श सहन करने के लिए तैयार न हो जाऊँ, तब तक वह सेवा जिसमें मेरे स्पर्श की आवश्यकता है, स्पष्ट रूप से अनिवार्य सिद्ध न हो जाए स्त्रियों से वह सेवा न लूँ।'[20]

ध्यान रहे ये पर्चा केवल आश्रमवासियों के लिए था क्योंकि इन घटनाओं को लेकर आश्रम में कानाफूसियों का दौर शुरू हो गया था। जिसे ख़त्म करना ज़रूरी हो गया था। इन घटनाओं का ज़िक्र गाँधी ने न अपने पत्र यंग इंडिया में किया, न किसी सार्वजनिक सभा में। आश्रम में चल रहे ब्रह्मचर्य के प्रयोगों के नतीजों के बारे में अपने विचार उन्होंने अपने पाठकों से साझा नहीं किए।

इस पर्चे में महात्मा ने ये भी स्वीकार किया कि दक्षिण अफ्रीका में वे जितनी निर्विकारिता का अनुभव करते थे, उतनी हिंदुस्तान में नहीं कर पा रहे हैं। वे स्त्रियों के स्पर्श को पहचान नहीं पा रहे थे या शायद पहचानने का साहस नहीं जुटा पा रहे थे। वे ख़ुद हैरत में थे कि इतने वर्षों तक इस चीज़ को उन्होंने कैसे चलने दिया ?

इस पर्चे ने महात्मा के शुभचिंतकों को फिर मौक़ा दिया कि वह उन्हें समझाएँ की महात्मा कितने ग़लत रास्ते पर हैं। आश्रम में लगभग सभी लोग महात्मा के इन प्रयोगों के ख़िलाफ़ थे। महात्मा के हमउम्र साथी अक्सर ब्रह्मचर्य पर बहस करते थे। ये तमाम आशंकाएँ वे महात्मा से पहले ही जता चुके थे। लेकिन महात्मा भी धुन के पक्के थे। सेगाँव आश्रम में महात्मा ने मुन्नालाल शाह से ब्रह्मचर्य पर बहुत बार लंबी चर्चाएँ की थीं। महात्मा ने शाह के आगे स्वीकार किया कि 'स्त्रियों से स्पर्श का उन पर नकारात्मक असर हुआ।' रात्रि में स्खलन

का एकमात्र कारण स्त्रियों का स्पर्श था। गाँधी जी को ये भी अहसास हुआ कि जो बात वे दूसरों में सहने के लिए तैयार नहीं है, वह उन्हें भी नहीं करनी चाहिए थी। और तब उन्होंने 'स्त्री स्पर्श त्याग' का फ़ैसला लिया।[21]

महात्मा के 'स्त्रील स्पर्श त्याग' के एलान से उनके प्रयोग से जुड़ी महिलाओं में हड़कंप मच गया। सबसे ज़्यादा परेशान सुशीला थी। अब वह आश्रम लौटी भी तो महात्मा उससे सेवाएँ नहीं लेंगे। लेकिन महात्मा हर क़ीमत पर सुशीला की वापसी चाहते थे। उन्होंने प्यारेलाल को लिखा कि वह ख़ुद आएगी तो 'स्त्री-सेवा का त्याग किया है फिर भी उसे गले लगाऊँगा।' उन्होंने बताया कि 'सुशीला आना चाहे तो उसका स्थान तो जहाँ पहले था, उससे भी ऊँचा है। मुझसे डरकर भागकर कहाँ जाओगे?'[22]

सारे गिले शिकवे दूर हो चुके थे। सुशीला ने उनसे कहा था 'वह उनके पास दौड़कर आना चाहती है। लेकिन अब उनके भाई प्यारेलाल इसके लिए तैयार नहीं थे। प्यारेलाल ग़ुस्से में थे। उन्हें लग रहा था कि उनका जीवन तो पहले ही तबाह हो गया है। अब उनके साथ उनकी बहन का जीवन भी बर्बादी की राह पर है। इसके लिए महात्मा नहीं बल्कि ख़ुद वह और सुशीला ज़िम्मेदार हैं। यह बात वह बार-बार सुशीला को समझाते। मानसिक रूप से घायल सुशीला का मन फिर बदल जाता। वह किसी निश्चय पर नहीं पहुँच पा रही थी। महात्मा अब किसी भी स्त्री का स्पर्श नहीं करेंगे। इसके लिए वह ख़ुद ज़िम्मेदार है। जब महात्मा ने ही उसका त्याग कर दिया है तो अब बचा ही क्या? महात्मा ने सुशीला को 'मूढ़ बाला' का संबोधन देते हुए लिखा- 'तेरी मूढ़ता की कोई सीमा है! मैंने हमेशा के लिए त्याग कहाँ किया है?'

बलवंत सिंह 1931 में पहली बार साबरमती आश्रम आए थे। देखते-देखते अपनी सेवा से उन्होंने बा और बापू दोनों का दिल जीत लिया। महात्मा उन्हें अपने बेटे देवदास से भी ज़्यादा मान देते थे। आश्रम में चल रही गतिविधियों से वह ख़ूब वाक़िफ़ थे। महात्मा के प्रयोग से भी। इस प्रयोग को लेकर उनके मन में कुछ शंकाएँ थीं। उसने महात्मा को याद दिलाया कि 1935 में उन्होंने प्रतिज्ञा की थी कि अब वह किसी लड़की के कंधे पर हाथ नहीं रखेंगे। लेकिन सेगाँव आने के बाद वह यह प्रतिज्ञा भूल गए। उन्होंने फिर स्त्रियों के कंधे पर हाथ रखना शुरू कर दिया था। बलवंत ने स्त्री स्पर्श के संबंध में भी सवाल उठाए। जवाब में महात्मा ने अपने प्रतिज्ञा की परिभाषा बदल ली। महात्मा ने कहा कि उन्हें वह

प्रतिज्ञा याद है। उन्हीं के शब्दों में उनका जवाब सुनिए- 'बहनों के कंधे पर हाथ रखने का मुहावरा मैंने कर रखा है उसका मैं त्याग करता हूँ। उस वक़्त भी मैंने उसमें कोई दोष महसूस नहीं किया। न अब करता हूँ। लेकिन लोकसंग्रह की दृष्टि से उसका त्याग किया। मेरे दिल में कहीं यह अर्थ नहीं था कि मैं किसी भी लड़की के कंधे पर हाथ नहीं रखूँगा। मुझे ख़याल नहीं है सेगाँव में कंधों पर हाथ रखना मैंने किस लड़की से शुरू किया। लेकिन मुझे इतना ख़याल है कि मुझको 1935 की प्रतिज्ञा का पूरा स्मरण था और यह स्मरण होते हुए मैंने उस लड़की के कंधे पर हाथ रखा। हो सकता है कि उस लड़की के आग्रह को मैं रोक न सका अथवा मुझे उसके कंधे की टेक की दरकार थी। ऐसे तो मैं कैसे कह सकता हूँ कि दुर्बलता के कारण ही मैंने सहारा लिया और अगर ऐसा ही था तो मैं प्रतिज्ञा क़ायम रखने के लिए किसी भाई का सहारा ले सकता था। लेकिन मेरी प्रतिज्ञा का ऐसा व्यापक अर्थ था नहीं। मैंने कभी किया नहीं।'[23]

महात्मा अपनी बात से तुरंत पलट गए थे। वह तुरंत बचाव में उतर आए। उन्होंने कहा कि बा और सुशीला को उन्होंने हमेशा अपवाद में रखा। इसका उन्होंने तर्क भी दिया। उन्होंने सफ़ाई दी कि- 'बा को मैंने काफ़ी दुख दिया। अभी भी कई-कई बार देता हूँ। बा को अधिक दुख देने की हिम्मत मेरे में नहीं रही। न इच्छा ही है। सुशीला बाल ब्रह्मचारिणी है। ऐसा ही रहना चाहती है। लेकिन बचपन से ही ब्रह्मचर्य में निर्दोष पुरुष स्पर्श के त्याग को उसने स्थान नहीं दिया। प्यारेलाल भी ब्रह्मचारी हैं। मेरे पास आने में यह भी उसका कारण रहा कि मेरे ब्रह्मचर्य में निर्दोष स्त्री स्पर्श के त्याग का स्थान नहीं है। और मुझको एक हद तक सफलता भी मिली है। एक वक़्त सुशीला की सब सेवा के त्याग का मैंने इरादा किया। लेकिन फिर भी मेरी कोमलता ने मेरे इरादे को 12 घंटे में शांत कर दिया। प्रभावती का मूर्च्छित हो जाना। और सुशीला के रुदन की ध्वनि मेरे से बरदाश्त न हो सकी न मैं करना चाहता था। मेरे त्याग का सबसे बड़ा आघात इन भाई-बहनों को हुआ। और इसी कारण मैंने उन्हें तार देकर बुलाया। अब मैं मेरे कार्य में उनका हार्दिक साथ चाहता हूँ।'[24]

बलवंत को महात्मा का नंगे बदन स्त्रियों के साथ स्नान करना भी अखरा था। उसने कहा था कि स्नानघर में सिर्फ़ गाँधी अकेले नंगे बदन नहीं रहते, स्त्रियाँ भी वहाँ उनके सामने नंगे बदन नहाती हैं। इससे क्या मर्यादा भंग नहीं हो रही? यह बातें भी बलवंत ने अपने पत्र में उठाई। महात्मा ने जवाब दिया- 'स्नानघर में

जब मैं नंगे बदन स्नान करता था, तब सुशीला आई है। जब वह हाज़िर नहीं रही तब बा अथवा प्रभावती अथवा लीलावती आई है। इसमें मैंने कुछ दोष नहीं पाया है। मेरे साथ किसी का रहना उस वक़्त ज़रूरी था। किसी भाई को बुला सकता था। प्यारेलाल कई दफ़ा आया है। लेकिन मुझको किसी स्त्री के नंगे बदन देखने में संकोच नहीं हुआ है। ऐसा व्यवहार मैं उसी स्त्री को करने दूँ जिसके मेरे साथ संबंध के बारे में शंका को स्थान न हो।'[25]

बलवंत के अलावा राजकुमारी अमृत कौर को भी महात्मा के स्त्री स्पर्श पर आपत्ति थी। राजकुमारी ने महात्मा को दलील दी कि वह कुछ समय के लिए उन्हें 'स्त्री स्पर्श का त्याग कर देना चाहिए।' उनका तर्क था कि इस प्रयोग में आप चाहे जितने सतर्क रहें 'लेकिन दूसरी स्त्री का क्या भरोसा।' वह भी सतर्क रहे यह ज़रूरी नहीं। राजकुमारी का पत्र महात्मा को मिला। महात्मा ने राजकुमारी को भी जवाब भेजा- 'तुम्हारी दलीलों का स्वागत है। मगर तुम्हारे साथ मैं दलील करूँ इसके लिए मेरे पास समय नहीं है। सुशीला का तो कोई सवाल नहीं उठता। डॉक्टर होने के नाते उसे अपवाद मानना चाहिए। लेकिन इस दृष्टि से तुम्हारी दलील ठीक है कि प्रयोग को कोई एक स्त्री भी बिगाड़ सकती है। मैं तो बा को भी अलग करने का प्रयास कर रहा हूँ।'

गाँधी ने डॉक्टर होने के नाते सुशीला को अपवाद मान लिया। ये उनके लिए सुविधाजनक था। जबकि सुशीला किसी डाक्टर की तरह तटस्थ और निर्लिप्त नहीं थी। जैसा कि पिछली घटनाओं से साबित भी हो गया था कि वो निर्विकार भी नहीं थी। लेकिन महात्मा सुशीला के मोह में थे। वे उसे अपनी सेवा से वंचित नहीं करना चाह रहे थे। वो उनकी ज़रूरत बन चुकी थी। महिलाओं के साथ नग्न स्नान की परंपरा भी शायद सुशीला के आने के बाद ही शुरू हुई थी। इसीलिए आश्रम में इस बात को लेकर इतनी विचित्र तरह की सुगबुगाहट थी।

महात्मा के पुराने मित्र छगनलाल जोशी ने साफ़ कहा था कि 14 अप्रैल की स्वप्नदोष की घटना के पीछे उन लड़कियों का हाथ है जो महात्मा के 'प्रयोग' में शामिल हैं। महात्मा ने इसे पहली बार एक प्रयोग का नाम दे दिया। उन्हें जैसे इस अजीबो-ग़रीब परंपरा के लिए कोई उपयुक्त शब्द मिल गया हो। महात्मा को लगा 'इन्हें हाथ में लेकर ही कोई बड़ा प्रयोग किया जा सकता है। और शायद ऐसा करते रहने से ही सत्य की उपलब्धि हो सके।' ब्रह्मचर्य का व्रत लेकर लड़कियों के साथ नग्न स्नान करने के प्रयोग से कौन-सा सत्य हाथ लगने वाला

था ये कभी साफ़ न हो सका।

प्रयोग पर इतनी लंबी बहस के बावजूद महात्मा का स्त्रियों के प्रति लगाव नहीं छूटा। वह महिलाओं की सेवाएँ ले रहे थे जैसा कि उन्होंने राजकुमारी अमृत कौर को अपने कमरे का वर्णन करते हुए लिखा- 'शारदा सदा मेरी सेवा में रहती है। अमतुस्सलाम मेरे पास ही सोती है। वह मुझे पंखा झला करती है और जब कभी चादर वग़ैरह ओढ़ने की ज़रूरत होती है, ओढ़ा दिया करती है। वही मुझे खिलाती भी है।'[26]

सनसनीख़ेज़ आत्म-स्वीकृति

आख़िर प्यारेलाल और सुशीला को आश्रम आना पड़ा। महात्मा स्त्री स्पर्श न करने का व्रत ले चुके थे। लेकिन सुशीला इस व्रत से आज़ाद थी। वह उन्हें खिलाती, उनकी नंगे मालिश करती और स्नान भी कराती। महात्मा कहते सुशीला उनकी 'हर नस और स्नायु को पहचानती' है। लेकिन इस बार उसके सेवा-भाव में तीव्रता अधिक थी। कई बार तो मर्यादाएँ टूटती दिखीं। आश्रम में एक बार फिर सुगबुगाहट तेज़ हो गई। अफ़वाहों को हवा देने में मीरा की अहम भूमिका थी। वह ठेठ देहात की किसी हिंदुस्तानी प्रपंची महिला जैसा बरताव कर रही थी। आश्रम में फिर कानाफूसियों का दौर शुरू हो गया। बात इतनी बढ़ गई कि महात्मा को एक परिपत्र जारी करना पड़ा। इस परिपत्र का मज़मून अपने आप में सनसनीख़ेज़ था- 'मैंने सुना है कि सुशीला बहन मेरी सेवा करती है, उस बारे में आश्रमवासी आपस में काफ़ी शिकायत करते हैं। उसमें एक है- मेरे पक्षपात की शिकायत, दूसरी है-मैं मर्यादा छोड़ता हूँ। जैसे कि घूमने के समय कंधों पर हाथ रखता हूँ। यह सेवा का हिस्सा नहीं हो सकता है, जब कृष्णचंद्र होता है तब भी सुशीला बहन के कंधों को पसंद करता हूँ। सुशीला बहन को जब मैं स्नान करता हूँ उसी समय स्नान करने देता हूँ और उसकी साड़ी ओढ़ लेता हूँ वह भी बग़ैर कारण।'

आश्रमवासियों की अगली जो शिकायत थी वो ज़्यादा गंभीर थी। इस परिपत्र में गाँधी ने आगे लिखा- 'दो नई बात है। सुशीला बहन क्यों उसी स्नानघर में जब मैं स्नान कुंड में पड़ा हूँ तब अपना स्नान करती हैं। यह सूचना मेरी थी। मुझे स्नान कुंड में क़रीब 15 मिनट रहना पड़ता है। इतने में अगर वह तैयार हो सके तो मेरे लिए सुविधा होती है और वह इतनी जल्दी तो खाना पका सकती है। स्नान विधि यह है वह स्नान कुंड के पीछे स्नान करती है और जब तक उसका

स्नान चले तब तक मेरी आँखें अंधे के जैसी बंद रहती हैं। मैं नहीं जानता वह कैसे स्नान करती है, नंगी या चड्ढी पहनकर। साबुन इस्तेमाल करती है इतना ही मैं आवाज़ से कह सकता हूँ। उसके एक भी अंग मैंने नहीं देखे हैं जो यहाँ सबने न देखे हों। भयानक चीज़ यह हो सकती है कि मैं नंगा बदन पड़ा रहता हूँ और वह मुझे मालिश करती है, जहाँ तक मैं निर्विकार नहीं बना हूँ तब तक मुझे बड़ी सावधानी से यह मालिश बरदाश्त करनी पड़ती है। अस्पताल में मुझे स्नान कराती थीं अंग्रेज़ औरत लोग। उसको तो गुह्येंद्रियाँ भी साफ़ करनी पड़ती थीं। इसका मुझे कभी संकोच नहीं रहा है। क्योंकि ब्रह्मचर्य के मेरे ख़याल कुछ भिन्न हैं। वह बह्मचर्य नहीं है जो आवश्यक स्त्री स्पर्श को बरदाश्त न कर सके। लेकिन यह विषयांतर हुआ। अब रही साड़ी की बात। जब मैं मरीज़ों को देखकर वापिस आता था तब मेरे पास मेरी छोटी धोती ही थी। मुझे ठंड लगती थी। मैंने सुशीला की साड़ी का उपयोग किया। ऐसे ही कारण एक रोज़ बारिश थी तब किया। छाता भी था। लेकिन मैंने उपयोग नहीं किया। यह सब बात सुशीला बहन के लिए और मेरे लिए स्वाभाविक है। सुशीला बहन की शिकायत कोई न करे। उसकी उमर तो हुई है लेकिन भगवान ने अब तक उसको विकार का अनुभव नहीं कराया है। यह उसका कहना है मैं उसे शब्दश: मानता हूँ। उसकी अनेक चेष्टाओं से भी मैंने यही माना है। ऐसी और दो लड़कियों को मैं जानता हूँ। अब इस बारे में जिसको कुछ भी कहना है मुझे दिल खोलकर लिखें। लेकिन कोई इस बारे में आपस में चर्चा न करें।'

बापू- इतने को बताना है उनके पढ़ लेने पर मुझे वापिस किया जाए।

प्यारेलाल, सुशीला, चिमनलाल, शकरी बहन, शारदा, वसुमती, सुशीला गाँधी, मनु कनुभाई, भणसाली, मुन्नालाल, कृष्णचंद्र, शंकरन, चक्रैया, नाणावटी, बा, मीरा बहन, राजकुमारी, अमतुस्सलाम, बलवंत सिंह, पारेनकर, पारेनकर की माँ।[27]

यह परिपत्र केवल उन व्यक्तियों के लिए था, जिनके नाम परिपत्र के अंत में दिए गए हैं और गाँधी की आज्ञा थी कि प्रत्येक व्यक्ति इसे पढ़कर दूसरे को देगा। परिपत्र पढ़कर मुन्नालाल शाह ने अपने विचार उसी दिन महात्मा के सामने रखे। वे हैरत में थे कि महात्मा अपने पूर्व के निश्चय से कैसे बदल गए? उनके उस प्रण का क्या हुआ जिसमें स्त्री स्पर्श के त्याग की बात थी? महात्मा ने अगले ही दिन 13 सितंबर को शाह को जवाब दिया- 'अपने किए हुए निश्चयों के विषय में

मैं शिथिल नहीं हूँ। मेरी ख्याति तो इससे विपरीत है। किंतु जहाँ मुझे स्वयं शंका हो वहाँ भूतकाल में किए गए निर्णय निश्चयात्मक नहीं माने जा सकते। यहाँ मैंने जो कुछ किया वह तो प्रयोग था। और प्रयोग में तो परिवर्तनों की गुंजाइश है ही।'

प्रयोग में परिवर्तन की गुंजाइश को लेकर महात्मा ने अपने किए को पवित्र ठहराया। उन्होंने शाह को आगे लिखा- 'मैं नग्न अवस्था में मालिश करवाऊँ या मेरे अंधावस्था में मेरे पास ही हज़ारों स्त्रियाँ निर्वस्त्र होकर नहाएँ तो क्या इसमें मन मथ के कामोत्तेजक बाणों से मेरे बँधने का डर है? निर्विकार सुशीला बहन से मालिश कराने में मुझे अपना डर अवश्य लगता है किंतु यदि मैं आँखों पर पट्टी बाँधकर पड़ा होऊँ और वे दो स्नान कर रही हों तो उसमें मुझे कोई डर नहीं लगेगा। कोई मेरी तरह पूरी सावधानी से व्यवहार करने वाला व्यक्ति हो तो अपने को पूरी तरह अंधा बनाकर वह भले किसी रंभा को अपने पास ही स्नान करा दे। किंतु जो इस तरह मालिश कराएगा वह लोगों के द्वेष का पात्र अवश्य बनेगा। तथापि यदि उसे अपने विषय में संपूर्ण विश्वास हो तो वह नि:संकोच मेरा अनुकरण करे। मेरा ख़याल है तुम्हारे सब प्रश्नों के उत्तर इसमें आ गए।'[28]

यह परिपत्र महात्मा ने मजबूरी में जारी किया था। दरअसल इसके पीछे मीरा थी। महात्मा से उपेक्षा की शिकार मीरा में हीन भावना घर कर गई थी। उन्होंने प्यारेलाल और सुशीला को बुरा-भला कहा। उनकी बकवास आश्रम के दूसरे लोगों ने सुनीं। ऐसे में महात्मा को लगा कि यदि वह 'स्थिति को स्पष्ट' नहीं करते तो 'तो यह ज़हर और फैलेगा।' उन्होंने मीरा के बारे में महादेव को पत्र लिखा- 'उसके स्वभाव में ही यह बात है। उसका क्या इलाज हो सकता है, समझ में नहीं आता। वह परिपत्र मैं पढ़ने के लिए तुम्हें दूँगा, जो उत्तर आए हैं वह भी। तुम्हें इसके बारे में चिंता नहीं करनी है। इन सारे आघातों के बावजूद रक्तचाप जैसा होना चाहिए वैसा ही है।'[29]

महात्मा के दूसरे बेटे मणिलाल गाँधी की पत्नी सुशीला गाँधी महात्मा के स्त्री स्पर्श न करने के निर्णय से दुखी थीं। उनका कहना था कि वह तो उनके घर की स्त्री हैं। उन्हें लेकर गाँधी के मन में विकार उत्पन्न ही नहीं हो सकता। 17 सितंबर को महात्मा ने सुशीला गाँधी को जवाब लिखा- 'मैं निर्विकार नहीं हूँ। इसके बावजूद क्या तू और मनुड़ी यह चाहेगी कि मैं सेवा लेता रहूँ और स्त्रियों का स्पर्श करूँ?'[30]

यहाँ नोट करने वाली ख़ास बात यह है कि महात्मा ने शुरू में अपनी क़रीब

रिश्ते में आने वाली लड़कियों को अपने ब्रह्मचर्य प्रयोग का सीधा हिस्सेदार नहीं बनाया। सुशीला गाँधी उनकी सगी बहू थी। जिनसे महात्मा ने साफ़-साफ़ कह दिया कि वे निर्विकार नहीं हैं। अगर वे निर्विकार नहीं थे तो किसी भी महिला को इस प्रयोग का साझीदार बनाना नैतिक था?

दरअसल महात्मा ख़ुद को सही साबित करने के लिए 'युक्तिकरण' का सहारा लेते। मनोवैज्ञानिकों ने इसे 'रेशनेलाइज़ेशन' कहा है। यह ख़ुद को सही साबित करने का ऐसा ढंग है जिसमें व्यक्ति यह नहीं जानता कि अचेतन रूप से झूठे कारण और तर्क पेश कर रहा है। यह ख़ुद को धोखा देने का ऐसा ढंग है जिसमें व्यक्ति ख़ुद को नैतिक और प्रतिष्ठित समझने लगता है। सुशीला नैयर के साथ स्नान करने को लेकर आश्रम में जब सवाल उठे तो महात्मा ने परिपत्र जारी किया था। तब महात्मा ने सुशीला के बारे में कहा था- 'वह स्नान कुंड के पीछे स्नान करती है और जब तक उसका स्नान चले तब तक मेरी आँखें अंधे के जैसी बंद रहती हैं। मैं नहीं जानता वह कैसे स्नान करती है नंगी या चड्ढी पहनकर। साबुन इस्तेमाल करती है इतना ही मैं आवाज़ से कह सकता हूँ। उसके एक भी अंग मैंने नहीं देखे हैं जो यहाँ सबने न देखे हो।' महात्मा अगर निर्विकार थे तो उन्हें आँखें बंद करने की कोई ज़रूरत नहीं पड़नी चाहिए थी। आँखें बंद करना उनके अंदर के डर को दर्शाता है। गाँधी नहीं जानते थे कि वह कैसे स्नान करती है नंगी या चड्ढी पहनकर। लेकिन आँखें बंद करके भी यह रोचक कल्पना की जा सकती है कि समीप कोई स्त्री कैसे स्नान कर रही है। महात्मा ने आवाज़ से अनुमान लगाया कि वह नहाते वक्त साबुन का इस्तेमाल करती थी। यानी बंद आँखों में भी महात्मा का सारा ध्यान सुशीला की स्नान प्रक्रिया की ओर लगा रहता। फिर आँखें बंद करके भी काम भावना का आनंद लिया जा सकता है। जैसे आँखें बंद करके भी आप ताजमहल न देखना चाहें तो भी वह दिखाई देगा। मनोवैज्ञानिक मानते हैं कि युक्तिकरण एक ऐसा आवरण है जिसे हम अपनी कमियों और बुराइयों के ऊपर डाल देते हैं जिससे हमें उनका सामना न करना पड़े। यह शतुरमुर्ग की तरह रेत में सिर धँसा लेने जैसा है। मनोवैज्ञानिक सेमॉडस युक्तिकरण को 'ख़ुद का ख़ुद के लिए वेष बदलना मानते हैं।' यह निःसंदेह ख़तरनाक स्थिति है। मनोरचना की एक स्थिति 'वास्तविकता अस्वीकरण' की होती है। जिसे मनोवैज्ञानिकों ने 'डिनायल ऑफ़ रिएलिटी' कहा। ऐसे में मनुष्य अपनी विफलताओं को अस्वीकार करने में ज़रा भी हिचक नहीं दिखाता।

ब्रह्मचर्य के मामले में महात्मा गाँधी प्राचीन साहित्य में शुकदेव की कथा से प्रभावित थे। शुकदेव व्यास के पुत्र थे जिन्होंने राजा परीक्षित को श्रीमद्भागवत कथा सुनाई थी। हरिवंश और वायु पुराण में उनकी कथा मिलती है। अग्नि पुराण के प्रजापति सर्ग नाम के अध्याय में भी शुक की कथा का ज़िक्र है। शुक के बारे में कहा जाता था कि वह जन्म से ही नैष्ठिक ब्रह्मचारी थे। वह युवा थे। नग्न रहते थे फिर भी स्त्रियाँ उनकी मौजूदगी में किसी तरह की शर्म या संकोच महसूस नहीं करती थीं। जबकि शुकदेव के वृद्ध पिता के साथ ऐसा नहीं था। आत्मसंयम के लिए प्रसिद्ध होने के बावजूद स्त्रियाँ व्यास के सामने संकोच का अनुभव करती थीं। इसका कारण यह दिया गया कि प्रचंड आत्म संयम के बावजूद व्यास ने लिंग शून्यता और यौन बोध से वह मुक्ति नहीं पाई थी जो पूर्ण ब्रह्मचारी के लिए ज़रूरी थी। लेकिन गाँधी शुकदेव की स्थिति तक पहुँचे, इसे लेकर अंत तक संदेह बना रहा। महात्मा के स्खालन पर मुन्नालाल शाह ने उनसे व्यंग्यात्मक सवाल किया कि 'आप तो ख़ुद की शुकदेव से तुलना करते थे। वह शुकदेव जिसने पूर्ण ब्रह्मचर्य प्राप्त कर लिया था।' शाह के सवाल पर महात्मा चिढ़ गए थे। उन्होंने लिखा- 'शुकदेव जी मेरे आदर्श हैं, इस कथन का अर्थ यह नहीं कि मेरा मुँह उन जैसा होना चाहिए या मुझे उनकी तरह सोना, बैठना और खाना चाहिए और उनकी तरह हिमालय चला जाना चाहिए। इसका अर्थ इतना ही है कि मेरा ब्रह्मचर्य उनकी ही कोटि का होना चाहिए।' बहरहाल इस घटना के बाद महात्मा ने अपने ब्रह्मचर्य के प्रयोग फिर स्थगित कर दिए। महात्मा ने कभी मनोचिकित्सक फ्रॉयड को नहीं पढ़ा। जैसा कि उन्होंने अपने मित्रों से कहा वह फ्रॉयड को पढ़ना भी नहीं चाहते थे। सेक्स और अवचेतन विज्ञान के बारे में वह कुछ पढ़ना भी नहीं चाहते थे। ब्रह्मचर्य की उन्होंने अपनी एक अलग परिभाषा विकसित की थी। इस परिभाषा में स्त्री को स्पर्श करने, उसके साथ नग्न स्नान करने, नग्नावस्था में स्त्री के साथ सोने में कोई दोष नहीं था। यह एक नया विचार था। महात्मा इन विचारों को अपने निजी जीवन में कार्यान्वित करना चाहते थे। तब उन्होंने प्रयोग शुरू किए और अपने आश्रम को उन्होंने एक प्रयोगशाला में तब्दील कर दिया।

***

महात्मा, सुशीला के साथ सीमा प्रांत की लंबी यात्रा पर निकल गए। गाँधी ने ट्रेन में ही 8 अक्टूबर को प्रयोग बंद करने की सूचना राजकुमारी व अन्य क़रीबी मित्रों को भेज दी। राजकुमारी को महात्मा के प्रयोग बंद करने की ख़बर लगी तो उन्हें धक्का लगा। पेशावर से अपने पत्र में जो महात्मा ने लिखा वह चौंकाने वाला अंश था। उन्होंने लिखा- 'बीच में कुछ व्यवधान ज़रूर पड़ता है क्योंकि वह विषय रूपी शैतान मुझ पर हावी हो जाता है। जब वह आक्रमण करता है, मैं ज़रूर परेशान हो उठता हूँ। लेकिन यह स्थिति भी कालांतर में दूर हो जाएगी।'[31] यानी ब्रह्मचर्य और विकारमुक्त होने के तमाम दावों के बावजूद महात्मा पर 'विषय रूपी शैतान' हावी हो रहा था। यह सच में परेशान होने वाली बात थी।

सीमांत प्रांत में रहते महीना बीत आया था। बा आश्रम में थी और अपने पति को बुरी तरह से याद कर रही थी। बा की तबियत बहुत ख़राब थी। उन्हें लग रहा था कि वह बचेंगी नहीं। एक दिन महात्मा को बा की मार्मिक चिट्ठी मिली। इस चिट्ठी में बा ने लिखा- 'मेरे प्रति आपका प्रेम सूख गया है। उस दिन जब आप विदा हो रहे थे आपने मेरे सिर पर हाथ तक नहीं रखा।' महात्मा ने जवाब लिखा- 'जब मोटर चली तो मुझे भी ऐसा लगा था, किंतु तू दूर थी। क्या तुझे बाहरी निशानी चाहिए? तू यह क्यों मान बैठी है कि मैं अपने प्रेम का प्रदर्शन नहीं करता इसलिए मेरा प्रेम सूख गया है? मैं तो तुझसे कहता हूँ कि मेरा प्रेम बढ़ा है और बढ़ता जाता है।'[32] बा की ऐसी हालत में सुशीला उनके पास जाना चाहती थीं लेकिन गाँधी ने मना कर दिया। उन्होंने सुशीला से कहा कि 'मैं तुझे भेजकर क्या करूँगा? बा की सेवा तो बहुत लोग कर रहे हैं।'

9 नवंबर, 1938 को महात्मा दिल्ली के लिए रवाना हो गए। यहाँ वह बा को लेकर अगले दिन सेगाँव के लिए चल दिए। 11 नवंबर को वह सेगाँव अपने आश्रम में थे। महात्मा के सनसनीख़ेज़ परिपत्र के पाने वालों की सूची में तारा देवी नैयर का नाम नहीं था। लेकिन आश्रम से उड़ती ख़बरें उस तक पहुँच रही थी। अपने बच्चों के भविष्य को लेकर वह चिंतित थी। उन्होंने महात्मा को कड़ा पत्र लिखा था जिसमें आरोप था कि आप मेरे बच्चों को 'भिखारी' बनाना चाहते हैं। तारा नैयर की ज़िद थी कि सुशीला को तुरंत दिल्ली भेजा जाए। वह चाहती थी कि लड़का हाथ से गया तो गया लेकिन सुशीला हाथ से न जाए। वह डॉक्टर बने। ख़ुद सुशीला भी डॉक्टरी पढ़ना चाहती थी लेकिन इसके लिए उसे महात्मा से दूर जाना पड़ता। इसके लिए वह राज़ी नहीं थी। इस बारे में महात्मा

ने प्यारेलाल और सुशीला से बहुत विचार-विमर्श किया। इस बीच एक समस्या और आ गई। माँ चाहती थी कि प्यारेलाल का घर बस जाए। तब शायद उसकी फ़क़ीरी छूटे। तारा नैयर को एक लड़की पसंद थी। नाम था शारदा। बहुत प्यारी और मासूम। माँ जानती थी कि अगर महात्मा चाहें तो यह विवाह हो सकता है। शारदा चिमनलाल शाह की बेटी थी। चिमनलाल आश्रम के हिसाब- किताब का काम देखते थे। नेक दिल आदमी थे। पिछले दस साल से आश्रम की सेवा में थे। उनकी पत्नी सकरी बहन आश्रम में स्टोर का काम देखती थी। शारदा उनके साथ ही आश्रम में रहती थी।

महात्मा ने शारदा की शादी की बात चलाई तो चिमनलाल तैयार हो गए। लेकिन प्यारेलाल को शारदा पसंद नहीं थी। वह शारीरिक रूप से दुर्बल थी। महात्मा ने बहुत समझाया कि वह गुणवान है। उसे एक शिक्षक पति चाहिए। जो तुम हो सकते हो। लेकिन प्यारेलाल अपनी पुरानी प्रेमिका योगा, जिससे वे एकतरफ़ा प्यार करते थे, को भूल नहीं पाए थे। उन्होंने तर्क दिया कि 'योगा को मन में रखकर शारदा का हाथ थामना उसके साथ अन्याय नहीं होगा?' महात्मा ने समझाया कि 'योगा उसकी कल्पना थी। हो सकता है कि विवाह के बाद शारदा ही योगा बन जाए। दिल के टूटे तार फिर जुड़ जाएँ। शारदा का हाथ पकड़ने का मतलब होगा तुम एक गाय को घर पर बाँधोगे। शायद वह हम तुम सबके लिए कामधेनु साबित हो जाए।'

किसी सीधी-सादी लड़की से शादी करना 'गाय घर में बाँधने जैसा है'। ये सोच स्त्री विरोधी थी। लेकिन महात्मा ऐसा ही सोचते थे। वे चाहते थे कि किसी तरह शादी के बंधन में प्यारेलाल बँध जाएँ। लेकिन प्यारेलाल नहीं माने। उनकी नाराज़गी इस बात से थी कि महात्मा ने योगा की शादी जो किसी और से हो गई थी, को अपना आशीर्वाद क्यों भेजा? जबकि वह जानते थे कि योगा का विवाह 'जबरदस्ती' किसी दूसरे के साथ किया जा रहा है और इसके लिए उसके चाचा पं. नारायण खरे ज़िम्मेदार हैं। महात्मा ने कहा यह बिलकुल ग़लत है 'योगा के विवाह में उसकी अपनी इच्छा भी शामिल है।'

आश्रम में अशांति

सीमांत प्रांत से लौटने के बाद से ही सेगाँव आश्रम में फिर सब पहले जैसा हो गया। सुशीला ने डॉक्टरी की पढ़ाई के लिए बाहर जाने का इरादा फ़िलहाल

त्याग दिया। वह बापू की सेवा में लौट आई थी। अक्टूबर, 1938 में महात्मा ने निर्णय लिया था कि वह स्त्री स्पर्श नहीं करेंगे। बा और सुशीला के अलावा किसी महिला से सेवा नहीं लेंगे। पहले इस प्रयोग में आश्रम की अन्य कई लड़कियाँ व महिलाएँ शामिल थीं। एक थी लीलावती। वह बाल विधवा थी। उसके चाचा ने उसे इस शर्त पर आश्रम भेजा था कि वह पुनर्विवाह के चक्कर में नहीं फँसेगी। लीलावती को सुशीला से डाह था। उसे लगता कि महात्मा उसे इसलिए ज़्यादा पसंद करते हैं क्योंकि वह डॉक्टर है। लीलावती के इसी डाह ने बाद में उसे 37 साल की उम्र में डॉक्टरी की डिग्री दिलवा दी। दूसरी महिला थी राजकुमारी अमृत कौर। तीसरी विजया पंचोली, सूरत के पटेल ख़ानदान की लड़की थी। वह मनुभाई से शादी करना चाहती थी। वह ब्राह्मण थे। उनके माता-पिता इस शादी के सख़्त ख़िलाफ़ थे। मामला महात्मा तक पहुँचा। महात्मा अंतर्जातीय विवाह के ख़िलाफ़ नहीं थे। लेकिन शारीरिक लगाव और अपने वासना विरोध के कारण कोई भी विवाह हो, वह इसके ख़िलाफ़ थे। वह विनया की परीक्षा लेना चाहते थे। उन्होंने इस परीक्षा के लिए एक साल का वक़्त माँगा। बाद में इस परीक्षा में वह उत्तीर्ण क़रार दी गई। अमतुस्सलाम पटियाला के एक मुस्लिम ज़मींदार घराने से थी। नौ साल पहले वह आश्रम आई थी। तब उनकी उम्र सिर्फ़ 25 बरस थी। देखते-देखते वह भी महात्मा के क़रीब आ गई।

राजकुमारी, लीलावती, अमतुस्सलाम, शारदा, विजया। वह सब महात्मा के साथ सोती थीं। बा के अलावा केवल सुशीला से सेवा लेने की बात आश्रम की अन्य लड़कियों को नागवार गुज़री थी। लीलावती ने तो बाक़ायदा अपनी आपत्ति महात्मा के सामने दर्ज कराई। महात्मा ने लीलावती को लिखा- 'मैं समझ गया हूँ कि सुशीला जो मेरे साथ सोती है, यह तू और अमतुस्सलाम बर्दाश्त नहीं कर सकती, कारण चाहे जो हो। तुम दोनों को अप्रसन्न करके मैं अपना प्रयोग नहीं करना चाहता, इसलिए तुम दोनों जान लो कि फ़िलहाल मेरा प्रयोग बंद रहेगा। इसमें तुम्हारा दोष नहीं है। दोष मैं केवल अपना ही मानता हूँ। लेकिन इस संबंध में मुझे तुम्हारे साथ चर्चा नहीं करनी, न तुमसे कोई कैफियत लेनी है।'[33]

आश्रम में क्या चल रहा है यह जानने के लिए मीडिया की नज़रें सेवाग्राम की तरफ़ लग गई थीं। आश्रम की ख़बरें भी छन-छनकर बाहर जा रही थीं। भारत में तो नहीं लेकिन दुनिया भर के अख़बारों में आश्रम में चल रहे इन प्रयोगों की ख़बरें छप रही थीं। एसोसिएट प्रेस ऑफ़ अमेरिका के जेम्स ए मिल्स ने इसकी

जानकारी महात्मा को दी। वे महात्मा के मित्रों और हित चिंतकों में एक थे। वे इस पर महात्मा का पक्ष जानना चाहते थे। लेकिन गाँधी की तरफ़ से जेम्स के पत्र का जवाब प्यारेलाल ने भेजा कि 'चूँकि समाचार पत्रों में वहाँ जो कुछ भी प्रकाशित हुआ उसकी कुछ भी ज़िम्मेदारी लेनें से आप इनकार करते हैं इसलिए इस बारे में कुछ और कहने को नहीं रह जाता।'

विदेश के अख़बारों में छप रही आश्रम संबंधी ख़बरों से महात्मा के मित्र भी आहत थे। सरदार वल्लभ भाई पटेल इनमें से एक थे। उनके बारे में महात्मा कहते कि 'सरदार की जीभ में काँटे लगे हैं। लेकिन दिल वैसा नहीं है। मैं गवाह हूँ।' सरदार पटेल ने महात्मा को इस बारे में पत्र लिखकर प्रयोग रोकने का निवेदन किया। चारों तरफ़ आलोचनाओं से घिरे महात्मा यह काम पहले ही कर चुके थे। फिर भी उन्होंने पटेल को जवाब भेजा- 'फ़िलहाल मैं जो फेरबदल कर रहा हूँ वे सिर्फ़ तुम्हारे अगाध प्रेम से वशीभूत होकर, अपनी वृत्ति का विरोध करके कर रहा हूँ। या कहूँगा लड़कियों की सेवा आज से जबरदस्ती बंद की है। लीलावती, अमतुस्सलाम को तो अच्छा नहीं लगा, लेकिन शारदा और विजया को भी अच्छा नहीं लगा। प्रभावती कल आई। वह कहीं कुछ कहती होगी, लेकिन चुप रहकर देखती रहती है। सुशीला की सेवा चल रही है। मेरी बीमारी में सेवा छोड़ने की उसकी हिम्मत नहीं है। और मुझे भी लगता है कि बीमारी से उठने के बाद सेवा बंद करूँगा। नज़दीक सोना तो कल से ही बंद कर दिया है। यानी मेरा हाथ लड़कियों तक न पहुँच सके इतनी दूर सोएँ। सुशीला तो शायद ही मेरे बग़ल में सोई है। बग़ल में सोने वालों में अब न पुरुष हैं न लड़की। सुशीला सिर की ओर आड़ा बिस्तर करती है। इसी तरह पैर की तरफ़ राजकुमारी। इस फेरबदल से मुझे ज़रा भी क्षोभ नहीं है। लड़कियों के दुख से ही शायद दुख होगा। 'शायद' इसी लिएलिख रहा हूँ क्योंकि मुझे तो यह महसूस नहीं होता। साथियों का त्याग करने का मेरा स्वभाव है नहीं। इस त्याग में मुझे आनंद है, क्योंकि मैं ख़ुद को अच्छी तरह पहचानता हूँ। तुम्हारी सूचना सिर्फ़ मेरी रक्षा के लिए है, यह मैं जानता हूँ। लड़कियों का हित तो तुमने देखा ही है। इस त्याग से उनके हित की हिफ़ाज़त होगी या नहीं यह देखना बाक़ी है। लीलावती तो अभी मुर्दा होकर पड़ी है। पढ़ाई करने का विचार कर रही है। उसे प्रोत्साहन दे रहा हूँ।'[34] पटेल को पत्र लिखने से एक दिन पहले ही 2 फ़रवरी, 1938 को उन्होंने महादेव को लिख भेजा था कि 'फेरबदल शुरू किए हैं। मेरे बग़ल में कोई नहीं सोएगा। मेरा हाथ नहीं पहुँचे

इतना अंतर रहेगा। स्पर्श सेवा छोड़ रहा हूँ। यह हाल है।'[35]

सेगाँव आश्रम में अब दृश्य बदल रहा था। स्त्री स्पर्श न लेने का व्रत लेने के बाद महात्मा की मालिश का काम उनका पोता कनु करने लगा था। माँ की ज़िद देखते हुए सुशीला दिल्ली चली आई। वह एमडी करना चाहती थी। सुशीला आश्रम आना चाहती थी लेकिन माँ ने साफ़ कह दिया कि 'मैं मर जाऊँगी।' पर महात्मा के प्रेम और मोह में फँसी सुशीला फिर आश्रम आ गईं। उन्होंने ज़िद की कि वह पहले की तरह महात्मा की मालिश का काम जारी रखेंगी। महात्मा ने तय किया कि मंगलवार को प्यारेलाल मालिश करेगा। 'रवि, सोम सुशीला करेगी।'[36]

महात्मा का प्रयोग फिर शुरू हो चुका था। डॉ. जीवराज एन मेहता महात्मा के चिकित्सक थे। वह वर्धा आश्रम आए थे। महिलाओं के साथ महात्मा के स्वच्छंद व्यवहार को देखकर वह चौंके थे। उन्होंने सुशीला, लीलावती आदि महिलाओं को महात्मा की नग्न अवस्था में मालिश करते देखा था। उन्हें रात में महात्मा के साथ एक बिस्तर पर सोते देखा था। उन्होंने इस बारे में सुशीला से बात की। बाल विधवा लीलावती पर तो उन्होंने तंज़ कसा। लीलावती इससे काफ़ी लज्जित हुई थी। वह चुपचाप सुनती रही। उसने सारी बातें महात्मा को बताई। महात्मा ने उससे कहा- 'लड़की पिता की बग़ल में सोए और किसी संस्था में लड़कियाँ एक-दूसरे पर सोएँ, क्या ये दोनों बातें एक जैसी हैं, यह तू उनसे पूछ सकती थी। मैं समझता हूँ कि तेरा चुप रहना ही कुछ हद तक दोष को स्वीकार करना था।'[37] फिर महात्मा ने डॉ. मेहता को पत्र लिखा। उनसे कहा- 'मेरा जीवन खुली पुस्तक है। मैंने किसी दिन किसी से कुछ छिपा कर नहीं रखा है। इसलिए जहाँ आपको पूछने लायक़ कोई बात दिखाई दे, आप ख़ुशी से पूछ सकते हैं।'[38]

डॉ. मेहता ने महात्मा को लिखा कि उनका प्रयोग 'बकवास और एक सनक' है। इस उम्र में इस तरह के प्रयोग न केवल सामाजिक दृष्टि से बल्कि स्वास्थ्य के लिए ख़तरनाक हो सकते हैं। उन्होंने लिखा- 'मालिश कराने का काम वह किसी पुरुष से भी करवा सकते हैं।' जवाब में महात्मा ने कहा- 'आपकी सलाह पर मैं पूरी तरह अमल नहीं करूँगा। यदि कोई पुरुष मालिश करे और मैं नग्नावस्था में होऊँ तो इस पर क्या आपको आपत्ति होगी? यदि खुली हवा में लोग साथ-साथ सोएँ तो इस बात को भी क्या आप स्वास्थ्य के लिए हानिकर मानेंगे? पुरुष और स्त्री के एक साथ सोने में अनौचित्य के विचार को एक तरफ़ रखकर मेरे उपर्युक्त प्रश्न पर विचार करना।'[39] महात्मा जैसे ज़िद

पर उतर आए थे।

देसी अख़बारों में आश्रम की ख़बरें

मीरा, प्रेमा फिर डॉ. सुशीला नैयर। इनके अलावा और ढेर सारी लड़कियाँ। कुछ मराठी अख़बारों ने इन्हें लेकर ख़बरें छापी। ख़बरों का मज़मून यह था कि 'गाँधी कामी पुरुष हैं।' गाँधी का ब्रह्मचर्य उनकी 'काम-वासना को छुपाने का साधन मात्र है।' यह ख़बरें ब्रिटेन की लोकसभा तक में चर्चा का कारण बन गईं। इलाहाबाद आए अंग्रेज़ इतिहासकार मि. एडवर्ड टॉमसन ने इसे और हवा दी। उन्होंने इलाहाबाद की प्रेस को बताया कि ब्रिटेन के कॉमन्स हाउस में गाँधी के कामुक जीवन की कहानियाँ चल रही हैं। 'गाँधी के वासनामय जीवन के संबंध में कई कहानियाँ प्रचलित हैं, जिनके आधार पर यह ख़याल बनता है कि गाँधी अब वह संत पुरुष नहीं रह गए हैं।' मि. टॉमसन ने इस बारे में पंडित जवाहरलाल नेहरू, सर तेज़ बहादुर सप्रू और पीएन सप्रू से भी चर्चा की। सब ने एक स्वर से इस बात का खंडन किया। मि. टॉमसन सेगाँव भी आए थे। उन्होंने इन ख़बरों को ठीक भी बताया। ये अक्टूबर, 1939 की बात है। 'बांबे क्रॉनिकल' में ये रपट छपी। यह रपट क्रॉनिकल के इलाहाबाद संवाददाता ने भेजी थी। इस रपट के जवाब में गाँधी ने 'हरिजन सेवक' में 4.11.1939 को एक लेख लिखा- 'मेरा जीवन।' इसमें उन्होंने सारे आरोपों का ज़ोरदार खंडन किया। 30 अक्टूबर को लिखे गए इस लेख के कुछ प्रसांगिक बिंदुओं यहाँ ज्यों-का-त्यों गाँधी के शब्दों में दिए जा रहा हैं।

'आरोप के बारे में कुछ स्पष्टीकरण ज़रूरी है। दो दिन पहले चार-पाँच गुजराती भाइयों ने मेरे नाम एक चिट्ठी भेजी। उसके साथ एक समाचार पत्र था, जिसका एकमात्र उद्देश्य यही जान पड़ता है कि किसी के चरित्र को जितना काला चित्रित किया जा सकता है उतना काला मेरे चरित्र को चित्रित किया है। दूसरे कई आरोपों के साथ वासनामय जीवन का आरोप सबसे प्रमुख है। कहा गया है कि मेरा ब्रह्मचर्य अपनी वासना को छिपाने का एक साधन है। बेचारी डॉ. सुशीला नैयर को मेरी मालिश करने एवं मुझे उपचार संबंधी स्नान कराने के अपराध में जनता की नज़र के सामने घसीटकर लाया गया है। ये दो बातें ऐसी हैं जिनके लिए मेरे आस-पास के व्यक्तियों में वे सबसे अधिक योग्य हैं। उत्सुक व्यक्तियों की जानकारी के लिए मैं यह बतला दूँ कि ये काम एकांत में कभी नहीं

किए जाते। ये काम डेढ़ घंटे से भी अधिक समय तक चलते रहते हैं और इनके दौरान मैं प्राय: सो जाता हूँ, लेकिन साथ ही मैं इस दौरान कभी-कभी महादेव, प्यारेलाल या दूसरे साथियों के साथ काम भी करता रहता हूँ।'

इस लेख में उन्होंने आगे लिखा- ' मैंने 1906 में ब्रह्मचर्य का व्रत लिया। उसी दिन से मेरा खुला जीवन शुरू हो गया। सिर्फ़ उन अवसरों को छोड़कर, जिनका मैंने 'यंग इंडिया' और 'नवजीवन' के अपने लेखों में उल्लेख किया है, और कभी मैं अपनी पत्नी या अन्य स्त्रियों के साथ दरवाज़ा बंद करके सोया होऊँ या रहा होऊँ, ऐसा मुझे याद नहीं पड़ता। और वे रातें मेरे लिए सचमुच काली रातें थीं। लेकिन जैसा कि मैंने बार-बार कहा है, मेरी कमज़ोरियों के बावजूद ईश्वर ने मुझे बचाया है। भारत लौटने पर यहाँ भी जल्दी ही मैं भारतीय स्त्रियों से हिलमिल गया। मेरे लिए यह एक सुखद रहस्योद्‌घाटन था कि मैं उनके हृदयों तक कितनी आसानी से पहुँच जाता हूँ। दक्षिण अफ्रीका की तरह यहाँ भी मुसलमान स्त्रियों ने मुझसे कभी पर्दा नहीं किया। आश्रम में मैं स्त्रियों से घिरा हुआ सोता हूँ, क्योंकि मेरे साथ वे अपने को हर तरह से सुरक्षित महसूस करती हैं। मुझे यह भी याद दिला देना चाहिए कि सेगाँव आश्रम में कोई एकांत नहीं है। अगर स्त्रियों के प्रति मेरा झुकाव वासनापूर्ण होता, तो अपने जीवन के इस काल में भी मुझमें इतना साहस है कि मैंने कई शादियाँ कर ली होतीं। गुप्त या खुले स्वच्छंद प्रेम में मेरा विश्वास नहीं है। खुले स्वच्छंद प्रेम को मैं तो कुत्तों का प्रेम समझता हूँ। और गुप्त प्रेम में तो, इसके अलावा, कायरता भी है। सनातनी हिंदू मेरी अहिंसा से घृणा कर सकते हैं। मैं जानता हूँ कि उनमें से बहुतों का यह ख़याल है कि हिंदू मेरे प्रभाव में रहे तो कायर बन जाएँगे। लेकिन मैं ऐसे किसी आदमी को नहीं जानता, जो मेरे प्रभाव में रहकर कायर बन गया हो। अत: मेरी अहिंसा का वे चाहे जितना विरोध कर सकते हैं। लेकिन सफ़ेद झूठ का सहारा लेकर तो वे अपनी या हिंदू धर्म की कुसेवा ही करते हैं।'[40]

यह बहुत गंभीर आरोप था कि महात्मा का ब्रह्मचर्य उनकी अपनी वासना को छिपाने का एक साधन है। महात्मा जिस तरह के प्रयोग कर रहे थे वह भारतीय समाज में किसी क़ीमत पर स्वीकृत नहीं हो सकते थे। महात्मा ख़ुद को सभी वासनाओं से मुक्त मानते थे। लेकिन उनके प्रयोगों का स्वरूप निश्चित रूप से वासनामयी था। कम-से-कम बाहर से देखने में तो यही लगता था। अंग्रेज़ इतिहासकार ने जो राय बनाई कि गाँधी अब संत पुरुष नहीं रह गए हैं। उसे स्त्रियों

के साथ महात्मा का मुक्त व्यवहार संदेहास्पद लगा। जब महात्मा के इर्द-गिर्द रहने वाले उनके संगी साथी महात्मा के प्रयोगों को लेकर आशंकित थे तो इस अंग्रेज़ इतिहासकार के पास शक न करने की कोई वजह नहीं थी। महात्मा इन आरोपों का जवाब देने में कोई ठोस तर्क नहीं रख सके थे। जीवन में गोपनीयता न रखने का अर्थ यह नहीं हो सकता कि इन प्रयोगों के पीछे उनकी मंशा गंगाजल की तरह पवित्र है। हज़ारों कार्यकर्ताओं के बीच रहने वाले महात्मा के लिए कुछ भी गोपनीय रख पाना संभव भी नहीं था।

महात्मा की इन आत्म-स्वीकृतियों ने काफ़ी हलचल मचाई। 'हरिजन' में छपे इस लेख की काफ़ी चर्चा हुई। इस लेख पर महात्मा के पाठकों की मिश्रित प्रतिक्रिया हुई। कई नये सवाल भी खड़े हुए। मसलन महात्मा के एक क़रीबी साथी सुरेंद्र को इस लेख का एक वाक्य आपत्तिजनक लगा। महात्मा ने लिखा था- 'गुप्त व्यभिचार करने की अपेक्षा कई पत्नियाँ रखना अच्छा है।' सुरेंद्र ने इस वाक्य पर महात्मा से स्पष्टीकरण माँगा। महात्मा ने सुरेंद को जवाब में लिखा- 'जो वाक्य तुम्हें खटका वह शुद्ध सत्य है। गुप्त व्यभिचार करने की अपेक्षा कई पत्नियाँ रखना अच्छा है। लेकिन मैं भटक गया। बहस से फ़ायदा। मौन ही अच्छा है।'[41]

***

'आप मेरे साथ क्यों नहीं सोते बापू?'

इस विवाद के बाद महात्मा ने सबकी सेवाएँ बंद कर दी थीं। सुशीला दिल्ली के लेडी हार्डिंग मेडिकल कॉलेज फ़ॉर वुमेन में पढ़ाई पूरी कर रही थी। महात्मा का स्त्री स्पर्श न करने का व्रत जारी था। हालाँकि सुशीला और बा को महात्मा ने अपने इस व्रत से अलग रखा था। लेकिन सुशीला वहाँ थी नहीं। इसलिए महात्मा की निजी सेवा में प्यारेलाल वह सब करते जो सुशीला करती थी। लेकिन महात्मा सुशीला को विस्मृत नहीं कर पाए। वह उन्हें याद करते- 'तेरी छवि मेरे सामने खड़ी है। प्यारेलाल तेरी कमी पूरी करने के लिए प्रयत्न कर रहा है। लेकिन कमी कैसे पूरी होगी? तेरे हाथ कहाँ से लाएगा? वह तुझसे भी अधिक निकट सोता है। उससे ईर्ष्या कौन करेगा? लेकिन जो निर्भयता तेरे साथ थी वह अभी नहीं आई है। जो कुछ तू करती है वह सब प्यारेलाल करता है।'[42]

लेकिन प्यारेलाल के साथ इन दिनों महात्मा नई समस्या से गुज़र रहे थे।

प्यारेलाल उनके साथ सोते थे। एक पुरुष के साथ सोने में महात्मा असहज महसूस कर रहे थे। लेकिन इसके बावजूद एक रात जो कुछ घटा वह महात्मा को परेशान करने वाला था। उन्हें आभास हुआ कि स्वप्नावस्था में उनके साथ कुछ ऐसा हुआ जो नहीं होना चाहिए था। उनके साथ सोने वाले प्यारेलाल इसके लिए ख़ुद को ज़िम्मेदार ठहराने लगे। ये बहुत अजीबो-ग़रीब बात थी। जैसा कि महात्मा के पत्र से ज़ाहिर होता है जो आश्रम में ही रह रहे प्यारेलाल को लिखा- 'उस रात का तुम्हारा अनुभव समझा। मेरे लिए वह दुखद था। मुझे सपने बिलकुल पसंद नहीं हैं। लेकिन जब स्वप्नावस्था में सचमुच कोई क्रिया की जाए तब तो वह और भी बुरा माना जाएगा। जैसे सपने में खाने का आभास होना एक बात है और सपने में कोई सचमुच खाना खाने लगे तो उसे बुरा माना जाएगा। यह तो अमुक आदत की पराकाष्ठा हुई। वैसा ही मेरे साथ हुआ। इसलिए मैंने पूछा कि क्या तुमने मेरी कुछ कुचेष्टाएँ देखीं? तुम पर तो क्या बुरा असर होगा? तुम्हें तो मुझ पर दया आनी चाहिए। तुमने उसमें कुछ दोष नहीं देखा, यह तुम्हारा मेरे प्रति पक्षपात है। लेकिन मुझे अपने आप से सावधान रहना होगा। तुम मेरे कितने ही नज़दीक सोओ उससे मुझे क्या नुक़सान होगा? मुझमें कोई ऐब हो तो उसे तुम देखो यह तो मैं चाहता ही हूँ। मेरे निकट रहने वाले तुम सबसे मेरा एक भी ऐब मैं छुपा लूँ तो दोषी ठहराऊँगा। इसलिए तुम्हें तो कुछ भी परिवर्तन नहीं करना है। तुम मेरे प्रेम का अनुभव इन्हीं दिनों कर रहे हो। लेकिन मैं कोई नई बात नहीं करता। सुशीला थी तब उससे जो कुछ कराना होता करवाता था।'

महात्मा ने इसी पत्र में आगे लिखा- 'मैं सुशीला से नहीं डरता और तुमसे क्यों डरता हूँ यह बात समझ गए होगे। उसने मेरे साथ सब अनुभव किया है। सुशीला ने मेरे जीवन में देर से प्रवेश किया। फिर भी वह मुझमें अधिक समा गई। इसलिए मैं उसे अपने साथ निर्भयता से सुला सकता हूँ। यदि मैं कोई ग़लती करूँगा तो वह मुझे बचा लेगी, यह मेरा विश्वास है। उसके संपर्क से मेरे मन की निर्विकारिता बढ़ी है। मैं कितनी भी कोशिश करूँ फिर भी मैं जो छूट सुशीला के साथ लेता हूँ वह तुम्हारे साथ नहीं ले सकूँगा। ऐसा मेरे स्वभाव में बचपन से ही है।'[43]

महात्मा ने स्वीकार किया कि वह सुशीला के साथ 'अधिक सहज' महसूस करते थे। वह यह भी मानते थे कि 'अगर वह सोते समय कोई ग़लती करते हैं तो सुशीला उन्हें बचा लेगी।' ख़ुद प्यारेलाल को यह अजीब लग रहा था कि महात्मा

एक पुरुष के अपेक्षा एक युवती के साथ सोने में ज़्यादा सहज महसूस कैसे करते हैं। यह स्त्री पुरुष संबंधों के मनोविज्ञान से बिलकुल विपरीत तथ्य है। प्यारेलाल ने सवाल उठाया कि महात्मा 'उसकी ओर मुँह करके क्यों नहीं सोते। जबकि सुशीला उनसे सटकर सोती है।' ये सारी बातें प्यारेलाल ने महात्मा को लिख भेजीं थीं क्योंकि ऐसी बातें आमने सामने करने का उनके पास शायद साहस नहीं था।

दिवाली की शाम महात्मा ने प्यारेलाल को लिखा- 'एक पुरुष के एक स्त्री से सेवा लेने में ख़तरा तो है ही। अतः जिस आदर्श का ज़िक्र मैंने किया था वह कुछ अंशों में ही व्यवहार में लाया जा सकता है। उसे मैं अपने ही मामले में लागू करूँ तो इसमें संदेह नहीं कि मैं हर किसी से सेवा लेना नहीं चाहूँगा। मुझे ख़ुद भी सतर्क रहना होगा। यह सब देखते हुए मैं इस निष्कर्ष पर पहुँचा हूँ कि मुझे किसी स्त्री की सेवा लेना ही है तो वह केवल सुशीला से लूँगा।' उन्होंने आगे लिखा- 'यह सच है कि मैं तुम्हारी ओर मुँह करके नहीं सोता। कारण यह कि मैंने उस एक बात की आदत डाल दी है। अचानक उसे तोड़ना कठिन है। यहाँ प्रश्न इस बात का नहीं है कि वह व्यक्ति पुरुष है या स्त्री। एक पुरुष की भी अगर मैंने वैसी आदत डाली होती तो, बात मेरे लिए वही होती। उसके बारे में एक बात अवश्य है। वह मुझसे चिपककर नहीं सोती। मैं चाहता हूँ कि मेरी सेवा करते-करते जो शारीरिक संपर्क मिल जाए, उतने से तुम संतुष्ट रहो। तुम्हारी तसल्ली के लिए मैं इतना कर सकता हूँ कि तुम्हें छोड़कर अन्य किसी से कोई सेवा न लूँ। मैं तुम्हारी परीक्षा नहीं लूँगा। उसे मैं पाप समझता हूँ। तुम्हें आज़माने के लिए मैं एक क्षण भी तुम्हारे साथ नहीं सोऊँगा। मेरा विश्वास मेरे ज्ञान पर आधारित है।'[44]

इधर सुशीला दूसरी परीक्षा में उलझी थी। सुशीला 1941 में एमडी की डिग्री लेने दिल्ली लौट आई थी। लेकिन वह एमडी की परीक्षा में फ़ेल हो गई। उन्हें रोगों के उपचार का पर्याप्त अनुभव नहीं था। महात्मा ने सुशीला को एक तोहफ़ा भेजा था। वह उसने लौटा दिया। सुशीला ने लिखा- 'ये क्या है?' महात्मा ने जवाब दिया- 'कुछ लोग मेरे बाद मेरा काम जारी रखेंगे। उनमें निःसंदेह एक तुम रहोगी। अब सारे संदेह मन से निकाल दो। शीघ्र परीक्षा पास करके आओ और मेरी गोदी में आकर बैठो।'[45] महात्मा का ब्रह्मचर्य प्रयोग जारी रहा। 1942 में उन्होंने आरोग्य की कुंजी नामक पुस्तिका में इस विषय पर लिखा- 'मैंने ब्रह्मचर्य पालन का व्रत 1906 में लिया था अर्थात मेरा इस दिशा में छत्तीस वर्ष का प्रयत्न है। परंतु मैं ब्रह्मचर्य की अपनी व्याख्या को पूर्णतया पहुँच नहीं सका हूँ। तो भी

मेरी दृष्टि से इस दिशा में मेरी अच्छी प्रगति हुई है, और ईश्वर की कृपा होगी तो पूर्ण सफलता भी शायद शरीर छूटने से पहले मिल जाए।'[46]

गाँधी कभी पूर्ण ब्रह्मचर्य स्थापित नहीं कर पाए। अपने बचाव में यह बात उन्होंने कई बार स्वीकार की। उन्होंने कहा कि 'मैं यह दावा नहीं करता कि अपने भीतर से काम विकार को मैंने निर्मूल कर दिया है। लेकिन मेरा यह दावा ज़रूर है कि मैं उसे नियंत्रण में रख सकता हूँ।' हालाँकि बार-बार उनके टूटते बिखरते ब्रह्मचर्य से साफ़ हो गया था कि काम विकारों को वह कभी नियंत्रण में नहीं रख पाए। गाँधी मानते थे कि उन्होंने अर्ध ब्रह्मचर्य प्राप्त कर लिया है। उनके लिए अर्ध ब्रह्मचर्य कितना ख़तरनाक साबित हुआ उसका अंदाज़ा इस प्रयोग से लगता है।

जैसा कि पहले कहा गया महात्मा ने लड़कियों के संग नग्न सोने का प्रयोग कब शुरू किया इसका ख़ुलासा उनके पत्रों से नहीं होता। महिलाओं के साथ नग्न सोने की बात पहली बार मई 1938 में सामने आई। तब वह 69 साल के हो गए थे। ब्रह्मचर्य के प्रयोग की बात भी इसी दौरान सामने आई। जैसा कि सुशीला नैयर ने बहुत बाद में प्रसिद्ध लेखक वेद मेहता को बताया था कि 'मनु तो बाद में परिदृश्य में आई। लेकिन उससे बहुत पहले मैं उनके साथ सोती थी जैसे मैं अपनी माँ के साथ सो रही हूँ। वह कहते- 'मेरी पीठ दुख रही है उस पर किसी दबाव की ज़रूरत है।' तो मैं उनकी पीठ दबाती। या उनकी पीठ पर लेट जाती। और वह सो जाते। शुरू के दिनों में ब्रह्मचर्य के प्रयोग जैसी कोई बात नहीं थी। यह प्राकृतिक चिकित्सा का एक अंग था। लेकिन बाद में जब लोगों ने महिलाओं- मनु, आभा और उनके साथ बापू के बढ़ते शारीरिक संपर्कों के बारे में सवाल उठाने शुरू कर दिए तब ब्रह्मचर्य के प्रयोग का विचार विकसित हुआ। ब्रह्मचर्य के प्रयोग के बारे में आप मुझसे और बात मत करें। इसमें ज़्यादा कुछ कहने को नहीं है, जब तक आपके पास गंदा दिमाग़ न हो जैसे निर्मल कुमार बोस का था।'[47]

अपनी भूल को तमाम बार स्वीकार करने और अपना प्रयोग स्थगित करने के कुछ महीने बाद महात्मा अपने ब्रह्मचर्य का महान प्रयोग फिर शुरू कर दिया। ऐसा वे अक्सर करते थे। यह एक तरह से सत्य से अल्पकालिक पलायन था। एक तरह से असुखद वास्तविकताओं का सामना करने से इनकार करना। इसी को फ्रॉयड ने 'प्रतिरक्षात्मक मनोरचनाएँ या डिफ़ेंस मैकेनिज़्म' कहा। 'डिफ़ेंस मैकेनिज़्म' का इस्तेमाल करके महात्मा थोड़े समय के लिए ख़ुद को बचा लेते

लेकिन उनकी समस्याओं का स्थायी समाधान नहीं हो पाता। यही वजह थी कि अपनी प्रतिज्ञाओं का कड़ाई से पालन करने का आग्रह रखने वाले महात्मा अपनी प्रतिज्ञाओं पर अटल नहीं रह पाते। उनकी प्रतिज्ञा थी कि वह गाय या भैंस का दूध नहीं पिएँगे लेकिन उन्होंने भारत आकर बकरी का दूध लेना शुरू कर दिया। इसी तरह दूसरी प्रतिज्ञा थी कि वह एक बार के भोजन में पाँच वस्तुएँ ही लेंगे, छठी नहीं, लेकिन आगे चलकर अनेक सब्ज़ियों को एक ही मानना शुरू कर दिया। ऐसा ही महिलाओं के कंधे पर हाथ रखने के प्रयोग के बारे में हुआ। विरोधों को देखते हुए उन्होंने तीन बार संकल्प लिया कि वह यह प्रथा बंद कर देंगे। लेकिन इस सुख को वह अपने अंतिम क्षणों तक छोड़ नहीं पाए। महात्मा को जब गोली लगी तब भी उनके दोनों हाथ दो युवा लड़कियों के कंधे पर थे। महात्मा एक तरह से 'नैतिक चिंता' का जीवन जी रहे थे। 'मॉरल एंग्ज़ाइटी' उन्हें परेशान करती। वह ऐसा नैतिक जीवन जी रहे थे जो आम आदमी के कल्पना के बाहर की चीज़ थी। जैसा कि फ्रॉयड ने कहा- 'सुपर इगो' रखने वाला व्यक्ति जब नैतिक मापदंडों के विरुद्ध काम करता है या उसे करने की सोचता है, तो उसमें अपराध बोध की भावना जन्म लेती है। उसे लगता है कि उसकी अंतरात्मा का पतन हो रहा है। जब वह अपने अहं का तार्किक ढंग से बचाव नहीं कर पाता तो वह अतार्किक ढंगों का सहारा लेता है।

आने वाले सालों में महात्मा प्रयोग के सागर में और गहरे उतर गए। इतना कुछ होने के बाद भी महात्मा मानकर चल रहे थे कि इस दिशा में उनकी 'अच्छी प्रगति' हुई है। उन्हें उम्मीद थी कि पूर्ण सफलता शायद शरीर छूटने तक मिल जाए और वह अपने ब्रह्मचर्य के प्रयोगों के बारे में दुनिया को बता सकें। लेकिन नियति को शायद कुछ और मंज़ूर था।

***

संदर्भ :

1. कस्तूरबा, सुशीला नैयर, शिवलाल अग्रवाल एंड कंपनी प्रा. लि. 1961, पेज 2
2. खंड 73 :16 अप्रैल, 1938, पेज 114
3. खंड 73 : 5 अप्रैल, 1938, पेज 85
4. खंड 73 : 2 जून, 1938, पेज 230
5. खंड 73 : 14 मई, 1938, पेज 179
6. खंड 73 : 2 मई, 1938, पेज 149
7. बापू के पत्र कुमारी प्रेमा बहन कंटक के नाम, 21 मई, 1936, पेज 261
8. खंड 73 : 3 मई, 1938, पेज 152
9. खंड 73 : 16 अप्रैल, 1938, पेज 113
10. खंड 73 : 3 मई, 1938, पेज 151
11. खंड 73 : 7 मई, 1938, पेज 161
12. खंड 73 : 12 मई, 1938, पेज 176
13. खंड 73 : 12 मई, 1938, पेज 176
14. खंड 73 : 10 मई, 1938, पेज 171
15. खंड 73 : 14 मई, 1938, पेज 179
16. खंड 73 : 16 मई, 1938, पेज 188
17. खंड 73 : 18 मई, 1938, पेज 192
18. खंड 73 : 1 जून, 1938, पेज 227
19. खंड 73 : 1 जून, 1938, पेज 227
20. खंड 73 : 2 जून, 1938, पेज- 230-232
21. खंड 73 : 4 जून, 1938, पेज 240
22. खंड 73 : 3 जून, 1938, पेज 236 – 237
23. खंड 73 : 11 जून, 1938, पेज 254
24. खंड 73 : 11 जून, 1938, पेज 254- 255
25. खंड 73 : 11 जून, 1938, पेज 255
26. खंड 73 : 8 जुलाई, 1938, पेज 312
27. खंड 74 : 12 सितंबर, 1938, पेज 11-12, मूल पत्र से : प्यारेलाल पेपर्स, नेहरू-स्मारक संग्रहालय तथा पुस्तकालय
28. खंड 74 : 13 सितंबर, 1938, पेज 19
29. खंड 74 : 15 सितंबर, 1938, पेज 29-30
30. खंड 74 : 17 सितंबर, 1938, पेज 44
31. खंड 74 : 8 अक्टूबर, 1938,पेज 116
32. खंड 74 : 2 नवंबर, 1938, पेज 239

33. खंड 74 : 9 दिसंबर, 1938, पेज 371

34. खंड 75 : 3 फ़रवरी, 1939, पेज 29- 30

35. खंड- 75 : 2 फ़रवरी, 1939 पेज 21

36. खंड- 77 : 20 अक्टूबर, 1939, पेज 26

37. खंड 76 : 9 अगस्त, 1939, पेज 258

38. खंड 76 : 9 अगस्त, 1939, पेज 257

39. खंड 76 : 15 अगस्त, 1939, पेज 274

40. हरिजन, 4- 11- 1939, पुस्तक 'संयम और संतति नियमन' लेखक- गाँधी, पेज 231 से 236

41. खंड 77 : 7 दिसंबर, 1939, पेज 180

42. खंड 78 : 15 जुलाई, 1940, पेज 504

43. खंड 79 : 18 जुलाई, 1940, पेज 17-18

44. खंड 79 : 11 नवंबर, 1940, पेज 436- 437

45. खंड 80 : 6 जुलाई, 1941 के पूर्व, पेज 466

46. आरोग्य की कुंजी, नवजीवन प्रकाशन मंदिर सितंबर 2000, महात्मा गाँधी, पेज 27-28

47. महात्मा गाँधी एंड हिज अपोसेल्स, वेद मेहता, इंडियन बुक कंपनी, 1977 पेज 203

7

लड़कियों के संग 'नग्न सोने' का महायज्ञ

और तब गाँधी ने अपने जीवन का अंतिम और सबसे ख़तरनाक प्रयोग शुरू किया। ब्रह्मचर्य का यह प्रयोग उनके अब तक के प्रयोगों में सबसे ज़्यादा दिल दहलाने वाला और विस्फोटक था। वैसे इस प्रयोग को अमल में लाने वाली परिस्थितियाँ और माहौल भी कम सनसनीख़ेज़ नहीं थे। अंग्रेज़ी हुकूमत के चतुर और शातिर कूटनीतिज्ञों को कठिनाई में डालने वाले महात्मा ख़ुद इस महायज्ञ में कूदकर मुश्किल में पड़ने वाले थे। इसका अंदाज़ा महात्मा को बहुत बाद में हुआ। लेकिन तब वापसी का कोई रास्ता नहीं बचा था।

हिंदुस्तान की आज़ादी का इतिहास एक रोमांचक मोड़ पर था। अंग्रेज़ी हुकूमत समझ चुकी थी कि अब हिंदुस्तानियों को आज़ाद मुल्क देने के अलावा दूसरा कोई चारा नहीं। ब्रितानियाँ हाउस ऑफ़ कॉमंस की कैबिनेट के तीन नेताओं को भारत के एक ख़ास मिशन पर भेजा गया। यह कैबिनेट मिशन था। मिशन का मक़सद यहाँ के हिंदू और मुस्लिम राजनेताओं के बीच पैदा हुए गतिरोध को ख़त्म करना था। संविधान सभा के चुनाव और एक राष्ट्रीय सरकार के गठन का प्रस्ताव तैयार हुआ। लेकिन बात नहीं बनी। नाराज़ मुस्लिम लीग ने इसका विरोध किया। मि. जिन्ना ने 16 अगस्त, 1946 को सीधी कार्रवाई का ऐलान कर दिया। लीग ने इस 'डायरेक्ट एक्शन' को सांप्रदायिक रंग दे दिया। एक्शन कमेटी ने मुसलमानों के लिए जो मज़मून छापा वह दहला देने वाला था। इसमें मुसलमानों को याद दिलाया गया कि रमज़ान के महीने में ही अरब के 313 मुसलमानों ने इस्लाम और कुफ्र की पहली जंग लड़ी थी। जिहाद के इस ऐलान में कहा गया कि 10 करोड़ हिंदुस्तानी मुसलमान जो बदक़िस्मती से हिंदुओं और अंग्रेज़ों के ग़ुलाम हो गए हैं, रमज़ान के इसी महीने में जिहाद शुरू करेंगे। लीग की एक पत्रिका ने हाथ में तलवार लिए मि. जिन्ना की तस्वीर छापी जिसमें लिखा था-

'हम मुसलमानों के पास ताज रहा है और हमने हुकूमत की है। सब तैयार हो जाओ और अपनी तलवारें सँभाल लो। ऐ काफ़िर! तुम्हारी क़यामत दूर नहीं और क़त्लेआम आने वाला है!'[1]

और क़त्लेआम की वह ख़ौफ़नाक घड़ी आ गई। 16 अगस्त और उसके बाद के चार दिन और चार रातें कलकत्ते के इतिहास की कालिख बन गईं। हज़ारों हिंदू-मुसलमान मारपीट, ख़ूनख़राबा, आगजनी, छुरेबाज़ी से मौत के घाट उतार दिए गए और सैकड़ों लड़कियों और औरतों के साथ निर्मम ढंग से बलात्कार हुआ। एक अंग्रेज़ इतिहासकार ने लिखा- 'चौरंगी की नालियों में औरतों, मर्द और बच्चों की लाशें तब तक सड़ती रहीं जब तक सफ़ाई करने वालों में सबसे वफ़ादार चीलों ने उनका सफ़ाया नहीं कर दिया।' इस हिंसा के बाद लॉर्ड वेवेल ने पेंच फँसा दिया। भारतीय नेताओं का वेवेल के प्रति भ्रम टूट गया। पंडित नेहरू ने कहा- 'मुझे बाद में पता चला कि वायसराय धीरे-धीरे गाड़ी के पहिए निकाल रहे हैं।' और यह गाड़ी अक्टूबर आते-आते लड़खड़ा गई।

ख़तरनाक राह पर गाँधी

कलकत्ते का बदला हिंदुओं ने बिहार में लिया। एक-एक मुसलमान घर से निकालकर काट डाले गए। हिंदुओं की यह सामूहिक हिंसा, अहिंसा के पुजारी का सिर झुकाने के लिए बहुत काफ़ी थी। और जैसा कि दंगे का मनोविज्ञान है- प्रतिकार यानी दंगे के बदले दंगा। यही हुआ। पूर्वी बंगाल का नोआखाली ज़िला इसकी चपेट में आ गया। नोआखाली का दंगा कांग्रेस और लीग की कल्पनाओं से कहीं ज़्यादा दिल दहला देने वाला था। यहाँ 81 फ़ीसदी मुसलमान थे और बाक़ी हिंदू। कहते हैं जितने मुल्ला और मौलाना यहाँ थे उतने पूरे हिंदुस्तान में कहीं नहीं थे। सात दिन तक मारकाट चलती रही लेकिन ख़बर का एक क़तरा भी बाहर की दुनिया तक नहीं पहुँच सका। उपद्रवियों ने तार, पुल, सड़कें... सबको क्षतिग्रस्त कर दिया था। सारे संपर्क टूट गए। नौ दिन बाद कांग्रेस के नये-नये अध्यक्ष बने आचार्य कृपलानी ने अपने साथियों के साथ आसमान में हवाई जहाज़ से जब नोआखाली देखा तो उनकी रूह काँप गई। इस दंगे में सबसे ज़्यादा क़हर औरतों पर टूटा। किंग्सले हॉल की एक समाज सेविका म्यूरियल लेस्टर ने नोआखाली का आँखों देखा हाल लिखा- 'औरतों ने अपने पतियों को अपनी आँखों से ज़िंदा जलते देखा। फिर बलात्कार के बाद बलात् उनका धर्म

परिवर्तन किया गया। पति के हत्यारों ने उनमें से ख़ूबसूरत औरतों को अपने घर में रख लिया। ये औरतें मौत की ज़िंदा बुत जैसी दिखती थीं।'[2]

नोआखाली से मिस लेस्टर ने एक पत्र गाँधी को भी लिखा था। बंगाल से कई तार आए थे। गाँधी ने तभी फ़ैसला कर लिया कि उनका अगला मिशन नोआखाली होगा। गाँधी ने कहा- 'मैं बंगाल में जज बनकर नहीं, ईश्वर का सेवक बनकर जा रहा हूँ।' कलकत्ते में वे सबसे पहले बंगाल के मुख्यमंत्री शहीद सुहरावर्दी से मिलने गए। पहले ही पहली भेंट में गाँधी ने मज़ाक़ में बंगाल के इस नालायक़ मुख्यमंत्री से पूछा- 'शहीद साहब, क्या बात है कि हर आदमी आपको गुंडों का राजा कहता है? कोई भी आपके बारे में अच्छी बात नहीं कहता!' उस समय शहीद सुहरावर्दी अपनी कोहनी के सहारे धृष्टतापूर्वक गाँधी के सामने लेटा था। शहीद ने उपेक्षा भाव से तीखा उत्तर दिया, 'महात्मा जी क्या आपकी पीठ के पीछे आप के बारे में भी लोग तरह-तरह की बातें नहीं करते?' गाँधी ने हँसते हुए जवाब दिया- 'ऐसा हो सकता है। फिर भी कम-से-कम कुछ आदमी तो ऐसे हैं, जो मुझे महात्मा कहते हैं। परंतु मैंने एक भी व्यक्ति को शहीद सुहरावर्दी को महात्मा कहते नहीं सुना है!'[3] प्रतिउत्तर और भी तीखा था। नोआखाली पहुँचते ही गाँधी का जादू शुरू हो गया। यह एक इंद्रजाल की तरह था। हिंदू-मुसलमान, पंडित- मौलवी सब एक-एक कर इस इंद्रजाल में फँसते जा रहे थे। रास्ते में मिलने आए मुस्लिम नेताओं से गाँधी ने कहा कि वे 'अपील करें कि जबरदस्ती कलमा पढ़वाने से कोई ग़ैर-मुस्लिम मुसलमान नहीं हो जाता।' पुलिस सुपरिंटेंडेंट अब्दुल्ला तो बुरी तरह फँस गए। गाँधी उनसे मिले। उन्होंने भरोसा दिलाया कि अब नोआखाली में ऐसा नहीं होगा। गाँधी मुस्कुराकर बोले, 'आप आश्वासन देते हैं तो मान लेता हूँ कि मेरा अपना काम पूरा हो गया। लेकिन अगर फिर वही पुराना क़िस्सा दोहराया गया तो मैं आपके दरवाज़े पर आत्महत्या करूँगा।' सब हँसने लगे। लेकिन पुलिस की वर्दी में अब्दुल्ला गंभीर थे। वह बोले 'जान दे दूँगा लेकिन अपनी आँखों के सामने दंगा नहीं होने दूँगा।'

***

कलकत्ता पहुँचने के बाद ही महात्मा के 'कोरे दिमाग़' में उनके अद्‌भुत प्रयोग का खाका खिंच चुका था। इस प्रयोग के लिए उन्होंने अपने साथी के रूप में मनु को बहुत पहले चुन लिया था। मनु बापू के भतीजे जयसुखलाल की

लड़की थी। उनका जन्म 7 नवंबर, 1925 को हुआ था। जयसुखलाल के पिता अमृतलाल तुलसीदास गाँधी महात्मा के चाचा थे। इस रिश्ते से मनु उनकी पोती हुई। मनु की माँ बचपन में गुज़र गई थी। कस्तूरबा ने आगा ख़ाँ महल में क़ैद के दौरान मनु को अपने पास बुला लिया था। इस जेल में ही मनु को 18वाँ साल लगा था। मनु ने बा की पूरी निष्ठा से सेवा की। मनु बा की सेवा के लिए जेल आई थी लेकिन बा की मृत्यु के बाद उसे जेल छोड़कर जाना था। महात्मा मनु को अपने पास रखना चाहते थे। लेकिन मजबूर थे। उन्होंने आगा ख़ाँ जेल में बा की मौत के पाँच दिन बाद ही एक पुर्ज़ा मनु को लिखा- 'मुझे तुम्हारे बिना अच्छा नहीं लगेगा। लेकिन अभी तुम्हें मेरे पास रखना भी अच्छा नहीं लगता। क्योंकि उसमें दोष है। वह तो मोह कहा जाएगा।'[4]

आगा ख़ाँ जेल से रिहा होने के बाद महात्मा सेवाग्राम आश्रम आ गए थे। जनवरी, 1945 को उन्होंने मनु को अपने पास बुला लिया था। महात्मा को मनु 'अल्हड़' लगी थी। महात्मा के मुताबिक़ मनु को सोने का सलीक़ा नहीं पता था। वह छोटे बच्चों की तरह हाथ-पाँव समेटकर सोती थी। लेकिन महात्मा ने कहा कि 'अब रहना, सोना, खाना, पीना सब कुछ उन्हीं के पास होगा।'[5] महात्मा ने मनु को तीन दिन अपने साथ सुलाया। महात्मा ने लिखा- 'इरादा तो ज़्यादा दिन सुलाने का था, तब मैं उसके सोने का ढंग ठीक कर सकता। लेकिन उसे सर्दी हो गई।'[6]

आश्रम का जीवन मनु को सहज नहीं लगा था। वह पहली बार अकेले महात्मा के साथ थी। आगा ख़ाँ जेल में वह बा की सेवा में थी इसलिए तब अनुभव दूसरे थे। लेकिन यहाँ के अनुभव उनकी समझ के बाहर थे। मनु आश्रम में बेचैन रहने लगी थी। वह महात्मा के पास जाने में डरती और शर्माती थी। महात्मा ने उन्हें लिखा- 'तेरे लिए मुझे बहुत चिंता होती है। तू रोती रहती है और बेचैन रहा करती है। तू कहती ज़रूर है कि मैं तेरे लिए माँ भी हूँ, बाप भी हूँ। लेकिन क्या कोई बच्चा माँ-बाप के पास जाने में डरता या शरमाता है? तू तो यह दोनों करती है, तो आख़िर फिर सच क्या है?'

हालाँकि वह अपनी भावनाएँ पत्रों में लिखकर महात्मा के साथ बाँटती थी। लेकिन 18 साल की यह लड़की चाहती थी कि उसके पत्र महात्मा पढ़कर वापस कर दें। महात्मा उन्हें समझाते कि 'तेरे लिए छिपाने की कोई बात क्यों होनी चाहिए? तू जो पत्र लिखती है, वे दूसरों को दिखाने में कोई हर्ज नहीं होना

चाहिए।' जून, 1945 में महात्मा ने मनु और उनके पिता को बंबई बुला लिया। यहाँ आकर उसे एक चौंकाने वाली ख़बर मिली। ख़बर यह थी कि महात्मा ने उनके नाम का दस हज़ार रुपये का एक ट्रस्ट बनाने का फ़ैसला किया है। इस ट्रस्ट के ट्रस्टी वह ख़ुद होंगे। 25 जून, 1945 को ट्रस्ट की शर्तें जयसुखलाल की तरफ़ से ख़ुद महात्मा ने ड्राफ़्ट की थीं। वह भी शिमला में जहाँ महात्मा राजनीतिक चर्चा के लिए वायसराय से मिलने गए थे।

इस लंबी-चौड़ी भूमिका से साफ़ था कि महात्मा ने मनु को सचमुच 'अपने प्रयोग के लिए गोद लेने' का फ़ैसला कर लिया था। तब तक किसी को नहीं मालूम था कि एक साल बाद क्या होने वाला है। उस वक़्त महात्मा के संपर्क में रहने वाली सभी शिष्याओं में मनु सबसे युवा थी। वह तब केवल 19 साल की थी। महात्मा उन्हें पूरे 19 साल से जानते थे लेकिन मनु को लेकर वह मोह में इतने आसक्त कभी नहीं हुए थे। लेकिन आगा ख़ाँ जेल की क़ैद के दौरान वह समझ गए थे कि मनु ही उनकी अगली मंज़िल है। दस हज़ार रुपये के ट्रस्ट का ख़ुद संरक्षक बनकर वह मनु के संरक्षक हो गए। यह वह महात्मा थे जिन्होंने कभी अपने परिवार के नाम कोई विरासत नहीं छोड़ी थी। ग़रीब जयसुखलाल के लिए यह सम्मान की बात थी। और मनु के लिए यह कल्पना के ऊपर की बात। मनु ने लिखा- 'मुझे तो कल्पना भी कहाँ से होती कि बापू जी मेरे ट्रस्टी बनेंगे। माता, पिता और दादा के हक़ों के अलावा जो लाखों-करोड़ों रुपये के ट्रस्टी हों, वे मेरे जैसी लड़की की छोटी-सी रक़म के ट्रस्टी बन सकते हैं यह मेरे लिए आश्चर्य की बात थी। परंतु प्रेम के सामने या पूर्व जन्म के सद्कर्मों के कारण सब कुछ संभव हो जाता है।'[7]

महात्मा और मनु के बीच पत्र-व्यवहार जारी रहे। इन पत्रों में ब्रह्मचर्य पर भी बात होती। मनु महात्मा से कहती कि उसकी काम-विषयों में कोई रुचि नहीं है। वह आजीवन अविवाहित रहना चाहती है। महात्मा उसे अपने पास बुलाना चाहते थे। उन्होंने लिखा- 'मुझे अच्छा यह लगेगा कि तू यहीं आकर बात करे। मैं तुझ पर कोई दबाव नहीं डालना चाहता। मैं तो चाहता हूँ कि तू विशुद्ध अखंड कुमारी रहकर अपना जीवन सेवा कार्य में बिताए। मेरी यह तीव्र इच्छा है।'[8]

महात्मा अक्टूबर, 1946 में ही मनु को अपने पास दिल्ली बुलाना चाहते थे। लेकिन इससे पहले नोआखाली के दंगे ने उन्हें अपने पास बुला लिया। दिल्ली में राजनीतिक गतिविधियाँ तेज़ हो गई थीं। पूरा देश आज़ादी का बेचैनी

से इंतज़ार कर रहा था। दिल्ली में तख़्त के लिए साज़िशें हो रही थीं। कांग्रेस नेता नेहरू और मि. जिन्ना अपनी-अपनी चालें चल रहे थे। भारत के दो टुकड़े करने की साज़िश लगभग कामयाबी की मंज़िल तक पहुँच गई थी। एक-एक पल संवेदनशील था। ऐसे में नोआखाली की तरफ़ बढ़ रहे महात्मा के दिल में केवल एक सवाल था- 'इस समय मनु कहाँ होगी ?' बंबई से लौटकर मनु वापस अपने पिता जयसुखलाल के पास उदयपुर आ गई। इस बीच पत्र व्यवहार होता रहा था। इसी से मालूम चला कि अक्टूबर में वह उदयपुर में थी। पर वह इस वक़्त कहाँ होगी ? बिहार के कारण अर्ध उपवास से जूझ रहा महात्मा का मन सोच रहा था। फ़ैसला पहले ही हो चुका था। नोआखाली जाने से दो दिन पहले 4 नवंबर को महात्मा ने एक पत्र जयसुखलाल को महुआ (काठियावाड़) भेजा। मनु के लिए इस पत्र में काम की सिर्फ़ एक लाइन थी। वह यह कि 'इस समय मनु का स्थान मेरे पास ही हो सकता है।' पर महात्मा की इच्छा मनु तक पहुँचने में क़रीब 26 दिन लग गए। 1 दिसंबर, 1945 को जब मनु महुआ पहुँची। रात रेडियो ने ख़बर दी कि नोआखाली में महात्मा ने अपने साथियों को अपने से अलग ही रखा है। तब उसने बापू का पत्र पढ़ा वह लाइन उसके मन में अटक गई- 'इस समय मनु का स्थान मेरे पास ही हो सकता है।' मनु ने लिखा- 'मेरा हृदय घड़ी भर के लिए भर आया। विचार आया कि बापूजी मुझे अपनी निजी सेवा के लिए रखें तो ? परंतु शायद यह असंभव है। अगर पास के साथियों को भी अलग कर दिया है, तो इतनी दूर से मुझे क्यों बुलाएँगे ?'[9]

उस रात मनु को नींद नहीं आई। वह करवटें बदलती रही। पिता जयसुखलाल को जगाया। वे बोले 'तुम लिखो तो सही, सेवा करने की तुम्हारी सच्ची भावना होगी तो ज़रूर सफल होगी।' लेकिन मनु बच्ची नहीं रह गई थी। वह जानती थी कि महात्मा उनसे क्या चाहते हैं। वह शर्तों पर उतर आई। मनु का जो जवाब था वह किसी मासूम और भोली लड़की का नहीं हो सकता था। मनु ने उसी रात डेढ़ बजे महात्मा को पत्र लिखा जिसमें साफ़ कहा कि 'यदि मुझे किसी गाँव में बैठाने का इरादा है तो मुझे वहाँ नहीं आना; ऐसा ही इरादा हो तो यहाँ बैठकर जितना बनता है उतना काम करती ही हूँ। परंतु आप अपनी 'व्यक्तिगत सेवा' करने की शर्त पर आने दें तो ही मेरी इच्छा वहाँ आने की है। मेरा प्रस्ताव मंज़ूर हो तो मुझे तार से ख़बर कर दें। ताकि मैं आप की पैदल यात्रा शुरू होने से पहले ही वहाँ पहुँच सकूँ। मैं वचन देती हूँ कि इसमें बड़े से बड़ा ख़तरा उठाने के लिए भी मैं

तैयार रहूँगी।'[10]

महात्मा तो मनु की 'व्यक्तिगत सेवा' के लिए ही उसे यहाँ बुला रहे थे। उन्होंने इस पत्र के जवाब में एक तार में उसे अपने पास बुलाने की बात लिखी। इस तार ने करंट का काम किया। यह करंट रामगंज से तार पर दौड़ता हुआ 11 दिसंबर को मनु के हाथ लगा। इस तार में महात्मा ने मनु को उसके 'अपने जोखिम' पर तत्काल 'खादी प्रतिष्ठान स्क्वेयर कॉलेज, कलकत्ता' आने को कहा था। तार में लिखे अंग्रेज़ी के ये शब्द मनु को कितनी ख़ुशी दे गए इसका अंदाज़ा लगाना कठिन था। लेकिन जयसुखलाल और मनु दोनों के मन में एक फाँस थी। नोआखाली में भयानक हिंसा और दूसरे कारणों से दोनों को वहाँ का वातावरण 'अपवित्र' लग रहा था। महात्मा चाहते थे कि उनके प्रयोग के लिए मनु अंत तक उनके साथ रहे। लेकिन मनु के लिए एक समस्या गाँधी के निजी सचिव प्यारेलाल थे। प्यारेलाल मनु के प्रेम में थे। लेकिन मनु प्यारेलाल को उस रूप में पसंद नहीं कर पा रही थी।

जयसुखलाल ने 15 दिन के लिए दफ़्तर से छुट्टी माँगी। और 15 दिसंबर, 1946 को वो मनु के साथ कलकत्ते के लिए रवाना हो गए। कलकत्ते से काजीरखिल। काजीरखिल गाँधी छावनी का मुख्य केंद्र था। बाप बेटी के लिए ये कलकत्ते से पूरे चौबीस घंटे का थका देने वाला सफ़र था। 19 दिसंबर, 1946 को दोनों श्रीरामपुर पहुँच गए। लेकिन मनु के श्रीरामपुर पहुँचने से पहले वहाँ एक बड़ा तमाशा होना बाक़ी था।

डॉ. सुशीला का तमाशा

महात्मा के जीवन का यह सबसे कठिन दौर था। महात्मा नोआखाली में एक ऐसा प्रयोग करने जा रहे थे जिसमें उनके जीवन के लगभग सारे अनुभव और प्रयोग दाँव पर लगे थे। यही उनकी बेचैनी की सबसे बड़ी वजह थी। यह बेचैनी आज की नहीं थी। पिछले तीन चार महीने से वह अपने अंदर एक ख़ास तरह का अंतर्द्वंद्व झेल रहे थे। अभी दो महीने पहले अपने दिल्ली प्रवास के दौरान उन्होंने अपनी डायरी में लिखा- 'मेरा मन बहुत व्याकुल है। इस अंतर्व्यथा को मैं पूर्ण शांत मन से क्यों नहीं सह सका? 125 वर्ष तक जीने के लिए जिस अनासक्ति की आवश्यकता है, लगता है, वह मुझमें नहीं है।'[11]

जैसे-जैसे मनु के नोआखाली आने के दिन क़रीब आ रहे थे यह निराशा

बढ़ती जा रही थी। 4 दिसंबर को महात्मा ने प्यारेलाल से कहा था 'मैं अभी भी अँधेरे में टटोल रहा हूँ। मैं देखता हूँ कि मेरे अंदर वैसा कौशल नहीं है। मुझे अभी तक अहिंसा की कुंजी नहीं मिली है। यहाँ मैं एक विराट यज्ञ करने आया हूँ, लेकिन इससे भागा नहीं जा सकता। और मैं भागकर जा भी कहाँ सकता हूँ?'[12] उन्होंने जेबी कृपलानी को लिखा- 'अब भी मेरे चारों ओर अंधकार बना हुआ है। यह अंधकार बाहर से नहीं आता, अंदर से ही फूटता है, लेकिन इससे पस्त या निराश बिलकुल नहीं होता। मैं ऐसी ज्वाला से गुज़र रहा हूँ जैसा कि पहले कभी नहीं गुज़रा।'[13]

महात्मा मौत से डरने वालों में नहीं थे। नोआखाली से ज़्यादा हिंसा वह पहले भी देख चुके थे। अराजकता भरे भयानक वातावरण में वह काम कर चुके थे। तरह-तरह के प्रयोग वह पहले भी कर चुके थे। फिर इस बार वह आशंकित क्यों थे? उनके सामने ये घनघोर अंधकार कैसा था? जो उन्हें परेशान कर रहा था। वह निराशा क्या थी जो महात्मा को अंदर-ही-अंदर खाए जा रही थी? क्या उन्हें यह डर था कि इस विषाक्त वातावरण में जो नया प्रयोग करने जा रहे हैं वह ग़लत है? महात्मा मानसिक रूप से सामान्य नहीं रह गए थे। उनकी परेशानी और उनका यह मानसिक संताप मनु के उनके पास पहुँचने से ठीक दो दिन पहले 17 दिसंबर, 1946 को सामने आ गया।

कलकत्ते में महात्मा अपने प्रिय शिष्यों के दल के साथ आए थे। यह सात लोग थे। एक मुसलमान लड़की अमतुस्सलाम जिसे महात्मा ने अपनी दत्तक पुत्री मान लिया था। इस मुस्लिम बहुल इलाक़े में वह मददगार साबित हो सकती थी। बंबई विश्वविद्यालय की स्नातक छात्रा सुशीला पै। सुशीला पै महात्मा के सचिव मंडल की सहायिका थी। महात्मा के पोते कनु गाँधी और उसकी पत्नी आभा चटर्जी गाँधी। महात्मा आभा को इसलिए साथ लाए थे क्योंकि वह मूलतः बंगाली थी। वह विपत्ति में फँसे बंगालियों की भाषा समझ सकती थीं। महात्मा के इस दल में कार्यालय सहायक का काम करने वाला नौजवान प्रभुदास भी था। इसके अलावा इस दल में दो लोग और थे जो महात्मा के सर्वाधिक प्रिय थे। एक महात्मा के निजी सचिव प्यारेलाल नैयर और उनकी डॉक्टर बहन सुशीला नैयर।

नोआखाली पहुँचकर महात्मा ने ऐलान कर दिया कि दल के सभी सदस्य एक साथ नहीं रहेंगे। सब अलग-अलग गाँवों में कैंप करके सेवा कार्य करेंगे। इससे भी चौंकने वाला ऐलान यह था कि महात्मा पुराने दल के किसी भी सदस्य

को अपने साथ नहीं रखेंगे। महात्मा के इस ऐलान से सबको तकलीफ़ पहुँची थी। दुभाषिए के रूप में महात्मा आभा को अपने पास रख सकते थे लेकिन महात्मा ने उसे भी दूर भेज दिया था।

एक तरफ़ महात्मा यह कह रहे थे कि 'दूसरों से सेवा लेने की आदत' उन्हें क्यों होनी चाहिए और दूसरी तरफ़ वह अपनी निजी सेवा के लिए मनु गाँधी का बेचैनी से इंतज़ार कर रहे थे। महात्मा ने अपनी मदद के लिए केवल दो व्यक्तियों का चुनाव किया था। एक थे परशुराम और दूसरे डॉ. निर्मल कुमार बोस। परशुराम को आशुलिपिक की हैसियत से महात्मा ने अपने साथ रखा था। परशुराम सरल स्वभाव के तमिल ब्राह्मण थे। भाषा की समस्या के कारण वह ज़्यादा बात नहीं करते थे। महात्मा को लेकर उनके मन में एक ख़ास श्रद्धा-भक्ति थी। वह जितनी तेज़ी से खाना पका सकते थे उतनी ही तेज़ी से नोट्स भी लिख लेते थे। महात्मा उन्हें अपने काम में एक कुशल 'मूक सेवक' मानते थे।

दूसरे, निर्मल कुमार बोस को सिर्फ़ एक ही शौक़ था पढ़ना। 1945 में दमदम जेल से रिहा होने के बाद उन्होंने फिर कलकत्ता विश्वविद्यालय में पढ़ाने का काम शुरू कर दिया। वह जीव वैज्ञानिक थे, जिनका इतिहास के प्रति स्वाभाविक झुकाव था। गाँधी को उन्होंने ख़ूब पढ़ा। इतना पढ़ा कि वह गाँधी के भक्त हो गए। यही भक्ति उन्हें गाँधी के क़रीब ले आई थी। दिसंबर, 1945 में जब गाँधी कलकत्ता आए तो निर्मल बाबू उनसे मिलने से ख़ुद को रोक नहीं सके थे। गाँधी ख़ुद उनसे मिलकर इतना प्रभावित हुए कि निर्मल को सेवाग्राम आश्रम आने का आमंत्रण दिया।

***

गाँधी से निर्मल बोस की दूसरी मुलाक़ात नोआखाली में हुई। निर्मल बोस 17 नवंबर, 1946 को काजीरखिल शिविर पहुँचे। गाँधी ने उन्हें बुलाया था। अगले दिन वह गाँधी से मिलने पहुँचे। उस दिन महात्मा का मौन व्रत था। गाँधी निर्मल को देखकर मुस्कुराए और एक पर्चा उनकी ओर बढ़ा दी- 'मैं यह चाहता हूँ कि- तुम अगर ऐसा कर सकते हो और चाहते हो तो मैं बंगाल में जहाँ भी जाऊँ तुम रहो। इसके पीछे विचार यह है कि मैं तुम्हारे साथ अकेला रहूँ और तुम मेरे साथी और दुभाषिए बनो। तुम ऐसा तभी कर सकते हो, अगर तुम विश्वविद्यालय से अपना नाता तोड़ लो और मृत्यु, भूख इत्यादि का सामना करने को तैयार

रहो।' निर्मल ग़ज़ब के आदमी थे। वह ईश्वर को नहीं मानते लेकिन सत्य में उनकी आस्था थी। महात्मा ने सत्य के प्रयोग किए थे। उसमें वह सफल भी रहे थे। निर्मल की दृष्टि साफ़ और पैनी थी। वह साफ़ बातें पसंद करते। परंपराएँ और रूढ़ियाँ उन्हें परेशान करतीं। वे नास्तिक थे। ईश्वर की प्रार्थना में उनका भरोसा नहीं था।

सबको अपने से दूर रखने की व्यवस्था से अगर कोई सबसे ज़्यादा आहत था तो वह थी डॉ. सुशीला नैयर। सुशीला को ख़बर लग चुकी थी कि 19 दिसंबर को मनु श्रीरामपुर आने वाली है। महात्मा उन्हें अपने साथ अपने पास रखना चाहते हैं। यह बात सुशीला को अंदर तक कचोट रही थी। सुशीला नहीं चाहती थी कि मनु उनकी जगह ले। वह महात्मा के क़रीब रहे। उनकी मालिश करे और उनके साथ सोए। महात्मा के साथ सोने पर वह सेवाग्राम में भी अपना ग़ुस्सा मनु पर निकाल चुकी थी। सुशीला ईर्ष्या और डाह की आग में जल रही थी। वह महात्मा के श्रीरामपुर कैंप ऑफ़िस से कुछ दूर स्थित एक गाँव में थी। लेकिन वह अक्सर शाम ढलने के साथ महात्मा के पास पहुँच जाती। मनु के आने से दो दिन पहले भी वह श्रीरामपुर पहुँच गई थी। सुशीला 17 दिसंबर 1946 की रात महात्मा से मिली। कमरा बंद था। दोनों ख़ूब चिल्ला-चिल्लाकर बात कर रहे थे। इस बियाबान अँधेरे में यह आवाज़ें दूर-दूर तक गूँज रही थीं। क़रीब की झोपड़ी में सो रहे निर्मल कुमार बोस को ये बहुत अटपटा लगा कि गाँधी के कमरे से आधी रात को लड़ने झगड़ने की आवाज़ें कैसे आ रही हैं? बोस ने अपनी किताब 'माई डेज़ विद गाँधी' में लिखा- हैं 'सवेरे 3 बजकर 20 मिनट पर मैंने गाँधी को सुशीला नैयर से ज़ोर से बातचीत करते हुए सुना। उनकी आवाज़ से परेशानी झलक रही थी। एकाएक हमें आकुल क्रंदन सुनाई पड़ा। यह गाँधी की आवाज़ थी और तब हमने दो थप्पड़ मारे जाने की आवाज़ सुनी... और बाद में ज़ोरों से रुलाई सुनाई दी।'[14]

निर्मल दौड़ते हुए उस कोठरी के दरवाज़े तक पहुँचे। भीतर देखा तो बापू आँख बंद किए बिस्तर पर बैठे थे। उनकी पीठ दीवार से लगी थी और आँखों से आँसू की बूँदें साफ़ झलक रही थीं। क़रीब ही खड़ी सुशीला सुबक रही थी। उनका चेहरा भी आँसुओं से भीगा था। वह महात्मा के सामने खड़ी होकर उन्हें कुछ समझाना चाहती थी। लेकिन महात्मा ने उसे अपने हाथों से किनारे हटा दिया। यह कई बार हुआ। निर्मल की कमरे के भीतर जाने की हिम्मत नहीं हुई।

महात्मा उसके बाद कई घंटे किसी से नहीं मिले। उन्होंने किसी से बात तक नहीं की। अगले दिन प्रार्थना के बाद निर्मल उधेड़बुन में थे कि तभी संदेशा आया कि महात्मा उनसे मिलना चाहते हैं। निर्मल वहाँ पहुँचे। महात्मा उनसे बतियाने लगे। स्नान के दौरान निर्मल बाबू ने महात्मा से पूछा 'आपने मुझे यहाँ बहुत छूट दी है। इसी का फ़ायदा उठाते हुए मैं जानना चाहता हूँ कि क्या आपने उस दिन सुशीला पर हाथ उठाया था?' महात्मा ने दुख भरी मुस्कान के साथ कहा- 'नहीं, मैंने उस पर हाथ नहीं उठाया था। मैंने अपना ही माथा पीटा था। जब मैं 25 साल का था तब मैंने पहली बार अपने बेटे को पीटा था। और यह अपने तरह की अंतिम घटना थी।' महात्मा ने बताया कि 'सुशीला उन्हें उपद्रवग्रस्त क्षेत्रों में पैदल घूमने से मना कर रही थी। रात ढाई बजे तक बहस चली। वह चाहती थी कि मैं यहाँ अपने पुराने साथियों के साथ रहूँ, जो उनकी व्यक्तिगत ज़रूरतों को ज़्यादा जानते हैं और तब मैं बहुत विचलित हो गया था। मैंने सोचा कि जब मैं उन लोगों को नहीं समझा पा रहा हूँ जो इतने सालों से मेरे क़रीब थे, तो बाक़ी लोगों को कैसे समझा सकूँगा। यही सोचकर मैंने अपना माथा पीट लिया।'[15]

निर्मल को लगा कि महात्मा ने उन्हें पूरी बात नहीं बताई है। उन्हें भरोसा नहीं हो रहा था कि इस बात पर इतना बवंडर खड़ा हो जाएगा। निर्मल ने सुशीला को पत्र लिखकर जानना चाहा कि उस रात आख़िर क्या हुआ था? सुशीला ने इस घटनाक्रम के कुछ और तथ्य बताए थे। सुशीला ने निर्मल को लिखा- 'रात को जब मैं बापू की डायरी पढ़ रही थी। उसमें लिखा था- 'मुझे बड़ा अजीब स्वप्न आया।' मैंने यूँ ही उनसे पूछ लिया कि वह स्वप्न क्या था। वे कुछ नहीं बोले और मैं चुप रही। दूसरे दिन प्रातः तीन बजे, बिस्तर पर बापू के कूदने की आवाज़ से मैं जग गई। वे बोले कि उन्हें बहुत ठंड लग रही है और वे गरमाहट लाने के लिए व्यायाम कर रहे हैं। इसके बाद, उन्होंने मुझसे पूछा कि क्या मैं जगी हुई हूँ? तब उन्होंने अपने विचित्र स्वप्न के बारे में बतलाना शुरू किया। स्वप्न के बाद उन्होंने समझाना शुरू किया कि उनका वर्तमान क़दम उनके लिए एक तपश्चर्या है और वे काफ़ी असुविधा महसूस कर रहे हैं।'

सुशीला ने आगे बताया- 'मैंने संक्षेप में उनसे पूछा कि क्या मुझे उनके साथ रहने की आज्ञा मिलेगी? मैंने उन्हें अपनी बात बताने की कोशिश की। उन्होंने थोड़ा तुनककर कहा कि उन्होंने मुझे समझाने की कोशिश की है लेकिन इसमें उन्हें सफलता नहीं मिली। मैं समझ रही थी कि वे उत्तेजित हो रहे हैं। अतः मैं

चली गई। अचानक मैंने उनके माथा पीटने की आवाज़ सुनी। मैं वापस गई और उन्हें रोका। मैं बुरी तरह परेशान हूँ। मैं कल बहुत घबराहट के साथ आई थी। बापू ने मुझे 'गीता' के लिए बुलाया था। उन्होंने आज प्रात: फिर बात उठाई और मैंने महसूस किया कि अभी तक मेरा आत्म-नियंत्रण नहीं लौटा है।'[16]

निर्मल ने लिखा- 'सुशीला ने अगली सुबह आँसुओं के साथ श्रीरामपुर से विदा ली।' उस रात महात्मा ने स्वप्न में क्या देखा यह कभी पता नहीं चल पाया। सपने में ऐसा क्या था जिसकी वजह से उन्हें 'तपश्चर्या' करनी पड़ रही थी। निर्मल कुमार बोस ने भी अपनी किताब में यह नहीं बताया कि आख़िर महात्मा ने उस रात 'अजीब सपने' में क्या देखा था? लेकिन इस घटना ने ख़ुद महात्मा को अंदर तक हिला दिया था। महात्मा ने प्रार्थना सभा में सोमवार की रात को अपने नाराज़ होने की चर्चा की। उन्होंने कहा कि उस रात वह ठीक तरह से आराम भी नहीं कर सके थे। उन्होंने बताया कि एक बार बचपन में जब वह चोरी से थिएटर देखने गए थे तो उनके पिता नाराज़ हो गए थे। लेकिन उन्होंने उनसे कुछ नहीं कहा। इसके विपरीत वे अपना सिर पीटने और रोने लगे। महात्मा ने कहा- 'इसी तरह सोमवार की रात को ग़ुस्से में मैं अपना ही सिर धुनने लगा।' महात्मा ने माना कि उस रात क्रोध करके उन्होंने ग़लती की। उन्होंने यह भी स्वीकार किया कि अहिंसा में विश्वास रखने वाले 'मुझ जैसे व्यक्ति को' नाराज़ नहीं होना चाहिए। गाँधी ने कहा- 'मैं महात्मा नहीं हूँ; मैं तो अल्पात्मा हूँ। मैं तो आपकी तरह ही एक साधारण प्राणी हूँ और मैं अहिंसा का आचरण करने का भरसक प्रयास कर रहा हूँ। आज मैं क्रोध कर बैठा और इसलिए मैं एक पूर्ण व्यक्ति नहीं हूँ। यदि मुझ जैसा अपूर्ण व्यक्ति अहिंसा का आचरण करने का प्रयत्न कर सकता है तो आप सब लोग भी कर सकते हैं।'[17]

गाँधी ने कहा था कि वह 'महात्मा' नहीं 'अल्पात्मा' हैं। 'साधारण प्राणी' हैं। सुनने में यह बातें बहुत महान लगती हैं। इस तरह की स्वीकारोक्ति सामान्यत: व्यक्ति को और अधिक महान बना देती है। उस दिन प्रार्थना सभा में बैठे लोगों को भी यही लगा होगा। पर शायद उन्हें नहीं पता था कि गाँधी को इस बात का पूरा इल्म था कि वह 'महात्मा' हैं और आने वाली पीढ़ी उन्हें 'महात्मा गाँधी' के नाम से जानेगी। शिमला प्रवास के दौरान मनु का दस हज़ार रुपये का ट्रस्टी बनते वक़्त महात्मा ने जयसुखलाल की तरफ़ से मूल दस्तावेज़ की नक़ल का ड्राफ़्ट ख़ुद 'अपने हाथ से लिखा' था। संपूर्ण वाङ्मय में यह ड्राफ़्ट नहीं है लेकिन

इसका ज़िक्र मनु ने अपनी किताब में किया है। गुजराती में लिखे इस ड्राफ़्ट में महात्मा ने जो लिखा वह ख़ासा दिलचस्प था।

इस ड्राफ़्ट के तीसरे बिंदु में उन्होंने जयसुखलाल की तरफ़ से लिखा था- '3. मेरी चौथी लड़की कुमारी मनु (जो आगे मनु बहन के नाम से जानी जाएगी) कुछ वर्षों से मेरे बुज़ुर्ग श्री मोहनदास करमचंद गाँधी (जो आगे महात्मा गाँधी के नाम से जाने जाएँगे) के संरक्षण में सेवाग्राम आश्रम में अपनी शक्ति के अनुसार सेवाधर्म का पालन कर रही है और उसके लिए आवश्यक ज्ञान प्राप्त कर रही है। उसकी सेवावृत्ति पर।'[18] यानी महात्मा की तीक्ष्ण बुद्धि को पूरा विश्वास था कि आने वाले वक़्त में उनके नाम के आगे 'महात्मा' हमेशा के लिए चस्पा होने वाला है। और मनु भी मनु गाँधी से 'मनु बहन' के नाम से विख्यात होगी।

आख़िर आ पहुँची 'पगली'

बारिश और हरियाली यह दो चीज़ें श्रीरामपुर में हमेशा देखने को मिल सकती थीं। भारत में सबसे पवित्र मानी जाने वाली गंगा नदी के मुहाने की इस ज़मीन पर प्राकृतिक सुंदरता जैसे स्वर्ग से उतरी हो। हवा में लहराते नारियल के ऊँचे पेड़ और सुपारी के लरज़ते झाड़। महात्मा के लिए इससे उपयुक्त स्थान और क्या हो सकता था। ख़ासतौर से तब जब वह ख़ून से सने इस इलाक़े में शांति की तलाश में आए थे। दोपहर तीन बजे मनु ने देखा कि एक झोपड़े में वह बूढ़ा संत तख़्ते पर बैठा अकेला चरखा कात रहा है। उनके इर्द-गिर्द आज़ाद हिंद फ़ौज के सिपहसालार बैठे हैं। शायद वह बापू के मिशन में शामिल होना चाहते हैं। मिशन में शामिल होने तो वह भी आई थी। एक ऐसा मिशन जो उसकी कल्पना की उड़ान से बहुत बहुत दूर था। महात्मा ने झोपड़ी की दहलीज़ पर देखा। सामने मनु खड़ी थी। साड़ी में लिपटी मनु। पीछे सामान लिए जयसुखलाल। मनु लगभग दौड़ती हुई महात्मा के पाँव पर गिर गई। मनु की साड़ी का पल्ला सिर से हट गया। बापू ने उसके खुले सिर की ओर एक क्षण देखा और पीठ पर धप लगाई। फिर कान खींचकर ऊपर उठाया। फिर गाल खींचकर बोले, 'आख़िर आ पहुँची पगली।' कर्नल जीवन सिंह वहीं बैठे थे। 'यह लड़की यहाँ मरने की तैयारी करके आई है।' फिर बापू उनसे और बात करने लगे। बात ज़्यादा देर नहीं चली। फ़ौज के लोग चले गए। बापू ने पूछा 'कैसी है रे मनुड़ी?' मनु ने सवाल के जवाब में सवाल किया 'आपको कैसा लगता है'? 'जैसी थी अभी भी वैसी है लेकिन

लगता है थोड़ा वजन बढ़ा है। फिर जयसुखलाल से बातें करने लगे। फिर महात्मा एकाएक गंभीर हो गए। 'मैंने इस हिंदू-मुस्लिम एकता को यज्ञ कहा है। इस यज्ञ में ज़रा भी मैल हो तो काम नहीं चल सकता। इसलिए मनु के मन में ज़रा भी मैल होगा तो इसका बुरा होगा। यह सब तुम समझ लो, जिससे अब भी वापस जाना हो तो यह तुम्हारे साथ चली जाए। बाद में बुरा हाल होने पर जाए, उसके बजाय अभी लौट जाना ज़्यादा अच्छा है।'[19]

मनु बापू की बातों का मतलब नहीं समझ पाई। हिंदू-मुस्लिम एकता के यज्ञ में 'मन में मैल' कहाँ से आ सकता है। बाद में 'बुरा हाल' क्यों होने लगा भला? मनु ने दिमाग़ पर बहुत ज़ोर दिया पर उसकी समझ में कुछ नहीं आ रहा था या शायद वह समझना नहीं चाह रही थी। अगले ही पल उसकी तंद्रा टूटी। दरवाज़े पर कुलरंजन मुकर्जी खड़े थे। अँधेरा बढ़ रहा था। बापू ने जयसुखलाल की ओर देखा और कहा- 'यहाँ तो यज्ञ चल रहा है। मैं तुम्हें यहाँ सोने या खाने की इजाज़त नहीं दे सकता। इसलिए तुम काजिरखिल लौट जाओ। मनु का बिछौना भेज देना।'[20]

मनु के पिता जयसुख लाल समझ गए कि महात्मा नहीं चाहते कि वह यहाँ ठहरें। मनु यहीं रुकेगी। वह लौट गए। लेकिन मनु का बिस्तर नहीं आया। बापू ने शतरंजी चादर लाकर उसे दी। साढ़े नौ बजे बापू सो गए। मनु भी सफ़र में थक गई थी। वह भी सो रही थी। और आधी रात क़रीब बारह बजे उसे लगा कि कोई उसके सिर पर प्यार से हाथ फेर रहा है। वह बापू थे। मनु चौंककर जाग गई। 'मनुड़ी जागती हो क्या? मुझे तुमसे बातें करनी है। तुम अपना धर्म अच्छी तरह समझ लो और जयसुखलाल से बातें करके जो फ़ैसला करना हो, झट कर लो, क्योंकि उसे भी ज़्यादा छुट्टी नहीं है।'[21]

फिर शुरुआत साड़ी की बात से हुई। बापू बोले 'ये गुजराती साड़ियाँ सेठानियों के काम की हैं जिन्हें झूले पर बैठना है या मोटरों में घूमना है। गुजराती साड़ी पहनो और सिर खुला रहे यह आँखों को नहीं सुहाता।' फिर कहने लगे- 'मैं जानता हूँ कि साड़ी पहनने में तुम बा और ऐसी औरतों की तरह सावधान नहीं रह सकोगी। इसलिए यदि तुम्हें यहाँ रहना हो तो, जैसे आगा ख़ाँ महल में पंजाबी कपड़े पहनती थी वैसे ही यहाँ भी पहनने चाहिए। उस वेश में भी सिर खुला रहना अच्छा तो नहीं है। फिर भी तुम्हारी जैसी लड़की के लिए ऐसे वेश में सिर खुला रहना उतना बुरा या बेहूदा नहीं लगेगा, जितना गुजराती साड़ी में। मैं तुम्हारी माँ

बना हूँ न? इसलिए मुझे तो तुम्हें यह सब कहना ही चाहिए।' महात्मा और मनु के बीच रात सवा बजे तक साड़ी से लेकर लिपिस्टिक तक पर बातें हुईं। अंत में महात्मा ने कहा- 'देखो एक साड़ी में से मैंने तुमको कितना बड़ा सबक़ सिखा दिया! क्योंकि मैं तो तुम्हारी माँ बना हूँ न? इसलिए तुम्हारे शिक्षक चाहे तुम्हारे पिता हों या दादा, माँ की ज़िम्मेदारी मेरे सिर है। और ज़िम्मेदारी ली है तो वह पूरी करनी ही पड़ेगी। आज जो मैंने पाठ सिखाया है उसे तुम्हें अपने जीवन में उतारना है। लेकिन उससे पहले मुझे कल डायरी में लिखकर दिखाना, जिससे मैं समझ सकूँगा कि तुमने कितना पचा लिया है।' घड़ी में सवा बज चुके थे। 'अब तुम सो जाओ। मुझे नींद नहीं आ रही थी इसलिए तुम्हें जगाया। मुझे विचार आया कि इस लड़की की ज़िम्मेदारी ले कर जोखिम उठाया है तो उसको सावधान तो कर दूँ। इसलिए मैंने तुम्हें जगाया। अब सो जाओ।'[22]

अगली रात महात्मा ने अपने मन की बात किताब की तरह मनु के सामने खोल दी। वह ख़ुद को मनु की माँ मानते थे। यह बात उन्होंने मनु से कई बार कही। बेटी और माँ में कोई पर्दा नहीं होता। उसे अपने यज्ञ के बारे में बताया। महात्मा ने ब्रह्मचर्य के बारे में मनु से पूछा। मनु तब उन्नीस साल की थी। काम-वासना के लिए यह उम्र सबसे ख़तरनाक होती है। किसी पुरुष का स्पर्श मात्र यौवन की दहलीज़ पर पहुँची लड़की को बेबस कर डालता है। लेकिन मनु बोली 'ऐसा तो मैंने कभी महसूस नहीं किया।' मनु का दावा था कि 'वह इस वासना से सर्वथा अपरिचित है।'[23]

महात्मा थोड़ा मुश्किल में पड़ गए। उनका ख़याल था कि 'मनु झूठ बोल रही है। पर हो सकता है वह सच्ची हो। या तो मनु अपने मन को जानती नहीं। या वह ख़ुद को या दूसरों को धोखा दे रही है।' महात्मा ने कहा कि तुम्हारी बात पर यक़ीन नहीं होता। क्या तुम मेरे साथ निर्वस्त्र सो सकती हो? क्या यह संभव है कि तुम मेरे साथ बिना कुछ पहने सोओ और तुम्हें इसका आभास तक न हो। मनु ने निडरता से कहा- 'हाँ यह संभव है।' महात्मा ने कहा कि ठीक है। अब हम दोनों के ब्रह्मचर्य की परीक्षा होगी। तुम्हारे दावे की परीक्षा होगी और साथ ही मेरे पूर्ण ब्रह्मचर्य की भी। आज से तुम्हारा नया जीवन शुरू होता है। लेकिन महात्मा ने एक शर्त लगा दी। शर्त थी कि यह प्रयोग दोनों के लिए खुली किताब होगा। दोनों के बीच किसी तरह का दुराव-छिपाव और गुप्तता नहीं होगी। बात तय हो गई। बातचीत के बाद मनु थोड़ी गंभीर हो गई थी। उसे अब महात्मा के यज्ञ

का अभिप्राय समझ में आ गया था। 'यज्ञ में ज़रा भी मैल हो तो काम नहीं चल सकता।' यही सोचते-सोचते वह वापस अपने बिछौने पर आ गई। इससे पहले वह ख़ुद को प्रयोग के लिए तैयार कर चुकी थी। महात्मा उसके पास ही लेटे थे। आँख फिर लग गई। महात्मा ने भी झपकी ले ली। महात्मा तीन बजे जगे। डायरी लिखने लगे- 'आज रात साढ़े बारह बजे उठा, मनु को पौने एक बजे जगाया। उसे धर्म के बारे में समझाया। जयसुखलाल से बात करने को भी कहा। उसे निश्चय बदलना हो तो अभी बदल सकती है, परंतु यज्ञ में कूद पड़ने के बाद सभी ख़तरे उठाने होंगे। वह टस से मस नहीं हुई। जयसुखलाल से मेरी ख़ातिर बात करेगी। परंतु जयसुखलाल ने तो सब कुछ उसी पर छोड़ दिया है और छोड़ेगा। इस प्रकार बातों में सवा बज गया और कुछ देर सोकर प्रार्थना के लिए उठा।'[24]

'धर्म' के बारे में मनु को महात्मा ने क्या समझाया यह उन्होंने कहीं स्पष्ट नहीं किया। महात्मा मनु को किस तरह के 'यज्ञ' में कूदने की बात कर रहे थे यह भी उन्होंने कहीं साफ़ नहीं किया। मनु ने भी कभी ये बातें सर्वाजनिक नहीं कीं। रात साढ़े तीन बजे महात्मा ने मनु को फिर जगाया। यह प्रार्थना के लिए जागरण था। उसे भजन व गीता पाठ का काम दिया गया। 20 दिसंबर को प्रार्थना के बाद महात्मा फिर मनु के पास आए। बोले- 'रात की बातों पर विचार किया? अगर नहीं भी किया है तो और कर लो।' मनु बोली- 'जहाँ आप वहाँ मैं। मेरी यह एक शर्त आपको मंजूर हो तो फिर मैं किसी भी परीक्षा का और आपकी किसी भी शर्त का पालन करूँगी। भाई (मनु जयसुखलाल को यही संबोधन देती थी) ने मुझे बचपन से पूरी आज़ादी दे रखी है। इसलिए आपको उनकी इच्छा के अपेक्षा मेरी इच्छा अधिक समझनी होगी।'[25] महात्मा उसके सिर पर टीप मारते हुए बोले- 'अच्छा जानता हूँ बड़ी समझदार हो गई है। जा पानी गरम कर ला।' मनु पानी गरम करने चली गई।

महात्मा ने वहीं मनु को पुर्ज़ा लिखा- 'अपने वचन का पालन करना। मुझसे एक भी विचार न छिपाना मैं जो पूछूँ उसका बिलकुल सच्चा उत्तर देना। आज मैंने जो क़दम उठाया, वह बहुत विचारपूर्वक उठाया है। उसका तेरे मन पर जो भी असर हुआ हो, वह मुझे लिख दे। मैं तो अपने सारे विचार तेरे सामने व्यक्त करूँगा ही। लेकिन इस समय मैं इतना चाहता हूँ। इस बात को याद रखना कि मैं तुझसे जो कुछ करने को कहूँगा अथवा माँगूँगा वह तेरे भले के लिए ही होगा। यदि ऐसा ही है तो मुझे कुछ नहीं पूछना। मुझे केवल इसे अच्छी तरह से समझना

होगा। यदि मुझमें तेरी श्रद्धा सचमुच इतनी गहरी है तो तू सुरक्षित है। इस महायज्ञ में पूरा-पूरा योगदान देना मूर्ख होते हुए भी। इसे सँभालकर रखना। बात समझ में न आए तो मुझसे पूछना।'[26]

महात्मा ने ऐसा क्या 'क़दम' उठाया जिसके लिए उन्हें मनु को इतना समझाना पड़ रहा था। मनु को अभी यहाँ आए चौबीस घंटे नहीं बीते थे। अपने प्रयोग के पहले दिन महात्मा पूरी तसल्ली कर लेना चाहते थे। वह मनु के सारे मनोभावों को पढ़ लेना चाहते थे। महात्मा चाहते थे कि उनके मनु के साथ नग्न सोने से अगर उसे कोई ऐतराज़ या आशंका है तो वह पहले ही स्पष्ट कर दे। जयसुखलाल अभी लौटे नहीं हैं। मनु को अगर इस प्रयोग, जिसे वह यज्ञ का नाम दे रहे थे, से कोई ऐतराज़ हो तो वह तुरंत वापस लौट जाए। पुर्ज़े के जवाब मां मनु गाँधी ने बाद में अपनी डायरी में लिखा- 'मुझे गाँधी में पूरा विश्वास है और मैं अंत तक किसी भी मुसीबत का सामना करने के लिए तैयार हूँ।' विदाई के लिए लौटते वक़्त मनु के पिता जयसुखलाल वापस महात्मा से मिलने आए। मनु पहली परीक्षा में पास हो गई थी। महात्मा ने उसके चेहरे पर किसी तरह का भय और विषाद नहीं देखा था। महात्मा ने जयसुखलाल से कहा- 'मनु तो टस से मस नहीं होती। अब तुम निश्चिंत होकर जाओ। इसकी चिंता न करना।'

बापू से जयसुखलाल बोले 'अब जब तक चाहें इसे रखें। आपके पास रहे तो मुझे क्या चिंता होगी।' महात्मा मनु से इतने प्रभावित थे कि उन्होंने उसके साथ जीवन भर की गारंटी दे दी। महात्मा ने कहा- 'मैं जब तक ज़िंदा रहूँगा इसे जाने के लिए नहीं कहूँगा। यह तंग आ जाए तो भले जा सकती है। परंतु मेरा तो अभय दान है कि यह चाहे तो मुझे छोड़ सकती है, पर मैं इसे नहीं छोड़ूँगा। सिवाय इसके कि दोनों में से कोई मर जाए। मरे तो भी क्या? शरीर अलग होंगे, आत्मा तो अमर है। मेरी यह प्रबल इच्छा है कि इस लड़की में जो छिपे हुए गुण मैंने देखे हैं उन्हें प्रकाश में लाऊँ।'

नोआखाली के इस बियाबान श्रीरामपुर में 19 साल की लड़की के साथ महात्मा का प्रयोग शुरू हो चुका था। महात्मा ने अपने सभी पुराने साथियों को अपने से दूर भेज दिया था। उस अस्थायी आश्रम में केवल चार लोग रह गए थे। महात्मा और मनु के अलावा परशुराम और निर्मल कुमार बोस। निर्मल बोस उस दिन सुबह से बहुत बेचैन थे। दो दिन पहले आश्रम में घटी महात्मा और सुशीला के झगड़े की घटना ने उसे अंदर तक हिला दिया था। फिर आज सुबह

के वाक़ये ने उन्हें थोड़ा असहज किया था। निर्मल सुबह प्रार्थना के लिए महात्मा को जगाने उनके कमरे में गए थे। श्रीरामपुर में बनी उस झोपड़ी का छोटा-सा कमरा। दरवाज़े तक पहुँचे तो ठिठक गए। भीतर से आवाज़ें आ रही थीं। यह आवाज़ नहीं फुसफुसाहट थी। महात्मा किसी से बहुत धीमी आवाज़ में बात कर रहे थे। वह मनु से ही बतिया रहे थे। रात में मनु उन्हीं के पास सोई थी। निर्मल ने उनकी बातचीत में ख़लल डालना उचित नहीं समझा। वह वापस लौट आए।

महात्मा की मुश्किल सिर्फ़ सुशीला नैयर नहीं थी। सुशीला के विद्वान भाई प्यारेलाल नैयर ने भी उनके सामने एक नई भावनात्मक समस्या खड़ी कर दी थी। सेवाग्राम में सुशीला के अलावा प्यारेलाल ने मनु को पढ़ाया था। इस अनौपचारिक दीक्षा के दौरान ही प्यारेलाल मनु के प्रेम में पड़ गए। वह उम्र में मनु से दस साल बड़े थे। प्यारेलाल ने अपने मन की बात मनु से की तो वह नाराज़ हुई। उसने प्यारेलाल के प्रेम निमंत्रण को अस्वीकार कर दिया। इस घटनाक्रम की जानकारी महात्मा को थी। शुरू में वह मध्यस्थ बने। फिर बदल गए। उन्होंने प्यारेलाल को बहुत समझाया। पर वह नहीं माने। महात्मा को लिखना पड़ा- 'मेरे विचारों में कुछ परिवर्तन हुआ है। एक शिक्षक को अपनी शिष्या की ओर पत्नी के रूप में नहीं देखना चाहिए पर तुम लाचार हो गए। मैं उसके मन अच्छी तरह जानने का प्रयत्न करूँगा और उसका डर दूर करूँगा। वह शादी करने का निर्णय करे तो बिलकुल भी नहीं रोकूँगा। यह विवाह मैं स्वयं नहीं कराऊँगा। इसके अलावा मेरी ओर से कोई और प्रतिबंध नहीं होगा। यह मेरी स्थिति है।'[27]

लेकिन प्यारेलाल मनु के प्रेम में बहुत आगे निकल चुके थे। उनके लिए लौटना कठिन था। उन्होंने महात्मा को फिर समझाने की कोशिश की। बताया कि कैसे उनका हृदय मंथन हो रहा है। दो महीने बाद मनु जब नोआखाली आई तो प्यारेलाल का प्रेम एक बार फिर बेचैन हो गया। प्यारेलाल और उनकी बहन सुशीला, दोनों की इच्छा थी कि वह बापू के साथ ही आश्रम में रहें। लेकिन महात्मा एकांत चाहते थे। वह इसके लिए राज़ी नहीं थे। श्रीरामपुर में सुशीला भी आ गई थी। मनु, सुशीला और महात्मा एक ही बिस्तर पर सोए। मनु ने 21 दिसंबर, 1946 को अपनी डायरी में लिखा- 'आज रात जब बापू, सुशीलाबेन और मैं एक ही पलंग पर सो रहे थे तो उन्होंने मुझे गले से लगाया और प्यार से थपथपाया। उन्होंने बड़े ही प्यार से मुझे सुला दिया। उन्होंने लंबे समय बाद मेरा आलिंगन किया। फिर बापू ने अपने साथ सोने के बावजूद मेरे मासूम बनी रहने

के लिए मेरी तारीफ़ की। लेकिन दूसरी लड़कियों के साथ ऐसा नहीं हुआ। वीना, कंचन और लीलावती (गाँधी की अन्य महिला सहयोगी) ने मुझसे कहा था कि वे उनके (गाँधी के) साथ नहीं सो पाएँगी।'[28]

अगले दिन 22 दिसंबर को कस्तूरबा का मासिक श्राद्ध दिवस था। महात्मा के लिए यह ख़ास दिन था। इस दिन आश्रम में गीता पाठ होता था। इस ख़ास दिन का महत्त्व प्यारेलाल जानते थे। वह भी श्रीरामपुर आ गए। सुशीला भी वहीं थी। इतने सारे लोग एक साथ भावनाओं के एक ही सूत्र में बँधे। सबके अपने-अपने सपने थे। अपनी-अपनी आकांक्षाएँ, इच्छाएँ और दमित स्मृतियाँ थीं।

***

महात्मा के ब्रह्मचर्य प्रयोग का सबसे ख़तरनाक चरण शुरू हो चुका था। मनु रात्रि में महात्मा के साथ सोती। शुरू में मनु को महात्मा के सामने वस्त्रहीन होने में संकोच हुआ। लेकिन वह जानती थी कि उसके चेहरे पर लज्जा का एक भी भाव महात्मा को सतर्क कर देगा और महात्मा उसे अनुत्तीर्ण कर देंगे। वह महात्मा को यक़ीन दिला चुकी थी कि वह काम भावना से कोसों दूर है। दिसंबर के उस जाड़े में मनु के शरीर की गर्मी महात्मा को राहत पहुँचाती थी। एक गरम पशमीने का टुकड़ा वह सोते समय सिर पर बाँधते। महात्मा के साथ लेटते वक़्त मनु मौन रहती। लेकिन महात्मा अपने संस्मरण सुनाते। यह सिलसिला तब तक चलता जब तक मनु या महात्मा में कोई एक थककर सो नहीं जाता। लेकिन उस रात मनु उस पंजाबी पोशाक के बारे में सोच रही थी जो महात्मा ने उसके लिए ख़ास एक दर्ज़ी से सिलवाई थी। मनु ने महात्मा के सिर पर बँधा पश्मीने का कपड़ा देखा। वह जर्जर हो चुका था। मनु उन्हें नया गर्म कपड़ा देना चाहती थी लेकिन महात्मा ने उसे लेने से मना कर दिया। फिर उन्होंने रात में ही पुराने कपड़े पर अपने हाथ से पैबंद लगाया और दोनों सो गए।

श्रीरामपुर के इस आश्रम में एक व्यक्ति और थे जो मनु और महात्मा के साथ उस रात जाग रहे थे। यह परशुराम थे। भारत की पौराणिक कथाओं में परशुराम को बहुत क्रोधी ब्राह्मण के नाम से जाना जाता है। ये परशुराम भी क्रोधी थे लेकिन उनसे कहीं ज़्यादा सज्जन ब्राह्मण थे। इसी गुण के कारण वह संयोगवश महात्मा के क़रीब आ गए। महात्मा ने उन्हें बतौर स्टेनो और टाइपिस्ट नियुक्त किया था। लेकिन स्वभाव से निर्मल परशुराम ने महात्मा की व्यक्तिगत

ज़रूरतों का ख़याल रखना शुरू कर दिया था। बिना किसी शिकवे के वह घंटों सेवा में लगे रहते। महात्मा भी उन्हें पसंद करने लगे थे।

मनु के आने के बाद आश्रम का जो वातावरण बदला था उससे परशुराम आहत थे। मनु का महात्मा के साथ सोना इतना आपत्तिजनक नहीं था जितना उसका उनके साथ 'नग्न' सोना। यह बात परशुराम को मालूम चल चुकी थी। निर्मल दा की तरह वह भी बेचैन थे। लेकिन निर्मल दा अपने अपार अध्ययन के अनुभव से महात्मा के इस तथाकथित 'आध्यात्मिक प्रयोग' को समझने का प्रयास कर रहे थे। वह इसे मनोविज्ञान की कसौटी पर कस रहे थे। लेकिन परशुराम के लिए सामान्य लोकाचार की दृष्टि से गाँधी का यह प्रयोग 'महापाप' के अलावा और कुछ नहीं था। परशुराम मनु से बातचीत करने का मौक़ा नहीं चूकते। वह घुमा-फिराकर बापू के इस प्रयोग के बारे में उससे जानना चाहते थे। परशुराम का मनु से एकांत में बात करना महात्मा को ठीक नहीं लगता था।

परशुराम उस दिन बहुत नाराज़ थे। रात महात्मा से बिना पूछे क़रीब के गाँव काजिरखिल गए जहाँ कांग्रेस का कैंप था। रात परशुराम वापस नहीं आए। महात्मा सुबह से परेशान थे। तीन बजे मनु को उठाया। परशुराम को पत्र लिखा। फिर लेट गए। मनु ने महात्मा की डायरी पढ़नी शुरू की। वह महात्मा की बातें अपनी डायरी में नोट करने लगी। महात्मा जग गए। कहा- 'क्यों बेकार परिश्रम करती हो।' मनु ने कहा- 'आप मेरे बारे में लिखते हैं। इसलिए नकल कर लेती हूँ। ताकि जीवन भर मेरे साथ रहे।'

अगली सुबह एक छोटे से तार ने मनु में उत्साह भर दिया था। तार में संदेश था कि जवाहरलाल नेहरू, कांग्रेस के अध्यक्ष आचार्य कृपलानी, ठक्कर बापा, सुचिता कृपलानी, शंकरराव देव आदि कांग्रेसी महात्मा से मिलने 26 दिसंबर को श्रीरामपुर गाँव आ रहे हैं। मेहमानों को रात में आना था इसलिए कोई जल्दी नहीं थी। बाक़ी मेहमानों को सँभालना आसान था लेकिन पं. नेहरू की बात अलग थी। कांग्रेसी होते हुए भी वह एक-दूसरे अभिजात्य वर्ग की श्रेणी में आते थे। उनके लिए गड्ढे वाला पाख़ाना तैयार किया गया। महात्मा ने अपना कमोड, हाथ धोने का बर्तन पं. नेहरू की कुटिया में भिजवा दिया। सारी तैयारियाँ पूरी हो चुकी थीं। पं. नेहरू और कांग्रेस की पूरी मंडली रात क़रीब साढ़े बारह बजे श्रीरामपुर पहुँची। महात्मा अब तक दो घंटे की नींद ले चुके थे। मेहमानों को उनकी कुटिया तक पहुँचा दिया गया था। महात्मा और मनु अपनी कुटिया में आकर सो गए।

और रात के क़रीब दो बजे महात्मा ने मनु को फिर जगाया। आज वह ज़्यादा गंभीर थे। प्यारेलाल मनु के पीछे पड़े थे। परशुराम भी मनु के हमउम्र थे। इस एकांत में मनु का रूप सौंदर्य देखने वाला और कोई नहीं था। अपनी उम्र की दूसरी लड़कियों की तरह मनु भी चाहती थी कि वह भी बन-सँवर कर रहे। बालों को ख़ास तरह से सजाए। उसके कपड़े आकर्षक हों। इसीलिए मनु ने अपने लिए छींट के पंजाबी सलवार और कुर्ते बनवाए थे। महात्मा ने पूछा 'तुमने छींट या किस प्रकार की खादी ली, इस बारे में परशुराम से कुछ कहा था?' मनु ने रूखे स्वर में कहा- 'यह कपड़ा परशुराम नहीं लाए हैं। आपने बिड़लाजी के आदमियों से कहा था। वे लाए हैं।'

महात्मा की आवाज़ में भी थोड़ा तल्ख़ी आ गई 'तब भी क्या कमी हो सकती है? छींट भले ही आई और सलवार कुर्ते भी पहन फाड़ना। परंतु मन में अगर यह भाव हो कि ऐसे कपड़े पहनने से और अच्छी लगूँगी तो उसे निकाल देना।' फिर महात्मा फ़ैशनपरस्ती के ख़िलाफ़ बोलने लगे 'कपड़े शरीर ढँकने के लिए, सर्दी- गर्मी से शरीर की रक्षा के लिए हैं, न कि फ़ैशन दिखाने के लिए। आज तो हर बात में ही फ़ैशन ही फ़ैशन है। लड़कियाँ बिना बाँहों के पोलके पहनती हैं, बारीक साड़ियाँ पहनती हैं। और पोलके भी उतने ही बारीक और चुस्त होते हैं। मैंने ऐसी बहुत-सी निकम्मी बातें देखी हैं। और यह सोचकर मन में दुख होता है कि क्या हमारी संस्कृति का नाश बहनें ही करेंगी।'

महात्मा ने इसके बाद और भी गंभीर बात कही 'दूसरी बात यह कहनी है कि तुम्हें परशुराम के साथ या किसी और के साथ बातों में समय नहीं खोना चाहिए। तुम परशुराम की उम्र की हो। और मैं तो अपना ही उदाहरण तुम्हें देता हूँ। बचपन में ही समवयस्क लोगों की कुसंगति में पड़ जाने के कारण मैंने मांस खाया और कड़े की चोरी की। हमेशा बराबर की उम्र वालों में अगर समझने की शक्ति हो और साथ ही निश्चय हो कि हम एक-दूसरे के गुणों का ही अनुकरण करेंगे, अवगुणों का नहीं, तो ही दोनों व्यक्ति ऊपर उठते हैं। नहीं तो आम तौर पर बुरी बातें ही सीखते हैं और दोनों का पतन होता है।'[29]

महात्मा की बातों से मनु परेशान हुई थी। उसने सोचा महात्मा ने परशुराम से एकांत में बात करते कब देखा होगा। क्या महात्मा उस पर संदेह करने लगे हैं। परंतु यह तो तय हो गया था कि महात्मा की परशुराम के बारे में अच्छी राय नहीं। हालाँकि वह उन्हें अपना बेटा मानते थे। रात ढाई से साढ़े तीन बजे तक

महात्मा मनु को मानव जीवन का यह तत्वज्ञान समझाते रहे। प्रार्थना का समय हो रहा था। अब फिर सोने का कोई मतलब नहीं रह गया। महात्मा ने मनु से उसकी डायरी माँगी। दो दिन से उन पर महात्मा ने दस्तख़त नहीं किए थे। आज रात कर दिए। फिर बोले- 'मुझे पता नहीं था कि तुम इतनी लंबी डायरी लिख सकती हो। मुझे अच्छा लगता है। तुम्हें रोज़ मुझे पढ़वा ही लेनी चाहिए और याद रखकर हस्ताक्षर करा लेना चाहिए। हस्ताक्षर कराने का मूल्य तुम्हें आज समझ में नहीं आएगा। परंतु आजकल मैं तुम्हें जो कुछ दे रहा हूँ, उसमें अपना हृदय उड़ेल रहा हूँ। भविष्य में यह डायरी उसका प्रमाण होगी। साथ ही तुम्हारी कच्ची उम्र होने के कारण इस सारी नोंथ पर मेरे हस्ताक्षर ज़रूरी हैं। इसलिए डायरी पर हस्ताक्षर कराने का काम रोज़ हो जाना चाहिए।'[30]

'माँ ऐसी सख़्त होती है भला।' मनु सोच रही थी कि डायरी लिखने के बाद महात्मा का दस्तख़त करने का आग्रह क्यों है ? डायरी तो नितांत व्यक्तिगत चीज़ है। फिर डायरी में क्या मैं ईमानदारी से सब कुछ सच-सच लिख पाऊँगी ? जबकि मैं जानती हूँ कि रात को इस पर महात्मा के दस्तख़त होने हैं। क्या महात्मा मेरे भीतर के तूफ़ान को देखना चाहते हैं ? क्या वह देख पा रहे हैं ? एक साथ कई सवाल मनु के दिमाग़ में आने जाने लगे। उसने देखा कि महात्मा अपनी डायरी लिख रहे हैं। उसे लगा कि इस बीच वह एक झपकी ले सकती है और वह झपकी उसने ले ली।

दिल्ली से आई टीम महात्मा की कुटिया में पहुँच चुकी थी। साढ़े सात बजे पं. नेहरू और मृदुला बहन टहलने निकले। महात्मा साथ थे। लौटते वक़्त मनु पं. नेहरू को उनकी कुटिया में ले गई। यहाँ महात्मा के बाथरूम का सारा सामान आ गया था। पं. नेहरू चौंके। उन्हें बताया गया कि यह कमोड महात्मा का है। वह मनु पर बरस पड़े 'मैं महात्मा का सामान इस्तेमाल करूँगा ? तुमने सोचा कि बापू कितनी मुश्किल में पड़ेंगे ? मैं इतना नाज़ुक आदमी तो नहीं ?'

मनु ने बताया कि सारा इंतज़ाम बापू के कहने पर ही हुआ है। पं. नेहरू और ज़्यादा नाराज़ हुए 'बापू की नाराज़गी तुम्हें सहनी चाहिए। बापू को सँभालने की ज़िम्मेदारी तुम्हारी है। तुम्हें देखना है कि उन्हें किस चीज़ की ज़रूरत है। बापू के ज़रूरत की चीज़ किसी और को नहीं देनी चाहिए। चाहे बापू तुम्हें मार ही क्यों न डालें।' फिर अगले ही क्षण मुस्कुराते हुए नेहरू बोले 'वैसे घबराना मत, वे तुम्हें मारेंगे नहीं।'[31]

यह कहकर पं. नेहरू ने मनु को अपने 'आलिंगन' में भर लिया और कहा- 'जाओ बापू से कहना जवाहरलाल मना करते हैं।' अगले दिन मनु ने महात्मा को इस घटना के बारे में बताया तो वह हँसे। बोले 'जवाहर ऐसा ही है। अब वह ये चीज़ें काम में नहीं लेगा। तू इन्हें रख दे।'

श्रीरामपुर गाँव में इतने चर्चित चेहरे एक साथ थे। आस-पास के गाँवों से आने वाले हिंदू-मुसलमान उन्हें देखने के लिए आश्रम में टूट पड़े थे। कभी-कभी वह पुलिस की बैरिकेडिंग तोड़कर आश्रम तक घुस आते। पं. नेहरू ने हँसी में महात्मा से कहा- 'तो यह है आपकी एकाकी यात्रा?' इसी हँसी के जवाब में बापू बोले 'तुम भूल जाते हो मैं महात्मा भी हूँ!'[32] पं. नेहरू चाहते थे कि महात्मा वापस दिल्ली लौट आएँ। यहाँ का काम अब ख़त्म हो चुका है। राजनीतिक हालात भी महात्मा को दिल्ली बुला रहे थे। लेकिन महात्मा ने इनकार कर दिया।

महात्मा पिछले कई महीनों से बार-बार ख़ुद के अंधकार में घिरे रहने की बात कर रहे थे। वह अपनी प्रार्थना सभाओं में भी यह बात दोहराते थे। एक दिन किसी ने पूछ लिया कि महात्मा आख़िर क्या है वह 'अंधकार'। महात्मा की इस बात से कई लोगों में 'उलझन पैदा' हो रही थी। महात्मा ने इस अंधकार को तुरंत अहिंसा से जोड़ दिया। उन्होंने कहा- 'आज मैं जैसे अंधकार से घिरा हुआ हूँ वैसे अंधकार से मेरा सामना पहले कभी नहीं हुआ। दरअसल आज मेरी अहिंसा एक अत्यंत महत्त्वपूर्ण परीक्षा से गुज़र रही है। जब तक मैं अपने लक्ष्य तक नहीं पहुँच जाता, मैं नहीं कह सकता हूँ कि मैं इस परीक्षा में सफल हो गया हूँ।'[33]

उधर सुशीला अपनी ज़िद पर अड़ी थी। वह मनु को गाँधी के साथ बर्दाश्त नहीं कर पा रही थी। मनु ने 28 दिसंबर, 1946 को अपनी डायरी में लिखा- 'सुशीलाबेन ने आज मुझसे पूछा कि मैं बापू के साथ क्यों सो रही थी और कहा कि मुझे इसके गंभीर नतीजे भुगतने होंगे। उन्होंने मुझसे अपने भाई प्यारेलाल के साथ विवाह के प्रस्ताव पर फिर से विचार करने को भी कहा और मैंने कह दिया कि मुझे उनमें कोई दिलचस्पी नहीं है और इस बारे में वे आइंदा फिर कभी बात न करें। मैंने उन्हें बता दिया कि मुझे बापूजी पर पूरा भरोसा है और मैं उन्हें अपनी माँ की तरह मानती हूँ।'[34]

***

'आपसे श्रद्धा ख़त्म हो गई बापू'

नेहरू सही थे। ज़ाहिर है इस समय '77 साल का यह नौजवान' दूसरी ही मुश्किलों के दौर से गुज़र रहा था। इसका आभास पं. नेहरू को नहीं हो सकता था और न ही उन कांग्रेसियों को जो राजनीति के अलावा कोई दूसरी बात नहीं सोचते थे। इस समय सिर्फ़ एक आदमी थे जो महात्मा की परेशानियों में उनके सबसे क़रीब थे और वह थे निर्मल कुमार बोस। एक आदमी और था जो महात्मा से दूर जाने की कोशिशों में लगा था और वह आदमी थे परशुराम। परशुराम महात्मा के साथ सुशीला और मनु के रिश्तों को समझ नहीं पा रहे थे। 17 दिसंबर की घटना उनके मन पर अंकित हो गई थी। उन्होंने महात्मा के इस प्रयोग पर गंभीर सवाल उठाए थे। ये साल 1946 का वह सबसे अंतिम दिन था। प्रार्थना सभा के बाद परशुराम ने महात्मा से क़रीब एक घंटे बात की। दोनों अकेले थे। परशुराम के सवाल बहुत व्यक्तिगत और परेशान करने वाले थे। निःसंदेह वह महात्मा के प्रयोग से संबंधित यक्ष प्रश्न थे। जो सिवाय महात्मा की परेशानी बढ़ाने के और कुछ नहीं कर सकते थे। बातों-बातों में परशुराम ने महात्मा को बताया कि आपके इस प्रयोग के बारे में निर्मल कुमार बोस के विचार भी मुझसे मिलते-जुलते हैं। निर्मल बाबू उस दिन आश्रम में नहीं थे। शाम को लौटे तो क़रीब सात बजे महात्मा ने उन्हें बुला लिया। एकांत में इसी विषय पर बात छिड़ गई। महात्मा ने बिना किसी भूमिका के निर्मल से पूछा 'तुम मेरे बारे में क्या सोचते हो?' जवाब देने की बारी निर्मल की थी। वह बोले- 'इस बिंदु पर आपमें मेरी पूरी श्रद्धा है। मैंने आपको हमेशा मानव इतिहास के एक महान मार्गदर्शक के रूप में देखा। बंगाल में अनगिनत कार्यकर्ता हैं जो आपसे शिक्षा ग्रहण करते हैं। वे अपने व्यक्तिगत जीवन में हर संयम और सादगी अपनाते हैं लेकिन वह आपके प्रयोग को न समझ सकते हैं और न अपना सकते हैं।[35]

महात्मा ने परशुराम से कहा था कि उनकी जो भी 'आपत्तियाँ हैं वह उन्हें लिखकर दें।' वह नये साल का पहला दिन था। महात्मा श्रीरामपुर से विदा लेने की तैयारी में थे। उनका काफ़िला आगे बढ़ने वाला था। लेकिन श्रीरामपुर आश्रम में महात्मा की टोली का यह अंतिम दिन ख़ास तनावपूर्ण था। सब-के-सब बेचैन थे। महात्मा, मनु, निर्मल बाबू और परशुराम सब। परशुराम फुलस्केप पन्नों पर अपनी आपत्तियों को शब्द दे रहे थे। नर्मल बोस अपनी निजी डायरी के पन्ने भर रहे थे। मनु सारा दिन सामान बाँधने में लगी रही और महात्मा अपने मित्रों को

पत्र लिखने में व्यस्त रहे।

इन सबके अलावा एक शख़्स और था जो परशुराम से भी ज़्यादा मानसिक तनाव व द्वंद्व से गुज़र रहा था। वह थे प्यारेलाल। वह प्यारेलाल, जिसे महात्मा अपने बेटों से ज़्यादा प्यार और दुलार करते थे। पं. नेहरू की टोली जब श्रीरामपुर आई थी तो वह भी वहाँ मौजूद थे। लेकिन उनका पूरा ध्यान महात्मा और मनु के संबंधों के अध्ययन में लगा था। मनु जिससे वह बेतहाशा प्यार करते थे। 30 दिसंबर को मनु ने उन्हें अपनी डायरी पढ़ाई थी। इस डायरी ने प्यारेलाल की बेचैनी और बढ़ा दी। डायरी में मनु ने महात्मा के साथ 'नग्न' अवस्था में साथ सोने के अनुभव लिखे थे। शाम को चरखा चलाते वक़्त मनु ने अपनी डायरी महात्मा को पढ़ाई। तीन दिन से महात्मा ने मनु की डायरी नहीं पढ़ी थी। वे बोले- 'तुम्हारी डायरी रोज़ नहीं पढ़ी जाती। यह मुझे अच्छा नहीं लगता?' मनु ने कहा- 'आपके पास समय कहाँ रहता है?' बापू ने कहा- 'परंतु प्यारेलाल को तुमने बताई, इससे मुझे संतोष है। वह भी तुम्हारा काफ़ी पथप्रदर्शन कर सकते हैं।' मनु समझ नहीं पाई कि महात्मा ने यह बात गंभीरता से कही है या यह कटाक्ष है।

उस दिन श्रीरामपुर से चांगेरगाँव लौटने के बाद प्यारेलाल निढाल होकर अपने बिस्तर पर गिर गए। आश्रम के काल्पनिक दृश्य उसकी आँखों के सामने घूम रहे थे। मनु की डायरी के पन्ने, मनु का चेहरा सब उसकी आँखों के आगे उतर गिर रहा था। निराशा और असहायपन से उसके होंठ सूख गए थे। महात्मा के 30 दिसंबर की तारीख़ के दो पत्र उसके सामने पड़े थे। पहले पत्र में महात्मा ने लिखा- 'जो कुछ सुशीला ने कहा, अगर उसे मैं ठीक समझा हूँ, तो यह चौंकाने वाली बात है। मुझे ऐसा लग रहा है कि तुम अत्यधिक निराश हो गए हो। मनु के बारे में सारी बातें तुमने मुझसे नहीं बताईं। तुम ठीक से खाना भी नहीं खा रहे। किसी भी वजह से अगर कोई बात तुमने मुझसे छिपाई है, तो यह सब मेरी वजह से ही है। मुझे लग रहा है कि कोई ग़लतफ़हमी हुई है। कम-से-कम यह बात तो स्पष्ट ही है कि मैं मनु को तुम्हारी वजह से ही लाया था, क्या नहीं?'

महात्मा मनु को प्यारेलाल की वजह से लाए थे? मनु तो प्यारेलाल के कारण यहाँ आने से डर रही थी। महात्मा ने उसे भरोसा दिया था कि वो तो दूर गाँव रहेगा। फिर ये बात गाँधी ने क्यों अपने पत्र में लिखी कि 'मैं मनु को तुम्हारी वजह से ही लाया था।' दूसरा पत्र प्यारेलाल के लिए और ज़्यादा पीड़ादायक था। इस पत्र में महात्मा ने पहली बार स्वीकार किया कि मनु उनके साथ नग्न

अवस्था में सोती है। उन्होंने इसे ईश्वर की मर्ज़ी बताया। पत्र में महात्मा ने को प्यारेलाल को लिखा- 'ईश्वर सबका मालिक है। वह वही करेगा जो 'उसे' मंज़ूर होगा। मैं केवल यही कर रहा हूँ। मैं उसे अपने पास सोने दे रहा हूँ। वह बिना कोई कपड़ा पहने सोती है, लेकिन गहरी नींद सोती है। जब भी कोई काम हो, उसे जगाना पड़ता है, चाहे दो बजे हों या तीन बजे हों। मैं इसे अच्छा चिह्न मानता हूँ कि वह इस तरह सो पाती है।'[36]

प्यारेलाल चाहते थे कि महात्मा उन्हें अपने साथ रखें लेकिन महात्मा ने मना कर दिया। उन्होंने कहा- 'मैं तुम्हें इस समय अपने साथ रखूँ यह उचित नहीं है। वर्तमान 'साधना' में हमारे अलग-अलग रहने की बात निहित है। मैं मानता हूँ कि इस समय मुझसे दूर रहकर तुम्हें किसी चीज़ की कमी महसूस हो रही होगी। लेकिन इस क्रिया में जो लाभ तुम्हें मिल रहा है, वह उससे कहीं बड़ी चीज़ है।'

महात्मा को 'यज्ञ' शुरू किए दो महीने से ऊपर हो चले थे। लेकिन नोआखाली अभी शांत नहीं हुआ था। श्रीरामपुर के आश्रम में भी काफ़ी अशांति थी। आगे के कूच का सामान बँध चुका था। रात दो बजे महात्मा उठ बैठे। सोचने लगे 'अहिंसा काम क्यों नहीं कर रही है? अहिंसा केवल आंशिक रूप में अच्छी नहीं हो सकती- बिलकुल पड़ोस में वह असफल रहे और दूसरी जगह सफल हो, यह नहीं हो सकता।' उन्होंने मनु को जगाया। कहा अग्नि परीक्षा आ रही है सतर्क रहो। महात्मा ने उस दिन अपनी डायरी में लिखा- 'मेरे भीतर ही गहराई में कोई-न-कोई गंभीर त्रुटि होनी चाहिए। जिसका मैं पता नहीं लगा सकता। मैं कहाँ रास्ता भूला हूँ? मेरी अहिंसा और श्रद्धा में कोई-न-कोई भयंकर दोष अवश्य है, जिसके कारण यह सब बातें हो रही हैं।'[37] महात्मा ने सुबह श्रीरामपुर छोड़ दिया। उनका काफ़िला आगे बढ़ गया था। सामान उठाने के लिए कोई दर्जन भर कार्यकर्ता पास के कैंप से वहाँ आए थे। फ़सल कटने के बाद खेत ख़ाली हो गए थे। अगला ठिकाना श्रीरामपुर से तीन मील दूर चंडीपुर था। यहीं के एक गाँव चांगेरगाँव में सुशीला और प्यारेलाल ने डेरा डाला था।

नया साल शुरू हो चुका था। मनु ने 1 जनवरी, 1947 को अपनी डायरी में लिखा- 'सुशीलाबेन मुझे अपने भाई प्यारेलाल से शादी करने के लिए कह रही हैं। उन्होंने मुझसे कहा कि अगर मैं उनके भाई से शादी कर लूँ तो ही वे नर्स बनने में मेरी मदद करेंगी। लेकिन मैंने उन्हें साफ़ मना कर दिया और सारी बात बापू को बता दी। बापू ने मुझसे कहा कि सुशीला अपने होश में नहीं है। उन्होंने कहा कि

कुछ दिन पहले तक वह उनके सामने निर्वस्त्र नहाती थी और उनके साथ सोया भी करती थी। लेकिन अब उन्हें (गाँधी को) मेरा सहारा लेना पड़ रहा है। उन्होंने कहा कि मैं हर स्थिति में निष्कलंक हूँ और धीरज बनाए रखूँ।'[38]

मनु ने अपनी डायरी में अगला नोट लिखा- 'प्यारेलाल जी मेरे प्रेम में दीवाने हैं और मुझ पर शादी करने के लिए दबाव डाल रहे हैं, लेकिन मैं क़तई तैयार नहीं हूँ क्योंकि उम्र, ज्ञान, शिक्षा और नैन-नक़्श में भी वे मेरे लायक़ नहीं हैं। जब मैंने यह बात बापू को बताई तो उन्होंने कहा कि प्यारेलाल सबसे ज़्यादा मेरे गुणों के प्रशंसक हैं। बापू ने कहा कि प्यारेलाल ने उनसे भी कहा था कि मैं बहुत गुणी हूँ।'[39]

***

गाँधी क़ाफ़िला आज आगे बढ़ने वाला था। अब उन्हें चंडीपुर जाना था। श्रीरामपुर छोड़ने से पहले महात्मा ने परशुराम का पत्र पढ़ा। इस पत्र को पढ़ने में उन्हें एक घंटा लगा। इस पत्र में परशुराम ने महात्मा और उनकी शिष्याओं पर गंभीर आरोप लगाए थे। महात्मा के लिए भी यह पत्र विस्फोट था। पत्र के अंत में परशुराम ने महात्मा से उनका साथ छोड़ने की इजाज़त माँगी थी। उन्होंने जवाब लिखा- 'मैंने तुम्हारा पत्र बहुत सावधानी के साथ पढ़ा। उसमें ऐसे अर्धसत्य हैं जो ख़तरनाक हैं। तुमने मुझे अपकृत किया। मैं तुम्हारी माँगें स्वीकार नहीं कर सकता। दूसरी जो बातें तुमने अपने पत्र में उठाई हैं, वह मेरे गले नहीं उतरतीं। चूँकि मेरी ऐसी राय है और हमारे बीच आदर्शों का संघर्ष है। तुम ख़ुद मुक्त होना चाहते हो, इसलिए तुम आज ही मुझे छोड़ देने के लिए स्वतंत्र हो। यह सम्मानपूर्ण और सत्यपूर्ण होगा। मैं तुम्हारी स्पष्टवादिता और साहस को पसंद करता हूँ। मैं तुम्हारे अन्य गुणों को बाहर लाने का प्रयत्न करने की आशा रखता था। मुझे दुख है अब यह नहीं हो सकता। अंत में मैं तुमसे कह दूँ कि तुमने मुझमें और अपने आस-पास के वातावरण में जो भी बुराई देखी हो, उसे प्रकाशित करने के लिए तुम स्वतंत्र हो।'[40]

परशुराम को पत्र लिखने के बाद महात्मा ने अपनी डायरी में लिखा- 'रात के दो बजे से जाग रहा हूँ। ईश्वर की कृपा से ही मैं यह सब सहन कर पा रहा हूँ। मुझे यह दिखाई दे रहा है कि मुझमें कहीं कोई गंभीर दोष अवश्य है, जो इन सबकी जड़ है। मेरे चारों ओर घोर अंधकार है। न जाने ईश्वर मुझे इस अँधेरे से

उजाले की ओर कब ले जाएगा।'[41]

चंडीपुर के कैंप में महात्मा ने परशुराम को बुलाया। 5 जनवरी को रविवार का दिन था। मालिश के बाद महात्मा खाने बैठे थे। मनु वहीं थी। परशुराम के आने पर वह उठ गई। महात्मा ने उसे वहीं रहने के लिए कहा। वे बोले 'मैं चाहता हूँ तुम इस क़िस्से को समझो, इसलिए यहीं बैठी रहो।' फिर महात्मा ने परशुराम से कहा- 'मैं समझूँगा तुम छुट्टी पर गए हो। तुम पर मैंने अटूट प्रेम बरसाया है। तुमने मेरे लिए फ़क़ीरी ली। तुम्हारी भक्तिपूर्ण भावना के कारण मैंने तुम्हें मुक्त किया। मैं तो तुम्हें पुत्र के समान मानता हूँ और मानूँगा। इस समय तुम उत्तेजित हो, इसलिए मेरा समझाना व्यर्थ है। यह भी हो सकता है कि मैं अपनी भूल न समझ पा रहा होऊँ।'[42]

परशुराम हल्के मन से कैंप के बाहर निकला। वह अब मुक्त महसूस कर रहा था। गाँधी जैसे महात्मा का परित्याग बड़ी बात थी। करोड़ों की जनता जिनके दर्शनों के लिए तरसती है और वह ख़ुद उनका साथ छोड़ रहा है। इसके कुछ दिनों के बाद महात्मा ने अपने एक अभिन्न मित्र को लिखे पत्र में कहा- 'परशुराम चला गया। क्योंकि उसे मेरे विचारों में विश्वास नहीं था। तात्कालिक कारण मैं समझता हूँ यह था कि मनु मेरे साथ सोती है। वह इसे ग़लत मानता था इसलिए नहीं कि मैं या मनु ग़लत हैं, क्योंकि वह जानता था कि मनु मेरी पौत्री की तरह है, बल्कि इसलिए कि नौजवानों ख़ासकर ख़ुद उस जैसे युवकों को यह प्रयोग ग़लत संदेश देता है। मेरा भरोसा है कि इस शिविर का हर सदस्य जानता है कि मनु मेरे बिस्तर की हिस्सेदार है। इस मामले में मैं गुप्तता नहीं बरतना चाहता। मैं इन चीज़ों को विज्ञप्ति भी नहीं करना चाहता। यह मेरे लिए गोपनीय चीज़ है। लेकिन वह लोग जो मुझमें हर चीज़ बुरी देखते हैं, उन्हें हर वक़्त स्वतंत्रता है कि वह इन तथ्यों का प्रचार करें और उसे मनचाहे रंग दें।'[43]

निर्मल बोस को महात्मा का यह पत्र आपत्तिजनक लगा क्योंकि परशुराम की आपत्तियाँ और उनका पत्र उनकी अपनी डायरी में भी दर्ज था, जिसमें यह बात कहीं नहीं लिखी थी कि महात्मा का यह प्रयोग उन पर ग़लत असर डाल रहा है। परशुराम का विरोध एक आम आदमी का विरोध था। वह समझ नहीं पा रहे थे कि एक स्त्री और पुरुष का संबंध कैसे महात्मा की आध्यात्मिक ज़रूरत बन गया है? लेकिन निर्मल को लगा कि 'इस पत्र में यह बात लिखते वक़्त परशुराम का वह पत्र महात्मा के सामने नहीं होगा और उन्होंने यह बात केवल स्मृति के

आधार पर लिखी होगी, जो इस संदर्भ में सही नहीं थी।'[44]

प्यारेलाल का दुख

अब चंडीपुर छोड़ने की बारी थी। महात्मा के लिए सतीश चंद्र दास गुप्ता की मंडली ने 'फोल्डिंग हट' बनाई थी। इसे जहाँ चाहें समतल ज़मीन पर झोपड़ीनुमा शक्ल में खड़ा किया जा सकता था। इस झोपड़ी में छोटे-छोटे रौशनदान व खिड़कियाँ भी थीं। पीछे की तरफ़ बाँस की खपचियों के पर्दे से घिरा एक स्थान जहाँ लेटकर महात्मा की मालिश की जा सकती थी। कमोड रखने की एक अलग झोपड़ी होती। लेकिन मुख्य झोपड़ी की छत पर तिरंगा लहराता दिखता था। महात्मा ने इसे 'महल' का नाम दिया था। उन्होंने कहा कि इस 'महल में मेरे जैसे फ़क़ीर का क्या काम।' इसे ग़रीबों के लिए चलता फिरता अस्पताल बना दो। महात्मा ने कहा कि मुझे अगर कहीं आसरा न मिला तो किसी पेड़ के नीचे सो रहूँगा। महात्मा ने यही किया। यात्रा के दौरान उन्हें ठहराने के लिए कार्यकर्ताओं को बड़ी मशक्कत करनी पड़ती। महात्मा की इस यात्रा का नज़ारा भी काफ़ी दिलचस्प होता। आगे सेना के आदमी। उनके पीछे प्रेस रिपोर्टर और सबसे पीछे महात्मा और उनकी मनु। वह लगातार हरी-भरी पगडंडियों पर आगे बढ़ते रहते। लोगों से मिलते। उनसे बातें करते और फिर आगे बढ़ जाते। प्यारेलाल और सुशीला वहीं पास के गाँव में थे इसलिए वे भी रोज़ आकर बापू का हाल ले लेते। लेकिन प्यारेलाल का मक़सद सिर्फ़ हाल लेना नहीं था। मनु अभी भी उनकी परेशानी का सबसे बड़ा सबब थी। और प्यारेलाल भी मनु के लिए मुश्किल बनते जा रहे थे। वह महात्मा और मनु से रोज़ मिलना चाहते थे। वह महात्मा को समझाना चाहते थे कि वह मनु को अपनी पत्नी के रूप में देखना चाहते हैं। वह यह भी जानते थे कि उनके विवाह के बीच सबसे बड़ी बाधा महात्मा हैं। जो चाहे अनचाहे मनु को उनसे दूर कर रहे हैं। लेकिन महात्मा किसी बात के लिए तैयार नहीं थे। एक दिन परेशान होकर महात्मा ने प्यारेलाल को लिखा- 'मनु को चीज़ों से नफ़रत-सी हो गई है। अगर तुम आए तो समस्याएँ और बढ़ जाएँगी। मनु ने अपनी जीने की इच्छा को खो दिया है। मुझे लगता है कि तुम मनु को अपनी पत्नी के रूप में नहीं प्राप्त कर सकोगे। यह बड़ी मुश्किल परिस्थिति है। जैसा भी तुम करने की इच्छा रखते हो, वही करो। मुझे और कुछ भी नहीं सूझ रहा।'[45]

महात्मा प्यारेलाल को समझा ज़रूर रहे थे लेकिन वह मनु की तरफ़ से पूरी

तरह आश्वस्त नहीं थे। महात्मा ख़ुद असुरक्षा की भावना से ग्रस्त थे। प्यारेलाल वक़्त निकालकर मनु को पढ़ाने आ जाते थे। वह मनु को लंबे-लंबे पाठ पढ़ाते। ताकि वह ज़्यादा वक़्त मनु के साथ बिता सकें। मनु भी इसमें रस लेती थी। महात्मा ने मनु पर गंभीर आरोप लगाए। मनु इन आरोपों के लिए तैयार नहीं थी। वह रोने लगी। महात्मा को लगा उनसे भूल हो गई। उन्होंने मनु पर संदेह किया। 10 जनवरी की रात महात्मा मनु के पास आए। बोले- 'मैंने वह आरोप तुम पर बिलकुल ग़लत लगाया। मैं तुमसे कहीं बड़ा तुम्हारा दादा हूँ। अतः तुमसे माफ़ी तो क्या माँगूँ।' महात्मा ने सफ़ाई दी 'क्योंकि चारों तरफ़ अँधेरा-ही-अँधेरा देख रहा हूँ। जहाँ-तहाँ असत्य ही भरा है।'[46]

ये कैसा अँधेरा था जो गाँधी बार-बार महसूस कर रहे थे। ये कैसे असत्य था? ये कैसा संदेह था? महात्मा आख़िर इतने विचलित क्यों थे? महात्मा और प्यारेलाल के बीच दिन भर केवल मनु के बारे में बात हुई। किसी मासूम बच्चे की तरह प्यारेलाल कोई बात समझने को तैयार नहीं थे। उन्हें मनु नाम का खिलौना चाहिए था। कैसे भी। महात्मा के संग नग्न सोने की बात को लेकर प्यारेलाल को मनु की पवित्रता पर भी संदेह होने लगा था। इस बारे में प्यारेलाल ने महात्मा से बात की तो वह भड़क गए। दोनों में अच्छी ख़ासी कहा-सुनी हुई। प्यारेलाल ने इसे आपत्तिजनक माना। महात्मा के कुछ शब्दों पर उसे ऐतराज़ हुआ। महात्मा ने प्यारेलाल को समझाया कि 'इस तरह तो परिस्थिति और भी बिगड़ेगी। मैंने तुम्हें अपशब्द कब कहे? मैंने जो कुछ कहा है, अगर वह तुम्हें अपशब्द कहने जैसा लगता है तो इस तरह हमारे संबंध कैसे रह पाएँगे?'

महात्मा ने प्यारेलाल से आगे कहा- 'अब जैसा तुमने कहा है, ऐसा लगता है कि तुमने उसकी पवित्रता के बारे में शक करना शुरू कर दिया है। मेरे इतना कुछ लिखने के बावजूद तुम उसे भुला नहीं पा रहे। मैं तुमसे अनुरोध करता हूँ कि अगर तुम उसे भुला नहीं पा रहे, तब भी मुझे इस मामले से अलग रखो।'[47]

प्यारेलाल और मनु के बीच प्रेम का यह शीत युद्ध निर्मल बोस से भी छुप न सका। मनु ने निर्मल बोस से प्यारेलाल की शिकायतें की थी। प्यारेलाल मनु को भावनात्मक रूप से ब्लैकमेल कर रहे थे। वह मनु के प्रेम में आत्महत्या तक की धमकी दे चुके थे। मनु जानती थी कि महात्मा के मन में प्यारेलाल के लिए विशेष स्नेह है। वह उसे ख़ुद से दूर नहीं कर सकते। मनु के पास उसका दुख सुनने वाला और कोई नहीं था। इसलिए उसने निर्मल बोस से अपने मन की बात

कही। निर्मल जानना चाहते थे कि प्यारेलाल और मनु के रिश्ते का सच क्या है। महात्मा आख़िर क्या चाहते हैं? निर्मल इस बारे में एक पत्र पहले भी महात्मा को लिख चुके थे लेकिन उसका कोई जवाब नहीं आया। निर्मल ने दूसरा पत्र लिखा। इस पत्र में निर्मल ने मनु के मन की बात महात्मा से कही। उन्होंने कहा कि मनु के लिए प्यारेलाल को अपना 'भाई' समझ पाना कठिन है जबकि वह जानती है कि प्यारेलाल उसे अपनी 'पत्नी' के रूप में देखना चाहते हैं। निर्मल ने महात्मा से जानना चाहा कि इस तरह के अनसुलझे प्रेम संबंधों के प्रति उनका नज़रिया क्या है?

महात्मा ने उन्हें लिखा- 'कितना अच्छा हो कि आप देख सकें कि अहिंसक आचरण चाहे वैयक्तिक हो या सार्वभौम, उसमें निजी, व्यक्तिगत जीवन और सार्वजनिक जीवन में एक अटूट संबंध रहता है। हम व्यक्तियों के बारे में धारणा बनाते समय चाहे जितनी उदारता से काम लें, किंतु निजी जीवन में सही आचरण से उसके विचलित होने की बात नज़रअंदाज़ नहीं कर सकते। अगर आप इस मान्यता के क़ायल हों तो आपको मन के साथ मेरे संबंध पर विचार करना चाहिए और उसमें कोई दोष नज़र आए तो उसे बताने का प्रयत्न करना चाहिए। मैंने आपका समय बचाने की दृष्टि से पत्र लिखा है और इसलिए भी कि आप विचार कर सकें। लेकिन आप चाहें तो मैं उस पर चर्चा करने को सहर्ष तैयार हूँ।'[48]

निर्मल बोस को प्रेम के संबंध में महात्मा की यह व्यख्या कुछ अटपटी लगी। जहाँ ब्रह्मचर्य का इतना बड़ा यज्ञ चल रहा हो वहाँ प्रेम और वासना का यह युद्ध अपने आप में कई सवालों को जन्म दे रहा था। इन सवालों का जवाब महात्मा के पास भी नहीं था। बंगाल के इस जलते हुए इलाक़े में महात्मा यहाँ के लोगों के ज़ख़्मों पर मरहम लगाने आए थे लेकिन उनके साथ के लोग ख़ुद इस तरह घायल थे कि महात्मा उन्हीं के इलाज में उलझते जा रहे थे। प्यारेलाल का कहना था जब तक मनु उनकी पत्नी बनने के लिए हाँ नहीं कह देती तब तक वह उसे बहन या बेटी की तरह देखेंगे। पर क्या यह संभव है कि कोई अपनी प्रेमिका को बेटी और बहन के रूप में देखे।

***

किसी लड़की को बहन या बेटी की तरह देखना और सच में बहन या बेटी होना दो बहुत अलग तथ्य हैं। महात्मा ने सरला देवी को अपनी आध्यात्मिक पत्नी के रूप में देखा लेकिन सार्वजनिक समारोहों में वे सरला देवी का परिचय

बहन के रूप में कराते थे। ये एक अजीब-सा विरोधाभास था। सरला देवी तो गाँधी से केवल तीन साल छोटी थीं। लेकिन इसके बाद महात्मा के जीवन में जितनी महिलाएँ आईं उनमें अधिकांश कम उम्र की लड़कियाँ थीं। दक्षिण अफ्रीका में वह 18 साल की मॉड से प्रभावित थे। भारत में वह जब पहली बार एस्थर फैरिंग से मिले तो उसकी उम्र केवल 22 साल थी। प्रेमा कंटक सिर्फ़ 18 साल की। सुशीला नैयर के साथ महात्मा ने जब सोना शुरू किया तो उसकी उम्र भी 18 साल थी। आभा के साथ उनका प्रयोग तब शुरू हुआ जब वह 16 साल की थी। कंचन भी उसकी हमउम्र थी। महात्मा की पोती मनु केवल 19 साल की थी और उसके साथ वह नग्न सोने लगे थे। यह थोड़ा अजीब और असामान्य बर्ताव था। जैसा कि महात्मा ने अपने मित्र घनश्याम दास बिड़ला को लिखा- 'मैं मनु को अपनी गोद में लेता हूँ तो एक पवित्र पिता की हैसियत से न कि धर्मभ्रष्ट पिता की हैसियत से?' भारत में या किसी भी दूसरे सभ्य समाज में कितने पिता ऐसे हैं जो अपनी 17-18 साल की युवा पुत्री को गोद में बैठाते हैं। इसकी वजह यह नहीं है कि पिता ऐसा करने से डरते हैं। दरअसल बढ़ती उम्र के साथ पिता और पुत्री के रिश्ते में एक मर्यादित दूरी पैदा हो जाती है जो बहुत सहज और सामान्य घटना है। कुछ विशेष परिस्थितियों में जैसे सुख और दुख के अतिरेक में पिता और पुत्री निर्विकार भाव से आलिंगन भी कर सकते हैं। लेकिन जीवन में ऐसा समय बहुत कम आता है। पुत्री की विदाई या किसी अन्य प्रियजन के अलगाव के समय बहुत संभव है कि पिता या पुत्री इस मर्यादा को भूल जाएँ लेकिन इस व्यवहार को जीवन का नियमित अंग बना लेना मस्तिष्क की रासायनिक गड़बड़ियों की तरफ़ इंगित करता है। अमूमन उम्र के इस पड़ाव पर पहुँचकर पुरुषों की कामेंद्रियाँ उनका साथ नहीं देतीं। शरीर साथ छोड़ देता है लेकिन इच्छाएँ और वासनाएँ नहीं। मनोवैज्ञानिक कहते हैं वृद्धावस्था में यह प्रवृत्ति केवल उन लोगों तक सीमित नहीं रहती जिनका जीवन जवानी के दिनों में स्त्रियों के इर्द-गिर्द घूमा हो। बल्कि यह प्रवृत्ति कभी-कभी ऐसे लोगों में साफ़ देखी जाती है जो अपने नैतिक विचारों के कारण पहले कठोर संयमित जीवन बिताते रहे हैं। और इस कारण वे अर्ध चेतन आवेग के वश में होकर कार्य करते हैं ताकि खोए हुए समय का उपयोग कर लें और बिलकुल ही हाथ मलते न रह जाएँ। ऐसे बुज़ुर्गवार अपनी हमउम्र महिलाओं के बजाय कम उम्र की लड़कियों की ओर अधिक आकर्षित जान पड़ते हैं। अधिकांश स्त्रियों का अनुभव रहा है

कि उनके बचपन या जवानी के दिनों में उनके साथ मैथुनिक कार्य करने की सबसे सफल और साहसपूर्ण हरकतें बुज़ुर्ग वैवाहिक पुरुषों ने कीं। अक्सर ऐसे पुरुषों ने कीं जिनकी स्थिति और चरित्र देखते हुए ऐसी घटनाएँ अस्वाभाविक और अविश्वसनीय जान पड़ती थीं।

***

संदर्भ :

1. महात्मा गाँधी : पूर्णाहुति खंड : 1, प्यारेलाल, पेज 324
2. हिंदुस्तान स्टैंडर्ड, 8 नवंबर 1946
3. महात्मा गाँधी : पूर्णाहुति प्यारेलाल, भाग- 2, पेज 11–12
4. बा और बापू की शीतल छाया में, मनु गाँधी, पेज 177
5. बा और बापू की शीतल छाया में, मनु गाँधी, पेज 228
6. खंड 85 : 19 जनवरी, 1945, पेज 328
7. बा और बापू की शीतल छाया में, मनु गाँधी, पेज 232- 233
8. खंड 92 : 11 अक्टूबर, 1946, पेज 330
9. एकला चलो रे, मनु गाँधी, नवजीवन प्रकाशन मंदिर, 1957, पेज 4
10. एकला चलो रे, पेज 4
11. खंड 92 : 24 सितंबर, 1946, पेज 246
12. महात्मा गाँधी- द लास्ट फेज़, खंड 1 : भाग 2, पेज 7
13. खंड 93 : 11 दिसंबर, 1946, पेज 152
14. माई डेज़ विद गाँधी, निर्मल कुमार बोस, पेज 95
15. माई डेज़ विद गाँधी, निर्मल कुमार बोस, पेज 99
16. माई डेज़ विद गाँधी, निर्मल कुमार बोस, पेज 104
17. हिंदुस्तान स्टैंडर्ड, 20- 12- 1946 और 22- 12- 1946, तथा हिंदू 20- 12- 1946
18. बा और बापू की शीतल छाया में, मनु गाँधी, 25 मई, 1945, पेज 234
19. एकला चलो रे, पेज 8
20. एकला चलो रे, पेज 8
21. एकला चलो रे, पेज 8
22. बापू- मेरी माँ, मनु गाँधी, नवजीवन प्रकाशन मंदिर, अहमदाबाद, 1949, पेज 9- 13
23. महात्मा गाँधी : पूर्णाहुति, खंड : 2, प्यारेलाल पेज 293
24. एकला चलो रे, पेज 9-10
25. एकला चलो रे, पेज 9-10

26. एकला चलो रे, पेज 10, खंड 93, 20 दिसंबर, 1946, पेज 193
27. खंड 92 : 2 अक्टूबर 1946, पेज 293
28. द डायरी ऑफ़ मनु गाँधी, वॉल्यूम 2 ऑक्सफ़ोर्ड यूनिवर्सिटी प्रेस
29. एकला चलो रे, 27 दिसंबर 1946, पेज 35
30. एकला चलो रे, पेज 36
31. एकला चलो रे, पेज 38
32. महात्मा गाँधी : पूर्णाहुति, प्यारेलाल खंड : 2 पेज 164
33. खंड 93 : 27 दिसंबर, 1946 पेज 235
34. द डायरी ऑफ़ मनु गाँधी, वॉल्यूम 2 ऑक्सफ़ोर्ड यूनिवर्सिटी प्रेस
35. माई डेज़ विद गाँधी, प्रो. बोस- पेज 115
36. खंड 93 : 30 दिसंबर,1946, पेज 247
37. महात्मा गाँधी द लास्ट फेज़, खंड 1 : भाग- 2, पेज 115
38. द डायरी ऑफ़ मनु गाँधी, वॉल्यूम 2 ऑक्सफ़ोर्ड यूनिवर्सिटी प्रेस
39. द डायरी ऑफ़ मनु गाँधी, वॉल्यूम 2 ऑक्सफ़ोर्ड यूनिवर्सिटी प्रेस
40. माई डेज़ विद गाँधी, प्रो. बोस, पेज 118, खंड 93 : 2 जनवरी, 1947 पेज 263
41. खंड 93 : 2 जनवरी, 1947 पेज 266
42. एकला चलो रे, पेज 51
43. माई डेज़ विद गाँधी, प्रो. बोस, पेज 118-119
44. माई डेज़ विद गाँधी, प्रो. बोस, पेज 119
45. खंड 93 : 6 जनवरी, 1947, पेज 282- 283
46. एकला चलो रे, मनु गाँधी, पेज 65
47. खंड 93 : 13 जनवरी, 1947, पेज 320
48. माई डेज़ विद गाँधी, प्रो. बोस, पेज 135-136

8

आख़िर गोपनीय क्यों रखा प्रयोग ?

जदि तोर डाक शुने केओ ना आसे, तबे एकला चलो रे- यानी यदि तेरी पुकार सुनकर भी कोई न आए तो तू अकेला ही निकल चल! 7 जनवरी 1947 को चंडीपुर से आगे की यात्रा इसी बांग्ला गीत के साथ शुरू हुई। महात्मा का नंगा पैर आश्रम के बाहर निकला। चंडीपुर के बाद फ़तहपुर, दासपाड़ा, जगतपुर, लामचर, कारापाड़ा, शाहपुर, भरियालपुर होते हुए महात्मा का क़ाफ़िला 16 जनवरी को रामदेवपुर पहुँचा। कैंप में सन्नाटा था। रात क़रीब तीन बजे थे। मनु महात्मा के बग़ल में घुटने सिकोड़कर सो रही थी। महात्मा ने उसे जगाया। सीधे सोने को कहा। प्रार्थना के बाद मालिश का समय आया। कैंप में एक कार्यकर्ता ने मनु से आग्रह किया कि आज वह महात्मा की मालिश करना चाहता है। मनु ने न चाहते हुए भी हामी भर दी। लेकिन महात्मा को यह अच्छा नहीं लगा। वे बोले मेरे- 'स्वभाव में है कि जो चीज़ लगातार चलती आई हो उसे बदला न जाए। मुझे आज का यह परिवर्तन अच्छा नहीं लगा।'

मनु महात्मा के इस अनूठे प्रयोग का आनंद ले रही थी। आनंद न भी महसूस कर रही हो तो कम-से-कम ऐसा प्रदर्शित कर रही थी कि वह आनंदित है। वह अपनी डायरी में ऐसी ही बातें लिखती। वह जानती थी कि महात्मा उसकी डायरी में यह बातें पढ़कर ख़ुश होंगे। मनु ने लिखा- 'सचमुच ऐसे अनुभवों से मैं गुज़र रही हूँ। बापू जी मेरी माता बनकर यह प्रयोग कर रहे हैं। इसे मैं अपना अहोभाग्य समझकर आनंद से फूली नहीं समाती।'

सवालों में नोआखाली यज्ञ

महात्मा के ब्रह्मचर्य के प्रयोग को लेकर विवाद शुरू हो गया था। परशुराम के जाने के बाद केवल निर्मल बोस और प्यारेलाल ही नहीं, किशोरलाल

मशरूवाला और केदारनाथ कुलकर्णी जैसे महात्मा के पुराने और क़रीबी मित्र भी उनके इस अहमक़ प्रयोग से आहत थे। मित्रों ने महात्मा से पूछा कि 'आप जब नोआखाली में अपने महान मिशन में लगे हुए हैं, उस समय इस बात के लिए इतना समय और इतना ध्यान कैसे दे सकते हैं?' महात्मा मनु से कहते 'ये लोग सोचते हैं कि तू मेरे मोह की निशानी है। लेकिन मैं उनके अज्ञान पर हँसता हूँ। वे समझते नहीं। तेरे लिए मैं जो समय और शक्ति ख़र्च करता हूँ, उसे उचित रीति से ख़र्च किया हुआ समय और शक्ति मानता हूँ।'[1]

लेकिन ऐसा नहीं था कि इस प्रयोग को लेकर ख़ुद महात्मा के अंदर कोई अंतर्द्वंद्व नहीं चल रहा था। उन्होंने अपने प्रयोग की बात हॉरेस एलेक्ज़ेंडर के सामने रखी। सी एफ़ एंड्रयूज की मौत के बाद महात्मा ने हॉरेस को अपना ईसाई मार्गदर्शक माना था। एक ईसाई होने के नाते हॉरेस इस बारे में क्या सोचते हैं? महात्मा ने उन्हें एक पत्र भेजा। हॉरेस का जवाब महात्मा के प्रतिकूल था। हॉरेस ने साफ़ और दो टूक जवाब दिया कि 'ब्रह्मचर्य की परीक्षा के लिए ऐसा चरम कोटि का क़दम उठाना ज़रूरी नहीं लगता।' उन्होंने महात्मा से पूछा- 'क्या यह परीक्षा इससे थोड़े कम तीव्र ढंग से नहीं की जा सकती है?' हॉरेस ने लिखा- 'खंभे के सिरे पर चढ़कर आत्म नियंत्रण की अपनी शक्ति प्रदर्शित करने के संत साइमन स्टाइलिटीज के क़दम की मैंने भी तारीफ़ नहीं की है। 'सारी बातों में मर्यादा रखनी चाहिए। यह एक प्राचीन सुंदर सूत्र है।'

एलेक्ज़ेंडर संत ने गाँधी की तुलना संत साइमन से की जो कि 'मिथ्याभिमानी और चिड़चिड़े' स्वभाव के थे। गाँधी को ये तुलना बुरी लगी। उन्होंने कहा- 'मैंने जो क़दम उठाया है वह यह सिद्ध करने के लिए नहीं उठाया है कि मैं स्वयं क्या कर सकता हूँ बल्कि इसीलिए उठाया है कि मेरी पोती के अनुशासन के लिए यह एक ज़रूरी क़दम है। उसके पीछे मेरा आशय अपनी पोती के उस विश्वास की सत्यता की पूरी कसौटी करना है, जो मुझे दिया गया है। साथ ही इससे मेरी अपनी कसौटी भी हो जाएगी।'[2]

इस बीच महात्मा की ब्रह्मचर्य पर निर्मल बाबू से लंबी बात हुई। महात्मा ने कहा- 'जो पुरुष मानते हैं कि स्त्रियों को छूने में भी पाप है और इसलिए उन्हें नहीं छूते, क्योंकि स्त्री के स्पर्श से विकार पैदा होने का उन्हें डर रहता है। ऐसे आदमी ब्रह्मचारी हों तो भी मैं उन्हें ब्रह्मचारी नहीं मानता। दूसरे यह मत मानो की मनुष्य बूढ़ा हो गया है इसलिए निर्विकार हो गया है। वह निर्विकार इसलिए है

कि उसकी शक्ति बूढ़ी हो गई है न कि ब्रह्मचर्य पालन से। और मन तो आख़िरी दम तक कभी बूढ़ा नहीं होता। मेरे कुछ मित्रों में भी इस विषय में मतभेद ज़रूर हैं। परंतु मैं तो अनेक प्रयोगों और अनुभवों के बाद दावा करता हूँ कि उन सबमें सच्चा ब्रह्मचारी मैं हूँ।'[3]

यहाँ गाँधी ख़ुद सच्चा ब्रह्मचारी होने का दावा कर रहे थे जबकि वह पहले कई बार मान चुके थे कि उनका ब्रह्मचर्य अभी अपूर्ण है। महात्मा का दावा रहता कि उन्होंने समस्त वासनाओं पर जीत हासिल कर ली है। वह अगर वासनाओं को जीत चुके थे तो उन्हें ऐसे प्रयोग की ज़रूरत ही क्यों महसूस हुई। ब्रह्मचर्य व्रत का पालन करने का आग्रह अपने आपमें साबित करता है कि मन में कहीं काम-वासना अभी बाक़ी है। अगर मन में काम-वासना नहीं तो पालन किस चीज़ का होगा? महात्मा को ख़ुद पर संदेह था इसलिए वह अपनी परीक्षा लेना चाहते थे। महात्मा कहा करते थे कि हर इंसान में अंतरात्मा की एक आवाज़ होती है लेकिन ज़्यादातर लोग दुनियावी शोर में उसे सुन नहीं पाते। वह कहते 'मेरी अंतरात्मा की कोई आवाज़ है, जिसे मैं सुनता हूँ।' लेकिन ब्रह्मचर्य के प्रयोग और लड़कियों के साथ नग्न सोने के बारे में उनकी अंतरात्मा ने कभी शायद कुछ नहीं कहा। उनकी हालत उनके आदर्श टॉलस्टॉय जैसी हो गई थी जो 'मृत्यु से एक वर्ष पहले इक्यासी वर्ष के होने तक भी यौनेच्छा से मुक्ति का अनुभव नहीं कर सके थे।'

लेकिन बात इतनी सीधी और सरल नहीं थी। महात्मा पर लगातार दबाव बन रहा था कि वह इस प्रयोग को तत्काल रोक दें। महात्मा ने न चाहते हुए यही किया। 26 जनवरी, 1947 के पत्र में उन्होंने मृदुला साराभाई को लिखा- 'मेरे विचार से मैंने तुम्हें लिखा है कि मनु यहाँ है और मेरे साथ सोती है। सभी इसे देखते हैं और सबको इस बात की जानकारी है। इसका प्रयोग से कोई लेना-देना नहीं है। प्रयोग रोक दिया है, हालाँकि इसकी उपयोगिता के बारे में मुझे कोई संदेह नहीं है। साथियों की वजह से इसे रोक दिया है।'[4]

उधर मनु ने अपनी डायरी में लिखा- 'बापू ने कहा कि उन्होंने लंबे समय बाद मेरी डायरी को पढ़ा और बहुत ही अच्छा महसूस किया। वे बोले कि मेरी परीक्षा ख़त्म हुई और उनके जीवन में मेरी जैसी ज़हीन लड़की कभी नहीं आई और यही वजह थी कि वे ख़ुद को सिर्फ़ मेरी माँ कहते थे। बापू ने कहा- 'आभा या सुशीला, प्यारेलाल या कनु, मैं किसी की परवाह क्यों करूँ? वह लड़की (आभा) मुझे बेवक़ूफ़ बना रही है बल्कि सच यह है कि वह ख़ुद को ठग रही

है। इस महान यज्ञ में मैं तुम्हारे अभूतपूर्व योगदान का हृदय से आदर करता हूँ।'[5]

***

लेकिन तूफ़ान ठहरा नहीं था। महात्मा के मित्रों के अलावा आम गाँधीवादी कार्यकर्ताओं में भी महात्मा के प्रयोग को लेकर सुगबुगाहट तेज़ हो गई थी। जनवरी बीतते-बीतते अफ़वाहें और चर्चाएँ चरमोत्कर्ष पर पहुँच गईं थीं। नवग्राम के बाद कैंप आमिशपाड़ा में लगा था। प्रार्थना प्रवचन में पहली बार महात्मा ने अपने प्रयोग की सार्वजनिक रूप से चर्चा की। वे बोले 'मेरे आस-पास चल रही कानाफूसी और व्यंग्योक्तियों का मुझे पता चला है। मेरे चारों ओर शंकाओं-कुशंकाओं तथा अविश्वास का पहले से इतना बोलबाला है कि मैं नहीं चाहता कि मेरे अत्यंत निर्दोष कार्यों के बारे में लोगों में ग़लतफ़हमी फैले या लोगों के सामने उसे ग़लत ढंग से रखा जाए। मेरे साथ मेरी पोती रहती है। वह मेरे साथ एक ही बिस्तर पर सोती है। ऑपरेशन से नपुंसक बनने वाले पुरुषों की मुहम्मद पैगंबर ने निंदा की है। लेकिन ऐसे नपुंसकों का उन्होंने स्वागत किया है, जो प्रार्थना द्वारा ईश्वर के बनाए हुए हैं। मेरी आकांक्षा ऐसा ही नपुंसक बनने की है। मैं जिसे अपना कर्तव्य मानता हूँ उसे मैंने ईश्वर के नपुंसक की भावना से हाथ में लिया है। मैं नोआखाली में जो यज्ञ कर रहा हूँ, उसका यह प्रयोग अभिन्न अंग है और इस प्रयत्न के लिए मैं आपका आशीर्वाद चाहता हूँ। मैं जानता हूँ मेरे इस कार्य ने मेरे मित्रों को भी मेरा आलोचक बना दिया है। परंतु घनिष्ठ से घनिष्ठ मित्रों के लिए भी कर्तव्य की उपेक्षा नहीं की जा सकती।'[6]

कार्यकर्ताओं से उन्होंने मनु के साथ एक बिस्तर पर साथ सोने की बात तो स्वीकार की लेकिन एक साथ 'नग्न' सोने की बात सार्वजनिक नहीं की। रात में सोते समय गाँधी ने अपनी प्रार्थना सभा में इस प्रयोग के बारे में खुलासा करने के बाबत मनु से बात की। मनु ने उस रात अपनी डायरी में लिखा- 'बापू ने सुबह की प्रार्थना के दौरान अपने अनुयायियों को बताया कि वे मेरे साथ ब्रह्मचर्य के प्रयोग कर रहे हैं। फिर उन्होंने मुझे समझाया कि सबके सामने यह बात क्यों कही। मुझे बहुत राहत महसूस हुई क्योंकि अब लोगों की ज़ुबान पर ताले लग जाएँगे। मैंने अपने आप से कहा कि अब मुझे किसी की भी परवाह नहीं है। दुनिया को जो कहना है वह कहती रहे।' लेकिन मनु के दिमाग़ में प्योरेलाल का प्रेम भी डोल रहा था। उसने इसी नोट में नीचे लिखा- 'प्यारेलालजी मेरे प्यार में दीवाने हैं।'[7]

लेकिन लोगों की ज़ुबान पर ताला लगाना इतना आसान नहीं था जितना मनु समझ रही थी। दिल ही दिल में इन सब कानाफूसियों से महात्मा परेशान थे। इसी दिन महात्मा ने सतीशचंद्र मुखर्जी को अपने मन की बात लिखी। मुखर्जी ने स्वदेशी और राष्ट्रीय शिक्षा के क्षेत्र में बहुत से प्रयोग किए थे। वह कलकत्ता की मासिक डॉन के संपादक भी रहे थे। गाँधी के कारावास के बाद मुखर्जी ने साबरमती आकर दो महीने तक 'यंग इंडिया' के प्रकाशन में सहायता की थी। लेकिन धीरे-धीरे वह सब कुछ छोड़ आध्यात्मिक प्रवृत्तियों में लीन हो गए। लोग उन्हें 'नंगा बाबा' के नाम से जानने लगे थे। नंगा बाबा का एक पत्र महात्मा को मिला था जिसमें उन्होंने आध्यामिकता को बेहद सुंदर ढंग से परिभाषित किया था। लेकिन महात्मा इस समय दूसरी ही समस्या से जूँझ रहे थे जिसका आध्यामिकता से कोई लेना-देना नहीं था। महात्मा ने उन्हें लिखा- 'और अब मैं आपके सम्मुख एक समस्या रखता हूँ। एक युवा लड़की (19 वर्ष की), जो रिश्ते में मेरी पोती के बराबर है, मेरे साथ किसी शारीरिक तुष्टि के विचार से नहीं बल्कि (मेरी दृष्टि में) उचित नैतिक कारणों से एक ही बिस्तर पर सोती है। उसका दावा है कि वह उस वासना से दूर है जो उसकी उम्र की किसी भी लड़की में आमतौर पर पाई जाती है और मैं तो एक अभ्यस्त ब्रह्मचारी होने का दावा करता ही हूँ। क्या आपको इस सान्निध्य में कोई बुराई या कोई अनौचित्य दिखाई देता है? मैं यह प्रश्न इसलिए पूछ रहा हूँ कि मेरे कुछ अंतरंग साथी इसे पूर्णतया अनुचित बताते हैं, और यहाँ तक मानते हैं कि उससे ब्रह्मचर्य भंग होता है। मेरी धारणा इसके बिलकुल विपरीत है। आप एक अनुभवी व्यक्ति हैं और मैं आपकी राय की क़द्र करता हूँ, इसलिए मैं आपसे यह प्रश्न पूछ रहा हूँ। इसका उत्तर देने में अपनी इच्छानुसार समय लगा सकते हैं। वैसे न चाहें तो इसका उत्तर देने के लिए बाध्य नहीं हैं।'[8]

ब्रह्मचर्य के प्रयोगों पर विवाद गंभीर रूप अख़्तियार करता जा रहा है। मनु को संदेह था कि इसके पीछे (अफ़वाहें फैलाने के) अमतुस्सलामबेन, सुशीलाबेन और कनुभाई (गाँधी के भतीजे) का हाथ है। जब बापू से यह बात मनु ने कही तो वे उससे सहमत होते हुए कहने लगे कि 'पता नहीं, सुशीला को इतनी जलन क्यों हो रही है?' मनु ने डायरी में लिखा- 'असल में कल जब सुशीलाबेन मुझसे इस बारे में बात कर रही थीं तो मुझे लगा कि वे पूरा ज़ोर लगाकर चिल्ला रही थीं। बापू ने मुझसे कहा कि अगर मैं इस प्रयोग में बेदाग

निकल आई तो मेरा चरित्र आसमान चूमने लगेगा, मुझे जीवन में एक बड़ा सबक मिलेगा और मेरे सिर पर मंडराते विवादों के सारे बादल छँट जाएँगे। बापू का कहना था कि यह उनके ब्रह्मचर्य का यज्ञ है और मैं उसका पवित्र हिस्सा हूँ। उन्होंने कहा कि ईश्वर से यही प्रार्थना है कि उन्हें शुद्ध रखे, उन्हें सत्य का साथ देने की शक्ति दे और निर्भय बनाए। उन्होंने मुझसे कहा कि अगर सब हमारा साथ छोड़ जाएँ, तब भी ईश्वर के आशीर्वाद से हम यह प्रयोग सफलतापूर्वक करेंगे और फिर इस महापरीक्षा के बारे में सारी दुनिया को बताएँगे।'

अगले दिन मनु ने अपनी डायरी बापू को पढ़ाई। बापू ने मनु से कहा- 'इसका ध्यान रखूँ ताकि यह अनजान लोगों के हाथों में न पड़ जाए क्योंकि वे इसमें लिखी बातों का ग़लत उपयोग कर सकते हैं, हालाँकि ब्रह्मचर्य के प्रयोगों के बारे में हमें कुछ छिपाना नहीं है। उन्होंने कहा कि अगर अचानक उनकी मृत्यु हो जाए तो भी यह डायरी समाज को सच बताने में बहुत सहायक होगी।' मनु ने अपनी डायरी में लिखा- 'फिर बापू ने मुझसे कहा कि अगर मुझे कोई आपत्ति न हो तो डायरी की कुछ ताज़ा प्रविष्टियाँ प्यारेलालजी को दिखा दूँ ताकि वे उसकी भाषा सुधार दें और तथ्यों को क्रमवार ढंग से लगा दें। हालाँकि मैंने साफ़ मना कर दिया क्योंकि मुझे लगा कि अगर प्यारेलाल ने इस डायरी को देख लिया तो इसकी सारी बातें उनकी बहन सुशीलाबेन तक ज़रूर पहुँच जाएँगी और उससे आपसी वैमनस्य में और इज़ाफ़ा ही होगा।' अगले दिन की प्रार्थना सभा में महात्मा अपने निजी जीवन पर फिर बोले। वह यह बात मानने को तैयार नहीं थे कि 'व्यक्तियों का निजी जीवन सार्वजनिक कार्यों पर असर नहीं डालता।'

फैलने लगीं प्रयोग की ख़बरें

धीरे-धीरे बापू के इस अजीबो-ग़रीब प्रयोग की ख़बरें जंगल में आग की तरह उनके नज़दीकी लोगों में फैलने लगीं। ये ख़बरें अख़बार नहीं बल्कि मनु से जलने वाले अमतुस्सलामबेन, सुशीलाबेन और कनुभाई जैसे लोग महात्मा के घनिष्ठतम मित्रों में फैला रहे थे। इन्हीं मित्रों में एक थे- किशोरलाल मशरूवाला। वे अहमदाबाद में हरिजन आश्रम देख रहे थे। कभी वह अकोला में वकालत करते थे। चंपारण सत्याग्रह में महात्मा ने देश के स्वयंसेवकों को आवाज़ दी। किशोरलाल अकोला से बापू के पास चंपारण पहुँच गए। यहाँ उनकी तबियत ख़राब हुई। उनके चरित्र व धर्मनिष्ठा का बापू पर अच्छा प्रभाव पड़ा था। बापू

ने उन्हें चंपारण से आश्रम बुला लिया। वे आश्रम में ही राष्ट्रीय शाला का काम देखने लगे। महात्मा के नोआखाली के इस नये प्रयोग ने उन्हें अजब कठिनाई में डाल दिया था। किशोरलाल मशरूवाला ने इससे पहले महात्मा को आश्रम में क़रीब से जाना था। वह महात्मा को समझते थे। लेकिन महिलाओं के साथ एक ही बिस्तर पर 'नग्न' सोने का प्रयोग उनकी समझ के बाहर था। इस बारे में उनकी महात्मा से पहले बहस हो चुकी थी। कड़वे पत्र-व्यवहार भी हुए। किशोरलाल चाहते थे कि उनके धार्मिक गुरु केदारनाथ कुलकर्णी इस बारे में ख़ुद महात्मा से मिलें। आश्रम में आकर महात्मा का प्रयोग देखें और ज़रूरत हो तो इस बारे में महात्मा को समझाएँ।

किशोरलाल मशरूवाला 'हरिजन' पत्रिका के संपादक भी थे। महात्मा के इस प्रयोग से दुखी किशोरलाल और संपादक मंडल के अन्य सदस्य नरहरि पारिख, स्वामी आनंद आदि ने महात्मा के ख़िलाफ़ असहयोग आंदोलन छेड़ दिया। उन्होंने हरिजन के संपादक मंडल से इस्तीफ़ा दे दिया। किशोरलाल ने महात्मा को 9 फ़रवरी को तार भेजा। तार इस प्रकार था : हमने हरिजन पत्रों तथा पत्र-व्यवहार की ज़िम्मेदारी छोड़ दी है। महात्मा ने तार का तत्काल जवाब भेजा कि आपके निर्णय से दुख हुआ। आपको यह अधिकार है। मेरे विचार से जल्दबाज़ी की गई है। जो भी हो, जब तक नया प्रबंध नहीं हो जाता आप आवश्यक मदद करते रहें। जीवन जी को तार दिया है।[9]

यानी महात्मा ने जीवन जी देसाई को 'हरिजन' पत्रिका का नया संपादक बनाने का निर्णय कर लिया था। महात्मा के इस प्रयोग से सबसे ज़्यादा दुखी उनके सबसे पुराने साथी विनोबा भावे थे। महात्मा ने इस प्रयोग को 'यज्ञ' का नाम दे दिया। उन्होंने विनोबा को लिखा- 'मनु मेरे साथ सोती है, यह प्रयोग नहीं है। वह तो इस यज्ञ का अंग है। मेरा मन रोज़ निर्दोष भाव से करोड़ों स्त्रियों के साथ सोता है; उन्हीं में से एक मनु है, जो मेरा अपना ख़ून है और उसी तरह मेरे साथ सोती है।' उन्होंने सफ़ाई दी- 'रूढ़ियों के कारण अथवा साथियों को प्रसन्न करने की ख़ातिर यदि वह मेरे साथ न सोए तो क्या मैं ('गीता' के) तीसरे अध्याय के अनुसार मिथ्याचारी नहीं ठहरूँगा ? जैसा मैं भीतर से हूँ यदि वैसा ही बाहर से दिखाई न दूँ तो क्या इससे मेरा अहिंसा का प्रयोग कलंकित नहीं होगा ? मैं तो यहाँ तक मानता हूँ : मान लो यहाँ के लोगों पर अहिंसा का कोई असर नहीं होता और मेरी मृत्यु हो जाती है, लोकलाज की ख़ातिर यदि मैं मनु को अपने साथ नहीं

सुलाता हूँ, जबकि मैं ऐसा करना आवश्यक मानता हूँ, तो क्या यह मेरी दुर्बलता का परिचायक नहीं होगा? और अहिंसा का पूरा दर्शन न कर पाने पर क्या मेरा मरना ही कल्याणकर नहीं होगा? अर्थात मेरी अहिंसा और सत्य का प्रयोग क्या अधूरा अथवा दूषित नहीं माना जाएगा?'[10]

विनोबा भावे ने 25 फ़रवरी, 1947 के अपने जवाब में लिखा कि वे इस मामले में महात्मा से सहमत नहीं हैं क्योंकि 'स्त्री और पुरुष के बीच किसी भेद की अनुभूति ही ब्रह्मचर्य के आदर्श के विपरीत है', लेकिन उन्होंने साफ़ कर दिया कि इस विषय को लेकर वह किसी 'वाद-विवाद' में नहीं पड़ना चाहते। महात्मा के लिए यह समय बहुत कष्टकारी था। चारों तरफ़ से हो रहे हमलों से वह थक चुके थे।

सबसे हारकर महात्मा ने प्यारेलाल को लिखा- 'मानसिक और शारीरिक तौर पर मैं बिलकुल थक गया हूँ। शरीर से आराम चाहता हूँ। दिमाग़ के लिए यह बात नहीं।' प्यारेलाल तो ख़ुद इन बातों से परेशान थे। उन्हें यक़ीन हो चला था कि महात्मा का प्रयोग ग़लत है। उन्होंने महसूस किया कि महात्मा इस बारे में मिले अपने मित्रों के पत्रों को उनसे छुपा रहे हैं। महात्मा ने प्यारेलाल को समझाया कि मानसिक परेशानियों से बचाने के लिए उन्होंने वे पत्र उन्हें नहीं पढ़ाए। महात्मा ने प्यारेलाल से कहा- 'मैं शारीरिक इच्छा से मुक्त हूँ या नहीं, इस बात का पता शायद मेरी मृत्यु के बाद लगे। शब्द 'शायद' का प्रयोग जान-बूझकर किया गया है। क्योंकि मृत्यु के बाद व्यक्ति की सही पहचान हो, ऐसा हमेशा नहीं होता। मनुष्य के मन की पहचान केवल परमात्मा को होती है।'[11]

महात्मा की असल चिंता मनु थी। वह जानते थे कि मनु के लिए यह कितना कठिन दौर है। उन्होंने प्यारेलाल को लिखा- 'जो कुछ हो रहा है, वह क्या है, जब मैं ही विश्वास के साथ निश्चित रूप से अपने बारे में नहीं कह पा रहा हूँ, तो मनु के बारे में वह सब कौन कहेगा? उसे किसी से कोई मतलब नहीं, ऐसा लगता है, लेकिन उसके दिल-दिमाग़ में जो उथल-पुथल है, शायद उसे उसकी पूर्ण जानकारी न हो। इस बारे में मैं उसे परेशान नहीं कर रहा। सब कुछ भगवान के हाथ छोड़कर मैं अपना काम जारी रखे हुए हूँ। मेरे लिए यह सब कुछ 'यज्ञ' का अभिन्न भाग है, मेरे अपरिग्रह की सीमा क्या है, इसे अभी देखा जाना बाक़ी है।'

महात्मा का यह प्रयोग एक बड़ा मुद्दा बनता जा रहा था। सरदार वल्लभभाई पटेल, देवदास, किशोरलाल, नरहरि सब महात्मा के इस प्रयोग से आहत थे।

घनश्याम दास बिड़ला जैसे गाँधी के कुछ मित्र थे जो इस मामले में ख़ामोश बैठे थे। महात्मा इस बारे में अपने सभी मित्रों की राय जानना चाहते थे। मित्रों की चुप्पी उन्हें अंदर तक सता रही थी। उन्हें लगता कि यह चुप्पी भी उनके ख़िलाफ़ है जो अस्त्र का काम कर रही है।

महात्मा ने अपने पुराने मित्र घनश्याम दास बिड़ला को लिखा- 'आज तो इतना ही लिखना चाहता हूँ कि तुम्हें तटस्थता छोड़ देनी चाहिए। सरदार के मन में स्पष्ट है कि अकर्म को मल कर्म मानकर बैठा हूँ। देवदास तो ऐसा लिखता ही है। सरदार की बुद्धि पर मुझे बहुत विश्वास है। देवदास की बुद्धि पर भी है, लेकिन मेरे नज़दीक देवदास बड़ा होते भी बालक है। सरदार के लिए ऐसा नहीं कहा जाता। किशोरलाल और नरहरि भी बालक नहीं हैं लेकिन उनका विरोध समझने में मुझको दिक़्क़त नहीं है। मेरा जीवन शुद्ध है, पवित्र है, धर्म पालने के लिए ही चलता है, ऐसी मान्यता ही तुम्हारे और मेरे बीच में गाँठ है। अगर ये नहीं है तो कुछ नहीं है। इसलिए मैं चाहता हूँ कि इस काम में पूरा हिस्सा लो, भले अदृश्य रूप से ही क्योंकि तुम्हारे व्यापार में ख़लल पहुँचे ऐसा मैं नहीं चाहता। लेकिन मैं अधर्म का आचरण करता हूँ तो मेरा सख़्त विरोध करने का सब मित्रों का धर्म हो जाता है। सत्याग्रही अंत मंद दुराग्रही भी बन सकता है। भेद तो इतना ही रहता है कि असत्य को सच मानकर बैठ जाय तो दुराग्रही बन गया। मैं ऐसा नहीं हूँ। ऐसा मानता हूँ लेकिन उससे क्या हुआ? परमेश्वर तो नहीं हूँ। ग़लती कर सकता हूँ। ग़लतियाँ की हैं। अंतिम समय पर बड़ी भारी ग़लती हो सकती है। अगर हुई है तो जितने हितेच्छु हैं वे मेरा विरोध करके मेरी आँखें खोल सकते हैं, न करें तो मुझको ऐसे ही जाना है तो मैं चला जाऊँगा। जो कुछ मैं यहाँ करता हूँ वह सब मेरे यज्ञ का हिस्सा है।'[12]

महात्मा ने विनोबा के भाई बालकृष्ण भावे को भी इस बारे में लिखा- 'तुम्हें शायद पता न हो कि मनु बहन (जयसुखलाल की बेटी) मेरे साथ सोती है, जिससे किशोरलाल, नरहरि, स्वामी आदि को दुख हुआ है और उन्होंने 'हरिजन' से संबंध तोड़ लिया है। सरदार भी मुझ पर क्रोधित है। मैं मनु को अपने साथ सुलाता हूँ, इसमें धर्म मानता हूँ और मनुष्य जिसे धर्म माने, उसे वह स्नेहियों के स्नेह की ख़ातिर या किसी के डर से छोड़ नहीं सकता। यह पाठ सिखाने के लिए मैं यहाँ बैठा हूँ। ऐसे कठिन प्रसंग में यदि मैं शर्म, भय अथवा प्रीति के कारण अपने माने हुए धर्म को छोड़ दूँ तो यज्ञ अधूरा रह जाएगा और शायद इसीलिए

फलप्रद नहीं होगा। यह तो हुआ मेरा पक्ष। किशोरलाल का पक्ष जहाँ तक मैं समझ सकता हूँ इससे उल्टा है। वह मानता है कि मैं अधर्म को धर्म मान बैठा हूँ। इससे मेरा ब्रह्मचर्य लज्जित हुआ है, लोगों के सामने ग़लत उदाहरण पेश हुआ है। मुझ जैसे मनुष्य के कारण कोई ग़लत उदाहरण पेश हो तो यह असह्य है इसलिए उपर्युक्त भाई मेरे साथ असहयोग कर रहे हैं।'[13]

बात बढ़ती जा रही थी। महात्मा ने तय कर लिया था कि वह पीछे नहीं हटेंगे। वह जानते थे कि अब पीछे हटने का मतलब है अपनी पराजय मान लेना। पराजय शब्द महात्मा के शब्दकोश में नहीं था। आचार्य जेबी कृपलानी से महात्मा की पहली मुलाक़ात शांति निकेतन में हुई थी। बातचीत करने में उन्हें महारत हासिल थी। गंभीर से गंभीर बात भी वह मज़ाक़ में कह जाते। वह बहुत कम कड़वा बोलते थे। कड़वा बोलना भी पड़ जाए तो उस पर वह शक्कर की चाशनी चढ़ाना नहीं भूलते। अपने प्रयोग के बारे में महात्मा ने कृपलानी से भी राय ली। कृपलानी तब कांग्रेस अध्यक्ष थे। महात्मा ने उन्हें लिखा- 'यह पत्र नितांत व्यक्तिगत है। मेरी पोती मनु गाँधी, जिसे हम सगा संबंध मानते हैं, मेरे साथ सोती है बिलकुल मेरी सगी की तरह। लेकिन ऐसा मुझे दैहिक सुख देने के लिए नहीं, बल्कि जो चीज़ शायद मेरा अंतिम यज्ञ हो सकती है, उसके अंग के रूप में करती है। इसके कारण मेरे कुछ अति प्रिय मित्र- जैसे वल्लभभाई, किशोरलाल, शायद सीआर (चक्रवर्ती राजगोपालाचारी) वग़ैरह मुझसे विमुख हो गए हैं। इनमें देवदास भी शामिल है। इन लोगों ने मुझे त्याग दिया है। तुम मेरे सबसे प्रिय और पुराने साथियों में से रहे हो। सरदार और किशोरलाल से पुराने तो हो ही। उन लोगों का जो कुछ कहना है उसको ध्यान में रखते हुए तुम्हें अपनी स्थिति पर पुनर्विचार करना चाहिए। शायद सुचेता (कृपलानी की पत्नी) इसमें तुम्हारी कुछ मदद करे। इस प्रसंग के बारे में उसे कुछ जानकारी है। क्या मैं इतने सारे पुराने साथियों के साथ के योग्य हूँ? मैंने इस मामले में अत्याधिक गहराई से विचार किया है। सारी दुनिया मुझे भले ही छोड़ दे लेकिन जिसे मैं सत्य मानता हूँ उसे मैं नहीं छोड़ सकता। हो सकता है यह एक भ्रम, एक जाल ही हो। अगर ऐसा है तो इसकी प्रतीति मुझे ख़ुद होनी चाहिए। मैंने पहले भी विनाश का ख़तरा मोल लिया है। अगर वही होना है तो हो। इस मुद्दे पर मुझे दलील देने की ज़रूरत नहीं है। बस, अपने विचारों की तीव्रता से तुम्हें अवगत करा दिया। मेरा सुझाव है कि तुम इस पर सरदार और राजाजी से चर्चा करो। फिर निष्कर्ष पर पहुँचकर मुझे सूचित

करना। तुम्हें मेरे साथ अपने रिश्ते पर मित्र की तरह ही नहीं बल्कि (कांग्रेस के) अध्यक्ष के रूप में भी सोचना है। बेशक चाहो तो यह पत्र जवाहरलाल और मौलाना को भी दिखा सकते हो। इस मामले में मेरी भावनाओं का कोई ख़याल न करो। मेरी कोई भावना है ही नहीं। जो बात मुझे सत्य दिखाई देती है उसे मैं हर क़ीमत पर करना चाहता हूँ।'[14] काजीरखिल के रामगंज डाकघर से छह दिन में यह ख़त कृपलानी के पास पहुँच गया।

आचार्य कृपलानी ने अपना जवाब 1 मार्च को भेजा। कृपलानी ने लिखा- 'आपने मुझे अपने विश्वास में लिया, यह मुझ पर आपकी बड़ी कृपा और अपार स्नेह को प्रकट करता है। आपसे निकट संबंध रखने वाले अनेक व्यक्तियों से मैंने इस संबंध में कुछ बातें सुनी थीं। किंतु जब भी कभी इस विषय में मेरे सामने बात निकली, मैंने उसे बंद कर दिया। मैंने उनसे कहा कि मैं न तो इस बारे में कोई बात सुनना चाहता हूँ और न इस पर चर्चा करना चाहता हूँ। मेरा दिमाग़ एक ही पटरी पर चलने वाला है। मुझे जिस समय जो काम सौंपा जाता है उस समय मैं उसी में अपने आपको सीमित कर लेता हूँ। लेकिन अब उस विषय में स्वयं ही आपने मुझे लिखा है, इसलिए मुझे अपनी प्रतिक्रिया आपको बतानी ही चाहिए। ये सब बातें मुझे अपनी समझ से बाहर मालूम होती हैं। इसके सिवा अपने आपको नीति के मार्ग पर बनाए रखने के लिए मेरे पास काफ़ी काम करने को रहता है, इसलिए दूसरे लोगों का ख़ास करके जो लोग नीति की दृष्टि से और आध्यात्मिक दृष्टि से मुझसे कहीं ज़्यादा आगे हैं उनका क़ाज़ी बनने के लिए मेरे पास समय ही नहीं रहता। मैं केवल इतना ही कह सकता हूँ कि आप में मेरी संपूर्ण श्रद्धा है। जो प्रयोग आप कर रहे हैं, उसे नीति भ्रष्ट मनुष्य नहीं कर सकता। यदि मेरे मन में कोई शंका हो, तो भी आप पर अविश्वास करने के बजाय मैं अपनी आँखों और अपने कानों पर ही अविश्वास करूँगा। क्योंकि आपकी अपेक्षा मेरी इंद्रियाँ मुझे धोखा दें, इसकी अधिक संभावना है। इसलिए मैं स्वस्थ और शांत बना रहता हूँ। मेरा विश्वास है कि जब तक आप में मुझे पागलपन और विकृति के लक्षण दिखाई नहीं देते, तब तक आपके विषय में मेरा भ्रम कभी दूर नहीं होगा। लेकिन ऐसे कोई लक्षण आप में मुझे दिखाई नहीं देते। मैं जानता हूँ कि स्त्रियों के बारे में आपका जो रुख़ है, वही एकमात्र सच्चा रुख़ है। क्योंकि आप उन लोगों में से हैं, जो स्त्री को अपने आप में एक साध्य मानते हैं न कि केवल एक साधन। आपने कभी स्त्री का शोषण नहीं किया, उसका दुरुपयोग नहीं किया है।'[15]

श्री कृपलानी का पत्र पढ़कर महात्मा ने अपनी आँखें बंद कर लीं। उनकी आँख भर आई थी। आचार्य का लहजा कभी ऐसा नहीं रहा था। लेकिन इस प्रयोग ने आचार्य को भी उनसे थोड़ा दूर कर दिया था। आचार्य के विचारों की तीव्रता उनके विचारों की गति से कहीं तेज़ थी। आदर और सम्मान का लबादा ओढ़े उनके इस पत्र की भाषा सख़्त थी। जैसे मीठी चाशनी में लिपटी कोई कड़वी दवा हो। क्या यह प्रयोग 'पागलपन' और 'विकृति' के लक्षणों की गुंजाइश रखता है ? क्या इस प्रयोग में सचमुच कोई विकृति आ गई है ? नहीं, यह नहीं हो सकता। कभी नहीं। कृपलानी मुझ पर ऐसी शंका नहीं कर सकते।

उन्हें एक मित्र की बात याद आ गई। 'आप महात्मा हैं लेकिन दूसरे व्यक्तियों का क्या ? क्या संतों के जीवन में ऐसा नहीं हुआ ? उनके जीवन में ऐसे प्रलोभन आए या लाए गए।' एक मित्र ने तर्क दिया था यह प्राचीन काल की चालाकी है। शैतान और कभी-कभी ईर्ष्यालु देवता भगवान के भक्तों का चित्त कलुषित बनाकर उन्हें तप से भ्रष्ट कर देते थे। प्रलोभन से ही विश्वामित्र का यज्ञ भंग हुआ था। तो क्या इस यज्ञ में मनु वह 'महान प्रलोभन' है ? 'नहीं ! मनु प्रलोभन कैसे हो सकती है ? उसे तो इस प्रयोग में ख़ुद मैंने ही हिस्सेदार बनाया है। वह बेचारी तो सच में अबोध थी। मैंने ही उसकी परीक्षा लेनी चाही है। अगर कोई दोषी है तो वह सिर्फ़ मैं हो सकता हूँ। मनु पर यह आरोप अन्यायपूर्ण ही नहीं असत्य भी है।' कृपलानी का पत्र सिरहाने रखकर महात्मा नींद की आगोश में चले गए। इन बुद्धिजीवियों के बीच चल रहे विवाद में घिरी मनु एक अजीबो-ग़रीब यातना झेल रही थी। लेकिन मुश्किल यह थी कि यह सब ख़ुद उसने अपने लिए चुना था।

लेकिन यज्ञ नहीं रुका

मनु का 'प्रलोभन' महात्मा को मुक्त नहीं कर पा रहा था। और मनु भी महात्मा के 'प्रलोभन' से मुक्त नहीं हो पा रही थी। इतनी आलोचनाओं में घिरने के बावजूद 19 साल की मनु सभी वर्जनाओं से मुक्त थी। वह जैसे किसी गहरी नींद में थी। 18 फ़रवरी को महात्मा ने मनु की डायरी में लिखा- 'अब तुम पूरी तरह जागृत हो जाओ।' लेकिन एक महात्मा का सान्निध्य उसे हर पल रोमांचित कर रहा था। सायंकालीन प्रार्थना के बाद महात्मा को एक ग़रीब मुस्लिम वृद्ध से मिलने दकातिया नदी के उस पार जाना था। वह इतना वृद्ध था कि महात्मा के पास ख़ुद नहीं आ सकता था। महात्मा और मनु नाव पर बैठे। और थोड़ी देर का

यह सफ़र मनु के लिए यादगार सफ़र बन गया। मनु ने लिखा- 'घनी हरियाली के बीच से सुंदर नदी बह रही थी। आकाश स्वच्छ था। न बहुत धूप थी न बहुत ठंड। नाव में पाँच-सात मिनट का रास्ता था। इन पाँच-सात मिनटों में बापूजी मेरी गोद में सिर रखकर आँखें बंद करके लेट गए और उन्होंने एक नींद ले ली। ऊपर आकाश नीचे पानी।' मनु ने लिखा- 'इस कुदरती दृश्य के बीच संसार का यह महापुरुष मेरी गोद में सो रहा था और नाव वाला नाव चला रहा था। मेरा हाथ बापू जी के माथे पर था। मेरे जीवन के ये क्षण धन्य हो गए।'[16]

अगले दिन महाशिवरात्रि थी। महात्मा बिरामपुर पहुँचे। यह मछुआरों का गाँव था। कभी मेघना नदी इस गाँव से होकर गुज़रती थी। लेकिन नदी ने गाँव का साथ छोड़ दिया। वह छह मील दूर चली गई लेकिन मछुआरे गाँव नहीं छोड़ पाए। दंगे ने इन मछुआरों को और दरिद्र कर दिया था। महात्मा ने एक मछुआरे की झोपड़ी में अपना ठिकाना बनाया। आज 19 फ़रवरी थी। तीन वर्ष पूर्व इसी दिन और शाम के सात बजकर पैंतीस मिनट पर बा ने शरीर-त्याग किया था। मनु ने प्रस्ताव रखा कि शाम ठीक इसी समय अगर गीता पाठ शुरू करें तो कैसा रहे? महात्मा को भी सुझाव उचित लगा।

शाम को बा की तस्वीर पर फूल-माला चढ़ाकर पाठ शुरू हुआ। पाठ अकेले मनु कर रही थी। इस यज्ञ में आस-पास के कुछ लोग भी शरीक हुए। लेकिन गीता के छठे अध्याय के बाद महात्मा की आँखें बंद होने लगीं। उन्हें नींद आ रही थी। उन्हें झपकी आ गई। उन्हें ऐसा लगा मानो बा का सिर उनकी गोद में पड़ा है। जैसे कल नाव में उनका सिर मनु की गोद में पड़ा था।

उस रात ज़बरदस्त ठंड थी। उस जर्जर झोपड़ी में फ़रवरी की इन ठंडी हवाओं को रोक पाने का कोई इंतज़ाम नहीं था। महात्मा और मनु के अलावा उस झोपड़ी में और कोई नहीं था। मनु ने अपनी डायरी में लिखा- 'रात साढ़े बारह बजे उन्होंने मुझसे कहा- मेरे पाँव के तलवे बहुत ठंडे हो गए हैं। मैंने देखा कि उनके हाथ और पैर एकदम ठंडे पड़ गए हैं। ऐसा लगा बापू काँप रहे हैं। घासलेट बचाने के लिए रात में बापू जी लालटेन बुझवा देते थे। इसलिए अमावस्या जैसी घोर अँधेरी रात थी। चारों ओर सन्नाटा छाया था। नारियल और सुपारी के वृक्षों की साँय-साँय की आवाज़ बड़ी भयानक लग रही थी। वे ही अकेले इसके साक्षी थे कि लोगों में मानवता पैदा करने के लिए यह तपस्वी कैसा कठोर तप कर रहा है। छप्पर के छेदों में से घुसने वाली हवा और ठंड को मैं रोकूँ भी तो कैसे? इस

कोठरी में मैं और बापू दो ही थे। मन में कितने ही विचार आ गए। सोचा साथ में गर्म पानी की थैली तो है ही लेकिन पानी कहाँ गरम किया जाए? किसी को उठाना तो संभव ही नहीं था। बापू जी का डर भी था। जो लालटेन भी नहीं जलाने देते वे प्राइमस के लिए घासलेट देने ही क्यों लगे? इसलिए सभी विचार व्यर्थ थे। जितना ओढ़ने को था सब बापू जी को ओढ़ा दिया। सिर पर भी ओढ़ा दिया और हाथों में जितना ज़ोर था उतना उनका शरीर दबाया। तब कहीं आधे घंटे में बापू जी को ख़ूब राहत मिली और वे सो गए।'[17]

एकला चलो रे, नवजीवन ट्रस्ट 1957 के इस संस्करण में इसके आगे की दो लाइनें संपादित कर दी गईं। जिसे प्यारेलाल ने अपनी पुस्तक 'पूर्णाहुति' में पूरी की हैं। इसके आगे मनु ने लिखा था- 'मुझे भी नहीं मालूम कब झपकी लग गई। और इस तरह हम दोनों प्रार्थना के समय तक एक-दूसरे की ऊष्मा में आराम से सोते रहे।'[18] महात्मा को सर्दी से बचाने के लिए मनु को अपने शरीर की 'ऊष्मा' देनी पड़ी थी। प्यारेलाल ने लिखा- 'यहाँ एक विशिष्ट स्थिति खड़ी हो गई थी। इन हालात में एक-दूसरे से सटकर दोनों का सोना क्या ग़लत था? गाँधी के कुछ मित्रों का मत था कि ब्रह्मचर्य के आदर्श की दृष्टि से यह ग़लत था।'

***

नोआखाली में यह प्रयोग किसलिए?

अमतुस्सलाम पटियाला के एक रूढ़िवादी लेकिन कुलीन मुस्लिम परिवार से थी। पच्चीस साल की उम्र से ही गाँधी के महिला टोली में शामिल हो गई थी। इस टोली में वे अकेली मुस्लिम थी। गाँधी उन्हें अपनी बेटी जैसा मानते थे। इस टोली में राजकुमारी अमृत कौर, लीलावती, शारदा, विजया आदि शामिल थे। जब सुशीला बतौर नर्स इस टोली में शामिल हुई और वे गाँधी के ज़्यादा क़रीब आ गई तो सब सुशीला से जलने लगे। इनमें अमतुस्सलाम सबसे आगे थी। उस ज़माने में चंद मुसलमान थे जो मोहम्मद अली जिन्ना का क़ाएदे-आज़म यानी महान नेता के संबोधन से पुकराते थे। अमतुस्सलाम भी उनमे से एक थी। जिन्ना से पहली मुलाक़ात के दौरान अमतुस्सलाम ने गाँधी को सुझाव दिया था कि वह भी अपने ख़तों में जिन्ना साहब को 'क़ाएदे-आज़म' से संबोधित करें। महात्मा ने यही किया और एक अदने से मुस्लिम नेता को महान नेता बना दिया। उर्दू प्रेस ने इसे शीर्षकों में ख़ूब उछाला।

नोआखाली में हिंदू-मुस्लिम एकता के लिए जो टीम आपने साथ गाँधी लाए थे उनमें अमतुस्सलाम भी थी। गाँधी ने अपने सभी सहयोगियों को अलग-अलग गाँवों में भेज दिया था। उनकी निजी सेवा के लिए बस मनु थी। प्यारेलाल और अमतुस्सलाम अच्छे दोस्त थे। प्यारेलाल हमेशा उसका बचाव करते और अमतुस्सलाम प्यारेलाल की मदद करती। कलम चोरी के एक मामले में जब गाँधी ने अमतुस्सलाम पर शक किया तो प्यारेलाल ने उसे 'साध्वी स्त्री' बताते हुए कहा कि वे शक करके उसके संग अन्याय कर रहे हैं।

ख़ैर अमतुस्सलाम चाहती थी कि मनु अपने उम्र से दस साल बड़े प्यारेलाल से शादी को राज़ी हो जाए। इस बारे में वह कई बार मनु को समझा चुकी थी लेकिन मनु ने साफ़ मना कर दिया। मनु ने 26 फ़रवरी, 1947 को अपनी डायरी में लिखा- 'आज जब अमतुस्सलाम बेन ने मुझसे प्यारेलाल से शादी करने को कहा तो मुझे बहुत ग़ुस्सा आया और मैंने कह दिया कि अगर उन्हें उनकी इतनी चिंता है तो वे ख़ुद उनसे शादी क्यों नहीं कर लेतीं? मैंने उनसे कह दिया कि ब्रह्मचर्य के ये प्रयोग उनके साथ शुरू हुए थे और अब अख़बारों में मेरे फ़ोटो छपते देखकर उन्हें मुझसे जलन होती है और मेरी लोकप्रियता उन्हें अच्छी नहीं लगती।' अमतुस्सलाम चाहती थी कि महात्मा उसके साथ भी ब्रह्मचर्य के प्रयोग करे। वे भी उसे अपने कैम्प में रखें और रात को उनके साथ सोएँ।

***

ठक्कर बापा। उनका असली नाम अमृतलाल था लेकिन इस नाम से उन्हें बहुत कम लोग जानते थे। उम्र में वह बापू से केवल दो महीने छोटे थे। पर क़द-काठी और वक़्त के संघर्ष ने उन्हें बापू से अधिक बूढ़ा बना दिया था। आज़ादी के इतिहास में ठक्कर बापा अकेले ऐसे आदमी थे जिनका बापू पर हुक्म चलता था। ईसाई के रूप में महात्मा ने अगर हॉरेस एलेक्जेंडर को आत्मा का प्रहरी बनाया था तो हिंदू प्रतिनिधि के रूप में यह दर्जा लोहाणा जाति के ठक्कर बापा को मिला था। क्षत्रिय कुल की यह जाति पंजाब से निकलकर गुजरात के सीमांत प्रांत में बस गई थी। अमृतलाल जब 12 साल के थे तो उनका विवाह हो गया। एक संतान हुई लेकिन 5-6 साल से अधिक जीवित नहीं रह सकी। पूना से उन्होंने इंजीनियरिंग की डिग्री ली। पत्नी जीवकौर हिस्टीरिया की मरीज़ थी। इस रोग ने बढ़कर क्षय रोग का रूप ले लिया। और 39 साल की उम्र में वह विधुर हो

गए। हरिजन सेवक संघ के माध्यम से बापा बापू से जुड़े और उन्हीं के हो गए।

वे बापू को समझाने आए थे। बातचीत के बाद बापा सीधा मतलब की बात पर आ गए। उनका पहला सवाल था- 'नोआखाली में यह प्रयोग किसलिए?'

महात्मा ने उन्हें याद दिलाते हुए जवाब दिया- 'आप भूलते हैं, बापा। यह प्रयोग नहीं है, परंतु मेरे यज्ञ का अविभाज्य अंग है। मनुष्य प्रयोगों को छोड़ सकता है, परंतु अपने यज्ञ को नहीं छोड़ सकता। किसी वस्तु को अगर मैं अपने यज्ञ का अंग मानता होऊँ, तो जनमत के सर्वथा मेरे विरुद्ध होने पर भी मैं उसे छोड़ूँगा नहीं। मैं इस समय आत्मशुद्धि के कार्य में लगा हुआ हूँ।"

बापा बोले- 'लेकिन दुनिया ब्रह्मचर्य के बारे में आपकी तरह विचार नहीं करती।' महात्मा ने कहा- 'यदि मैं आपके तर्क को मान लूँ, तो इसका मतलब यह होगा कि जिस वस्तु को मैं अपने लिए सत्य और उचित मानता हूँ, उसे दुनिया की नाराज़गी के डर से छोड़ दूँ।' बापा हार गए। वे समझ गए बापू पीछे हटने वाले नहीं। बापा बोले- 'मैं स्वयं तो आप में किसी मलीनता की कल्पना ही नहीं कर सकता। आख़िर तो मनु आपके लिए पोती के स्थान पर है। आपका ही रक्त-मांस है।'

हैमचर में ठक्कर बापा छह दिन रहे। वह महात्मा को समझ सकते थे। वह जानते यह थे कि महात्मा हमेशा से ज़िद्दी रहे हैं। तर्कों की उनके पास कमी नहीं। अपनी बात को मज़बूती से रखने और उस बात से सामने वाले दूसरे व्यक्ति को संतुष्ट करने में उसका कोई जवाब नहीं। महात्मा के पास शायद इस गुण का ईश्वरीय वरदान था। फिर भी बापा ने महात्मा को समझाया कि कुछ दिनों के लिए वह यह प्रयोग टाल दें। ठक्कर बापा अपनी कुटिया में लेटे थे। तभी मनु आ गई। वह बापा के पास बैठ गई। प्रयोग पर मनु से भी बात हुई। मनु ने बापा को कुछ पत्र पढ़कर सुनाए। बापा उसके सिर पर हाथ फेरते हुए बोले- 'तू चिंता मत कर। मैंने रोज़ तुम दोनों को निर्दोष और गहरी नींद में सोते देखा है। तेरी एकाग्र व कर्तव्य निष्ठा देखी है। सब ठीक हो जाएगा।'[19]

बापा के पास से मनु आई तब तक महात्मा सो चुके थे। मनु भी वहीं सो गई। अगले दिन मनु ने ख़ुद इस बारे में महात्मा से बात की। रात की सारी बात उन्हें बताई जो बापा के साथ हुई थी। वह बोली, 'अगर आप सहमत हों तो बापा की बात मान ली जाए।'

'कौन-सी बात?' बापू बोले।

'आपका प्रयोग स्थगित करने की बापा की विनती स्वीकार करने में मुझे कोई हर्ज नहीं मालूम देता।'

महात्मा ख़ामोश हो गए। विचार में डूब गए। उनकी ख़ामोशी देखकर मनु ने आगे बात जारी रखी- 'मानसिक दृष्टि से मैं आपके साथ एकरूप हूँ। मैं कुछ त्यागती नहीं हूँ, तिल भर भी उत्सर्ग नहीं करती। जो लोग आपका दृष्टिकोण समझ नहीं सकते और जिन्हें नये विचार ग्रहण करने में समय लग सकता है, उनकी भावनाओं को ध्यान में रखकर ही ऐसा किया जा रहा है।' महात्मा इस प्रस्ताव से सहमत थे। बापा से बात करने के बाद वह ख़ुद इस बारे में सोच रहे थे। लेकिन यह प्रस्ताव तो ख़ुद उनकी तरफ़ से आना चाहिए था। महात्मा ने मनु के चेहरे पर झलकती बेचारगी और अस्पष्टता का भाव देखा। महात्मा सोचने लगे 'आख़िर मनु एक अनुभवहीन लड़की ही तो है।' महात्मा ने अपना प्रयोग स्थगित कर दिया।

***

प्रयोग गोपनीय क्यों रखा?

बंगाल के हिंसा प्रभावित इलाकों में फ़ौरी तौर पर शांति स्थापित हो चली थी। लेकिन तब तक बिहार भड़क चुका था। बिहार की अच्छी-ख़ासी हिंदू आबादी कलकत्ता रोज़ी-रोटी की तलाश में गई थी। कलकत्ते के दंगे में पहला निशाना यही ग़रीब बिहारी बने। बिहार में ख़बर फैली की कलकत्ते में मुसलमान बिहारियों को चुन-चुन के मार रहे हैं। नतीजतन बिहारियों ने क़त्लेआम शुरू कर दिया। बिहार में मुसलमानों के घर चुन-चुनकर फूँके जाने लगे। यह सिलसिला जिन्ना की सीधी कार्रवाई के दिन से ही शुरू हो गया था। कलकत्ते में क़त्लेआम की ख़बर के अगले दिन बिहार में क़त्लेआम की नई ख़बर छप जाती। कुल जमा बात यह कि जो काली करतूतें बंगाल में मुसलमानों ने की वैसी ही काली करतूतें बिहार में हिंदुओं ने। महात्मा पर लगातार यह आरोप लग रहे थे नोआखाली में हिंदुओं को बचाने के लिए महात्मा बंगाल में घूम रहे हैं। वह बिहार क्यों नहीं जाते जहाँ मुसलमान मारे जा रहे हैं। यह प्रतिरोध धीरे-धीरे आक्रामक होता जा रहा था। महात्मा के पास ऐसे पत्र आते जिसमें उन्हें 'बेईमान' और 'धोखेबाज़' तक कहा जाता। जले कटे बैठे बंगाल के मुख्यमंत्री शहीद सुहरावर्दी ने किसी अख़बारी बयान में महात्मा की अंतरात्मा की आवाज़ पर तीखी टिप्पणी की। इस

टिप्पणी ने महात्मा को आहत किया। महात्मा ने अपने ख़ास अंदाज़ में बिहार के मुख्यमंत्री के नाम एक तार टाइप कराया जिसमें पूछा गया था- 'क्या मैं बिहार के लिए रवाना हो सकता हूँ!'

महात्मा ने बिहार में पहले काफ़ी काम किया था। चंपारण सत्याग्रह ने मोहनदास कर्मचंद गाँधी को बापू बनाया था। चंपारण की कामयाबी ने दक्षिण अफ्रीका से लौटे गाँधी को पूरे हिंदुस्तान में मशहूर कर दिया था। उन्हें लगता था कि बिहार के लोग उनकी बात सुनेंगे। बंगाल से विदा लेते वक़्त महात्मा ने चाँदपुर ज़िले में लोगों को नसीहत दी वे लोग इक़बाल के गीत को सच कर दिखाएँ- 'मज़हब नहीं सिखाता आपस में बैर करना। हिंदी हैं हम वतन है हिंदोस्ताँ हमारा।' कलकत्ता से पटना जाने वाली रेल में महात्मा के साथ मनु और प्रो. निर्मल कुमार बोस के अलावा मृदुला बहन, शैलेन और हमीद हुनर, देव प्रकाश अय्यर जैसे कुछ समर्पित कार्यकर्ता थे। पटना स्टेशन पर तय था कि भीड़ महात्मा के स्वागत में ज़मीन आसमान एक कर देगी। इसलिए महात्मा पटना स्टेशन से ग्यारह मील पहले एक छोटे से फतवा स्टेशन पर ही उतर गए। दो स्टेशन पहले उतरने का कार्यक्रम गोपनीय रखा गया था। लेकिन प्रेस फ़ोटोग्राफ़र महात्मा की तस्वीरें कैमरे में क़ैद करने के लिए पहले से यहाँ मौजूद थे।

***

केदारनाथ कुलकर्णी किशोरलाल के धार्मिक गुरु थे। महात्मा उन्हें आदर से नाथजी कहकर बुलाते। कोई तीन साल पहले महात्मा ने नाथजी को अपने पास पूना बुलाया था। क़रीब बारह दिन दोनों हर रोज़ मिलते थे। दोनों एक-दूसरे से मिलकर ख़ुश भी हुए थे। किशोरलाल पर महात्मा का पूरा स्नेह था। नाथजी भी किशोरलाल पर प्रेम बरसाते थे। यही समानता दोनों को क़रीब ले आई थी। लेकिन इस घटना ने दोनों को एक बार फिर थोड़ा दूर कर दिया था। किशोरलाल महात्मा से उम्र में कोई उन्नीस साल छोटे थे। इसलिए वह इस गंभीर विषय पर महात्मा को नहीं समझा सकते थे। इस काम के लिए उन्हें अपने गुरु ही उपयुक्त लगे। चूँकि महात्मा और कुलकर्णी में पुराना आपसी परिचय था इसलिए संवादहीनता की स्थिति नहीं थी।

दूसरे आदमी थे स्वामी आनंद। महात्मा से उनका पुराना नाता था। गाँधी जब दक्षिण अफ्रीका से लौटे तो स्वामी उनसे बंबई में मिले थे। वह गाँधी से प्रभावित

हुए। 1916 से ही स्वामी महात्मा के आश्रम से जुड़ गए। 1919 में बंबई में 'यंग इंडिया' और बाद में अहमदाबाद में 'नवजीवन' और 'यंग इंडिया' का काम देखने लगे। लेकिन उनका असली नाम कोई नहीं जान पाया। वह अपने बारे में लोगों को बहुत कम बताते थे।

दरअसल सौराष्ट्र में जनमा यह तेज़-तर्रार और स्पष्टवादी आदमी दस साल की उम्र में ही साधुओं का साथी बन गया था। पहले रामकृष्ण और विवेकानंद उनके आदर्श बने फिर वह तिलकपंथी हो गए। गाँधी की पत्रिकाओं में बंबई की सड़कों पर घूमने वाले स्वामी आनंद तीखे लेकिन विचारोत्तेजक लेख लिखते। वह सीधी सच्ची बात कहते, चाहे किसी को अच्छी लगे या बुरी। महात्मा उन पर पूरा भरोसा करते। उनकी ज़्यादातर बातें मान भी लेते क्योंकि वह जानते थे कि उनके इरादों में कितनी कठोरता है। महादेव भाई, नरहरि भाई और किशोरलाल उनके ख़ास दोस्तों में थे। किशोरलाल ने स्वामी को नाथ जी से मिलवाया था। तब से वह नाथ जी के भी क़रीबी हो गए। आध्यात्मिक स्तर पर वह नाथ जी को अपने बहुत क़रीब पाते थे। दोनों ने अपने मिलते-जुलते विचारों की गठरी बाँधी और बिहार की ओर चल पड़े। उस बिहार में जहाँ एक महात्मा उनका अनमने मन और अनिच्छा से इंतज़ार कर रहा था।

कुलकर्णी और स्वामी आनंद 14 मार्च को बिहार पहुँचे। इनके खाने-पीने का इंतज़ाम महात्मा ने मनु को सौंपा था। कुलकर्णी और स्वामी आनंद को मनु 'पाप की गठरी' लगी। भोजन के दौरान दोनों ने एक बार भी मनु को आँख उठाकर नहीं देखा। दोनों ख़ामोश थे। मनु को यह बात अखरी। मनु ने महात्मा से कहा कि इन लोगों का मेरे प्रति बरताव ठीक नहीं। बेहतर है यह उनकी सेवा टहल का काम वह निर्मल दा या देव को सौंप दें। महात्मा ने मनु की बात मान ली। ख़ैर भोजन के बाद दोनों की महात्मा से एकांत में प्रयोग को लेकर लंबी बात हुई। बातचीत का पूरा ब्यौरा महात्मा गाँधी वाङ्मय में प्रकाशित है।

प्रश्न : यह नया प्रयोग आरंभ करने से पहले आपने अपने साथी-कार्यकर्ताओं को इसके बारे में बताया क्यों नहीं? आप तो हमेशा ऐसा ही करते रहे हैं। इस बार गोपनीयता क्यों?

गाँधी : गोपनीयता का कोई इरादा नहीं था। सब-कुछ आकस्मिक रूप से हुआ। यह चीज़ ऐसी थी जिसमें मित्रों से पहले परामर्श करने की गुंजाइश ही नहीं थी। इसके अलावा मैं मानता हूँ कि पूर्व सहमति अनावश्यक थी। लेकिन साथ

ही मुझे आरंभ से ही इस मामले पर खुलकर चर्चा करने का आग्रह रखना चाहिए था। यदि मैंने ऐसा किया होता तो इस समय जो झंझट और हो-हल्ला हुआ, उसमें से अधिकांश टाला जा सकता था। ऐसा न करना एक गंभीर भूल थी। मैं मन में सोच ही रहा था कि इसका उचित प्रायश्चित क्या होगा कि तभी ठक्कर बापा आ गए। बाक़ी क़िस्सा तो आप जानते ही हैं।

प्रश्न : समय की कसौटी पर खरी उतरी और समाज के अस्तित्व को बनाए रखने वाली नैतिक व्यवस्था की बुनियाद को कमज़ोर कर देने से जो नुक़सान होगा उसकी पूर्ति नहीं हो पाएगी। दूसरी ओर बरसों से चली आ रही परंपरा को तोड़ने से कोई लाभ हो रहा हो ऐसा भी नहीं दिखाई दे रहा। आप इस विषय में क्या कहना चाहते हैं? आपको नीचा दिखाना या परास्त करना हमारा उद्देश्य नहीं है। हम तो केवल समझना चाहते हैं।

गाँधी : यदि आदमी रूढ़िवादी परंपराओं की लीक से हटकर चलने को तैयार न हो तो किसी प्रकार की नैतिक प्रगति या सुधार संभव नहीं है। हमने जो अपने को सामाजिक रूढ़ियों के फौलादी शिकंजों में जकड़ जाने दिया उससे हमने अपना अहित किया है। शास्त्रों के अनुसार ब्रह्मचर्य की रक्षा के लिए जिस नौ परतों वाली दीवार का ज़िक्र है वह मेरी दृष्टि में अपर्याप्त और दोषपूर्ण है। स्वयं अपने लिए उन नियमों को मैंने कभी स्वीकार नहीं किया है। सुरक्षा के उस कवच के पीछे रहकर तो मेरी राय में सच्चे ब्रह्मचर्य के लिए प्रयत्न भी नहीं किया जा सकता। दक्षिण अफ्रीका में मैं 20 वर्षों तक पश्चिम के घनिष्ठ संपर्क में रहा। यौन विज्ञान के बारे में हैवलॉक एलिस और बर्ट्रेंड रसेल जैसे प्रतिष्ठित लेखकों की रचनाओं और उनके सिद्धांतों से मैं परिचित हूँ। ये सभी प्रसिद्ध, और उच्च कोटि के अनुभवी विचारक हैं। उन्होंने अपनी मान्यताओं के लिए और उन्हें व्यक्त करने के कारण कष्ट झेले हैं। एक ओर जहाँ वे विवाह आदि प्रथाओं के और नैतिकता के वर्तमान नियमों के सर्वथा विरुद्ध हैं, यहाँ मैं उनसे सहमत नहीं हूँ, वहीं दूसरी ओर उनकी दृढ़ आस्था है कि विवाह आदि संस्थाओं तथा रीति-रिवाजों से अलग भी जीवन में पवित्रता का लाना संभव है और वांछनीय भी है। मैं पश्चिमी देशों की अनेक स्त्रियों और पुरुषों से मिला हूँ जो प्रचलित रीति-रिवाजों और सामाजिक नियमों को स्वीकार नहीं करते और न ही उनका पालन करते हैं, लेकिन इसके बावजूद अत्यंत पवित्र जीवन व्यतीत करते हैं। मेरी खोज कुछ-कुछ उसी दिशा में चल रही है। यदि आप सुधार की आवश्यकता और वांछनीयता

को स्वीकार करते हैं, और यह भी स्वीकार करते हैं कि जहाँ आवश्यक हो वहाँ पुरानी चीज़ों को छोड़ दिया जाए, इसके साथ ही यह भी ज़रूरी समझते हैं कि वर्तमान युग के अनुकूल एक नई नीति और आचार- प्रणाली का निर्माण किया जाए, तो ऐसी स्थिति में दूसरों की अनुमति लेने या उन्हें यक़ीन दिलाने का सवाल ही नहीं पैदा होता। सुधारक के लिए अन्य लोगों के विचार बदलने तक रुके रहना संभव नहीं है। उसे तो मौक़ा मिलने पर सारी दुनिया के विरोध के बावजूद अकेले ही आगे बढ़ना होगा। आप जिस ब्रह्मचर्य की दुहाई देते हैं, मैं अपनी सूझ-बूझ, अध्ययन और अनुभव के प्रकाश में उस ब्रह्मचर्य की मौजूदा व्याख्या की परख करना चाहता हूँ, उसे और व्यापक बनाना चाहता हूँ और उसमें सुधार करना चाहता हूँ। अत: जब मेरे सामने कोई अवसर आता है तो उससे मैं कतराता नहीं और न ही उससे दूर भागता हूँ। इसके विपरीत, मैं अपना धर्म मानता हूँ कि उसका सामना किया जाए और पता लगाया जाए कि वह रास्ता कहाँ जाता है और मैं कहाँ खड़ा हूँ। ब्रह्मचर्य के सच्चे साधक के लिए नारी-संपर्क से बचने की कोशिश करना या भय से दूर भागना मेरी दृष्टि में शोभनीय नहीं है। मैंने वासना-तृप्ति के लिए नारी के साथ संपर्क करने की कोशिश कभी नहीं की है। मैं यह दावा नहीं करता कि मैंने कामेच्छा को बिलकुल जीत लिया है। किंतु मेरा यह दावा ज़रूर है कि मैं उसे नियंत्रण में रख सकता हूँ।

प्रश्न : हम नहीं जानते कि आपने अपने ये विचार कभी साधारण जनता के सामने रखे हों। इसके विपरीत, हमने हमेशा यह देखा है कि आपने जनता के सामने वे विचार रखे हैं जिनसे हम परिचित हैं और जिन्हें हमने आपकी आत्मोन्नति के प्रयत्न का अंग माना है। इस विषय में आपकी क्या राय है ?

गाँधी : आज भी, जहाँ तक साधारण जनता का संबंध है, मैं उसके सामने आचरण के लिए वे ही विचार रखता हूँ जिन्हें आप मेरे पुराने विचार कहते हैं। इसके साथ ही, जैसा कि मैंने कहा है, आधुनिक चिंतन का मुझ पर गहरा प्रभाव पड़ा है। हम लोगों के यहाँ भी एक तंत्रमार्ग है, जिसने जस्टिस सर जॉन वुडरोफ़ जैसे पश्चिमी विद्वानों को बहुत प्रभावित किया है। मैंने उनकी पुस्तकें यरवदा जेल में पढ़ी। आप सब लोग रूढ़िवादी परंपरा में पले-बढ़े हैं। मेरी व्याख्या के अनुसार आप सच्चे ब्रह्मचारी नहीं समझे जा सकते। आप जब-तब बीमार पड़ते रहते हैं; आप तरह-तरह की शारीरिक व्याधियों से पीड़ित रहते हैं। मेरा दावा है कि मैं सच्चे ब्रह्मचर्य का आप लोगों में से किसी की भी अपेक्षा ज़्यादा बेहतर

प्रतिनिधित्व करता हूँ। आप लोग सत्य, अहिंसा, अस्तेय आदि के मामले में किसी भूल को उतनी गंभीर बात नहीं मानते। लेकिन तथाकथित ब्रह्मचर्य, अर्थात् स्त्री और पुरुष के बीच संबंधों के भंग से आप एकदम परेशान हो उठते हैं। मैं ब्रह्मचर्य की इस कल्पना को संकीर्ण, दक़ियानूसी और अधोगामी मानता हूँ। मेरे लिए सत्य, अहिंसा और ब्रह्मचर्य, ये तीनों आदर्श बराबर का महत्त्व रखते हैं। इन तीनों के लिए हमें समान रूप से प्रयत्नशील होना चाहिए, और इसमें से किसी के भी पालन में भूल होना मेरे लिए समान चिंता का विषय है। मेरी मान्यता है कि मेरा आचरण ब्रह्मचर्य के सच्चे आदर्श से तनिक भी हट कर नहीं है। इसके विपरीत, ब्रह्मचर्य की जिस कल्पना में केवल यही बताया जाता हो कि क्या करना चाहिए और क्या नहीं करना चाहिए, और जो आजकल हमारे बीच प्रचलित है, उस ब्रह्मचर्य का समाज पर बुरा प्रभाव पड़ता है; इसने ब्रह्मचर्य के आदर्श को नीचा किया है और उसे उसके वास्तविक तत्त्व से वंचित कर दिया है। मैं इन विधि निषेधों को उनके ठीक स्थान पर रखना, और ब्रह्मचर्य के आदर्श को जिन ज़ंजीरों में जकड़ दिया गया है, उन ज़ंजीरों से उसे मुक्त करना अपना परम कर्तव्य मानता हूँ।

प्रश्न : एक अंतिम प्रश्न और है। यदि आपका दृष्टिकोण और आचरण सच्चे आत्म-संयम के विकास की दिशा में इतना बड़ा क़दम है तो फिर उसका लाभकारी प्रभाव आपके आस-पास क्यों नहीं दिखाई पड़ता? हमें आपके चारों ओर इतनी अशांति और दुख क्यों दिखाई पड़ता है? आपके साथी 'भावनात्मक रूप से इतने विचलित' क्यों नज़र आते हैं?

गाँधी : मैं अपने साथियों के गुण और दोषों को अच्छी तरह जानता हूँ। आप उनके दूसरे पहलू को नहीं जानते। आप सतही चीज़ें देखकर जल्दबाज़ी में निष्कर्ष निकालते हैं, जो किसी सत्यान्वेषी के लिए शोभनीय नहीं है। आप जितना सोचते हैं, मैं उतना नहीं गिरा हूँ। मैं आपसे यही कह सकता हूँ कि मुझपर भरोसा रखिए। मेरे लिए जो चीज़ गहरे विश्वास से संबंध रखती है उसे मैं आपके कहने से नहीं छोड़ सकता। मुझे दुख है, लेकिन मैं लाचार हूँ।

प्रश्न : हम यह नहीं कह सकते कि हमें तसल्ली हो गई है। हम अपने को दुखी महसूस करते हैं। हम इस मामले को यहीं नहीं छोड़ सकते। हम आपको समझाना जारी रखेंगे। यदि आप फिर से स्थापित नियमों के विरुद्ध कुछ करने का विचार करें तो उस समय अपने दुखी मित्रों की याद कर लें।

गाँधी : मैं जानता हूँ। लेकिन जब मैं कर्तव्य की पुकार सुनता हूँ तो मैं क्या कर सकता हूँ? मैं ऐसी स्थिति की कल्पना कर सकता हूँ जब मुझे यह लगे कि स्थापित नियमों के विरुद्ध जाना मेरा कर्तव्य है। ऐसी स्थिति में मैं किसी प्रकार के वचन से बँधा होना स्वीकार नहीं कर सकता।[20]

महात्मा गाँधी के जीवन में गोपनीयता का कोई स्थान नहीं था। लेकिन मनु के साथ नग्न सोने के प्रयोग को उन्होंने शुरू से गोपनीय रखा। उन्होंने अपने सभी साथियों को नोआखली में ख़ुद से दूर कर दिया। उन्होंने अपने निकट साथियों को भी इस प्रयोग के बारे में कुछ नहीं बताया। उन्होंने किसी को यह भी नहीं बताया कि मनु को वह अपने साथ एकांतवास में क्यों रख रहे हैं। महात्मा से जब यह सवाल पूछा गया तो वह अचकचा गए। जवाब में महात्मा ने कहा- 'गोपनीयता का कोई इरादा नहीं था। सब कुछ आकस्मिक रूप से हुआ।' फिर उन्होंने बताया कि यह ऐसी चीज़ थी जिसमें मित्रों से पहले परामर्श करने की गुंजाइश ही नहीं थी। उन्हें 'आरंभ से ही इस मामले पर खुलकर चर्चा करने का आग्रह रखना चाहिए था।' महात्मा ने ये भी माना कि 'ऐसा न करना एक गंभीर भूल थी।'

ब्रह्मचर्य को लेकर इस तरह का प्रयोग ग़लत है। महात्मा को यह बहुत समझाने की कोशिश की गई। लेकिन महात्मा कुछ सुनने समझने को राज़ी नहीं थे। जैसा पहले कहा गया उन्होंने अपने इर्द-गिर्द ढेर सारी प्रतिरक्षात्मक मनोरचनाएँ बुन ली थीं। तनावपूर्ण स्थितियों का जब व्यक्ति सीधे तौर पर समाधान नहीं कर पाता तो वह प्रतिरक्षा पर उतर आता है। वह अपने बचाव में तर्क गढ़ लेता है। इसी 'डिफ़ेंस मैकेनिज़्म' के चलते चौतरफ़ा हमले झेल रहे महात्मा हर सवाल का जवाब खोज लेते। वह अपनी बातों को अधिकाधिक तार्किक बनाने की कोशिश करते। महात्मा से कहा गया कि ब्रह्मचर्य या किसी भी महाव्रत में प्रयोग की कोई गुंजाइश नहीं है। वे तर्क देते आचार के मूलभूत नियमों में किसी भी तरह का हस्तक्षेप नहीं किया जा सकता है। अगर ऐसा किया गया तो समाज का 'सर्वनाश' हो जाएगा। तब महात्मा तर्क देते कि 'ब्रह्मचर्य के विषय में पहले ही प्रयोग किए गए हैं और आज भी किए जा रहे हैं। और ऐसा होना ही चाहिए। वह कहते 'प्रगति करने के लिए हमें अक्सर सामान्य प्रयोगों की सीमा से आगे जाना पड़ता है।' महात्मा से कहा गया कि अगर वह पूर्ण ब्रह्मचारी हैं तो उन्हें इस तरह के प्रयोगों की ज़रूरत नहीं है। अगर वह अभी अपूर्ण ब्रह्मचारी हैं तब तो उनके लिए यह प्रयोग और ख़तरनाक और जोखिम भरे साबित हो सकते हैं।

इसलिए वह मनु के साथ नग्न सोने का प्रयोग बंद करें। लेकिन महात्मा कुछ सुनने समझने को राज़ी नहीं थे। महात्मा ने ब्रह्मचर्य को लेकर एक तरह का हठयोग साधना शुरू कर दिया। इस प्रयोग में हठ ज़्यादा था और योग कम। इस हठ में मनोरचनाएँ उनकी मदद करतीं। मनोवैज्ञानिकों के मुताबिक़ यह मनोरचनाएँ चिंता और तनाव से तत्काल राहत पहुँचती हैं लेकिन यह समस्या का स्थायी समाधान नहीं है।

स्वामी आनंद और केदारनाथ बंबई वापस लौट गए। लेकिन उनसे हुई बातचीत महात्मा को काफ़ी विचलित कर गई। उन्होंने रविवार 16 मार्च को अपनी डायरी में लिखा- 'मुझे क का प्रश्न पूछने का ढंग और उसके चेहरे की मुस्कुराहट पसंद नहीं आई। मैंने अपना दृष्टिकोण समझाया। ब्रह्मचर्य की अपनी वर्तमान व्याख्या के अनुरूप मुझे उनके विचार दूषित अथवा अधूरे जान पड़े। उनमें मेरे मार्ग के अनुसार सुधार करने की बहुत ज़रूरत है।'[21]

यह महात्मा के लिए तनाव का समय था। वह केदारनाथ कुलकर्णी और स्वामी आनंद को संतुष्ट न कर सके थे। उन्हें ख़ुद महसूस हुआ कि उनके तर्क कमज़ोर पड़ गए थे। बातचीत के बाद थोड़ी देर के लिए आँख बंद करके लेट गए। शाम चार बजे गाँव में प्रार्थना सभा थी। महात्मा, मनु और ख़ान अब्दुल ग़फ़्फ़ार ख़ान मोटर में साथ बैठे। ग़फ़्फ़ार ख़ान उस जाति का प्रतिनिधित्व करते थे जो दुनिया की सबसे ज़्यादा लड़ाका और हिंसक जाति मानी जाती है। महात्मा ने उन्हें तार देकर बुलाया था। सीमांत प्रदेश में ख़िदमतगार आंदोलन छेड़कर यह महान पठान सरदार मशहूर हुआ था। महात्मा को लगा था कि बादशाह ख़ान के बिहार आने से यहाँ के मुसलमानों का आत्मविश्वास बढ़ेगा।

महात्मा पीछे की सीट पर लेटे थे। सिर मनु की गोद में था और पाँव बादशाह ख़ान की गोद में। बादशाह ख़ान महात्मा के पाँव दबा रहे थे। मनु उदास थी। दोनों काफ़ी देर चुप रहे। फिर इस चुप्पी को महात्मा ने ही तोड़ा। वे बोले 'नाथ जी जिस पंथ के हैं उस पंथ के लोग स्त्री का स्पर्श तक नहीं करते। स्त्री ने अगर यह दीक्षा ली हो तो अपने पाँच वर्ष के सगे पुत्र को तो क्या पौत्र को भी वह नहीं छू सकती। परंतु मेरे ब्रह्मचर्य का सिद्धांत दूसरा है। जिसके मन में काम-क्रोध भरे हों वह ऐसी दीक्षा लेने पर भी व्यभिचारी है। और उसमें मैं महापाप देखता हूँ।'[22]

सीमांत गाँधी महात्मा के अनन्य भक्तों में थे। इस प्रयोग में वह पूरी तरह महात्मा के साथ थे। वे बोले- 'महात्मा हैरत होती है कि कैसे विद्वान लोग

इतने जड़ और विवेक शून्य हो जाते हैं। ये लोग यह क्यों नहीं समझते कि मनु आपके लिए छह महीने की बच्ची जैसी है। मुझे आपकी पवित्रता में पूरा विश्वास है। आपकी जगह अगर मैं हूँ तो शायद ऐसा न कर सकूँ। क्योंकि मुझमें इतना आत्मविश्वास नहीं है। लेकिन यह भले मानुस अपने आपको कभी न ख़त्म होने वाली बहस में लगाए रखते हैं। यह बात मुझे बिलकुल बेमतलब और वक़्त बर्बादी की लगती है। मनु आपके साथ एक ही बिस्तर पर सोए इसमें मुझे कोई ग़लत बात नहीं दिखती है। समझदार और सयाने लोग इतनी-सी बात क्यों नहीं समझ पाते होंगे? क्या वे लोग नहीं समझते कि कितनी नामुमकिन बातों को आपने मुमकिन बनाकर दिखा दिया है।'

उन्होंने मनु से कहा कि- 'इस बेमतलब के तूफ़ान में तेरे साथ मेरी पूरी हमदर्दी है। तू यक़ीन रखना आख़िर में सब भला होगा। बापू की तू जैसी सेवा कर रही है उससे मुझे ईर्ष्या होती है। तब अगर दूसरे कई लोगों को तुझसे ईर्ष्या होती हो तो कोई हैरत की बात नहीं। दूसरे लोग जो कुछ कहें तो उनकी परवाह न करना। हर बात में तू अपने भीतर की आवाज़ सुनना और बापू जो सलाह दें उसी पर पूरी तरह चलना।'[23]

मनु को देखकर सीमांत गाँधी को अपनी बेटी मेहर ताज की याद आ गई जो उनसे मीलों दूर थी। आश्रम लौटे तो सीमांत गाँधी ने महात्मा से कहा- 'इस लड़की को आप कभी मत छोड़िएगा।' महात्मा बोले- 'जब तक मैं और वो दोनों ज़िंदा हैं तब तक तो यह साथ नहीं छूटने वाला। हाँ अगर वह चाहे तो मुझे कभी भी छोड़ सकती है। मैं बंधन में रहता हूँ, उसे मैंने बंधन में नहीं रखा।' अगले दिन की सुबह थोड़ी ठंडी थी। हवा तेज़ थी। उस दिन महात्मा का मौन दिन था। भोर से पहले ही तय वक़्त पर प्रार्थना हुई। महात्मा ने पर्ची पर मनु को लिखा कि 'रात को देर तक जगी हो इसलिए अब सो जाओ।' मनु महात्मा के पास ही सो गई।

निर्मल बोस भी चले गए

ब्रह्मचर्य पर नाथ जी और स्वामी आनंद के साथ बातचीत का कड़वापन पूरे माहौल में था। गाँधी से बातचीत करने के बाद स्वामी आनंद और केदारनाथ ने निर्मल कुमार बोस से उनके विचार पूछे, क्योंकि गाँधी ने बातचीत के दौरान कहा था कि 'उनके अपने निकटतम साथियों को उनके आचरण में कोई बुराई नहीं दिखती।' स्वामी चाहते थे कि निर्मल महात्मा के मित्रों को बताए कि वस्तुस्थिति

क्या है। महात्मा के शुभचिंतक ही तय करेंगे वे ठीक रास्ते पर हैं या नहीं।

निर्मल दा ने लिखा- 'जब मुझे पहले-पहल गाँधी के प्रयोग के बारे में पता चला तो मैं सचमुच चकित रह गया। मुझे बताया गया कि वे कभी-कभी स्त्रियों से अपने बिस्तर में और यहाँ तक कि एक ही चादर के अंदर सोने को कहते हैं और तब यह पता करने की कोशिश करते हैं कि क्या उनमें या उनकी साथिन में कहीं कोई ऐंद्रिक अनुभूति तो नहीं जगती? लेकिन जब मुझे गाँधी द्वारा प्रयोग की जाने वाली आत्म-परीक्षा की इस विधि की जानकारी मिली तो मुझे लगा कि क्यों कुछ लोग गाँधी को अपनी-अपनी निजी संपत्ति मानते हैं। यह भावना अक्सर उनमें भावनात्मक असंतुलन पैदा कर देती है। उदाहरण के लिए- क, ख, या ग (सुशीला, प्यारेलाल और मनु) का व्यवहार स्वस्थ मनोवैज्ञानिक संबंध का प्रमाण नहीं है। ख़ुद गाँधी के लिए इस प्रयोग का महत्त्व चाहे जो हो, यह दूसरों के व्यक्तित्व पर बेशक क्षति की निशानी छोड़ जाता है, क्योंकि इनका नैतिक स्तर उतना ऊँचा नहीं होता जितना गाँधी का है और इन लोगों के लिए गाँधी के प्रयोग में भागीदारी करना कोई आध्यात्मिक आवश्यकता नहीं है। यही कारण है कि इंद्रिय निग्रह और निजी या सार्वजनिक जीवन में गाँधी से प्रभावित होने वाले लोगों पर उस निग्रह के असर के संबंध में मैंने कभी-कभी गाँधी से कड़े शब्दों में बात की है या उन्हें ऐसे शब्दों में पत्र लिखे हैं। लेकिन आप देखेंगे कि यह आरोप उस आरोप से काफ़ी भिन्न है जिसे आप या आपके मित्र मानते हैं। यही कारण है कि मैंने मनु के बारे में भेद की एक रेखा खींची है, क्योंकि गाँधी से उनका संबंध बिलकुल अलग क़िस्म का है। आशा है मेरी स्थिति बिलकुल स्पष्ट है। लेकिन अगर नहीं है तो वैसा लिखने में संकोच न कीजिएगा।'[24]

पुनश्चः अगर गाँधी दो शर्तों पर राज़ी हों तो वे ये प्रयोग जारी रख सकते हैं। एक इस प्रयोग में शामिल होने वाली स्त्री को पता हो कि वो क्या कर रही है? 'जो अपने व्यक्तित्व पर इस प्रयोग के संभावित परिणामों से बाख़बर' हो। दूसरी शर्त ये कि जनता को इस प्रयोग की पूरी जानकारी हो और वो इसके बारे में वह अपने मन की बात कह सके। बोस ने ईमानदारी से कहा- 'दूसरी शर्त वैसे अनावश्यक है, लेकिन यह इसलिए रखी गई है कि नोआखाली में अपने प्रार्थना प्रवचनों में गाँधी ने ख़ुद ही दो बार लोगों को इस पर अपनी राय ज़ाहिर करने को आमंत्रित किया था, वे उस हालत में भी जनता से अपनी राय ज़ाहिर करने की अपेक्षा कर रहे थे जबकि वह स्थिति की पूरी तफ़सीलों से वाक़िफ़ नहीं थी।

लेकिन अगर सब कुछ जानने के बाद भी जनता यह सोचती है कि गाँधी ग़लती पर हैं, जबकि ख़ुद वे अपने को सही मानते हों तो मैं गाँधी के साथ होऊँगा।'[25]

निर्मल दा ईमानदार आदमी थे। ये पत्र स्वामी को देने से पहले उन्होंने इस पत्र को गाँधी को दिखाया। बोस का यह पत्र महात्मा को अच्छा नहीं लगा। उस दिन उनका मौन दिन था। उन्होंने निर्मल को एक पर्चे पर लिखा- 'यदि आपकी इच्छा हो तो उसे डाक में डाल सकते हैं। पत्र में तथ्य की भूलें हैं। कुछ और भी भूलें हैं, जिनकी ओर आपका ध्यान दिलाऊँगा। अत: मैं आपको यही सलाह दूँगा कि आप इस विषय पर मेरी राय लेने तक इंतज़ार करें। किंतु आपकी जैसी इच्छा हो वैसा कर सकते हैं।'

लेकिन महात्मा ने निर्मल बोस को राय देने में देरी करना उचित नहीं समझा। बिहार के मसौढी ज़िले में दंगे हुए थे। यहाँ मुसलमानों का क़त्लेआम हुआ था। मुस्लिम लीग ने इसकी रपट महात्मा के पास भेजी। महात्मा सब कुछ ख़ुद अपनी आँखों से देखना चाहते थे। वह मसौढी के लिए ट्रेन से रवाना हुए। महात्मा ट्रेन में खिड़की के क़रीब बैठे थे। वह इस्तेमाल किए गए पन्नों के पिछली तरफ़ पर कुछ लिख रहे थे। लिखने का काम ख़त्म हुआ तो वह काग़ज़ महात्मा ने निर्मल बोस की ओर बढ़ा दिया। निर्मल ने देखा वह उनके नाम का एक जवाबी पत्र था। इसमें महात्मा ने लिखा- 'आपका पत्र ग़लतियों और बेबुनियाद धारणाओं से भरा हुआ है। मैंने आपसे कहा था कि इस मामले पर मुझसे चर्चा कर लीजिए। आप नहीं कर पाए। उसका नतीजा बुरा निकला। आपकी चाहे जो राय हो, मैं उसका बुरा नहीं मानता किंतु उसकी भली-भाँति पुष्टि होनी चाहिए। दूसरों से ली गई जानकारी के पीछे चाहे जितनी ईमानदारी हो, उसे मान लेने से पहले आपको मेरे विचार जान लेने चाहिए थे।'

गाँधी ने आगे लिखा- 'मैं तो चाहता हूँ कि आप और दूसरे मुझे उसी रूप में देखें जैसा मैं हूँ। आपने 'क' 'ख' अथवा 'ग' के साथ पूरा न्याय नहीं किया है। आप उनसे भलीभाँति परिचित नहीं हैं। उन्हें यथाशक्य पूरी तरह जानने की तकलीफ़ उठाए बिना ही आपको क्या अधिकार है कि उनके संबंध में कोई धारणा बना लें? मैं यह बात तो समझ सकता हूँ कि शायद आप पूरा परिचय प्राप्त करने के इच्छुक न हों या आपके पास समय की कमी हो। किंतु इसी तथ्य को देखते हुए आपको उनके बारे में कोई राय नहीं ज़ाहिर करनी चाहिए थी। मुझे बड़ा आश्चर्य है कि आपने यह मान लिया कि मेरे प्रयोग में स्त्रियों के हीन

होने की धारणा निहित है। स्त्री हीन तब हो सकती है जब मैं उसकी सहमति या असहमति से उस पर कामुक दृष्टि डालूँ मैंने तो स्त्रियों को हमेशा पुरुषों के बिलकुल समकक्ष ही समझा है। मेरी पत्नी तब मुझसे 'हीन' थी जब वह मेरी वासना तुष्टि का साधन थी। किंतु जब वह मेरी बहन बनकर नग्न दशा में मेरे साथ लेटी तब वह हीन नहीं रही। यदि हम दोनों के मन और शरीर में काम-वासना जागृत न हुई तो उस संसर्ग ने हम दोनों को ऊँचा उठाया। जो किसी काल में मेरी पत्नी थी, यदि उसके स्थान पर कोई और स्त्री हो तो क्या इससे कोई अंतर आना चाहिए? मैं इतनी तो आशा करता हूँ कि आप मुझ पर यह आरोप नहीं लगाएँ कि जो स्त्रियाँ या लड़कियाँ मेरे पास नग्नावस्था में रही हैं उनके प्रति मेरे मन में काम-वासना थी। आशा तो यही है कि 'क' या 'ख' के हिस्टीरिया का मेरे प्रयोग से कोई वास्ता नहीं था। उनकी जो दशा अब है वह प्रयोग से पहले भी थी; प्रयोग के बाद कम न हुई हो तो बढ़ी भी नहीं है। हमारी चर्चा में मनु और दूसरी लड़कियों में भेद करना निरर्थक है। वह मेरी पोती है, इस कारण शायद मुझे इस मामले में आलोचना से बरी किया जाए। किंतु मैं इस तथ्य का फ़ायदा उठाना नहीं चाहता। मैं जो कुछ कर रहा हूँ उसके लिए 'प्रयोग' शब्द का कुछ सही चुनाव नहीं हुआ है। मैंने यह इस्तेमाल किया है। किंतु प्रयोग में और आज जो- कुछ मैं कर रहा हूँ उसमें अंतर यह है कि प्रयोग मैं रोक सकता था, किंतु आज जो मैं कर रहा हूँ वह धर्म है, अतः उसे नहीं रोका जा सकता। अब स्टेशन आने वाला है। कोई नया काम शुरू करने से पहले मुझे जनसाधारण को उससे अवगत करा देना चाहिए, यह बात तो मेरे लिए बिलकुल नहीं है। प्रस्तुत मामले में कुछ नया नहीं है।'[26]

निर्मल ने अपनी किताब में लिखा कि इस पत्र को पढ़ने के साथ वह अपने दिमाग़ में इसका जवाब तैयार करने लगे। उन्होंने महात्मा से कहा बस इस महीने के आख़िर तक वह उन्हें वापस घर लौटने की इजाज़त दे दें। महात्मा ने कहा- 'ऐसी हड़बड़ी क्या है। तीन दिन का दौरा ख़त्म हो। मसौढी के इस सफ़र से लौट तो आएँ।' मसौढी पहुँचकर निर्मल पहले की तरह महात्मा की सेवा में जुट गए। उनकी दाढ़ी बनाते वक़्त निर्मल बोस ने महात्मा के जवाबी पत्र पर अपनी राय ज़ाहिर की। बातचीत लंबी चली। बाद में निर्मल ने इस बातचीत को एक पत्र का रूप दे दिया। मज़मून कुछ इस तरह था- 'कल ट्रेन से लिखा आप का पत्र पाने के बाद आपके साथ लगभग घंटे भर मेरी बातचीत हुई, जिसमें मैंने अपने

ख़िलाफ़ लगाए इस आरोप का खंडन करने की कोशिश की कि मैंने 'क' या दूसरों को अपना पक्ष पूर्ण रूप से प्रस्तुत करने का अवसर दिए बिना जल्दबाज़ी में राय क़ायम कर ली। ख़ुद मैंने अपने ऊपर सपने के विश्लेषण की फ्रॉयड वाली विधि लागू की है और उससे मुझे बहुत ज़्यादा लाभ हुआ है, क्योंकि उससे मुझे अपने अंदर छिपी इच्छाओं को, जो मुझे बहुत परेशान कर रही थीं, ढूँढ़कर सतह पर ले आने और इस तरह उनसे संतोषजनक रीति से निबटने में मदद मिली है। बापू जी, आपने मुझे अपनी सेवा में पहले-पहल तब बुलाया जब आप बंगाल में थे। विश्वविद्यालय ने आपको जब तक मेरी सेवाएँ, दरकार हों तब तक के लिए ख़ुशी-ख़ुशी मुझे अनिश्चित अवधि की छुट्टी दे दी। लेकिन इस बीच मेरे विद्यार्थियों के हितों की हानि होती है। यदि मुझे यहाँ बिहार में मैं आपकी जितनी सेवा कर सकता हूँ, उसके और विश्वविद्यालय में विज्ञान की जितनी सेवा कर सकता हूँ उसके बीच चुनाव करना हो तो मैं इस दूसरी सेवा को प्रथम स्थान दूँगा।'[27]

निर्मल बोस के इस पत्र से महात्मा थोड़े बेचैन हो गए। वह जानते थे कि निर्मल अब रुकेंगे नहीं। इतनी सारी बातें हो जाने के बाद महात्मा ने उन्हें रोकना उचित भी नहीं समझा। उन्होंने निर्मल को लिखा- 'अगर आप आज जाना ही चाहते हैं तो जिसे आप अपना कर्तव्य मानते हैं उसके पालन में मैं बाधा नहीं डालूँगा। आपने मुझे इतना अभ्यस्त बना दिया है कि आपकी अनुपस्थिति मुझे खटकेगी। बेशक आप मेरे बारे में और मेरी लिखी चीज़ों के बारे में किसी के भी साथ चर्चा करने को स्वतंत्र हैं। यह बात उन तीनों पत्रों पर भी लागू होती है। मैंने तो सिर्फ़ आपका ध्यान आपके उस निर्णय की ओर दिलाया है जो जल्दबाज़ी में लिया गया मालूम पड़ता है, और सो भी इस उद्देश्य से किया है कि आप में ज़्यादा-से-ज़्यादा पूर्णता देख सकूँ। जल्दबाज़ी से नुक़सान होता है।'[28]

निर्मल कुमार बोस ने दिन के तीसरे पहर पौने तीन बजे बापू से विदा ली। वह 18 मार्च का दिन था। उन्होंने निर्मल को आशीर्वाद दिया और कहा- 'आपने अपना निर्णय जल्दबाज़ी में लिया है।' महात्मा और निर्मल बोस के बीच चल रही बातचीत व तनाव के बारे में मनु बेख़बर थी। निर्मल का जाना उसे भी अखरा। दोनों ने पाँच महीने साथ काम किया था। निर्मल मनु पर स्नेह बरसाते थे। मनु भी उनका आदर करती थी। और इसी दिन मनु ने अपनी डायरी में लिखा- "आज बापू ने एक बहुत ही महत्त्वपूर्ण बात का खुलासा किया। मैंने उनसे पूछा कि क्या

सुशीलाबेन भी उनके साथ निर्वस्त्र सो चुकी है क्योंकि मैंने जब उनसे इस बारे में पूछा तो उन्होंने कहा कि वे प्रयोगों का कभी भी हिस्सा नहीं बनी और उनके साथ कभी निर्वस्त्र नहीं सोई। बापू ने कहा कि सुशीला सच नहीं कह रही क्योंकि वह बारडोली (1938 में जब पहली बार वे बतौर फिजिशियन उनके साथ जुड़ी थीं) के अलावा आगा ख़ाँ पैलेस (पुणे) में उनके साथ सो चुकी थी। बापू ने बताया कि वह उनकी मौजूदगी में स्नान भी कर चुकी है। फिर बापू ने कहा कि जब सारी बातें मुझे पता ही हैं तो मैं यह सब क्यों पूछ रही हूँ? बापू ने कहा कि सुशीला बहुत दुखी थी और उसका दिमाग़ अस्थिर था और इसलिए वे नहीं चाहते थे कि वह इस सब पर कोई सफ़ाई दे। मैंने बापू से आग्रह किया कि मुझे अलग सोने दें।[29]

***

एक-एक करके वे सब महात्मा का साथ छोड़ रहे थे जो महात्मा के क़रीबी रहे थे। बेचैनी के इस लमहे में महात्मा ने एक लंबा पत्र राजकुमारी अमृत कौर को लिखा। इस पत्र के अंतिम भाग का मज़मून कुछ इस तरह था- 'और अंत में अब अपने बारे में बताऊँ। नाथ जी और स्वामी आनंद मुझसे मिलने आए थे। उनकी यह मुलाक़ात स्नेहपूर्ण थी, लेकिन उनके मन विषाद से भरे हुए थे। मैंने शायद हज़ारों-हज़ार स्त्रियों का स्पर्श किया है लेकिन मेरे स्पर्श में वासना लेशमात्र भी नहीं रही। मैं कुछ स्त्रियों के साथ बिलकुल नग्नावस्था में लेटा हूँ लेकिन वासना-तृप्ति के उद्देश्य से कभी नहीं। मेरा स्पर्श हमारे पारस्परिक उत्थान के निमित्त रहा है। यदि कोई ऐसी स्त्री हो जिसने इसके विपरीत कुछ अनुभव किए हों, तो मैं सचमुच चाहता हूँ कि वह मेरे ख़िलाफ़ गवाही दे। जिस अपवाद का मैंने ऊपर उल्लेख किया है, उसमें भी मेरी भावना व्यभिचार की नहीं थी। फिर भी उस मामले में मैं भी यह स्वीकार करता हूँ कि मेरे स्पर्श में वासना थी। मैं न चाहते हुए भी वासना के प्रवाह में बह गया था और यदि परमात्मा ने रक्षा न की होती तो मैं बर्बाद हो गया हो गया होता।'[30]

बिहार का बीर पिछड़ा इलाक़ा है। यहाँ मच्छरों की भरमार थी। महात्मा ने इन मच्छरों के बीच अपना प्रवचन अंग्रेज़ी में तैयार किया। पहले यह काम निर्मल बोस करते थे। इस प्रवचन का मनु ने हिंदी में अनुवाद किया। दिन भर के काम से फ़ारिग होने के बाद महात्मा ने निर्मल को लिखा- 'अब जब आप चले

ही गए हैं तो मैं कहना चाहूँगा कि इस तरह एकाएक आपका चला जाना मुझे अच्छा नहीं लगा। यदि आप विश्वविद्यालय के बुलावे पर गए और आपके जाने का अन्य कोई कारण नहीं था, तो मुझे कुछ नहीं कहना है। फ्रॉयड का दर्शन क्या है? मैंने उसकी कोई चीज़ नहीं पढ़ी है। एक मित्र ने, जो स्वयं प्रोफ़ेसर हैं और फ्रॉयड के अनुयायी हैं, उसके सिद्धांतों की थोड़ी देर चर्चा की थी। आप ऐसी चर्चा करने वाले दूसरे व्यक्ति हैं। मैं अपनी इस राय पर ज़ोर नहीं देना चाहता कि आप निष्कर्ष निकालने में जल्दबाज़ी करते हैं।'[31] चलते-चलते महात्मा ने निर्मल से कहा- 'जल्दबाज़ी से नुक़सान होता है।' नुक़सान की स्थिति में कौन था निर्मल यह समझ रहे थे। वह बहुत भारी और उदास मन से वापस लौट रहे थे।

महात्मा ने मनु के साथ सोने का प्रयोग स्थगित कर दिया था। हालाँकि यह उनके लिए एक कठोर निर्णय था। लेकिन उनके आगे और कोई रास्ता नहीं बचा था। 25 मार्च, 1947 को महात्मा पटना में थे। उन्होंने अपने गहरे दोस्त होरेस अलेक्जेंडर को लिखा- 'मेरे अपने निजी मामले में जो कुछ कर सकता हूँ, मैंने किया है और कर रहा हूँ। मैं समझता हूँ कि तुम्हें मालूम ही है कि मनु अब मेरे साथ एक ही बिस्तर पर नहीं सोती। यह परिवर्तन उसने बापा को ख़ुश करने के लिए मेरी पूरी सहमति से किया है। वह जो कर रही थी, उसमें बापा की दृष्टि में कोई ग़लती नहीं थी, लेकिन उन्होंने मनु से अपील की कि जब तक मैं बिहार में हूँ और इस महत्त्वपूर्ण कार्य में लगा हुआ हूँ, तब तक वह अलग सोए। मैं इस निर्णय से सहमत नहीं हूँ। लेकिन मैं बहस नहीं करना चाहता था और इसलिए मैं तुरंत सहमत हो गया। जाँच की चीज़ तो इस मामले में मेरी मनोवृत्ति है, यह देखना है कि वह सही है अथवा जैसा कि किशोरलाल और मेरे कुछ अन्य भारतीय मित्र सोचते हैं कि यह मेरी दमित काम-वासना है, चाहे वह जितने भी अचेतन रूप से मुझमें विद्यमान हो।'[32]

गाँधी भले अपने मित्रों के इशारे से ये समझ रहे हों कि ये सारा खेल 'दमित काम-वासना' का है, जो उनके अचेतन मन में कहीं मौजूद है। पर वह ये बात मानने को तैयार नहीं थे। योगी और तपस्वी ब्रह्मचर्य की चाहे कितनी ही चर्चा कर लें लेकिन वे अपनी काम-वासना को तृप्त करने के कोई-न-कोई उपाय खोज लेते हैं। उनके संयम में कोई साक्षी-भाव नहीं होता, दमन ही होता है। भलो वो इसे स्वीकार न करें। यह भी मनोवैज्ञानिक तथ्य है कि जब एक इंद्रिय निष्क्रिय पड़ने लगती है तब अन्य इंद्रियाँ अधिक सक्रिय हो जाती हैं। ऐसे में स्पर्श सुख

भी संपूर्ण सुख में परिवर्तित हो जाता है। प्रसिद्ध मनोवैज्ञानिक हेवलाक एलिस की स्थापना है कि 'बुढ़ापे की वजह से पुंसत्व की कमी से वृद्ध पुरुषों को केवल यौन ढंग से छूने-छाने से ही यथेष्ठ परितृप्ति हो जाती है।'[33]

तो क्या महात्मा नग्न लड़कियों के साथ शयन कर परितृप्ति के इसी रास्ते पर चल रहे थे? बहुत संभव है वह ऐसा करना न चाहते हों। पर क्या उनकी दमित इच्छाएँ उन्हें इस रास्ते पर जाने के लिए विवश कर रही थीं? और उन्होंने इस क्रिया को पहले ब्रह्मचर्य प्रयोग और फिर यज्ञ का नाम दिया। लड़कियों को अपने प्रयोग के साधन के रूप में इस्तेमाल करने के लिए उन्हें कोई अवलंबन चाहिए था। यह अवलंबन उनका प्रयोग बना। प्रयोग के बहाने वह अपनी विश्वास प्राप्त शिष्याओं को साथ शयन के लिए आसानी से राज़ी कर सकते थे। और वह ख़ुद भी अपने को माफ़ कर सकते थे। जैसा कि एलिस कहते हैं- 'वृद्धावस्था में पुरुष की उम्र जितनी बढ़ती चली जाती है उतनी ही जल्दी वह परितृप्ति हो जाता है। इस तरह की परितृप्ति पाने में उसे उतना ही कम पश्चात्ताप होता है।'[34]

महात्मा ने फ्रॉयड को नहीं पढ़ा था लेकिन हेवलॉक एलिस के यौन मनोविज्ञान से जुड़े विचारों से वह अनभिज्ञ नहीं थे। एलिस की किताब 'सायकॉलजी ऑफ़ सेक्स' उनके इन प्रयोगों के बहुत साल पहले ही बाज़ार में आ चुकी थी। महात्मा ने इस किताब के बारे में किसी से ज़्यादा बातचीत नहीं की। न ही किसी लेख में इस मनोवैज्ञानिक के विचारों को संदर्भित किया। एलिस ने यौन समस्याओं पर बहुत गहरा अध्ययन किया था। उनके अध्ययन का सूत्र वाक्य एक प्राचीन कहावत में सिमट गया था। एलिस कहते- 'मनुष्य वही है जो उसका सेक्स है।' एलिस ने वृद्धावस्था में काम-वासना के अतिरेक पर भी लिखा। वह मानते थे कि बुढ़ापे के आने की आहट महसूस होने से यौन आवेग एकाएक प्रबल हो सकता है। 'इस प्रतिक्रिया में वह औचित्य की सीमाओं को लांघ कर स्वस्थ रूप से अथवा अस्वस्थ रूप से भटक सकता है।'[35]

***

महात्मा जिन दिनों बिहार के गाँवों में घायल मुसलमानों के ज़ख़्मों पर मरहम लगा रहे थे उन दिनों लंदन के प्रधानमंत्री का दफ़्तर हिंदुस्तान के लिए नया वायसराय चुन रहा था। जिसे चुना गया वह निःसंदेह इंग्लैंड के सबसे मशहूर आदमियों में एक था। नाम था- लुई फ्रांसिस एल्बर्ट विक्टर निकोलस

माउंटबेटन। भारत आने के बाद वह जिस आदमी से सबसे पहले मिलना चाहते थे वे गाँधी थे। उन्होंने गाँधी को न्योता भेजा और गाँधी के दिल्ली जाने के लिए 30 मार्च की तारीख़ तय हुई। गाँधी मनु को अपने साथ दिल्ली ले गए थे। महात्मा ने सफ़ेद शाल ओढ़ रखी थी। पाँव नंगे थे। एक हाथ में लाठी थी और दूसरे हाथ से मनु के कंधे का सहारा। मनु भी महात्मा-सी दुबली पतली। उसकी आँखों पर भी महात्मा की तरह गोल चश्मा था। अख़बारों में ठीक ऐसी ही तस्वीर माउंटबेटन दंपति कई बार देख चुके थे। मनु का वायसराय से औपचारिक परिचय हुआ। माउंटबेटन ने कहा- 'तुम बड़ी क़िस्मतवाली हो। मेरी लड़की पामेला कहती है कि मि. गाँधी के साथ तुम्हारी फोटो देखकर उसे ईर्ष्या होती है। मैं उसे तुम्हारी प्रार्थना सभा में भेजूँगा।' महात्मा ने वायसराय से पूछा कि क्या इस बीच मनु आपके बग़ीचे में घूम सकती है ताकि हमारी बातचीत बिना किसी रुकावट के हो सके। 'क्यों नहीं' वायसराय का जवाब था। फिर वे मनु से बोले 'ये सब तुम्हारा ही है। हम तो केवल ट्रस्टी हैं। यह सब हम तुम्हें ही सौंपने आए हैं। महात्मा ने हँसते हुए कहा कि हथियारों की जाँच के लिए आप इसकी तलाशी ले सकते हैं।' वायसराय ने मुस्कुराकर जवाब दिया- 'आपकी शिष्या को हथियार की ज़रूरत नहीं।'

महात्मा और माउंटबेटन अध्ययन कक्ष की तरफ़ बढ़ गए जहाँ दोनों के बीच बातचीत शुरू होनी थी। लेडी माउंटबेटन अकेली हो गईं। उन्होंने दूर से देखा कि मनु बग़ीचे में पेड़ों और पौधों के झुरमुट में घूम रही है। लाल रंग की वर्दी में एक सेवक उसके पीछे-पीछे सतर्कता से चल रहा है। कोई यह सोच भी कैसे सकता है कि बंगाल की काली रातों में जब ये लोग साथ-साथ सोते हैं तो महात्मा ने इस बच्ची का फ़ायदा उठाया होगा। और हिंदुस्तानियों में वह कौन अदमी हो सकता है जिसके नीच दिमाग़ ने ऐसी अश्लील कल्पना की होगी? 'उस छोटी-सी लड़की ने अपना सिर घुमाकर वायसराय के आलीशान आशियाने को देखा। उसके गंभीर चेहरे पर किशोरावस्था के उल्लास का कोई चिह्न नहीं था। वह टहल रही है लेकिन दौड़ती नहीं। ईश्वर ही जानता है कि इन उदास आँखों ने नोआखाली में क्या देखा होगा। इतनी छोटी लड़की जिसकी क़िस्मत में अपने मशहूर पितामह के पैरों में मालिश करना लिखा है।'[36]

***

संदर्भ :

1. पूर्णाहुति, खंड 2 : प्यारेलाल पेज 296
2. पूर्णाहुति, खंड 2 : प्यारेलाल, पेज 299-300
3. एकला चलो रे, मनु गाँधी, पेज 114-115
4. खंड 93 : 26 जनवरी, 1947, पेज- 384
5. द डायरी ऑफ़ मनु गाँधी, 18 जनवरी, 1947, वॉल्यूम 2 ऑक्सफ़ोर्ड यूनिवर्सिटी प्रेस
6. पूर्णाहुति, खंड 2 : प्यारेलाल, पेज 300, हिंदुस्तान स्टैंडर्ड, 3-2- 1947
7. द डायरी ऑफ़ मनु गाँधी, 2 फ़रवरी, 1947, वॉल्यूम 2 ऑक्सफ़ोर्ड यूनिवर्सिटी प्रेस
8. खंड 93 : 1 फ़रवरी, 1947, पेज 411
9. खंड 93 : 9 फ़रवरी, 1947, पेज 459
10. खंड 93 : 10 फ़रवरी, 1947, पेज 460
11. खंड 93 : 15 फ़रवरी, 1947, पेज 476
12. खंड 93 : 15 फ़रवरी, 1947, पेज 478
13. खंड 94 : 18 फ़रवरी, 1947, पेज 8
14. खंड 94 : 24 फ़रवरी, 1947, पेज 39 40
15. महात्मा गाँधी द लास्ट फ़ेज़, खंड 2 : पेज- 302- 303
16. एकला चलो रे, मनु गाँधी, पेज 160
17. एकला चलो रे, मनु गाँधी, पेज 165
18. महात्मा गाँधी- द लास्ट फेज़, प्यारेलाल, खंड 2, पेज 237
19. एकला चलो रे, मनु, पेज 180- 181
20. खंड 94 : 15-16 मार्च, 1947, पेज 132-135, पूर्णाहुति, खंड 2, प्यारेलाल, पेज 310-314
21. बिहार की कौमी आग में, मनु गाँधी, नवजीवन ट्रस्ट, 1959 संस्करण, पेज 54-55
22. बिहार की कौमी आग में, पेज 44
23. पूर्णाहुति, प्यारेलाल, खंड 2, पेज 316- 317
24. माई डेज़ विद गाँधी, 16 मार्च, 1946, पेज. 150
25. माई डेज़ विद गाँधी, 16 मार्च, 1946, पेज. 151
26. माई डेज़ विद गाँधी, पेज 152- 153
27. माई डेज़ विद गाँधी, पेज 154- 155
28. माई डेज़ विद गाँधी, पेज 181
29. द डायरी ऑफ़ मनु गाँधी, 18 मार्च, 1947, वॉल्यूम 2 ऑक्सफ़ोर्ड यूनिवर्सिटी प्रेस
30. खंड 94 : 18 मार्च, 1947 पेज 152
31. माई डेज़ विद गाँधी, पेज 158
32. खंड 94 : 25 मार्च , 1947, पेज 200

33. सायकॉलजी ऑफ़ सेक्स, हेवलाक एलिस, पेज 171
34. सायकॉलजी ऑफ़ सेक्स, हेवलाक एलिस, पेज 171
35. सायकॉलजी ऑफ़ सेक्स, हेवलाक एलिस, पेज 168
36. (एडविना और नेहरू, कैथरीन क्लैमां, पेज 97- 98

9

गाँधी के बाद उनकी शिष्याएँ

और आख़िर 15 अगस्त 1947 को भारत आज़ाद हो गया। इस दिन महात्मा कलकत्ता में थे। कलकत्ते से लौटने के बाद महात्मा केवल पाँच महीने और जीवित रहे। यह पाँच महीने उनके लिए कष्टदायी रहे। उन्हें कुकुर खाँसी और ज्वर ने घेर लिया। बिड़ला भवन में मनु और आभा उनके साथ ही सोती थीं। हालात सुधरने का नाम नहीं ले रहे थे। सरदार पटेल ने हिंदुस्तानी मुसलमानों से साफ़ कह दिया था कि 'हम एक नाव पर बैठे हैं। साथ डूबेंगे या साथ उबरेंगे। आप दो घोड़ों की सवारी नहीं कर सकते। आप कोई एक घोड़ा जो भी उत्तम लगे चुन लीजिए।' मतलब साफ़ था। मुसमलानों को भारत या पाकिस्तान में किसी एक को चुनना था। उन्हें दोनों में किसी एक के प्रति वफ़ादार रहना था। नेहरू और सरदार पटेल में दूरियाँ बढ़ रही थीं। महात्मा अकेले पड़ते जा रहे थे।

अपनी मौत से एक महीना पहले तक महात्मा अकेले और अलग-थलग पड़ गए थे। इस दौर में प्यारेलाल ने उन्हें सबसे ज़्यादा दुखी पाया। महात्मा ने किसी को पत्र लिखा कि 'आलीशान भवन में मैं प्रेमी मित्रों के बीच घिरा हूँ परंतु मेरे भीतर शांति नहीं है।' महात्मा के पुराने मित्रों ने उनसे किनारा कर लिया था। उनकी जी हुज़ूरी में लगे रहने वाले सभी कांग्रेस नेता राजसत्ता की मद में डूब चुके थे। वे उनकी सुनते नहीं थे। महात्मा को डर था कि वह किसी भी दिन उनसे आकर कहेंगे- 'इस बूढ़े की बात हमने बहुत रखी, अब वह हमें अपना काम क्यों नहीं करने देता।' उनके रास्ते पर चलने वाले सीमांत गाँधी और विनोबा जैसे कुछ संत रह गए थे। महात्मा देख रहे थे कि 'कांग्रेस के भवन की एक के बाद दूसरी ईंट ढीली होकर गिर रही हैं। कांग्रेस निस्तेज हो गई है।' देश सेवा के नाम पर तमाशा चल रहा है। दिल्ली की फ़ैशनपरस्त अमीर औरतें बन सँवर कर निराश्रितों के कैंप में स्वयंसेवा करतीं। महात्मा उन्हें उलाहना देते- 'निराश्रित कैसे

आप का विश्वास और आदर कर सकते हैं। जबकि आप रेशमी साड़ियाँ पहने इंद्र की परियाँ बनकर उनके बीच आती हैं।' वह कहते कि ये आज़ादी नहीं है। भारत स्वाधीन नहीं हुआ। राजधानी मुर्दों की नगरी दिखाई देती है। हर आदमी दूसरे के ख़ून का प्यासा है। हिंदुस्तानी अपने हिंदुस्तानी भाई से डरता है। इसे आप स्वाधीनता कहेंगे?

अपने अंतिम वक़्त में महात्मा चिड़चिड़े हो चले थे। बात-बात पर कहते- 'देखते नहीं मैं अपनी चिता पर बैठा हूँ।' कभी कहते- 'तुम्हें मालूम होना चाहिए कि एक मुर्दा तुमसे यह कह रहा है।' 30 जनवरी, 1948 को जीवन के अंतिम क्षणों में मनु और आभा महात्मा के साथ थीं। प्रार्थना सभा जाते वक़्त महात्मा का हाथ दो नवयुवतियों के कंधे पर था। महात्मा इन लड़कियों से बात कर रहे थे। यह अंतिम बातचीत कुछ इस तरह थी। आभा ने कहा : 'बापू आपकी घड़ी को ज़रूर यह लगता होगा कि आप उसकी परवाह नहीं करते। आप उसकी तरफ़ देखते ही नहीं।' बापू बोले- 'मैं क्यों देखूँ, जब दोनों मुझे ठीक समय बता देती हो?' मनु ने पूछा : 'लेकिन आप तो समय बताने वाली लड़कियों की तरफ़ देखते ही नहीं।' बापू फिर हँसे। प्रार्थना स्थल की सीढ़ियों तक पहुँचते हुए उन्होंने अंतिम बात कही- 'प्रार्थना में दस मिनट देर से पहुँचा हूँ इसमें तुम्हारी ग़लती है। नर्सों का यह धर्म है कि यदि साक्षात् ईश्वर भी बैठा हो तो भी उन्हें अपने कर्तव्य का पालन करना चाहिए। यदि किसी मरीज़ को दवा देने का समय हो और उसमें हिचकिचाहट हो तो मरीज़ तो मर जाएगा।' और तभी नाथू राम गोडसे ने उन पर गोलियाँ बरसा दीं। महात्मा विदा हो गए।

महात्मा के अचानक और दर्दनाक देहांत से बापू के सहयोगी विचलित थे। अंतिम संस्कार के बाद प्यारेलाल लौटे तो बिड़ला भवन अंधकार में डूबा था। महात्मा के कमरे में श्मशान-सा सन्नाटा पसरा था। प्यारेलाल के मन में सवाल उठा- गाँधी सदा कहते थे कि अहिंसा जगत में सबसे अधिक सक्रिय शक्ति है। जो सारी बाधाओं को जीत लेती है और जिसके सामने सारा द्वेष, सारी घृणा मिट जाती है। तो फिर वे जो अहिंसा की जीवंत मूर्ति थे, हत्यारे की गोलियों का शिकार क्यों हुए?[1] प्यारेलाल ने लिखा- इस रहस्य ने मुझे आश्चर्यचकित कर दिया था। लेकिन जब भीतरी तूफ़ान शांत हुआ तब सीधा और स्पष्ट उत्तर मुझे मिल गया। लेकिन अभी और भी कई ऐसे सवाल थे जिनका उत्तर मिलना शेष था।

मनु महात्मा नहीं थी। उन्होंने न धर्म पढ़ा था न दर्शन और न ही उनके पास

आध्यात्मिक अनुभवों का ख़ज़ाना था। फिर भी मनु का दावा था कि उन्होंने काम-वासना पर विजय प्राप्त कर ली है। साफ़ था मनु झूठ बोल रही थी। इसके लिए उन्हें किसी परीक्षा की ज़रूरत नहीं थी। लेकिन फिर भी महात्मा ने उनकी परीक्षा लेने का फ़ैसला किया। मनु की इस परीक्षा में उन्होंने ख़ुद को माध्यम बनाया। महात्मा इतनी सामान्य-सी बात नहीं समझ पाए कि 79 साल के वृद्ध व्यक्ति के साथ सोकर मनु के ब्रह्मचर्य की परीक्षा कैसे ली जा सकती है। लेकिन महात्मा इतना साहस नहीं जुटा सके कि वह मनु की परीक्षा के लिए अपने किसी युवक शिष्य को उपलब्ध करा पाते। अब सवाल उठता है कि इस प्रयोग का प्रयोजन क्या था? जैसा कि महात्मा ने कहा संपूर्ण अहिंसा के लिए पूर्ण ब्रह्मचर्य ज़रूरी है। गाँधी ने अहिंसा और ब्रह्मचर्य में घालमेल करने की कोशिश की। नोआखली में उनके ब्रह्मचर्य को लेकर जब विवाद चरम पर पहुँच गया तब उन्होंने अपने प्रयोग को नया नाम दे दिया।

लेकिन महात्मा के ब्रह्मचर्य के प्रयोग और उनके सत्य के शोध का असर किसी पर नहीं पड़ा। न मुसलमानों पर, न मुस्लिम लीग पर, न उनके विरोधियों पर और न मि. जिन्ना पर। देश का विभाजन हो गया। नोआखली छोड़ने के छह महीने बाद ही देश दो टुकड़ों में बँट गया। और तो और जो सद्गुण महात्मा मनु में विकसित करना चाहते थे, वह भी नहीं कर पाए। नोआखली से दिल्ली लौटने के बाद 21 सितंबर, 1947 को बिड़ला भवन में शाम की प्रार्थना के दौरान भजन गाते समय मनु व आभा बेसुरी हो गई थीं। इस कारण दोनों ज़ोर से हँस पड़ी थीं। इसे लेकर महात्मा बहुत दुखी हुए थे। उन्होंने मनु से कहा था 'भजन गाने के लिए नहीं बल्कि ईश्वरमय होने के लिए होता है। यह तो ईश्वर की ठिठोली करने जैसी बात हुई। यदि... ईश्वर को न पहचानती हो तो प्रार्थना छोड़ो... पर निर्भर करता हूँ और यदि (तुम दोनों) भाड़े के गायकों जैसा व्यवहार करोगी तो यह मुझे मार डालने के समान होगा।' बाद में मनु और आभा को सार्वजनिक रूप से इसके लिए माफी माँगनी पड़ी थी। आख़िर ये छोटी बच्चियाँ ही तो थीं। जिन्हें गाँधी ने अपनी ब्रह्मचर्य की प्रयोगशाला का 'गिनी पिग' बना दिया।

बापू की शिष्याएँ

महात्मा ने अपने ब्रह्मचर्य प्रयोग के लिए तमाम स्त्रियों को साधन बनाया। महात्मा यह मानकर चल रहे थे कि इन स्त्रियों में यौन इच्छा नहीं बची है। वह ख़ुद यौन इच्छा रहित हो चुके हैं ऐसा उनका दावा था। महात्मा के देहावसान के बाद उनसे जुड़ी तमाम लड़कियाँ और महिलाएँ टूटकर बिखर गईं। डॉ. सुशीला नैयर ज़रूर भारत सरकार में मंत्री बनीं लेकिन बाक़ी लड़कियों का कोई नाम लेवा नहीं था। अधिकांश लड़कियाँ हिस्टीरिया और दूसरे मनोरोगों का शिकार हो गई थीं। वे महानता के उस शिखर तक नहीं पहुँच सकीं जहाँ महात्मा उन्हें देखना चाहते थे। मनु, मीरा, प्रेमा या डॉ. सुशीला किसी ने शादी नहीं की। इनमें कई दीर्घायु होने के बावजूद ऐसा कुछ नहीं कर सकीं जिसके लिए दुनिया उन्हें याद रखे। इनमें कई का मानसिक संतुलन ज़रूर बिगड़ गया जैसा कि बाद में मेडलीना स्लेड उर्फ़ मीरा के वियना के आश्रम में कई लेखकों को देखने को मिला। महात्मा की मृत्यु के बाद उनके आश्रम टूटकर बिखर गए। उनके आश्रम संग्रहालय में तब्दील हो गए। आश्रमवासी कहाँ गए किसी को पता नहीं।

मनु गाँधी

महात्मा के जाने के बाद मनु गाँधी अकेली पड़ गई थीं। महात्मा के अंतिम संस्कार के दौरान वह लगातार रोती रहीं। उनका सिर सरदार पटेल की गोद में था। महात्मा वीरगति प्राप्त कर अमर हो गए थे। उनके ब्रह्मचर्य के प्रयोगों से पैदा हुई खटास को उनकी शहादत ने धो डाला था। महात्मा शहीद हुए थे। इस शहादत ने उन्हें भावुक जनता की नज़रों में और 'महान' बना दिया था। महात्मा तो वह पहले से ही थे इस शहादत ने अलबर्ट आइंसटाइन जैसे महान वैज्ञानिक को यह कहने पर मजबूर कर दिया कि दुनिया के लिए यक़ीन करना मुश्किल होगा कि इस पृथ्वी पर हाड़-मांस का एक ऐसा पुतला भी था। लेकिन महात्मा के शुभचिंतकों के लिए मनु अभी भी पाप की गठरी थी। महात्मा की मौत के बाद उनके बेटे देवदास मनु को अपने घर ले आए थे। 22 फ़रवरी, 1948 तक वह देवदास के घर रहीं। यह दिन कस्तूरबा की बरसी का था। महरौली में शांति पाठ के बाद देवदास ने मनु को उनके घर भेजने की तैयारी शुरू कर दी। सरकार ने मनु और उनके सह यात्रियों के लिए बंबई जाने वाली ट्रेन के तीसरे दर्जे का टिकट बुक करा दिया था। सरदार पटेल और बिड़ला ने मनु को बंबई ले जाने

के लिए एक चपरासी साथ भेजने का फ़ैसला किया था। रेलवे स्टेशन पर डॉ. सुशीला नैयर और देवदास मनु को विदा करने आए। ट्रेन दो घंटा लेट थी। प्लेटफ़ॉर्म पर देवदास मनु को अलग ले गए। बातचीत का विषय मनु की डायरी थी। डायरी में महात्मा के साथ बिताए उनके अंतिम महीनों के एक-एक दिन का ब्योरा दर्ज था। ये ऐतिहासिक दस्तावेज़ थे जिन पर महात्मा के दस्तख़त भी थे। देवदास ने मनु से कहा कि वह महात्मा के साथ अपने संबंधों के बारे में अपनी ज़ुबान बंद रखे। मनु ने लिखा- 'काका ने मुझे चेतावनी दी कि मैं अपनी डायरी में दर्ज बातों के बारे में किसी से बात न करूँ।' देवदास ने मनु से कहा- 'तुम अभी बच्ची हो। तुम्हारे पास मूल्यवान साहित्य है। तुम सीधी-सरल हो, लेकिन तुम्हारा भाई तुम्हारे साथ है, मुझे कोई डर नहीं है।'[2]

दिनभर का सफ़र पूरा करने के बाद 24 फ़रवरी को मनु के साथ उनके पिता जयसुखलाल, आभा, मनुभाई जोधानी ('स्त्री जीवन' के संपादक) और चपरासी बंबई पहुँचे। बंबई में वे मार्च तक शांति कुमार के मेहमान रहे। मनु को भावनगर लौटना था। शांति कुमार ने मनु और उनके पिता के लिए हवाई टिकट का इंतज़ाम करा दिया। भावनगर में मनु यहाँ के महाराज की मेहमान बनीं। भावनगर समाचार के संपादक ने मनु से आग्रह किया कि वह बापू के साथ गुज़ारे अपने समय के बारे में कुछ लिखें। लेकिन मनु से साफ़ इनकार कर दिया। 6 मार्च को मनु भावनगर से अपने निवास स्थान महुआ पहुँच गई। यह वही जगह थी जहाँ से चलकर मनु नोआखाली के यज्ञ में शामिल हुई थी।

ब्रह्मचर्य व्रत से बँधी मनु ने शादी नहीं की। वह ज़्यादा दिन जीवित नहीं रही। महात्मा के देहावसान के 21 साल बाद 1969 में जब पूरा देश महात्मा गाँधी की सौवीं जयंती मना रही थी मनु इस दुनिया से विदा हो गई। महात्मा के जीवन के अंतिम वर्षों में उनके सबसे क़रीबी रहीं मनु की मौत कोई ख़बर नहीं बनी। मनु की मौत के साथ कई रहस्य दफ़्न हो गए।

मनु ने महात्मा के साथ अपने प्रयोगों के बारे में किसी से कुछ नहीं कहा। उन्होंने लिखा भी नहीं। नोआखाली घटनाओं को उन्होंने 'एकला चलो रे' नाम की पुस्तिका में तारीख़वार लिखा। इसे मनु ने 'नोआखाली की धर्मयात्रा की डायरी' का नाम दिया। लेकिन यह डायरी संशोधित थी। महात्मा के साथ नग्न सोने की बात का ज़िक्र इस डायरी में कहीं नहीं था। सुशीला के साथ महात्मा के तनावपूर्ण संबंधों का ब्योरा भी इस डायरी में कहीं नहीं मिला। इन सब बातों का खुलासा

निर्मल कुमार बोस ने पहली बार महात्मा की मृत्यु के पाँच साल बाद 1953 में अपनी किताब 'माई डेज़ विद गाँधी' में किया।

डॉ. सुशीला नैयर

महात्मा को जब गोली लगी तो डॉ. सुशीला नैयर पश्चिम पंजाब के मुल्तान शहर में थी। नोआखाली में 17 दिसंबर 1946 की घटना के बाद महात्मा और सुशीला के बीच संबंध कभी सामान्य नहीं हो पाए थे। सुशीला ने महात्मा को 'बिस्तर पर उछलते' हुए देखा था। इसे उन्होंने तपश्चर्या बताया था। सुशीला के झगड़े से तंग आकर महात्मा ने अपना सिर पीटा था। आगे चलकर इस बात का बतंगड़ बन गया था। महात्मा सुशीला से बहुत निराश थे। तब तक मनु उनके पास आ चुकी थी। महात्मा ने सुशीला से एक अघोषित दूरी बना ली थी। नोआखाली के बाद महात्मा का कार्यक्रम बिहार जाने का बना था। बिहार दौरे की टीम में सुशीला का नाम नहीं था। साफ़ था महात्मा सुशीला को अपने निजी जीवन से बाहर निकाल चुके थे। वह सुशीला से कोई सेवा नहीं लेना चाहते थे। लेकिन सुशीला के पास महात्मा के अलावा दूसरा कोई ठौर नहीं था। महात्मा जब दिल्ली आए तो उन्हें सुशीला मिली। जनवरी, 1948 में सुशीला ने फ्रेंड्स सर्विस के लेसली क्रॉस के साथ बहावलपुर जाने की इच्छा जताई। पंजाब का बहावलपुर दंगे की चपेट में था। यह इलाक़ा विभाजन की त्रासदी से सर्वाधिक प्रभावित था। बहावलपुर का अपना मिशन ख़त्म कर लौटते वक़्त सुशीला मुल्तान के डिप्टी कलेक्टर के घर मेहमान थीं। यहीं चाय के दौरान किसी महिला ने आकर उसे तीस जनवरी की शाम बताया कि 'दुनिया का क्या होने जा रहा है? कहते हैं गाँधी को गोली मार दी गई।' ख़बर सुनकर सुशीला पीली पड़ गई वह थर-थर काँपने लगी। उसने सोचा यह अफ़वाह है। डिप्टी कमीश्नर ने दिल्ली फ़ोन से पता लगाने की बात की तो सुशीला तैयार नहीं हुई। 'वह आशा के अंतिम धागे से चिपटी रहना चाहती थी।' वह तुरंत लाहौर के लिए चल दी ताकि वहाँ से दिल्ली पहुँच सके। सुबह लाहौर पहुँची तो रेडियो पर जवाहरलाल नेहरू का शोक संदेश दोहराया जा रहा था।

सुशीला विमान से दिल्ली पहुँची। उसने देवदास से कहा- 'भगवान ने उन्हें ये सजा क्यों दी कि वह अंतिम समय महात्मा के पास नहीं थीं।' देवदास ने कहा- 'यह सज़ा नहीं है कि तुम बापू के अंतिम आदेश का पालन कर रही थी।'[3]

सुशीला ने महात्मा को अंतिम विदाई दी। सुशीला ने अपने भाई प्यारेलाल के साथ मिलकर महात्मा गाँधी पर दस खंडों में किताबें लिखीं। आज़ाद भारत में वह पहली दफ़ा दिल्ली असेंबली की स्पीकर बनी। महात्मा की मृत्यु के 14 साल बाद वह केंद्र में स्वास्थ्य राज्य मंत्री (1962- 65) बनी। सुशीला की सगाई काका साहब कालेलकर के छोटे बेटे बालकृष्ण से हुई थी। यह सगाई महात्मा ने ख़ुद कराई थी। वह बालकृष्ण से प्रेम भी करने लगी थी। लेकिन शादी का सवाल आया तो सुशीला पीछे हट गई। उसने साफ़ कह दिया था कि वह बापू की सेवा छोड़कर गृहस्थ आश्रम शुरू नहीं कर सकती। बालकृष्ण इसके लिए तैयार नहीं थे। उन्होंने सगाई तोड़ दी और किसी दूसरी लड़की से शादी कर ली। बापू की व्यक्तिगत चिकित्सक, मुख्य सेविका और सचिव रही सुशीला अब अकेली थी। उसने शादी नहीं की।

70 के दशक में वेद मेहता ने सुशीला से महात्मा के साथ सोने के अनुभवों के बारे में इंटरव्यू किया था। इस इंटरव्यू में सुशीला ने कहा था- 'बापू के साथ सोने में कोई विशेष बात नहीं थी। मैंने ख़ुद बापू से सुना था जब उन्होंने पहली बार नोआखाली में मनु को अपने साथ सोने के लिए कहा तब वे दोनों एक बिस्तर पर कपड़े पहनकर सोए थे। और पहली ही रात मनु कुछ मिनटों में बिस्तर पर आते ही खर्राटे भरने लगी थी। कुछ दिनों बाद बापू ने मनु से कहा- 'हम दोनों किसी भी वक़्त मुसलमानों के हाथों मारे जा सकते हैं। हमें अपनी पवित्रता सिद्ध करने के लिए निर्णायक परीक्षा से गुज़रना होगा ताकि हम दोनों जान सकें कि हम अपना शुद्धतम त्याग अर्पित कर रहे हैं। और हम दोनों को अब नग्न सोना शुरू कर देना चाहिए।' मनु ने कहा- 'क्यों नहीं।'[4]

वेद मेहता ने सुशीला नैयर से पूछा कि महात्मा के सान्निध्य में रही अन्य महिलाओं की तरह उन्होंने भी शादी क्यों नहीं की? सुशीला का जवाब था- 'दूसरी औरतों के बारे में मैं नहीं जानती। बालकृष्ण केललकर से मेरी सगाई हुई थी। वह तुरंत मुझसे शादी करना चाहते थे। लेकिन मैं इंतज़ार करना चाहती थी ताकि बापू और देश की सेवा कर सकूँ। फिर उन्होंने एक बहुत घिनौनी बात की। उन्होंने कहा- 'तुम सब गाँधी के चेले सेवा के बारे में ऐसे आदर्श रखते हो, लेकिन तुम लोग ख़ुद को कभी अपने देवता और गुरु से अलग नहीं कर सकते। तुम सब लोग उनके प्रतिबिंबित प्रभामंडल से चमकते हो। जाओ तुम उनके प्रतिबिंबित नरक में रहो।' यह हमारी सगाई का अंत था। और इसके बाद मैं कभी

किसी और से भी शादी करने का मन नहीं बना पाई।'[5]

सुशीला आजन्म कुँवारी रही। वह महात्मा को अंतिम समय तक अपना देवता मानती रही। अब वह सत्य साईं बाबा की भक्त थी। सुशीला ने 91 साल का लंबा जीवन जिया। अंतिम समय तक वह सार्वजनिक कार्यक्रमों में हिस्सा लेती रही।

आभा गाँधी

महात्मा के अंतिम क्षणों में आभा उनके साथ थी। आभा महात्मा के भतीजे कन्हैया यानी कनु गाँधी की पत्नी थी। इस रिश्ते से आभा महात्मा की बहू थी। आभा मनु की ही हम-उम्र की थी। कनु ने गाँधी नेशनल मेमोरियल ट्रस्ट की मदद से कस्तूरबा के नाम पर 1956 में एक आश्रम खोला था। यहाँ कस्तूरबा आरोग्य धाम नाम का क्लीनिक भी खोला गया। पति-पत्नी यहीं आकर रहने लगे थे।

आभा भी महात्मा के ब्रह्मचर्य के प्रयोग का एक हिस्सा थी। उसने महात्मा से साफ़ कह दिया था कि 'उसकी इच्छा ब्रह्मचर्य का पालन करने की बिलकुल नहीं है।'[6] तब महात्मा ने उन्हें साथ सुलाना बंद कर दिया। लेकिन नोआखाली आने तक आभा महात्मा के साथ सोने के लिए मानसिक रूप से तैयार हो चुकी थी। सत्तर के दशक में वेद मेहता ने आभा से ब्रह्मचर्य के प्रयोग के बारे में बातचीत की थी। इस बातचीत में आभा ने इनकार किया कि वह कभी महात्मा के साथ नग्न सोई थीं। आभा ने वेद मेहता को बताया कि 'यह सबको मालूम है कि सुशीला नैयर बापू के साथ सोती थी। उन्होंने पहली बार मुझे तब सोने के लिए कहा जब मैं 16 साल की थी। मुझे लगा कि रात में उन्हें ठंड लग गई और वह चाहते हैं कि मैं उन्हें गर्मी देने के लिए उनके साथ सोऊँ। मैं उनके साथ सोई लेकिन कपड़े पहनकर। लेकिन दो साल बाद नोआखाली में मैं उनके साथ नियमित तौर पर सोने लगी।'

वेद मेहता ने आभा से पूछा कि 'तब क्या आप उनके साथ कपड़े पहने सोती थीं?'

आभा ने ख़ुद को बहुत असुविधाजनक पाते हुए जवाब दिया कि 'वह मुझे कपड़े उतारने को कहते थे लेकिन जहाँ तक मुझे याद है मैं पेटीकोट और चोली पहनकर सोती थी।'

मेहता ने आगे पूछा- 'लेकिन क्या वह ख़ुद कपड़े उतारकर सोते थे?'

आभा ने जवाब दिया कि 'उन्हें याद नहीं कि वह कपड़े पहनकर सोते थे या नहीं। मैं अब इस बारे में सोचना भी नहीं चाहती।'

'आपको कैसा महसूस होता था?'

'कुछ नहीं महसूस होता था।'

'क्या आपके पति को आपका महात्मा के साथ सोना कभी बुरा लगा?'

'हाँ लगा, वह बापू के पास गए और उन्होंने कहा कि अगर उन्हें गर्मी के लिए किसी की ज़रूरत है तो वह स्वयं अपनी सेवाएँ दे सकते हैं, उनका- कनु का- शरीर मुझसे कहीं ज़्यादा गर्म था।'

'तब गाँधी ने क्या कहा?'

'मुझे लगता है, बापू ने कनु से कहा कि उन्हें मेरी ज़रूरत गर्मी पहुँचाने से ज़्यादा ब्रह्मचर्य के प्रयोग के लिए है। उन्होंने कहा उनका मेरे साथ सोना इस बात की जाँच करना है कि उनके शरीर की तरह उनका मस्तिष्क भी पवित्र है। वह वासनायुक्त विचारों और शारीरिक इच्छाओं से भी मुक्त है। कनु और अन्य लोगों ने बापू से कहा- 'आप महात्मा हैं। आपको इस तरह से अपना परीक्षण करने की कोई ज़रूरत नहीं है। ऐसे परीक्षण मैथुन समर्थ युवाओं के लिए अधिक उपयुक्त हो सकते हैं।' बापू ने उन्हें सुना पर वह कुछ नहीं बोले। और उन्होंने अपने प्रयोग को जारी रखा।'[7]

आभा जब तक ज़िंदा रहीं वह महात्मा के प्रयोगों को भूल नहीं सकी। आभा ने अपनी सारी ज़िंदगी उन तस्वीरों के साथ गुज़ारी जो उसके पति ने अपने कैमरे से खींची थीं। आभा कहती थी कि कनु केवल प्राकृतिक रौशनी में महात्मा की तस्वीर खींचते थे। इसके दो कारण थे। एक उनके पास फ़्लैश नहीं था और दूसरा कारण यह था कि महात्मा पोज़ नहीं देते थे। आभा और उसके पति कनु गाँधी ने अपना बाक़ी जीवन राजकोट के गाँधी आश्रम में गुज़ारा। 1996 में 69 साल की उम्र में आभा ने इस दुनिया से प्राण त्यागे।

मीरा

महात्मा की शहादत के दिन मीरा उत्तरांचल के अपने आश्रम पशुलोक में थी। उसे आश्रम की तरफ़ एक जीप दौड़ती हुई दिखाई दी। जीप से केंद्र सरकार का एक अधिकारी व कुछ कार्यकर्ता हड़बड़ी में उतरकर आश्रम की तरफ़ भागे। मीरा कुछ समझ नहीं पाई। उसमें से एक ने दीवार से सिर टिकाते हुए कहा कि-

'बापू की हत्या कर दी गई। प्रार्थना भूमि पर उन्हें गोली से मार दिया गया।' मीरा कुछ नहीं बोली। वह न रोई न चीख़ी। उसने सवाल किया- 'क्या मृत्यु तुरंत हो गई?' जवाब 'हाँ' में मिला।

ऋषिकेश से बसों में भरकर लोग महात्मा के अंतिम दर्शन के लिए दिल्ली भाग रहे थे। मीरा से भी कहा गया कि वह भी चले। लेकिन मीरा ने महात्मा के अंतिम दर्शन करने के लिए दिल्ली जाने से इनकार कर दिया। उसे बापू के शब्द याद आ रहे थे जो उन्होंने अभी चौदह दिन पहले मीरा को भेजे अपने पत्र में लिखे थे। ये शब्द थे- 'ईश्वर पर विश्वास रखो जहाँ हो वहीं रहो।'

ऋषिकेश से दिल्ली गए लोग महात्मा की चिता से राख के कुछ अंश ताँबे की डिबिया में रखकर लाए थे। उनका आग्रह था कि मीरा इन्हें गंगा में प्रवाहित करें। मीरा ने ग्रामीणों की यह मनोकामना पूरी कर दी। मीरा ने लिखा- 'जब मैंने उस तीव्र नीली धारा में भस्म का विसर्जन किया तब मुझे जीवन में पहली बार प्रकृति की भव्यता का अनुभव हुआ जो हमारे पार्थिव शरीर के अवशेषों को सर्वव्यापी प्रेम के साथ अपने भीतर पुनः ग्रहण कर लेती है।'[8]

दरअसल पृथ्वी सिंह से अलगाव के बाद मीरा टूट चुकी थी। वह वापस बापू की शरण में आ गई थी। आग़ा ख़ाँ महल जेल में वह महात्मा के साथ थी। लेकिन जेल के इस जीवन में मीरा समझ चुकी थी कि महात्मा के निजी जीवन में अब उसका कोई स्थान नहीं रह गया। महात्मा ने मीरा से अपने सारे संपर्क ख़त्म कर दिए थे। मीरा अब उनके ब्रह्मचर्य के प्रयोग का हिस्सा नहीं थी। सुशीला, आभा और कंचन जैसी नई लड़कियाँ अब महात्मा की सेवा में थीं। शुरू में मीरा को यह सब बुरा भी लगा था। सुशीला के साथ सोने को लेकर मीरा ने काफ़ी तमाशा भी खड़ा किया था।

लेकिन वक़्त के साथ मीरा को भी बदलना पड़ा था। वह सारे गिले-शिकवे भूलकर वापस महात्मा की शरण में आई थी। महात्मा ने आग़ा ख़ाँ महल जेल में मीरा को अपनी सेवा में रखकर धन्य किया था। रिहा होने के बाद मीरा अपना अलग आश्रम स्थापित करना चाहती थी। जेल में ही महात्मा ने उसे अनुमति दे दी। जेल से छूटने के बाद आश्रम के लिए मीरा ने रुड़की और हरिद्वार के बीच एक जगह चुनी थी। मीरा ने इस आश्रम को किसान आश्रम का नाम दिया। मीरा ने एक युवक धर्मपाल को लेकर 1944 में यह आश्रम शुरू किया। आश्रम के पशु मीरा के साथी बन गए। आश्रम में चार गाय-बछड़े, दो बैल और एक टट्टू

था। मीरा दिन भर टट्टू पर बैठकर गाँवों के चक्कर लगाती। बाद में तो और भी सैकड़ों पशु आश्रम में उसके दोस्त बन गए। तब महात्मा के कहने पर उसने आश्रम का नाम पशुलोक रख लिया था। मीरा चाहती थी कि महात्मा पशुलोक का उद्घाटन करें लेकिन महात्मा ने कहा- 'मुर्दे पर आधार रखने से क्या लाभ ?'[9]

महात्मा के जाने के बाद मीरा के जीवन में कुछ शेष नहीं बचा था। वह कश्मीर भी गई लेकिन उसे वहाँ भी शांति नहीं मिली। एक दिन डाक में पेरिस से आया एक पार्सल मिला। इसमें रोमां रोलां की विधवा ने उनकी एक किताब भेजी थी। यह रोलां कि अंतिम किताब थी। मीरा ने बड़े चाव से किताब पढ़ने के लिए पन्ने खोले लेकिन उसने पाया कि वह फ्रेंच भाषा भूल चुकी है। उसने किताब वापस आलमारी में बंद कर दी और उदास हो गई।

इसी उदासी और बेचैनी में एक दिन उसके हाथ एक ख़ज़ाना लग गया। एक बंद पुरानी पेटी में उसके प्रिय महान संगीतकार बीथोवन से जुड़ी कुछ किताबें मिलीं। यह किताबें रोलां ने उसे 1931 में दी थीं। तब से यह किताबें यूँ ही बक्से में बंद पड़ी थीं। मीरा इन किताबों को पढ़ने बैठ गई। मीरा ने अपनी आत्मकथा के अंतिम पैरा में लिखा- 'जैसे-जैसे मैं पढ़ती गई कोई चीज़ मेरे अंदर आंदोलन उत्पन्न करने लगी। वह कोई बुनियादी चीज़ थी। मैंने अपनी आँखें बंद कर लीं। हाँ, यह उसी पुरुष की आत्मा थी, जिसके संगीत से मैं तीस वर्षों से अलग हो गई थी।' मीरा ने आगे लिखा- 'थोड़ी देर मैं आत्मा की दुनिया में खोई रही। और अंत में जब मुझे होश आया तो मेरे भीतर वह पहले वाला तनाव व बेचैनी मिट गई थी। इस जन्म का तीसरा और अंतिम अध्याय आरंभ हो गया था। यह समाप्ति नहीं परंतु आरंभ था।'[10]

महात्मा की मृत्यु के ठीक दस साल बाद 28 जनवरी, 1958 को मीरा ने हिंदुस्तान को हमेशा के लिए अलविदा कह दिया। बीथोवन उसे बुला रहा था। वह ऑस्ट्रिया के वियना शहर में आकर बस गई। वियना पहुँचकर मीरा बहन फिर मैडलीन स्लेड हो गई थीं। शाकाहार छोड़कर वह फिर मांसाहारी हो गई। अपनी सेवा के लिए एक भारतीय युवक को वह अपने साथ वियना ले गई थी। उसका नाम मीरा ने ऋषिकेश रखा था। वैसे वह उसे ब्रह्मचारी जी कहकर बुलाती। वह मैडेलीन से मिलने आने वाले हर हिंदुस्तानी को देखते ही उसके पैरों पर गिरकर रोने लगता। स्लेड से मिलने वियना पहुँचे वेद मेहता को देखते ही वह उनके पैरों पर गिर पड़ा। कहने लगा- 'साहब मुझे यहाँ से ले जाओ। गाँव में

मेरी बीवी और चार बच्चे हैं। मैं उन्हें देखना चाहता हूँ। मेरी मदद करो। मेमसाहब कहती हैं तुम मेरे साथ कर्म से बँधे हो। लेकिन मुझे यहाँ मेमसाहब की सेवा में 21 साल हो गए। मैं वापस जाना चाहता हूँ। मेरी मदद करो।'[11]

किसान आश्रम में मीरा के सहयोगी रहे धर्मपाल से कुछ साल पहले पुस्तक के लेखक की बात हुई। उन्होंने बताया वे इंग्लैड गए थे और एक अंग्रेज़ लड़की से उन्होंने शादी कर ली। यह बात मीरा को अच्छी नहीं लगी थी। बाद में वह मीरा के आश्रम से अलग हट गए। गो हत्या पर उन्होंने नब्बे के दशक में काफ़ी काम किया था। उन्होंने पुराने दिनों को याद करते हुए बताया कि मीरा एक सनकी औरत थी। वह महात्मा के प्रेम में पागल थी। महात्मा के ब्रह्मचर्य के प्रयोगों पर धर्मपाल ने बताया कि वह सब केवल एक छलावा था और कुछ नहीं।

प्रेमा कंटक

30 जनवरी, 1948 को प्रेमा बंबई में अपनी मौसी के घर पर थी। शाम को उसे वर्धा जाना था। एकाएक किसी ने बाहर का दरवाज़ा धड़ाम से खोला। एक छोटा लड़का रेडियो सुनकर हाँफता दौड़ता कमरे में दाख़िल हुआ और चीख़ उठा- 'माँ गाँधी गए।'

प्रेमा की छाती में दर्द उठा। वह मुँह धोकर आराम कुर्सी पर बैठ गई। उस समय उसका दिमाग़ बिलकुल जड़ हो गया था। मौसी ने दिलासा देते हुए कहा- 'शांत रह बेटी, कम्बख़्त ग़लत ख़बर लाया होगा।' लेकिन ख़बर सही थी। महात्मा को तीन गोलियाँ लगी थीं। किसी ने उनके दिल्ली जाने के लिए हवाई टिकट का इंतज़ाम किया। वह राजघाट समय से पहुँच गई। शव यात्रा में वह सुशीला की सह-यात्री थी। सुशीला शांत थी। महात्मा का शरीर राजघाट पर पड़ा था। प्रेमा ने बापू के मस्तक पर हाथ रखा। फिर उन्होंने हाथ हटा लिया। मस्तक बर्फ़ जैसा ठंडा था। यह प्रेमा का अंतिम स्पर्श था।

प्रेमा को अपना प्रथम स्पर्श याद आया। उस 'पवित्र स्पर्श' से प्रेमा के सारे शरीर में बिजली दौड़ गई।' और वह 'आनंद में मस्त होकर घर लौटी थी।' लेकिन आज आनंद की जगह एक विषाद था जो प्रेमा के चेहरे पर साफ़ नज़र आ रहा था। जलती चिता में प्रेमा ने महात्मा के शरीर को भस्म होते देखा। प्रेमा ने लिखा- 'जो शरीर हम सबको प्रियदर्शी और प्रिय लगता था, जिसकी सेवा को हम साक्षात् भगवान की सेवा मानते थे, वह शरीर आख़िर भस्मांत हुआ। कैसी

विचित्र लीला है।'[12]

आश्रम छोड़ने के बाद प्रेमा अपनी अलग दुनिया बसा चुकी थी। 1933 में आश्रम विसर्जन के दौरान बापू ने प्रेमा से कहा था तुम लोग अपने साथ आश्रम लेकर घूमे। आश्रम के व्रतों को कभी तोड़ना मत। प्रेमा शंकर राव देव के क़रीब आ गई थी। तब शंकर राव देव महाराष्ट्र प्रांतीय कांग्रेस के अध्यक्ष थे। पूना से 19 मील दूर सासवड़ आश्रम में दोनों साथ काम कर रहे थे। प्रेमा शंकर देव की मुख्य सेविका थी। कांग्रेस की अंदरूनी राजनीति के चलते पहली बार बंबई, पूणे और नागपुर के अख़बारों ने प्रेमा और शंकर राव देव के प्रेम प्रसंगों के बारे में चटपटी ख़बरें छापनी शुरू कर दीं। यह प्रचार इतना तीखा हो गया कि प्रेमा को महाराष्ट्र छोड़ने पर मजबूर होना पड़ा। यह बात महात्मा को भी मालूम चली तो उन्होंने प्रेमा को लिखा- 'तू देव का साथ छोड़े इसकी मुझे आवश्यकता महसूस नहीं होती। जब तक तुम दोनों का मन निर्दोष है और संग केवल सेवा के लिए है तब तक देव को छोड़ने की या तेरा काम बदलने की ज़रूरत मुझे महसूस नहीं होती।'[13]

आग़ा ख़ाँ महल जेल से छूटने के बाद महात्मा जुहू चले आए थे। प्रेमा तब क़रीब ही सासवड़ में थी। जुहू में सरोजनी नायडू महात्मा की देखभाल कर रही थी। सुशीला नैयर प्रेमा को महात्मा से मिलवाने लाई थी। लेकिन सरोजनी नायडू ने प्रेमा को महात्मा से मिलने को मना कर दिया। वह बोली- 'मैं बूढ़े की चौकीदार हूँ। मेरी इजाज़त के बग़ैर किसी को यहाँ नहीं आना चाहिए।' प्रेमा को बुरा लगा था। लेकिन महात्मा बीमार थे इसलिए वह लौट आई। जुहू से महात्मा जब वापस पुणे लौटे तो महाराष्ट्र कांग्रेस के मार्गदर्शन कार्यक्रम के लिए महात्मा से समय लेना था। प्रेमा ने जुहू के द्वारपाल की याद दिलाते हुए महात्मा को लिखा- 'पूना में अगर कोई द्वारपाल हो तो उसकी इजाज़त लेकर ही मैं कार्यक्रम की योजना करना चाहती हूँ।'[14]

इस बीच महात्मा और प्रेमा के बीच एक झगड़ा भी हो गया। एक लेख को लेकर प्रेमा की प्रांतीय कस्तूरबा निधि समिति के मंत्री से कहा-सुनी हो गई। प्रेमा ने बुज़ुर्ग मंत्री को ख़ूब भला-बुरा कहा। मंत्री जाकर महात्मा के आगे ख़ूब रोए। महात्मा भी प्रेमा से ख़ूब नाराज़ हुए। उन्होंने प्रेमा को डाँटा-फटकारा। प्रेमा को बुरा लगा। वह सोचने लगी जब वह 15 साल की जवान और अनुभवनहीन थी तो महात्मा की फटकार बुरी नहीं लगती थी। पर अब वह 35 साल की है। वह ख़ुद

को अपमानित महसूस कर रही थी। तभी सुशीला ने प्रेमा को बापू का समचार भेजा कि 'तेरी किसी से नहीं पटती। तेरा स्वभाव तेज़ है। ऐसा महात्मा जी कहते हैं। और वे इस निर्णय पर पहुँचे हैं कि महाराष्ट्र से कस्तूरबा ट्रस्ट का काम तुझे नहीं सौंपा जा सकता।' यह ख़बर सुनकर प्रेमा का दुख और ग़ुस्सा दोनों बढ़ गया। उसने महात्मा से सारे संबंध ख़त्म करने का निर्णय ले लिया।

लेकिन यह नाराज़गी ज़्यादा दिन नहीं चल सकी। महात्मा अपने बरताव से दुखी थे। सुशीला और शंकर राव देव के समझाने पर प्रेमा महात्मा से मिलने गई। महात्मा बोले- 'तूने मेरा त्याग कर दिया न ?'

प्रेमा पिघल गई। महात्मा प्रांत के कस्तूरबा ट्रस्ट का काम प्रेमा को देना चाहते थे। उन्होंने फ़ोन से शंकर राव देव से पुछवाया कि प्रेमा इसके लिए राज़ी है या नहीं। प्रेमा मना करने जा रही थी कि शंकर राव देव ने इशारे से उसे चुप कराया और बोले- 'अपने प्रिय बूढ़े को अब और न सताओ।' प्रेमा महात्मा को प्यार से 'ओल्ड बिलवेड' कहा करती थी। प्रेमा की महात्मा से अंतिम मुलाक़ात दिसंबर, 1947 में हुई। 9 दिसंबर की शाम महात्मा और प्रेमा मोटर पर बैठकर बिड़ला भवन लौट रहे थे। महात्मा ने उदास स्वर में कहा था- 'मैं अकेला हूँ मेरे साथ कोई नहीं।' प्रेमा ने उनसे गाँधी सेवा संघ को फिर खड़ा करने का प्रस्ताव रखा था। महात्मा ने जवाब दिया- 'क्या तू चाहती है कि मैं अपने चारों तरफ़ हिप्पोक्रेट्स का एक दल खड़ा कर दूँ? उस संघ से ऐसा ही दल पैदा हुआ था। मैं दुबारा वैसा नहीं करना चाहता।'[15]

13 दिसंबर को महात्मा से विदा लेते वक़्त प्रेमा बार-बार मुड़कर महात्मा को देख रही थी। सुशीला ने हँसते हुए पूछा- 'आज तू इतनी विह्लल क्यों हो रही है।' प्रेमा ने कोई जवाब नहीं दिया। लेकिन इसके डेढ़ महीने बाद सुशीला को राजघाट पर बापू की अंतिम विदाई के दौरान इस सवाल का जवाब मिल गया था। महात्मा अपने जीवन के अंतिम दिनों तक प्रेमा को पत्र लिखते रहे थे। वह नोआखाली के जंगलों में हों या नई दिल्ली में, प्रेमा को कभी भूल नहीं पाए। नई दिल्ली में अपने जीवन के अंतिम उपवास के दौरान 16 जनवरी को उन्होंने प्रेमा को अपना अंतिम पत्र लिखा। मीरा की तरह उन्होंने प्रेमा को भी दिल्ली आने के लिए मना कर दिया। लेकिन 14 दिन बाद प्रेमा को दिल्ली आना पड़ा। अपने 'प्रिय बूढ़े' को अंतिम विदाई देने के लिए।

प्रेमा ने भी मरते दम तक शादी नहीं की। तमाम विवादों के बावजूद प्रेमा

शंकर राव देव का साथ छोड़ नहीं सकी। महात्मा के अवसान के बाद शंकर राव देव के साथ प्रेमा ने कई यात्राएँ कीं। 49 साल की उम्र में प्रेमा संन्यास लेना चाहती थी। वह यहाँ से कहीं दूर हिमालय की गोद में जाना चाहती थी। शंकर राव देव ने समझाया कि वह ऐसा न करे। सासवड़ आश्रम में रहने की इच्छा न हो तो महाराष्ट्र में ही उसके लिए वह कोई एकांत जगह खोज लेंगे। वह इतनी दूर न जाएँ। लेकिन प्रेमा नहीं मानी। शंकर राव देव ने उसे कृष्णामूर्ति से मिलवाया। वे ऐनी बेसेंट के मानस पुत्र थे। कृष्णामूर्ति संन्यास और वैराग्य के विरोधी थे। शंकर राव देव ने प्रेमा को स्वामी आनंद और नाथ जी से भी मिलवाया। यह वही दो महापुरुष थे जिन्होंने ब्रह्मचर्य के प्रयोग पर महात्मा को कटघरे में खड़ा किया था। जिनके कई सवालों का जवाब महात्मा नहीं दे पाए थे। स्वामी आनंद ने कहा कि अगर प्रेमा की इतनी इच्छा है तो वह उन्हें हिमालय जाने से न रोकें। शंकर राव देव उसे मीरा के आश्रम पशुलोक ले आए। यहाँ उसे एक सुंदर-सी झोपड़ी में शरण मिल गई। प्रेमा को छोड़कर शंकर राव वापस दिल्ली लौट आए। प्रेमा 16 अप्रैल, 1955 से लेकर 25 जनवरी, 1956 तक 'पशुलोक' में रही। इस बीच उसने गंगोत्री, बदरी केदार और कौसानी की यात्रा की। कौसानी जहाँ महात्मा ने 'अनासक्तियोग' लिखा था। प्रेमा के बिना उसके साथी शंकर राव देव का मन नहीं लग रहा था। वह कौसानी आ गए। उन्होंने आग्रह किया कि प्रेमा सासवड़ लौट आए। 30 जनवरी, 1956 को प्रेमा सासवड़ आश्रम लौट आई। प्रेमा अब 'आध्यात्मलोक' में थी। केवल पुरानी स्मृतियाँ उसके साथ थीं।

प्रभावती

जेपी प्रभावती को नहीं छोड़ पाए और न प्रभा जेपी को। जेपी ने अपने को आज़ादी की लड़ाई में झोंक दिया। लेकिन प्रभा अंत तक महात्मा के प्रभामंडल से उबर नहीं सकी। महात्मा की सलाह थी कि प्रभा जेपी के जीवन में वापस लौट जाएँ। लेकिन प्रभा किसी निर्णय की स्थिति में पहुँचने को तैयार नहीं थी। जैसा कि उसने 12 अप्रैल, 1946 को महात्मा को लिखा- 'मैं ख़ुद कोई निर्णय नहीं कर सकती। मेरे लिए तो जैसा आप कहते हैं वैसा मैं करती हूँ। फ़िलहाल उनके साथ रहने के बारे में मेरे मन में विचार आता है कि अभी वे जेल से बाहर आए हैं, मुझे मालूम नहीं कि कैसे विचार लेकर आए हैं। मुझे अभी उनके साथ रहना चाहिए या नहीं इस बारे में आपकी जो आज्ञा है, वह उन्हें बताऊँगी।'

दो दिन बाद ही महात्मा का जवाब आ गया। उन्होंने लिखा कि 'जयप्रकाश के साथ रहने का तेरा धर्म स्पष्ट है। तू स्वयं भी विचार करती रह। मेरे मरने के बाद क्या करेगी? तबीयत सँभालना लिखती रहना।' इसके बाद अगले दो सालों तक महात्मा का प्रभावती से संपर्क लगभग टूट गया। महात्मा नोआखाली और फिर दिल्ली में व्यस्त थे। वह उसे जेपी को समझने का मौक़ा देना चाहते थे।

आख़िरकार प्रभा जेपी के पास लौट आईं। अब जेपी 'अगस्त क्रांति' के नायक बन चुके थे। लेकिन कांग्रेस की अंदरूनी राजनीति के चलते महात्मा और जेपी के रिश्तों में एक ख़ास तरह की दूरी आ गई थी। पं. नेहरू आज़ाद भारत के प्रधानमंत्री हो चुके थे। कांग्रेस के अध्यक्ष पद से उन्हें त्यागपत्र देना पड़ा था। इसके बाद कांग्रेस की बागडोर कौन सँभाले? इसे लेकर कांग्रेस कार्य समिति में जंग चल रही थी। ख़ुद महात्मा ने जेपी से कहा था कि 'तुम अगस्त क्रांति के वीर सिपाही रहे हो। मैं चाहता हूँ कि इसका फ़ायदा कांग्रेस को मिले।'

जेपी ने कहा- 'आप आज्ञा दीजिए।'

'तो तुम कांग्रेस के अध्यक्ष बनो।'

जेपी ने कहा- 'पहले आप नेहरू और पटेल से पूछ लीजिए।'

गाँधी ने पं. नेहरू से बात की। जवाहरलाल नेहरू ने ख़ुद इस पद के लिए आचार्य नरेंद्रदेव का नाम सुझाया था। तब महात्मा ने पं. नेहरू से कहा था कि आप जयप्रकाश को भी अध्यक्ष बना सकते हैं। पं. नेहरू ने कहा- 'उनसे भी सीनियर लोग पड़े हैं। आचार्य उनसे वरिष्ठ समाजवादी हैं।' महात्मा समझ गए कि जवाहरलाल नेहरू नहीं चाहते कि जेपी कांग्रेस के अध्यक्ष बनें। महात्मा चुप रह गए। वह जानते थे कि उनकी अब कोई नहीं सुनता। यह बात सब जगह फैली थी। उड़ते-उड़ते प्रेमा तक भी पहुँची। प्रेमा ने महात्मा को पत्र लिखकर पूछा कि- 'जयप्रकाश के पीछे बहुमत नहीं है फिर भी उनका नाम आपने कैसे सुझाया?'

महात्मा ने प्रेमा को चालाकी भरा जवाब दिया- 'मैंने जब जयप्रकाश का नाम राष्ट्रपति (कांग्रेस अध्यक्ष) के रूप में रखा तब जो शब्द मेरे मुँह में किसी ने रखे हैं वे मैंने ज़रूर कहे होंगे क्योंकि उस समय तो वह बात सत्य थी। आज उसमें कुछ फ़र्क़ पड़ गया है। यह कैसे इसमें जाने की ज़रूरत नहीं है।'[16]

जेपी भी समझ गए कि महात्मा अपनी ताक़त खो बैठे हैं। प्रभा और जेपी की महात्मा से अंतिम मुलाक़ात बिड़ला हाउस में हुई। महात्मा की हत्या से ठीक एक दिन पहले। इस दिन जेपी ने कहा था कि वह कांग्रेस से अलग होना चाहते

हैं। महात्मा चुप रहे फिर बोले- 'बहुत तकलीफ़ सहनी होगी।' यानी महात्मा ने भी जेपी के फ़ैसले को मंज़ूरी दे दी थी। प्रभा भी महात्मा के ठंडे रुख़ से आहत थी। दोनों ने भारी मन से महात्मा से अंतिम विदाई ली। अगले दिन महात्मा को गोली मार दी गई। उनके अंतिम संस्कार में हर वह व्यक्ति आया जो कभी-न-कभी महात्मा से किसी तौर पर जुड़ा रहा हो। लेकिन इस अंतिम कार्यक्रम में न प्रभा आई न जेपी। जेपी बंबई चले गए थे और प्रभा पटना।

महात्मा की मौत के बाद प्रभा जैसे जेपी का साया बन गई थी। प्रभा ने पटना से लेकर विदेशों तक की यात्राएँ जेपी के साथ की। प्रभा ने आजन्म ब्रह्मचर्य व्रत का पालन किया हो यह साफ़ नहीं होता। लेकिन जेपी और प्रभा अपना कोई वारिस पीछे नहीं छोड़ गए। अपने भतीजे अनिल को ही प्रभा ने अपना बेटा मान लिया था। 17 अप्रैल, 1973 को अनिल की शादी तय हुई थी। इस शादी को लेकर प्रभा बहुत उत्साहित थी। मार्च में प्रभा जेपी के साथ जब दिल्ली आई तो इंडियन एक्सप्रेस के मालिक रामनाथ गोयनका के घर आई। यहाँ उसे सुचेता कृपलानी, जेबी कृपलानी और प्यारेलाल समेत कई पुराने साथी मिले थे। 67 साल की हो चली प्रभा बहुत बीमार थी और उसकी अंतिम इच्छा थी कि वह अपने भतीजे की शादी में शामिल होकर वर-वधू को अपना आशीर्वाद दे। लेकिन शादी से ठीक दो दिन पहले विवाह के मांगलिक माहौल में 15 अप्रैल, 1973 को उसकी मृत्यु हो गई।[17]

***

संदर्भ :

1. पूर्णाहुति, खंड 4 :प्यारेलाल, पेज 477

2. लास्ट गिल्मसेस ऑफ़ बापू, मनु गाँधी, शिवलाल अग्रवाल एंड कंपनी प्रा. लि. 1962 पेज 334

3. पूर्णाहुति, खंड 4 : प्यारेलाल, पेज 474

4. महात्मा गाँधी एंड हिज अपोसेल्स, वेद मेहता, इंडियन बुक कंपनी, 1977 पेज 203

5. महात्मा गाँधी एंड हिज अपोसेल्स, वेद मेहता, इंडियन बुक कंपनी, 1977 पेज 203- 204

6. खंड 86 : 6 मार्च, 1945, पेज 7

7. महात्मा गाँधी एंड हिज़ अपोसेल्स, वेद मेहता, इंडियन बुक कंपनी, 1977, पेज 201

8. एक साधिका की जीवन यात्रा, मीरा बहन, पेज 345

9. एक साधिका की जीवन यात्रा, मीरा बहन, पेज 338

10. एक साधिका की जीवन यात्रा, मीरा बहन, पेज 369

11. महात्मा गाँधी एंड हिज अपोसेल्स, वेद मेहता, इंडियन बुक कंपनी, 1977, पेज 224

12. बापू के पत्र : कुमारी प्रेमा बहन कंटक के नाम, 23 मई, 1939, पेज 379

13. बापू के पत्र : कुमारी प्रेमा बहन कंटक के नाम, 23 मई, 1939, पेज 289

14. बापू के पत्र : कुमारी प्रेमा बहन कंटक के नाम, 23 मई, 1939, पेज 318

15. बापू के पत्र : कुमारी प्रेमा बहन कंटक के नाम, पेज 375

16. बापू के पत्र : कुमारी प्रेमा बहन कंटक के नाम, पेज 358

17. आशा प्रसाद, कस्तूरबा, कमला प्रभावती, वाणी प्रकाशन, पेज 151

10

ब्रह्मचर्य का प्रयोग : एक विश्लेषण

ब्रह्मचर्य का ये सारा प्रयोग हिंसा को रोकने के लिए था। उन्होंने ठक्कर बापा से कहा- 'ये प्रयोग नहीं यज्ञ है।' उन्होंने इस यज्ञ को अहिंसा से जोड़ दिया। पतंजलि ने अपने 'योग सूत्र' में कहा है कि संपूर्ण अहिंसा की स्थापना होने पर सारी शत्रुता नष्ट हो जाती है। इसी तर्ज़ पर महात्मा का मानना था कि 'पूर्ण ब्रह्मचर्य की स्थापना होने पर सारे विकार नष्ट हो जाने चाहिए।' महात्मा कहते- 'मेरी सच्चाई का असर मुसलमानों पर, मुस्लिम लीग में, मेरे विरोधियों पर और जिन्ना पर भी पड़ेगा, जिन्हें मेरी सच्चाई पर शंका है और जिस शंका के कारण उन्हें और हिंदुस्तान को नुक़सान हो रहा है।' और बदक़िस्मती देखिए किसी पर इस ब्रह्मचर्य का कोई असर नहीं पड़ा। न जिन्ना पर न हिंदुओं और मुसलमानों पर। इस देश में सबसे ज़्यादा हिंसा उनके इसी ब्रह्मचर्य के प्रयोग के दौरान हुई। विभाजन के दौरान हुई हिंसा में कोई दस लाख लोग मारे गए। सरहद के दोनों तरफ दौड़ने वाली ट्रेनों के डिब्बे लाशों से भरे रहते। करोड़ों लोग बेघर हुए। लाखों औरतें बलात्कार का शिकार हुईं। लाखों बच्चे लावारिस हो गए। न जाने कितने घर आग के हवाले कर दिए गए। और सबसे दुर्भाग्यपूर्ण बात यह रही कि जीवन भर दूसरों को अहिंसा का पाठ पढ़ाने वाले महामानव की मौत हिंसा से हुई। महात्मा के जीवन का विरोधाभास उनके अंतिम क्षणों तक उनके सामने खड़ा था। ऐसा नहीं था कि उन्हें इसका आभास नहीं हुआ। जब वे नोआखली आए तभी से वे एक सवाल अपने से पूछते कि आख़िर उनकी अहिंसा काम क्यों नहीं करती? इसका जादू लोगों पर अपना असर क्यों नहीं डालता? कहीं ऐसा तो नहीं हो कि ब्रह्मचर्य के विषय में परिस्थितिवश उन्होंने जो शिथिलता दिखाई हो उसका यह परिणाम हो?' इस सवाल के जवाब में ठक्कर बापा ने भले उन्हें ये कह कर दिलासा दी कि आपकी अहिंसा असफल नहीं रही। लेकिन गाँधी भी

जानते थे कि ये सच नहीं है।

1945 में महात्मा ने अपने आपको 1901 से बेहतर ब्रह्मचारी बताया। तब उनके ब्रह्मचर्य पर किसी ने सवाल नहीं उठाया था। लेकिन 1945 में वह चारों ओर से सवालों में घिरे थे। महात्मा ने अपने जीवनकाल में ही कई बार ब्रह्मचर्य के व्रत को टूटते बिखरते देखा। उन्होंने 'भयानक ग़लती की है और कितने वर्षों की यह ग़लती रही।' उन्होंने यह भी माना कि उनके ब्रह्मचर्य का प्रयोग कोई 'शास्त्रीय प्रयोग' नहीं था। यह सिर्फ़ उनका भयंकर अहंकार था। उन्होंने ख़ुद को 'ब्रह्मचर्य की मर्यादाएँ तोड़ने का अधिकारी' माना। उन्होंने यह भी क़बूल किया कि जब तक वह दूसरे साथियों का 'स्त्री स्पर्श बर्दाश्त करने के लिए तैयार नहीं' तब तक ख़ुद उन्हें किसी महिला को 'स्पर्श करने का अधिकार नहीं होना चाहिए।' उन्होंने जून में ही आश्रमवासियों के सामने स्वीकार किया कि उनका प्रयोग 'ब्रह्मचर्य की सर्वमान्य मर्यादाओं का उल्लंघन' था। अगर उनका प्रयोग अत्यंत 'भयानक' था तो वह प्रयोग उन्हें करना नहीं चाहिए था। महिलाओं के साथ नग्न सोने के प्रयोग को लेकर जब 1945 में सवाल उठे तो उनके बहुत क़रीबी मित्र घनश्यामदास ने भी इसे अनुचित ठहराया। महात्मा ने कहा- 'मुझको उसमें कुछ भी अनुचित नहीं लगा है। आज मैं 1901 से बेहतर ब्रह्मचारी हूँ। मेरे प्रयोग ने अगर कुछ किया है तो यह कि मैं (जो) था इस से ज़्यादा पक्का हुआ। प्रयोग संपूर्ण ब्रह्मचारी बनने के लिए था और यदि ईश्वर की इच्छा होगी तो संपूर्ण बनने के कारण होगा।'[1]

ब्रह्मचर्य प्रयोग को लेकर महात्मा पर जितनी बार हमले हुए उतनी बार वह तिलमिला जाते। ये प्रयोग इतना पवित्र था तो उसका अच्छा असर उनके आसपास क्यों नहीं दिखाई पड़ता था? गाँधी के आश्रम और उनके चारों ओर अशांति और दुख के बादल दिखाई देते थे। उनके आसपास रहने वाले तमाम शिष्य व शिष्याएँ 'भावनात्मक रूप से इतने विचलित' नज़र आते थे। महात्मा के सहयात्री प्यारेलाल नैयर, सुशीला नैयर, मनु गाँधी सब अशांत थे, सब विचलित थे। ख़ुद महात्मा भी अशांत और दुखी थे। 1945 आते-आते महात्मा ने एक नई और चौंकाने वाली थ्योरी निकाल ली थी। उनका दावा था कि उन्होंने अपने भीतर एक 'आध्यात्मिक शक्ति' विकसित कर ली है। विवाद के चलते महात्मा ने अपना प्रयोग कुछ समय के लिए बंद करने का ऐलान कर दिया था। लेकिन फिर भी वह महिलाओं के साथ सोते थे। मुन्नालाल शाह ने जब उनसे इस बारे में

पूछा तो उन्होंने कहा- 'अब जो बहिन मेरे पास आती है वह मेरे प्रयोग के उद्देश्य से नहीं, बल्कि मेरे पास जो आध्यात्मिक शक्ति है उसे प्राप्त करने के लिए आती है।' महात्मा दावा करते कि 'मेरे पास ऐसी शक्ति है, इसका मुझे भान है।' लेकिन सबसे ख़तरनाक बात यह थी कि वह नहीं जानते थे कि 'उनका यह भान सही है अथवा ग़लत।' पर वह कहते- 'मुझे इस बात का क़तई कोई भय नहीं है कि मैं किसी का 'दुरुपयोग' कर सकता हूँ अथवा अपना 'व्रत भंग' कर सकता हूँ।' यह अलग बात थी कि 76 साल की उम्र में वह शारीरिक तौर पर अपनी किसी भी तरह की शक्ति का दुरुपयोग करने की स्थिति में नहीं थे।

महात्मा ने यह 'आध्यात्मिक शक्ति' कब विकसित की यह कभी पता नहीं चल पाया। इसके लिए किसी तरह की साधना का ज़िक्र भी महात्मा ने कभी नहीं किया। वह पक्के राजनीतिक और समाज सुधारक थे। लेकिन उनके आध्यात्मिक पुरुष होने की कोई प्रामाणिकता गाँधी साहित्य में नहीं मिलती। सबसे दिलचस्प बात यह कि 'आध्यात्मिक शक्ति' वाली बात उन्होंने मुन्नालाल शाह के अलावा और किसी से नहीं कही। सार्वजनिक तौर पर तो यह बात उन्होंने कभी नहीं स्वीकार की। तो क्या मुन्नालाल शाह को सिर्फ़ बहकाने के लिए उन्होंने 'आध्यात्मिक शक्ति' होने का दावा किया था।

गाँधी ने हमेशा अपनी कमियों और कमज़ोरियों को सार्वजनिक किया। जीवन की प्रयोगशाला में उनके सत्य का अनुसंधान उनकी मृत्यु तक जारी रहा। ब्रह्मचर्य के प्रकरण पर उनके अधिकांश सच अर्ध सत्य प्रतीत होते हैं। इसकी भी वजह थी। अपनी पोती मनु गाँधी के साथ नग्न सोने के प्रयोग से उनके कई पुराने और क़रीबी मित्रों ने उनका साथ छोड़ दिया। इनमें उनका ख़ुद का बेटा भी शामिल था। अपने इस अंतिम प्रयोग से वह किसी को सहमत नहीं कर पाए। निःसंदेह यह इस प्रयोग की नाकामी का सबसे बड़ा कारण रहा।

नोआखली में अपने प्रयोग के दौरान महात्मा ने केवल राजकुमारी अमृत कौर के सामने स्वीकार किया था कि एक 'अपवाद' को छोड़कर उन्होंने किसी भी 'स्त्री को वासना' की दृष्टि से नहीं देखा है। उन्होंने सफ़ाई दी कि उसमें भी उनकी भावना 'व्यभिचार' की नहीं थी। लेकिन उन्होंने स्वीकार किया कि उनके 'स्पर्श में वासना' थी। महात्मा ने राजकुमारी को लिखा कि 'मैं न चाहते हुए भी वासना के प्रवाह में बह गया था, और यदि परमात्मा ने रक्षा न की होती तो मैं बर्बाद हो गया होता।'[2]

यह अपवाद किसके साथ था? वह कौन-सी महिला थी जिसे उन्होंने वासना से वशीभूत होकर स्पर्श किया था? यह कभी साफ़ नहीं हो सका। यह स्वीकारोक्ति महात्मा ने केवल राजकुमारी के सामने की। यह घटना उन्होंने अब तक गोपनीय रखी थी। महात्मा से कहा गया कि 'इस प्रयोग का जो भी परिणाम आएगा वह स्वभावत: निर्णायक और अंतिम नहीं होगा।' जवाब में महात्मा तर्क देते 'मैं इसके लिए भी तैयार हूँ। मेरी कार्य पद्धति का केवल निदान की दृष्टि से ही मूल्य नहीं है, परंतु चिकित्सा की दृष्टि से भी मूल्य है। यदि मुझमें शुद्धता और पवित्रता होगी तो वह मेरी पोती में बची-खुची अशुद्धता भी- जिसे वह नहीं जानती हो- ऊर्ध्वीकरण कर देगी।'[3]

अपनी मौत से क़रीब साल भर पहले महात्मा ने अपने निजी सचिव प्यारेलाल से कहा- 'मैं शारीरिक इच्छा से मुक्त हूँ या नहीं, इस बात का पता शायद मेरी मृत्यु के बाद लगे।' महात्मा ने 'शायद' का इस्तेमाल जान-बूझकर किया क्योंकि उन्हें पता था कि 'मृत्यु के बाद व्यक्ति की सही पहचान हो, ऐसा हमेशा नहीं होता।'

महात्मा के साथ सच में ऐसा ही हुआ। उनकी मृत्यु के कई सालों बाद तक यह तय नहीं हो पाया है कि वह सचमुच शारीरिक इच्छा से मुक्त हो पाए थे या नहीं। महात्मा यह भी कहा करते थे कि वह सर्वथा ग़लती पर भी हो सकते हैं, तब संसार उनकी मौत के बाद उनकी समाधि- शिला पर यह लिख सकेगा 'मूर्ख, तूने अपनी करनी का उचित फल पाया!' लेकिन वह ग़लती पर थे या नहीं इसका परीक्षण करने की किसी ने ज़रूरत नहीं समझी। जिन परिस्थितियों में उनकी हत्या हुई उसमें इस बात की कोई गुंजाइश भी नहीं बची थी कि कोई उनके प्रयोगों पर ऊँगली उठाए और उन प्रयोगों का शव परीक्षण करे। महात्मा की समाधि पर 'हे राम' लिखकर छोड़ दिया गया।

कश्मीर से लेकर कन्याकुमारी और गुजरात से लेकर उड़ीसा तक देश की अस्सी फ़ीसदी आबादी आज भी मानती है कि देश को आज़ादी महात्मा गाँधी ने दिलाई। देश की जनता के लिए इतना अहसान काफ़ी था। देश के लिए यह चिंता का विषय बिलकुल नहीं था कि महात्मा अपने जीवन के अंतिम क्षणों तक शारीरिक इच्छा से मुक्त हो सके थे या नहीं। महात्मा महान थे और शायद हमेशा महान रहेंगे। पिता की भूलों को सिर्फ़ नज़रअंदाज़ किया जा सकता है उन्हें कटघरे में खड़ा करके मुक़दमा नहीं चलाया जा सकता। फिर महात्मा

तो राष्ट्रपिता हैं। उनके प्रयोगों का शव परीक्षण कर उनसे सिर्फ़ क्षमा माँगी जा सकती है। हिंदुस्तान के पास वैसे ही नायकों का संकट है। राष्ट्रपिता भी खो गए तो क्या बचेगा?

संदर्भ :

1. खंड 86 : 9 अप्रैल, 1945, पेज 168
2. खंड 94 : 15 मार्च, 1947, पेज 152
3. महात्मा गाँधी : पूर्णाहुति, खंड : 2 प्यारेलाल, पेज 295